Kodex Pflanzenschutzrecht

Textsammlung

2. Auflage

Kodex Pflanzenschutzrecht

Textsammlung

Industrieverband **Agrar**

2. Auflage

DER JURISTISCHE VERLAG
lexxion
BERLIN

Sonderdruck für den Industrieverband Agrar e.V., Frankfurt am Main

2. Auflage

www.lexxion.de

Lektorat: Silke Renner
Satz: typossatz GmbH, Berlin

Vorwort

Mit dem vorliegenden Werk wird die Rechtslage im Bereich der Pflanzenschutzmittel auf europäischer und deutscher Ebene vom 31.12.2009 abgebildet.

Seit der ersten Auflage aus dem Jahre 2007 sind wegweisende Gesetze auf europäischer Ebene auf den Weg gebracht und mittlerweile abgeschlossen worden:

1. Verordnung über das Inverkehrbringen von Pflanzenschutzmitteln vom 21.10.2009 (VO [EG] Nr. 1107/2009), mit der die Pflanzenschutzrichtlinie aus dem Jahre 1991 (91/414/EWG) abgelöst wird.
2. Richtlinie über einen Aktionsrahmen der Gemeinschaft für die nachhaltige Verwendung von Pestiziden vom 21.10.2009 (Richtlinie 2009/128/EG), mit der erstmals die Anwendung von Pflanzenschutzmitteln (Pestizide meint im Kontext der Richtlinie Pflanzenschutzmittel und Biozide) auf europäischer Ebene harmonisiert werden soll.
3. Richtlinie zur Änderung der Richtlinie 2006/42/EG betreffend Maschinen zur Ausbringung von Pestiziden vom 21.10.2009 (Richtlinie 2009/127/EG). Diese Richtlinie führt europaweit einen einheitlichen Standard für Pflanzenschutzausbringungsgeräte mit Überprüfungsintervallen ein.
4. Verordnung über Statistiken zu Pestiziden vom 25.11.2009 (Verordnung [EG] Nr. 1185/2009). Auf dieser gesetzlichen Grundlage sollen auf Gemeinschaftsebene detaillierte, harmonisierte und aktuelle statistische Daten über Verkäufe und Verwendungen von Pestiziden erhoben werden.

Müssen die Richtlinien noch in das nationale Recht der Mitgliedstaaten umgesetzt werden, gelten die Verordnungen unmittelbar in jedem Mitgliedstaat. Die Verordnung über das Inverkehrbringen von Pflanzenschutzmitteln wird allerdings erst am 14.6.2011 wirksam.

Neben diesen Meilensteinen des Pflanzenschutzrechts ist das Altwirkstoffprogramm auf europäischer Ebene mit den Verordnungen (EG) 1095/2007 vom 20.9.2007 und (EG) 33/2008 vom 17.1.2008 sowie den Kommissionsentscheidungen 2008/934/EG vom 5.12.2008 und 2008/941/EG vom 8.12.2008 fortentwickelt worden.

Auf deutscher Ebene ist das Gesetz zur Änderung des Pflanzenschutzgesetzes und des BVL-Gesetzes vom 5.3.2008 in Kraft getreten, mit dem u.a. die Importvorschriften für Pflanzenschutzmittel verschärft worden sind.

Um dem an der Materie des Pflanzenschutzrechts Interessierten weiterhin eine aktuelle Hilfestellung bei der Bewältigung der umfangreichen einschlägigen Vorschriften in diesem Sektor zu geben, ist die Rechtssammlung des Jahres 2007 um das vorliegende Werk und insbesondere um die oben genannten neuen Vorschriften ergänzt worden. Weiterhin gibt eine neu aufgenommen Grafik einen Überblick über das Rechtsgebiet Pflanzenschutz und darauf Einfluss nehmende Rechtsgebiete auf europäischer Ebene. Dabei erhebt auch dieses Werk keinen Anspruch auf Vollständigkeit, sondern will helfen, die Arbeit auf der rechtlichen Seite des Pflanzenschutzes zu vereinfachen.

Frankfurt am Main, 15.12.2009

Dr. Volker Kaus
Industrieverband Agrar e.V.

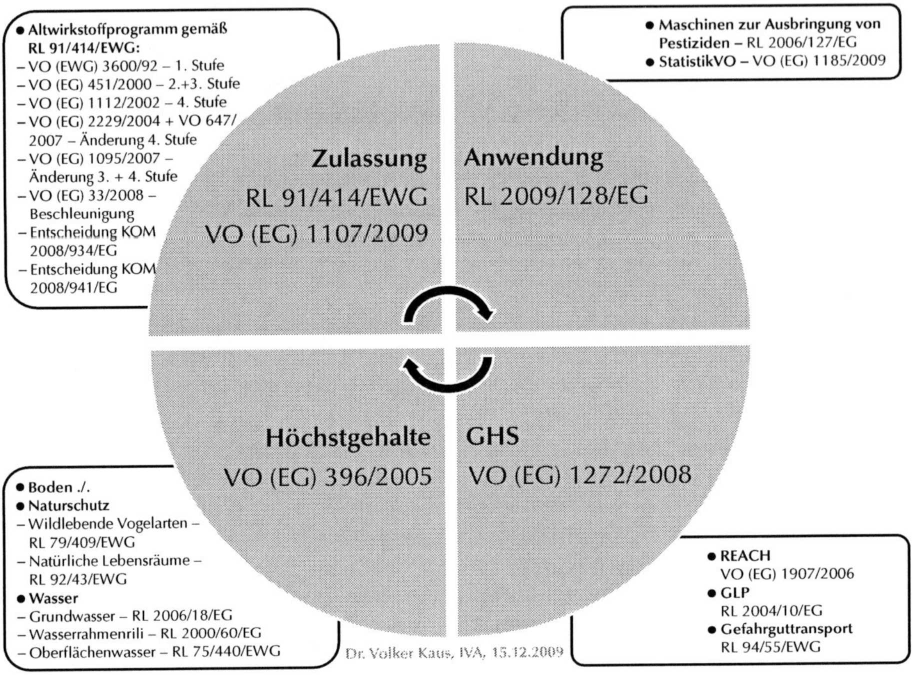

• Altwirkstoffprogramm gemäß RL 91/414/EWG:
– VO (EWG) 3600/92 – 1. Stufe
– VO (EG) 451/2000 – 2.+3. Stufe
– VO (EG) 1112/2002 – 4. Stufe
– VO (EG) 2229/2004 + VO 647/2007 – Änderung 4. Stufe
– VO (EG) 1095/2007 – Änderung 3. + 4. Stufe
– VO (EG) 33/2008 – Beschleunigung
– Entscheidung KOM 2008/934/EG
– Entscheidung KOM 2008/941/EG
• Maschinen zur Ausbringung von Pestiziden – RL 2006/127/EG
• StatistikVO – VO (EG) 1185/2009
Zulassung
RL 91/414/EWG
VO (EG) 1107/2009
Anwendung
RL 2009/128/EG
Höchstgehalte
VO (EG) 396/2005
GHS
VO (EG) 1272/2008
• Boden ./.
• Naturschutz
– Wildlebende Vogelarten – RL 79/409/EWG
– Natürliche Lebensräume – RL 92/43/EWG
• Wasser
– Grundwasser – RL 2006/18/EG
– Wasserrahmenrili – RL 2000/60/EG
– Oberflächenwasser – RL 75/440/EWG
• REACH
VO (EG) 1907/2006
• GLP
RL 2004/10/EG
• Gefahrguttransport
RL 94/55/EWG
Dr. Volker Kaus, IVA, 15.12.2009

Inhaltsverzeichnis

Verordnung (EG) Nr. 1107/2009 des Europäischen Parlaments und des Rates

vom 21. Oktober 2009

über das Inverkehrbringen von Pflanzenschutzmitteln und zur Aufhebung der Richtlinien 79/117/EWG und 91/414/EWG des Rates

ABl. L 309 vom 24.11.2009, S. 1

DAS EUROPÄISCHE PARLAMENT UND DER RAT DER EUROPÄISCHEN UNION –

gestützt auf den Vertrag zur Gründung der Europäischen Gemeinschaft, insbesondere auf Artikel 37 Absatz 2, Artikel 95 und Artikel 152 Absatz 4 Buchstabe b,

auf Vorschlag der Kommission,

nach Stellungnahme des Europäischen Wirtschafts- und Sozialausschusses[1],

nach Stellungnahme des Ausschusses der Regionen[2],

gemäß dem Verfahren des Artikels 251 des Vertrags[3],

in Erwägung nachstehender Gründe:

(1) Die Richtlinie 91/414/EWG des Rates vom 15. Juli 1991 über das Inverkehrbringen von Pflanzenschutzmitteln[4] enthält Bestimmungen für Pflanzenschutzmittel und die darin enthaltenen Wirkstoffe.

(2) Im Anschluss an den Fortschrittsbericht der Kommission gemäß der Richtlinie 91/414/EWG forderten das Europäische Parlament in seiner Entschließung vom 30. Mai 2002[5] und der Rat in seinen Schlussfolgerungen vom 12. Dezember 2001 die Kommission auf, die Richtlinie 91/414/EWG zu überarbeiten, und nannten eine Reihe von Aspekten, die die Kommission dabei berücksichtigen sollte.

(3) Angesichts der Erfahrungen aus der Anwendung der Richtlinie 91/414/EWG und der neuesten wissenschaftlichen und technischen Entwicklungen sollte die Richtlinie 91/414/EWG ersetzt werden.

(4) Im Interesse der Vereinfachung sollte mit dem neuen Rechtsakt auch die Richtlinie 79/117/EWG des Rates vom 21. Dezember 1978 über das Verbot des Inverkehrbringens und der Anwendung von Pflanzenschutzmitteln, die bestimmte Wirkstoffe enthalten[6], aufgehoben werden.

---

1 ABl. C 175 vom 27.7.2007, S. 44.

2 ABl. C 146 vom 30.6.2007, S. 48.

3 Stellungnahme des Europäischen Parlaments vom 23. Oktober 2007 (ABl. C 263 E vom 16.10.2008, S. 181), Gemeinsamer Standpunkt des Rates vom 15. September 2008 (ABl. C 266 E vom 21.10.2008, S. 1) und Standpunkt des Europäischen Parlaments vom 13. Januar 2009 (noch nicht im Amtsblatt veröffentlicht). Beschluss des Rates vom 24. September 2009.

4 ABl. L 230 vom 19.8.1991, S. 1.

5 ABl. C 187 E vom 7.8.2003, S. 173.

6 ABl. L 33 vom 8.2.1979, S. 36.

(5) Um die Anwendung der neuen Vorschriften zu vereinfachen und eine einheitliche Anwendung in allen Mitgliedstaaten zu gewährleisten, sollte die Form einer Verordnung gewählt werden.

(6) Die Pflanzenerzeugung nimmt in der Gemeinschaft einen sehr wichtigen Platz ein. Eines der wichtigsten Mittel zum Schutz der Pflanzen und Pflanzenerzeugnisse vor Schadorganismen einschließlich Unkräuter und zur Verbesserung der landwirtschaftlichen Produktion ist die Verwendung von Pflanzenschutzmitteln.

(7) Pflanzenschutzmittel haben jedoch nicht notwendigerweise nur nützliche Auswirkungen auf die Pflanzenerzeugung. Ihre Verwendung kann auch Risiken und Gefahren für Mensch, Tier und Umwelt bergen, insbesondere dann, wenn sie ungeprüft und ohne amtliche Zulassung in den Verkehr gebracht und unsachgemäß verwendet werden.

(8) Mit dieser Verordnung soll ein hohes Schutzniveau für die Gesundheit von Mensch und Tier und für die Umwelt gewährleistet und zugleich die Wettbewerbsfähigkeit der Landwirtschaft der Gemeinschaft sichergestellt werden. Besondere Aufmerksamkeit sollte dem Schutz gefährdeter Gruppen in der Bevölkerung gelten, insbesondere von Schwangeren, Säuglingen und Kindern. Das Vorsorgeprinzip sollte angewandt und mit dieser Verordnung sollte sichergestellt werden, dass die Industrie den Nachweis erbringt, dass Stoffe oder Produkte, die erzeugt oder in Verkehr gebracht werden, keine schädlichen Auswirkungen auf die Gesundheit von Mensch oder Tier oder keine unannehmbaren Auswirkungen auf die Umwelt haben.

(9) Um die aufgrund des unterschiedlichen Schutzniveaus in den Mitgliedstaaten möglicherweise bestehenden Handelshemmnisse bei Pflanzenschutzmitteln so weit wie möglich zu beseitigen, sollten in dieser Verordnung ferner harmonisierte Regelungen für die Genehmigung von Wirkstoffen und für das Inverkehrbringen von Pflanzenschutzmitteln, einschließlich der Regelungen über die gegenseitige Anerkennung der Zulassungen sowie über den Parallelhandel festgelegt werden. Zweck dieser Verordnung ist es somit, den freien Verkehr der entsprechenden Produkte und die Verfügbarkeit dieser Produkte in den Mitgliedstaaten zu verbessern.

(10) Stoffe sollten nur dann in Pflanzenschutzmitteln angewandt werden, wenn nachgewiesen ist, dass sie einen offensichtlichen Nutzen für die Pflanzenerzeugung bieten und voraussichtlich keine schädlichen Auswirkungen auf die Gesundheit von Mensch oder Tier oder unannehmbare Folgen für die Umwelt haben. Um das gleiche Schutzniveau in allen Mitgliedstaaten zu erzielen, sollte die Entscheidung über die Zulässigkeit oder Nichtzulässigkeit solcher Stoffe auf Gemeinschaftsebene auf der Grundlage harmonisierter Kriterien getroffen werden. Diese Kriterien sollten bei der ersten Genehmigung eines Wirkstoffs gemäß dieser Verordnung angewendet werden. Bei bereits genehmigten Wirkstoffen sollten die Kriterien zum Zeitpunkt der Erneuerung oder der Überprüfung der Genehmigung angewendet werden.

(11) Die Entwicklung von anderen Versuchen als Tierversuchen sollte gefördert werden, damit für den Menschen relevante Sicherheitsdaten gewonnen und die derzeit gebräuchlichen Tierversuche ersetzt werden.

(12) Im Sinne der Vorhersehbarkeit, Effizienz und Kohärenz sollte ein detailliertes Verfahren für die Prüfung der Frage, ob ein Wirkstoff genehmigt werden kann, festgelegt werden. Es sollte genau festgelegt werden, welche Informationen für die Zwecke der Genehmigung eines Stoffes von den interessierten Parteien vorgelegt werden müssen. Angesichts des Arbeitsaufwands im Zusammenhang mit dem Genehmigungsverfahren ist es angemessen, dass die Bewertung dieser Informationen von einem Mitgliedstaat durchgeführt wird, der als Berichterstatter für die Gemeinschaft auftritt. Zur Gewährleistung der Einheitlichkeit bei der Bewertung sollte die durch die Verordnung (EG) Nr. 178/2002 des Europäischen Parlaments und des Rates vom 28. Januar 2002 zur Festlegung der allgemeinen Grundsätze und Anforderungen des Lebensmittelrechts, zur Errichtung der Europäischen Behörde für Lebensmittelsicherheit und zur Festlegung von Verfahren zur Lebensmittelsicherheit[7] eingesetzte Europäische Behörde für Lebensmittelsicherheit („Behörde") eine unabhängige wissenschaftliche Überprüfung durchführen. Es sollte klargestellt werden, dass die Behörde eine Risikobewertung durchführt, während die Kommission die Aufgabe des Risikomanagements durchführt und die endgültige Entscheidung über einen Wirkstoff treffen sollte. Es sollten Bestimmungen aufgenommen werden, die die Transparenz des Bewertungsprozesses gewährleisten.

(13) Aus ethischen Gründen sollte die Bewertung eines Wirkstoffs oder eines Pflanzenschutzmittels nicht auf Versuchen oder Studien basieren, bei denen der Wirkstoff oder das Pflanzenschutzmittel gezielt Menschen verabreicht wird mit dem Ziel, die höchste unwirksame Dosis (den NOEL – no observed effect level) eines Wirkstoffs für den Menschen zu ermitteln. Ebenso sollten toxikologische Studien an Menschen nicht dazu genutzt werden, die Sicherheitsmargen für Wirkstoffe oder Pflanzenschutzmittel zu senken.

(14) Um die Genehmigung von Wirkstoffen zu beschleunigen, sollten feste Fristen für die verschiedenen Verfahrensstufen festgelegt werden.

(15) Im Interesse der Sicherheit sollte die Gültigkeitsdauer der Genehmigung für Wirkstoffe begrenzt sein. Die Gültigkeitsdauer der Genehmigung sollte dem möglichen Risiko bei der Verwendung solcher Stoffe entsprechen. Erfahrungen aus der praktischen Verwendung von Pflanzenschutzmitteln, die die betreffenden Stoffe enthalten, sowie Entwicklungen in Wissenschaft und Technik sollten bei einer Entscheidung über die Erneuerung einer Genehmigung berücksichtigt werden. Die Erneuerung der Genehmigung sollte für einen Zeitraum von höchstens fünfzehn Jahren gelten.

(16) Für den Fall, dass die Kriterien für die Genehmigung nicht länger erfüllt sind oder die Einhaltung der Richtlinie 2000/60/EG des Europäischen Parlaments und des Rates vom 23. Oktober 2000 zur Schaffung eines Ordnungsrahmens für Maßnahmen der Gemeinschaft im Bereich der Wasserpolitik[8] nicht gewährleistet ist, sollte unter bestimmten Bedingungen die Möglichkeit der

7 ABl. L 31 vom 1.2.2002, S. 1.

8 ABl. L 327 vom 22.12.2000, S. 1.

Änderung oder die Aufhebung einer Genehmigung für einen Wirkstoff vorgesehen sein.

(17) Bei der Bewertung eines Wirkstoffs kann sich herausstellen, dass dieser Wirkstoff ein wesentlich niedrigeres Risiko darstellt als andere Stoffe. Um die Verwendung eines solchen Stoffes in Pflanzenschutzmitteln zu begünstigen, sollten derartige Stoffe identifiziert und das Inverkehrbringen von Pflanzenschutzmitteln, die diese Stoffe enthalten, erleichtert werden. Es sollten Anreize für das Inverkehrbringen von Pflanzenschutzmitteln mit geringem Risiko geschaffen werden.

(18) Bestimmte Stoffe, die nicht vorrangig als Pflanzenschutzmittel verwendet werden, können von Nutzen für den Pflanzenschutz sein, während das wirtschaftliche Interesse an der Beantragung einer Genehmigung möglicherweise begrenzt ist. Daher sollten besondere Bestimmungen sicherstellen, dass solche Stoffe, soweit die von ihnen ausgehenden Risiken akzeptabel sind, für die Verwendung im Pflanzenschutz genehmigt werden dürfen.

(19) Einige Wirkstoffe mit bestimmten Eigenschaften sollten auf Gemeinschaftsebene als Substitutionskandidaten identifiziert werden. Die Mitgliedstaaten sollten Pflanzenschutzmittel, die solche Wirkstoffe enthalten, mit dem Ziel prüfen, sie durch andere Pflanzenschutzmittel, die Wirkstoffe enthalten, die weniger Risikominderung erfordern, oder durch nichtchemische Methoden der Bekämpfung oder Prävention zu ersetzen.

(20) In bestimmten Mitgliedstaaten sind nichtchemische Bekämpfungs- oder Präventionsmethoden, die für die Gesundheit von Mensch und Tier sowie für die Umwelt deutlich sicherer sind, festgelegt und für bestimmte Verwendungszwecke allgemein eingesetzt worden. In Ausnahmefällen sollten die Mitgliedstaaten bei der Zulassung von Pflanzenschutzmitteln auch die vergleichende Bewertung anwenden dürfen.

(21) Neben Wirkstoffen können Pflanzenschutzmittel Safener oder Synergisten enthalten, für die ähnliche Regelungen gelten sollten. Es sollten technische Vorschriften für die Überprüfung solcher Stoffe festgelegt werden. Derzeit auf dem Markt befindliche Stoffe sollten erst bewertet werden, wenn diese Regelungen festgelegt wurden.

(22) Pflanzenschutzmittel können auch Beistoffe enthalten. Es ist angebracht, eine Liste der Beistoffe zu erstellen, die nicht in Pflanzenschutzmitteln enthalten sein sollten.

(23) Pflanzenschutzmittel, die aktive Wirkstoffe enthalten, können auf verschiedene Arten zusammengesetzt sein und für eine Vielzahl von Pflanzen und Pflanzenerzeugnissen unter verschiedenen landwirtschaftlichen, pflanzengesundheitlichen und ökologischen (einschließlich klimatischen) Bedingungen verwendet werden. Die Zulassung von Pflanzenschutzmitteln sollte daher von den Mitgliedstaaten erteilt werden.

(24) Die Bestimmungen für eine Zulassung müssen ein hohes Schutzniveau gewährleisten. Insbesondere sollte bei Erteilung einer Zulassung für Pflanzenschutzmittel das Ziel, die Gesundheit von Mensch und Tier sowie die Umwelt zu schützen, Vorrang haben vor dem Ziel, die Pflanzenproduktion zu verbessern. Daher sollte, bevor ein Pflanzenschutzmittel in Verkehr ge-

bracht wird, nachgewiesen werden, dass es einen offensichtlichen Vorteil für die Pflanzenerzeugung bringt und keine schädlichen Auswirkungen auf die Gesundheit von Menschen, einschließlich der besonders gefährdeten Personengruppen, oder von Tieren sowie keine unzulässigen Folgen für die Umwelt hat.

(25) Im Interesse der Vorhersehbarkeit, Effizienz und Kohärenz sollten die Kriterien, Verfahren und Bedingungen für die Zulassung von Pflanzenschutzmitteln unter Berücksichtigung der allgemeinen Grundsätze des Schutzes der Gesundheit von Mensch und Tier und der Umwelt harmonisiert werden.

(26) Sollte der Genehmigungsbeschluss aus Gründen, die nicht dem Antragsteller anzulasten sind, nicht innerhalb der vorgesehenen Frist gefasst werden können, so sollte es den Mitgliedstaaten gestattet sein, die vorläufige Zulassung für einen begrenzten Zeitraum zu erteilen, um den Übergang zu dem Zulassungsverfahren gemäß dieser Verordnung zu erleichtern. Im Lichte der mit der Genehmigung der Wirkstoffe gemäß dieser Verordnung gesammelten Erfahrungen sollten die Bestimmungen über die vorläufige Zulassung keine Anwendung mehr finden bzw. gegebenenfalls über den Zeitraum von fünf Jahren hinaus verlängert werden.

(27) Die Wirkstoffe in einem Pflanzenschutzmittel lassen sich in unterschiedlichen Produktionsprozessen herstellen, wodurch sich Unterschiede in der Spezifikation ergeben. Solche Unterschiede können auch Auswirkungen auf die Sicherheit mit sich bringen. Aus Gründen der Effizienz sollte ein harmonisiertes Verfahren auf Gemeinschaftsebene für die Bewertung dieser Unterschiede vorgesehen werden.

(28) Die verwaltungstechnische Zusammenarbeit der Mitgliedstaaten sollte in allen Phasen des Zulassungsverfahrens verbessert werden.

(29) Der Grundsatz der gegenseitigen Anerkennung stellt eines der Mittel dar, mit denen der freie Warenverkehr innerhalb der Gemeinschaft gewährleistet werden soll. Zur Vermeidung von Doppelarbeit, Verringerung des Verwaltungsaufwands für Industrie und Mitgliedstaaten und Sicherstellung einer einheitlicheren Verfügbarkeit von Pflanzenschutzmitteln sollte die von einem Mitgliedstaat erteilte Zulassung von anderen Mitgliedstaaten akzeptiert werden, sofern die landwirtschaftlichen, pflanzengesundheitlichen und ökologischen Bedingungen (einschließlich der klimatischen Bedingungen) vergleichbar sind. Daher sollte die Gemeinschaft in Zonen mit diesbezüglich jeweils vergleichbaren Bedingungen unterteilt werden, um diese gegenseitige Anerkennung zu erleichtern. Besondere ökologische oder landwirtschaftliche Bedingungen im Gebiet eines oder mehrerer Mitgliedstaaten können es jedoch erforderlich machen, dass die Mitgliedstaaten auf Antrag die von einem anderen Mitgliedstaat erteilte Zulassung anerkennen oder ändern, oder die Zulassung des Pflanzenschutzmittels in ihrem Gebiet verweigern, wo dies aufgrund besonderer ökologischer oder landwirtschaftlicher Gegebenheiten gerechtfertigt ist oder wo das in dieser Verordnung vorgeschriebene hohe Schutzniveau für die Gesundheit von Mensch und Tier sowie für die Umwelt nicht erreicht werden kann. Es sollte ferner möglich sein, bestimmte Voraussetzungen auch im Zusammenhang mit den im nationalen Aktionsplan

gemäß der Richtlinie 2009/128/EG des Europäischen Parlaments und des Rates vom 21. Oktober 2009 über einen Aktionsrahmen der Gemeinschaft für die nachhaltige Verwendung von Pestiziden[9] gesetzten Zielen zur Auflage zu machen.

(30) Für die Industrie ist der wirtschaftliche Anreiz zur Beantragung einer Zulassung auf bestimmte Verwendungszwecke beschränkt. Um sicherzustellen, dass die Diversifizierung von Landwirtschaft und Gartenbau nicht durch die mangelnde Verfügbarkeit von Pflanzenschutzmitteln behindert wird, sollten für geringfügige Verwendungen besondere Regelungen festgelegt werden.

(31) Für den Fall, dass identische Pflanzenschutzmittel in verschiedenen Mitgliedstaaten zugelassen wurden, sollte in dieser Verordnung ein vereinfachtes Verfahren für die Erteilung einer Genehmigung für den Parallelhandel vorgesehen werden, um den Handel mit solchen Produkten zwischen den Mitgliedstaaten zu erleichtern.

(32) In Ausnahmefällen sollte es den Mitgliedstaaten erlaubt sein, Pflanzenschutzmittel zuzulassen, die nicht die Bedingungen der vorliegenden Verordnung erfüllen, soweit dies erforderlich ist, um eine Gefahr oder Bedrohung für die Pflanzenerzeugung oder die Ökosysteme abzuwenden, die mit anderen angemessenen Mitteln nicht beherrscht werden kann. Solche befristeten Zulassungen sollten auf Gemeinschaftsebene überprüft werden.

(33) Die Rechtsvorschriften der Gemeinschaft für Saatgut sehen den freien Verkehr mit Saatgut innerhalb der Gemeinschaft vor, enthalten jedoch keine Bestimmungen über Saatgut, das mit Pflanzenschutzmitteln behandelt wurde. Entsprechende Bestimmungen sollten daher in diese Verordnung aufgenommen werden. Stellt behandeltes Saatgut ein schwerwiegendes Risiko für die Gesundheit von Mensch und Tier oder die Umwelt dar, so sollten die Mitgliedstaaten die Möglichkeit haben, Schutzmaßnahmen zu ergreifen.

(34) Zur Förderung der Innovation sollten spezielle Regelungen aufgestellt werden, die die Verwendung von Pflanzenschutzmitteln in Versuchen erlauben, selbst wenn diese Mittel noch nicht zugelassen sind.

(35) Zur Sicherung des hohen Schutzniveaus für die Gesundheit von Mensch und Tier und die Umwelt sollten Pflanzenschutzmittel sachgemäß entsprechend ihrer Zulassung unter Beachtung der Grundsätze des integrierten Pflanzenschutzes verwendet werden, wobei nach Möglichkeit nichtchemischen und natürlichen Alternativen Vorrang zu geben ist. Der Rat sollte die Grundsätze des integrierten Pflanzenschutzes, einschließlich der guten Pflanzenschutzpraxis und nichtchemischer Verfahren des Pflanzenschutzes, der Schädlingsbekämpfung und des Pflanzenanbaus, in die Überprüfung der Grundanforderungen an die Betriebsführung gemäß Anhang III der Verordnung (EG) Nr. 1782/2003 des Rates vom 29. September 2003 mit gemeinsamen Regeln für Direktzahlungen im Rahmen der gemeinsamen Agrarpolitik und mit bestimmten Stützungsregelungen für Inhaber landwirtschaftlicher Betriebe[10] aufnehmen.

---

9 Siehe Seite 71 dieses Amtsblatts.

10 ABl. L 270 vom 21.10.2003, S. 1.

(36) Zusätzlich zu dieser Verordnung und der Richtlinie 2009/128/EG wurde eine thematische Strategie für die nachhaltige Verwendung von Pestiziden angenommen. Im Interesse der Kohärenz zwischen diesen Rechtsinstrumenten sollte der Verwender dem Etikett des Produkts entnehmen können, wo, wann und unter welchen Bedingungen das Pflanzenschutzmittel verwendet werden kann.

(37) Es sollte ein systematischer Informationsaustausch stattfinden. Die Mitgliedstaaten sollten einander, der Kommission und der Behörde die im Zusammenhang mit Anträgen auf Zulassung von Pflanzenschutzmitteln vorgelegten Daten und wissenschaftlichen Unterlagen zugänglich machen.

(38) Zusatzstoffe können verwendet werden, um die Wirksamkeit eines Pflanzenschutzmittels zu erhöhen. Ihr Inverkehrbringen sowie ihre Verwendung sollten verboten werden, wenn sie einen verbotenen Beistoff enthalten. Es sollten technische Vorschriften für die Zulassung festgelegt werden.

(39) Studien erfordern eine erhebliche Investition. Diese Investition sollte geschützt werden, um die Forschung zu fördern. Daher sollten Versuche und Studien – abgesehen von solchen mit Wirbeltieren, für die die gemeinsame Nutzung der Daten zwingend vorgeschrieben wird –, die ein Antragsteller einem Mitgliedstaat vorlegt, gegen die Verwendung durch einen anderen Antragsteller geschützt werden. Dieser Schutz sollte jedoch zeitlich begrenzt sein, um Wettbewerb zu ermöglichen. Auch sollte er auf solche Studien beschränkt sein, die für die Zwecke des Entscheidungsverfahrens unbedingt erforderlich sind, damit nicht Antragsteller die Schutzdauer durch Vorlage neuer, unnötiger Studien künstlich verlängern. Alle Wirtschaftsakteure, insbesondere kleine und mittlere Unternehmen, sollten die gleichen Chancen im Hinblick auf den Marktzugang haben.

(40) Der Einsatz von anderen Versuchen als Tierversuchen und andere Risikobewertungsstrategien sollten gefördert werden. Tierversuche für die Zwecke dieser Verordnung sollten auf ein Minimum beschränkt werden und Versuche an Wirbeltieren sollten als letzte Möglichkeit durchgeführt werden. Gemäß der Richtlinie 86/609/EWG des Rates vom 24. November 1986 zur Annäherung der Rechts- und Verwaltungsvorschriften der Mitgliedstaaten zum Schutz der für Versuche und andere wissenschaftliche Zwecke verwendeten Tiere[11] sind Wirbeltierversuche zu ersetzen, einzuschränken oder zu verbessern. Daher sollten Regeln Regelungen zur Vermeidung von Doppelversuchen festgelegt werden und die Wiederholung von Versuchen und Studien an Wirbeltieren sollte untersagt werden. Es sollte eine Verpflichtung aufgenommen werden, zum Zwecke der Entwicklung neuer Pflanzenschutzmittel den Zugang zu Studien über Wirbeltierversuche unter annehmbaren Bedingungen zu ermöglichen, und die Ergebnisse der Studien mit Tierversuchen sollten gemeinsam genutzt sowie deren Kosten geteilt werden. Damit die Akteure wissen, welche Studien bereits durchgeführt wurden, sollten die Mitgliedstaaten eine Liste solcher Studien führen, selbst wenn diese dem vorstehend beschriebenen System des obligatorischen Zugangs nicht unterliegen.

---

11 ABl. L 358 vom 18.12.1986, S. 1.

(41) Da die Mitgliedstaaten, die Kommission und die Behörde unterschiedliche Regeln Regelungen über den Zugang zu Dokumenten und deren Vertraulichkeit anwenden, ist es angebracht klarzustellen, unter welchen Bedingungen der Zugang zu den in den Dokumenten, die sich im Besitz der genannten Stellen befinden, enthaltenen Informationen möglich ist und wie die Vertraulichkeit dieser Dokumente geregelt ist.

(42) Die Richtlinie 1999/45/EG des Europäischen Parlaments und des Rates vom 31. Mai 1999 zur Angleichung der Rechts- und Verwaltungsvorschriften der Mitgliedstaaten für die Einstufung, Verpackung und Kennzeichnung gefährlicher Zubereitungen[12] gilt auch für die Einstufung, Verpackung und Kennzeichnung von Pflanzenschutzmitteln. Um die Verwender von Pflanzenschutzmitteln, die Verbraucher von Pflanzen und Pflanzenerzeugnissen und die Umwelt noch besser zu schützen, sind jedoch weitere spezifische Regeln angebracht, die die Besonderheiten der Verwendung von Pflanzenschutzmitteln berücksichtigen.

(43) Um sicherzustellen, dass die Verwender von Pflanzenschutzmitteln oder die Öffentlichkeit nicht durch Werbung irregeführt werden, ist es angebracht, die Werbung für diese Produkte zu regeln.

(44) Es sollten Bestimmungen zur Führung von Aufzeichnungen und zur Information über die Verwendung von Pflanzenschutzmitteln festgelegt werden, um das Schutzniveau für die Gesundheit von Mensch und Tier sowie für die Umwelt durch die Rückverfolgbarkeit einer möglichen Exposition zu erhöhen, die Effizienz der Überwachung und Kontrolle zu steigern und die Kosten für die Überwachung der Wasserqualität zu verringern.

(45) Bestimmungen über Kontroll- und Inspektionsregelungen hinsichtlich des Inverkehrbringens und der Verwendung von Pflanzenschutzmitteln sollten die korrekte, sichere und harmonisierte Anwendung der in dieser Verordnung festgelegten Anforderungen sicherstellen, um ein hohes Schutzniveau für die Gesundheit von Mensch und Tier sowie für die Umwelt sicherzustellen.

(46) Die Verordnung (EG) Nr. 882/2004 des Europäischen Parlaments und des Rates vom 29. April 2004 über amtliche Kontrollen zur Überprüfung der Einhaltung des Lebensmittel- und Futtermittelrechts sowie der Bestimmungen über Tiergesundheit und Tierschutz[13] sieht Kontrollmaßnahmen bezüglich der Verwendung von Pflanzenschutzmitteln in allen Phasen der Lebensmittelherstellung vor, einschließlich des Führens von Aufzeichnungen über deren Verwendung. Die Kommission sollte ähnliche Vorschriften über die Überwachung und Kontrolle der Lagerung und Verwendung von Pflanzenschutzmitteln festlegen, die nicht unter die Verordnung (EG) Nr. 882/2004 fallen. Der Verwaltungsaufwand für Landwirte sollte so gering wie möglich sein.

(47) Die in dieser Verordnung vorgesehenen Maßnahmen sollten unbeschadet der anderen Rechtsvorschriften der Gemeinschaft angewandt werden, ins-

---

12 ABl. L 200 vom 30.7.1999, S. 1.

13 ABl. L 165 vom 30.4.2004, S. 1.

besondere der Richtlinie 2009/128/EG, der Richtlinie 2000/60/EG, der Verordnung (EG) Nr. 396/2005 des Europäischen Parlaments und des Rates vom 23. Februar 2005 über Höchstgehalte an Pestizidrückständen in oder auf Lebens- und Futtermitteln pflanzlichen und tierischen Ursprungs[14] sowie der Rechtsvorschriften der Gemeinschaft zum Schutz von Arbeitnehmern und anderen Personen, die mit der Verwendung genetisch veränderter Organismen in geschlossenen Systemen und ihrer absichtlichen Freisetzung in Berührung kommen.

(48) Es ist notwendig, Verfahren für den Erlass von Notfallmaßnahmen für den Fall vorzusehen, dass ein genehmigter Wirkstoff, ein Safener, Synergist oder Pflanzenschutzmittel wahrscheinlich ein schwerwiegendes Risiko für die Gesundheit von Mensch oder Tier oder für die Umwelt darstellt.

(49) Die Mitgliedstaaten sollten Vorschriften über die Sanktionen erlassen, die bei einem Verstoß gegen diese Verordnung zu verhängen sind, und alle erforderlichen Maßnahmen treffen, um ihre Anwendung zu gewährleisten.

(50) Die allgemeine zivil- und strafrechtliche Haftung des Herstellers in den Mitgliedstaaten und gegebenenfalls der für das Inverkehrbringen des Pflanzenschutzmittels oder für dessen Verwendung verantwortlichen Person sollte weiterhin bestehen bleiben.

(51) Die Mitgliedstaaten sollten die Möglichkeit haben, die Kosten der Verfahren im Zusammenhang mit der Anwendung dieser Verordnung von denjenigen zurückzufordern, die Pflanzenschutzmittel oder Zusatzstoffe in Verkehr bringen bzw. dies beabsichtigen, sowie von denjenigen, die die Genehmigung von Wirkstoffen, Safenern oder Synergisten beantragen.

(52) Die Mitgliedstaaten sollten die erforderlichen zuständigen nationalen Behörden benennen.

(53) Die Kommission sollte die Anwendung dieser Verordnung erleichtern. Daher ist es angebracht, die notwendigen Finanzmittel und die Möglichkeit vorzusehen, bestimmte Vorschriften dieser Verordnung im Licht der Erfahrung anzupassen oder technische Leitlinien auszuarbeiten.

(54) Die zur Durchführung dieser Verordnung erforderlichen Maßnahmen sollten gemäß dem Beschluss 1999/468/EG des Rates vom 28. Juni 1999 zur Festlegung der Modalitäten für die Ausübung der der Kommission übertragenen Durchführungsbefugnisse[15] erlassen werden.

(55) Insbesondere sollte die Kommission die Befugnis erhalten, harmonisierte Methoden für die Feststellung der Art und Menge der Wirkstoffe, Safener und Synergisten und gegebenenfalls von relevanten Verunreinigungen und Beistoffen und die maximalen Mengen der Pflanzenschutzmittel, die freigesetzt werden dürfen, anzunehmen, sowie Verordnungen über Kennzeichnungsvorschriften, Überwachung und Regelungen für Zusatzstoffe und ein Arbeitsprogramm für Safener und Synergisten, einschließlich ihrer Datenanforderungen, zur Verschiebung des Ablaufs der Geltungsdauer der Zulas-

14 ABl. L 70 vom 16.3.2005, S. 1.

15 ABl. L 184 vom 17.7.1999, S. 23.

sung, zur Verlängerung der Geltungsdauer der vorläufigen Zulassung und zur Festlegung der Informationsanforderungen für den Parallelhandel, über die Einbeziehung von Beistoffen sowie zur Änderung der Verordnungen über Datenanforderungen und einheitliche Grundsätze für die Bewertung und Zulassung sowie der Anhänge zu erlassen. Da es sich hierbei um Maßnahmen von allgemeiner Tragweite handelt, die eine Änderung nicht wesentlicher Bestimmungen dieser Verordnung, auch durch Hinzufügung neuer nicht wesentlicher Bestimmungen, bewirken, sind diese Maßnahmen nach dem Regelungsverfahren mit Kontrolle des Artikels 5a des Beschlusses 1999/468/EG zu erlassen.

(56) Aus Gründen der Effizienz sollten die im Rahmen des Regelungsverfahrens mit Kontrolle üblichen Fristen für den Erlass einer Verordnung, mit der der Ablauf der Geltungsdauer der Zulassung um einen Zeitraum hinausgeschoben wird, der für die Prüfung des Antrags ausreicht, verkürzt werden.

(57) Ferner ist es angebracht, einige geltende Bestimmungen, die in den Anhängen der Richtlinie 91/414/EWG enthalten sind, in getrennte Rechtsinstrumente zu übernehmen, die von der Kommission innerhalb von 18 Monaten nach dem Inkrafttreten dieser Verordnung erlassen werden. Da diese geltenden Bestimmungen in einem ersten Schritt in neue Rechtsinstrumente übernommen und daher ohne wesentliche Änderungen angenommen werden sollten, ist das Beratungsverfahren dafür am besten geeignet.

(58) Außerdem ist es angebracht, einige rein technische Maßnahmen, insbesondere technische Leitlinien, aufgrund ihres unverbindlichen Charakters nach dem Beratungsverfahren zu erlassen.

(59) Einige Bestimmungen der Richtlinie 91/414/EWG sollten in der Übergangszeit gültig bleiben –

HABEN FOLGENDE VERORDNUNG ERLASSEN:

Kapitel I
Allgemeine Bestimmungen

Artikel 1 Gegenstand und Ziel

(1) Diese Verordnung enthält Bestimmungen über die Zulassung von Pflanzenschutzmitteln in kommerzieller Form sowie über ihr Inverkehrbringen, ihre Verwendung und ihre Kontrolle innerhalb der Gemeinschaft.

(2) Diese Verordnung enthält Bestimmungen sowohl über die Genehmigung von Wirkstoffen, Safenern und Synergisten, die in Pflanzenschutzmitteln enthalten sind oder aus denen diese bestehen, als auch über Zusatzstoffe und Beistoffe.

(3) Ziel dieser Verordnung ist die Gewährleistung eines hohen Schutzniveaus für die Gesundheit von Mensch und Tier und für die Umwelt und das bessere Funktionieren des Binnenmarkts durch die Harmonisierung der Vorschriften für das Inverkehrbringen von Pflanzenschutzmitteln und die Verbesserung der landwirtschaftlichen Produktion.

(4) Die Bestimmungen dieser Verordnung beruhen auf dem Vorsorgeprinzip, mit dem sichergestellt werden soll, dass in Verkehr gebrachte Wirkstoffe oder Produkte die Gesundheit von Mensch und Tier sowie die Umwelt nicht beeinträchtigen. Insbesondere ist es den Mitgliedstaaten freigestellt, das Vorsorgeprinzip anzuwenden, wenn wissenschaftliche Ungewissheit besteht, ob die in ihrem Hoheitsgebiet zuzulassenden Pflanzenschutzmittel Gefahren für die Gesundheit von Mensch oder Tier oder die Umwelt bergen.

Artikel 2 Anwendungsbereich

(1) Diese Verordnung gilt für Produkte in der dem Verwender gelieferten Form, die aus Wirkstoffen, Safenern oder Synergisten bestehen oder diese enthalten und für einen der nachstehenden Verwendungszwecke bestimmt sind:

a) Pflanzen oder Pflanzenerzeugnisse vor Schadorganismen zu schützen oder deren Einwirkung vorzubeugen, soweit es nicht als Hauptzweck dieser Produkte erachtet wird, eher hygienischen Zwecken als dem Schutz von Pflanzen oder Pflanzenerzeugnissen zu dienen;

b) in einer anderen Weise als Nährstoffe die Lebensvorgänge von Pflanzen zu beeinflussen (z. B. Wachstumsregler);

c) Pflanzenerzeugnisse zu konservieren, soweit diese Stoffe oder Produkte nicht besonderen Gemeinschaftsvorschriften über konservierende Stoffe unterliegen;

d) unerwünschte Pflanzen oder Pflanzenteile zu vernichten, mit Ausnahme von Algen, es sei denn, die Produkte werden auf dem Boden oder im Wasser zum Schutz von Pflanzen ausgebracht;

e) ein unerwünschtes Wachstum von Pflanzen zu hemmen oder einem solchen Wachstum vorzubeugen, mit Ausnahme von Algen, es sei denn, die Produkte werden auf dem Boden oder im Wasser zum Schutz von Pflanzen ausgebracht.

Diese Produkte werden als „Pflanzenschutzmittel" bezeichnet.

(2) Diese Verordnung gilt für Stoffe, einschließlich Mikroorganismen, mit allgemeiner oder spezifischer Wirkung gegen Schadorganismen an Pflanzen, Pflanzenteilen oder Pflanzenerzeugnissen, „Wirkstoffe" genannt.

(3) Diese Verordnung gilt für

a) Stoffe oder Zubereitungen, die einem Pflanzenschutzmittel beigefügt werden, um die phytotoxische Wirkung des Pflanzenschutzmittels auf bestimmte Pflanzen zu unterdrücken oder zu verringern, „Safener" genannt;

b) Stoffe oder Zubereitungen, die keine oder nur eine schwache Wirkung gemäß Absatz 1 aufweisen, aber die Wirkung des Wirkstoffs/der Wirkstoffe in einem Pflanzenschutzmittel verstärken, „Synergisten" genannt;

c) Stoffe oder Zubereitungen, die in einem Pflanzenschutzmittel oder Zusatzstoff verwendet werden oder dazu bestimmt sind, die aber weder Wirkstoffe noch Safener noch Synergisten sind, „Beistoffe" genannt;

d) Stoffe oder Zubereitungen, die aus Beistoffen oder Zubereitungen mit einem oder mehreren Beistoffen bestehen, in der dem Verwender gelieferten Form und in Verkehr gebracht mit der Bestimmung, vom Verwender mit einem Pflanzenschutzmittel vermischt zu werden, um dessen Wirkung oder andere pestizide Eigenschaften zu verstärken, „Zusatzstoffe" genannt.

Artikel 3 Begriffsbestimmungen

Im Sinne dieser Verordnung bezeichnet der Ausdruck

1. „Rückstände" einen oder mehrere Stoffe, die in oder auf Pflanzen oder Pflanzenerzeugnissen, essbaren Erzeugnissen tierischer Herkunft, im Trinkwasser oder anderweitig in der Umwelt vorhanden sind und deren Vorhandensein von der Verwendung von Pflanzenschutzmitteln herrührt, einschließlich ihrer Metaboliten und Abbau- oder Reaktionsprodukte;
2. „Stoffe" chemische Elemente und deren Verbindungen, wie sie natürlich vorkommen oder hergestellt werden, einschließlich jeglicher bei der Herstellung nicht zu vermeidender Verunreinigung;
3. „Zubereitungen" Gemische oder Lösungen aus zwei oder mehreren Stoffen, die zur Verwendung als Pflanzenschutzmittel oder Zusatzstoffe bestimmt sind;
4. „bedenklicher Stoff" jeder Stoff, der aufgrund seiner inhärenten Eigenschaften nachteilige Wirkungen auf Mensch, Tier oder Umwelt haben kann und in einem Pflanzenschutzmittel in einer Konzentration enthalten ist oder entsteht, die hinreicht, um das Risiko einer solchen Wirkung hervorzurufen.

   Dazu gehören, jedoch nicht ausschließlich, Stoffe, die die Kriterien zur Einstufung als gefährliche Stoffe gemäß der Verordnung (EG) Nr. 1272/2008 des Europäischen Parlaments und des Rates vom 16. Dezember 2008 über die Einstufung, Kennzeichnung und Verpackung von Stoffen und Gemischen[16] erfüllen und in dem Pflanzenschutzmittel in einer Konzentration vorhanden sind, die dazu führt, dass das Mittel als gefährlich im Sinne des Artikels 3 der Richtlinie 1999/45/EG angesehen wird;
5. „Pflanzen" lebende Pflanzen oder lebende Teile von Pflanzen, einschließlich Frischobst, Gemüse und Samen;
6. „Pflanzenerzeugnisse" aus Pflanzen gewonnene Erzeugnisse, unverarbeitet oder durch einfache Verfahren wie Mahlen, Trocknen oder Pressen bearbeitet, ausgenommen Pflanzen;
7. „Schadorganismen" alle Arten, Stämme oder Biotypen von Pflanzen, Tieren oder Krankheitserregern, die für Pflanzen oder Pflanzenerzeugnisse schädlich sind;
8. „nichtchemische Methoden" alternative Methoden zur Verwendung chemischer Pestizide für den Pflanzenschutz und die Schädlingsbekämpfung auf der Grundlage von agronomischen Verfahren wie die in Anhang III Nummer 1 der Richtlinie 2009/128/EG genannten oder physikalische, mechanische oder biologische Schädlingsbekämpfungsmethoden;
9. „Inverkehrbringen" das Bereithalten zum Zwecke des Verkaufs innerhalb der Gemeinschaft, einschließlich des Anbietens zum Verkauf oder jeder anderen

16 ABl. L 353 vom 31.12.2008, S. 1.

Form der Weitergabe, unabhängig davon, ob entgeltlich oder unentgeltlich, sowie Verkauf, Vertrieb oder andere Formen der Weitergabe selbst, jedoch nicht die Rückgabe an den früheren Verkäufer. Die Überführung in den freien Verkehr des Gebiets der Gemeinschaft ist ein Inverkehrbringen im Sinne dieser Verordnung;

10. „Zulassung eines Pflanzenschutzmittels“ einen Verwaltungsakt, mit dem die zuständige Behörde eines Mitgliedstaats das Inverkehrbringen eines Pflanzenschutzmittels auf dessen Gebiet zulässt;

11. „Hersteller“ eine Person, die Pflanzenschutzmittel, Wirkstoffe, Safener, Synergisten, Beistoffe oder Zusatzstoffe selbst herstellt oder einen Dritten damit beauftragt, diese für sie herzustellen, oder eine Person, die vom Hersteller für die Zwecke der Einhaltung dieser Verordnung als alleiniger Vertreter benannt wurde;

12. „Zugangsbescheinigung“ ein Originaldokument, mit dem der Eigentümer von Daten, die gemäß der vorliegenden Verordnung geschützt sind, der Nutzung dieser Daten durch die zuständige Behörde für die Zwecke der Zulassung eines Pflanzenschutzmittels oder der Genehmigung eines Wirkstoffs, Synergisten oder Safeners zugunsten eines anderen Antragstellers unter den spezifischen Voraussetzungen und Bedingungen zustimmt;

13. „Umwelt“ Gewässer (einschließlich Grundwasser und Oberflächengewässer, Übergangs-, Küsten- und Meeresgewässer), Sedimente, Boden, Luft, Land sowie wild lebende Arten von Pflanzen und Tieren und ihre gegenseitigen Beziehungen sowie die Beziehung zwischen ihnen und anderen lebenden Organismen;

14. „gefährdete Personengruppen“ Personen, die bei der Bewertung akuter und chronischer Gesundheitsauswirkungen von Pflanzenschutzmitteln besonders zu berücksichtigen sind. Dazu zählen schwangere und stillende Frauen, Kinder im Mutterleib, Säuglinge, Kinder, ältere Menschen, sowie Arbeitnehmer und Anrainer, die über einen längeren Zeitraum einer hohen Pestizidbelastung ausgesetzt sind;

15. „Mikroorganismen“ zelluläre oder nichtzelluläre mikrobiologische Einheiten einschließlich niederer Pilze und Viren, die zur Replikation oder zur Weitergabe von genetischem Material fähig sind;

16. „genetisch veränderte Organismen“ Organismen, deren genetisches Material im Sinne von Artikel 2 Absatz 2 der Richtlinie 2001/18/EG des Europäischen Parlaments und des Rates vom 12. März 2001 über die absichtliche Freisetzung genetisch veränderter Organismen in die Umwelt[17] verändert wurde;

17. „Zone“ eine Gruppe von Mitgliedstaaten gemäß der Definition in Anhang I.

    Zur Verwendung in Gewächshäusern, der Behandlung nach der Ernte, der Behandlung leerer Lagerhäuser und der Behandlung von Saatgut bezeichnet der Ausdruck „Zone“ sämtliche in Anhang I festgelegten Zonen;

18. „gute Pflanzenschutzpraxis“ eine Praxis, bei der die Behandlung bestimmter Pflanzen oder Pflanzenerzeugnisse mit Pflanzenschutzmitteln in Überein-

---

17 ABl. L 106 vom 17.4.2001, S. 1.

stimmung mit dem durch die Zulassung abgedeckten Verwendungszweck so ausgewählt, dosiert und zeitlich gesteuert wird, dass eine akzeptable Wirkung mit der geringsten erforderlichen Menge erzielt wird, unter Berücksichtigung lokaler Bedingungen und der Möglichkeit einer Bekämpfung mittels geeigneter Anbaumethoden und biologischer Mittel;

19. „gute Laborpraxis" eine Praxis gemäß Anhang I Nummer 2.1 der Richtlinie 2004/10/EG des Europäischen Parlaments und des Rates vom 11. Februar 2004 zur Angleichung der Rechts- und Verwaltungsvorschriften für die Anwendung der Grundsätze der Guten Laborpraxis und zur Kontrolle ihrer Anwendung bei Versuchen mit chemischen Stoffen (kodifizierte Fassung)[18];

20. „gute experimentelle Praxis" eine Praxis gemäß den Leitlinien 181 und 152 der Pflanzenschutz-Organisation für Europa und den Mittelmeerraum (EPPO);

21. „Datenschutz" das zeitlich begrenzte Recht des Eigentümers eines Versuchs- oder Untersuchungsberichts zu verhindern, dass dieser Bericht zugunsten eines anderen Antragstellers verwendet wird;

22. „berichterstattender Mitgliedstaat" derjenige Mitgliedstaat, der die Aufgabe übernimmt, einen Wirkstoff, Safener oder Synergisten zu bewerten;

23. „Versuche und Studien" Untersuchungen oder Experimente, deren Zweck es ist, die Eigenschaften und das Verhalten eines Wirkstoffs oder von Pflanzenschutzmitteln zu ermitteln, Prognosen zur Exposition gegenüber Wirkstoffen und/ oder deren relevanten Metaboliten abzugeben, Werte für unbedenkliche Exposition zu ermitteln und die Bedingungen für die unbedenkliche Verwendung von Pflanzenschutzmitteln festzulegen;

24. „Inhaber einer Zulassung" jede natürliche oder juristische Person, die Inhaber einer Zulassung eines Pflanzenschutzmittels ist;

25. „beruflicher Verwender" berufliche Verwender im Sinne von Artikel 3 Absatz 1 der Richtlinie 2009/128/EG;

26. „geringfügige Verwendung" die Verwendung eines Pflanzenschutzmittels in einem bestimmten Mitgliedstaat auf Pflanzen oder Pflanzenerzeugnissen
    a) mit geringer Verbreitung in diesem Mitgliedstaat oder
    b) mit großer Verbreitung, wenn eine außergewöhnliche Notwendigkeit des Pflanzenschutzes besteht;

27. „Gewächshaus" einen begehbaren, feststehenden, abgeschlossenen Raum für die Erzeugung von Kulturpflanzen mit einer gewöhnlich transparenten Außenhülle, die den kontrollierten Austausch von Material und Energie mit der Umgebung zulässt und die Freisetzung von Pflanzenschutzmitteln in die Umwelt verhindert.

    Im Sinne dieser Verordnung gelten auch geschlossene Räume für die Erzeugung von Pflanzen mit einer nicht transparenten Außenhülle (z. B. für die Erzeugung von Pilzen oder Chicorée) als Gewächshaus;

---

18 ABl. L 50 vom 20.2.2004, S. 44.

28. „Nacherntebehandlung“ die Behandlung von Pflanzen oder Pflanzenerzeugnissen nach der Ernte in einem isolierten Raum, wo ein Abfließen nicht möglich ist, z. B. in einem Lager;
29. „biologische Vielfalt“ Variabilität unter lebenden Organismen jeglicher Herkunft, einschließlich Land-, Meeres- und sonstigen aquatischen Ökosystemen und die ökologischen Wirkungsgefüge, zu denen sie gehören; diese Variabilität kann die Vielfalt innerhalb der Arten, zwischen den Arten und die Vielfalt der Ökosysteme umfassen;
30. „zuständige Behörde“ eine oder mehrere Behörden eines Mitgliedstaats, der/denen die Wahrnehmung der in dieser Verordnung vorgesehenen Aufgaben obliegt;
31. „Werbung“ ein Mittel zur Förderung des Verkaufs oder der Verwendung von Pflanzenschutzmitteln, die sich an andere Personen als an den Inhaber der Zulassung, die Person, die das Pflanzenschutzmittel in Verkehr bringt, oder deren Vertreter richtet, durch gedruckte oder elektronische Medien;
32. „Metabolit“ jeden Metabolit oder jedes Abbauprodukt eines Wirkstoffs, Safeners oder Synergisten, der/das entweder in Organismen oder in der Umwelt entsteht.

    Ein Metabolit wird als relevant eingestuft, wenn Grund zur Annahme besteht, dass er in Bezug auf seine gewünschte biologische Wirksamkeit mit dem Ausgangsstoff vergleichbare inhärente Eigenschaften aufweist oder für Organismen ein höheres oder vergleichbares Risiko wie der Ausgangsstoff darstellt oder über bestimmte toxikologische Eigenschaften verfügt, die als nicht annehmbar erachtet werden. Ein solcher Metabolit ist relevant für die Gesamtentscheidung über die Genehmigung oder für die Festlegung von Maßnahmen zur Risikominderung;
33. „Verunreinigung“ jeden Bestandteil außer dem reinen Wirkstoff und/oder der reinen Variante, der/die sich im technischen Material befindet (einschließlich Bestandteile, die durch den Herstellungsprozess oder den Abbau während der Lagerung entstehen).

Kapitel II
Wirkstoffe, Safener, Synergisten und Beistoffe

Abschnitt 1
Wirkstoffe

Unterabschnitt1
Anforderungen und Bedingungen für die Genehmigung

Artikel 4 Genehmigungskriterien für Wirkstoffe

(1) Ein Wirkstoff wird gemäß Anhang II genehmigt, wenn aufgrund des wissenschaftlichen und technischen Kenntnisstandes zu erwarten ist, dass unter Berücksichtigung der Genehmigungskriterien in den Nummern 2 und 3 jenes Anhangs Pflanzenschutzmittel, die diesen Wirkstoff enthalten, die Voraussetzungen der Absätze 2 und 3 erfüllen.

Bei der Bewertung des Wirkstoffs wird zunächst ermittelt, ob die Genehmigungskriterien nach Anhang II Nummern 3.6.2 bis 3.6.4 und Nummer 3.7 erfüllt sind. Sind diese Kriterien erfüllt, so wird anschließend geprüft, ob die in Anhangs II Nummern 2 und 3 festgelegten übrigen Genehmigungskriterien erfüllt sind.

(2) Die Rückstände von Pflanzenschutzmitteln müssen als Folge der Verwendung entsprechend der guten Pflanzenschutzpraxis und unter der Voraussetzung realistischer Verwendungsbedingungen folgende Anforderungen erfüllen:

a) Sie dürfen keine schädlichen Auswirkungen auf die Gesundheit von Menschen, einschließlich besonders gefährdeter Personengruppen, oder von Tieren – unter Berücksichtigung von Kumulations- und Synergieeffekten, wenn es von der Behörde anerkannte wissenschaftliche Methoden zur Messung solcher Effekte gibt – noch auf das Grundwasser haben.

b) Sie dürfen keine unannehmbaren Auswirkungen auf die Umwelt haben.

Für Rückstände mit toxikologischer, ökotoxikologischer, ökologischer Relevanz oder Relevanz für das Trinkwasser müssen allgemein gebräuchliche Messverfahren zur Verfügung stehen. Analysestandards müssen allgemein verfügbar sein.

(3) Pflanzenschutzmittel müssen als Folge der Verwendung entsprechend der guten Pflanzenschutzpraxis und unter der Voraussetzung realistischer Verwendungsbedingungen folgende Anforderungen erfüllen:

a) Sie müssen hinreichend wirksam sein.

b) Sie dürfen keine sofortigen oder verzögerten schädlichen Auswirkungen auf die Gesundheit von Menschen, einschließlich besonders gefährdeter Personengruppen, oder von Tieren – weder direkt noch über das Trinkwasser (unter Berücksichtigung der bei der Trinkwasserbehandlung entstehenden Produkte), über Nahrungs- oder Futtermittel oder über die Luft oder Auswirkungen am Arbeitsplatz oder durch andere indirekte Effekte unter Berücksichtigung bekannter Kumulations- und Synergieeffekte, soweit es von der Behörde anerkannte wissenschaftliche Methoden zur Bewertung solcher Effekte gibt – noch auf das Grundwasser haben.

c) Sie dürfen keine unannehmbaren Auswirkungen auf Pflanzen oder Pflanzenerzeugnisse haben.

d) Sie dürfen bei den zu bekämpfenden Wirbeltieren keine unnötigen Leiden oder Schmerzen verursachen.

e) Sie dürfen keine unannehmbaren Auswirkungen auf die Umwelt haben, und zwar unter besonderer Berücksichtigung folgender Aspekte, soweit es von der Behörde anerkannte wissenschaftliche Methoden zur Bewertung solcher Effekte gibt:

i) Verbleib und Ausbreitung in der Umwelt, insbesondere Kontamination von Oberflächengewässern einschließlich Mündungs- und Küstengewässern, Grundwasser, Luft und Boden, unter Berücksichtigung von Orten in großer Entfernung vom Ort der Verwendung nach einem Ferntransport in der Umwelt;

ii) Auswirkung auf Arten, die nicht bekämpft werden sollen, einschließlich des dauerhaften Verhaltens dieser Arten;

iii) Auswirkung auf die biologische Vielfalt und das Ökosystem.

(4) Die Anforderungen der Absätze 2 und 3 werden unter Berücksichtigung der einheitlichen Grundsätze gemäß Artikel 29 Absatz 6 bewertet.

(5) Für die Genehmigung eines Wirkstoffs gelten die Bestimmungen der Absätze 1, 2 und 3 als erfüllt, wenn dies in Bezug auf einen oder mehrere repräsentative Verwendungszwecke mindestens eines Pflanzenschutzmittels, das diesen Wirkstoff enthält, nachgewiesen wurde.

(6) In Bezug auf die menschliche Gesundheit dürfen keine bei Menschen erhobenen Daten dazu genutzt werden, die Sicherheitsschwellen zu senken, die sich aus Versuchen oder Studien an Tieren ergeben.

(7) Abweichend von Absatz 1 kann ein Wirkstoff für den Fall, dass er aufgrund von im Antrag enthaltenen dokumentierten Nachweisen zur Bekämpfung einer ernsten, nicht durch andere verfügbare Mittel einschließlich nichtchemischer Methoden abzuwehrenden Gefahr für die Pflanzengesundheit notwendig ist, für einen begrenzten Zeitraum genehmigt werden, der zur Bekämpfung dieser ernsthaften Gefahr notwendig ist, allerdings höchstens fünf Jahre beträgt, auch wenn er die in Anhang II Nummern 3.6.3, 3.6.4, 3.6.5 oder 3.8.2 genannten Kriterien nicht erfüllt; dies gilt unter der Voraussetzung, dass die Verwendung des Wirkstoffs Risikominderungsmaßnahmen unterliegt, um sicherzustellen, dass die Exposition von Menschen und der Umwelt gegenüber diesem Wirkstoff so gering wie möglich gehalten wird. Für diese Stoffe werden Rückstandhöchstgehalte gemäß der Verordnung (EG) Nr. 396/2005 festgesetzt.

Diese Abweichung gilt nicht für Wirkstoffe, die gemäß der Verordnung (EG) Nr. 1272/2008 als krebserzeugend der Kategorie 1A, krebserzeugend der Kategorie 1B ohne Schwellenwert oder als reproduktionstoxisch der Kategorie 1A eingestuft oder einzustufen sind.

Die Mitgliedstaaten können Pflanzenschutzmittel mit gemäß diesem Absatz zugelassenen Wirkstoffen nur genehmigen, wenn dies zur Bekämpfung der ernsthaften Gefahr für die Pflanzengesundheit in ihrem Hoheitsgebiet notwendig ist.

Gleichzeitig arbeiten sie einen Plan für ein schrittweises Verbot aus, zur Kontrolle der ernsthaften Gefahr mit anderen Mitteln einschließlich nichtchemischer Methoden; diesen Plan übermitteln sie unverzüglich der Kommission.

Artikel 5 Erstgenehmigung

Die Erstgenehmigung gilt für eine Dauer von höchstens zehn Jahren.

Artikel 6 Bedingungen und Einschränkungen

Die Genehmigung kann Bedingungen und Einschränkungen unterworfen werden, etwa hinsichtlich:

a) Mindestreinheitsgrad des Wirkstoffs,

b) Art und Höchstgehalt bestimmter Verunreinigungen,

c) Beschränkungen aufgrund der Beurteilung der Informationen nach Artikel 8 unter Berücksichtigung der jeweiligen landwirtschaftlichen, pflanzengesundheitlichen und ökologischen Bedingungen einschließlich der klimatischen Bedingungen,

d) Art der Zubereitung,

e) Art und Bedingungen der Anwendung,

f) Übermittlung zusätzlicher bestätigender Informationen an die Mitgliedstaaten, die Kommission und an die Europäische Behörde für Lebensmittelsicherheit („Behörde"), soweit im Verlaufe der Bewertung oder aufgrund neuer wissenschaftlicher und technischer Erkenntnisse neue Anforderungen festgelegt werden,

g) Festlegung von Verwenderkategorien (z. B. beruflich oder nicht beruflich);

h) Festlegung von Gebieten, in denen die Verwendung von Pflanzenschutzmitteln einschließlich Bodenbehandlungsmitteln, die den Wirkstoff enthalten, nicht oder nur unter spezifischen Bedingungen zugelassen werden darf,

i) Notwendigkeit, Maßnahmen zur Risikominderung und Monitoring nach der Verwendung zu erlassen,

j) sonstiger spezifischer Bedingungen, die sich aus der Bewertung der im Rahmen dieser Verordnung bereitgestellten Informationen ergeben.

Unterabschnitt2
Genehmigungsverfahren

Artikel 7 Antrag

(1) Der Hersteller eines Wirkstoffs legt einem Mitgliedstaat („berichterstattender Mitgliedstaat" genannt) einen Antrag auf Genehmigung dieses Wirkstoffs oder auf Änderung der Bedingungen für eine Genehmigung vor, zusammen mit einem vollständigen Dossier und einer Kurzfassung davon gemäß Artikel 8 Absätze 1 und 2 oder mit einer wissenschaftlich fundierten Begründung für die Nichtvorlage bestimmter Teile dieser Dossiers; dabei ist nachzuweisen, dass der Wirkstoff die Genehmigungskriterien gemäß Artikel 4 erfüllt.

Ein von Herstellern für die Zwecke der Einhaltung dieser Verordnung benannter Herstellerverband kann einen gemeinsamen Antrag einreichen.

Der Antrag wird von dem Mitgliedstaat geprüft, den der Antragsteller vorgeschlagen hat, es sei denn, ein anderer Mitgliedstaat erklärt sich bereit, die Prüfung zu übernehmen.

(2) Die Bewertung des Antrags kann im Rahmen eines Mitberichterstattungsverfahrens von mehreren Mitgliedstaaten gemeinsam vorgenommen werden.

(3) Bei Vorlage des Antrags kann der Antragsteller gemäß Artikel 63 beantragen, dass bestimmte Informationen, einschließlich bestimmter Teile des Dossiers, vertraulich behandelt werden; diese Informationen sind gesondert vorzulegen.

Die Mitgliedstaaten bewerten die Anträge auf Vertraulichkeit. Wird ein Antrag auf Zugang zu Informationen gestellt, so entscheidet der berichterstattende Mitgliedstaat darüber, welche Informationen vertraulich zu behandeln sind.

(4) Bei Vorlage des Antrags fügt der Antragsteller gleichzeitig eine vollständige Liste der gemäß Artikel 8 Absatz 2 eingereichten Versuche und Studien und eine Liste etwaiger Datenschutzansprüche gemäß Artikel 59 bei.

(5) Der berichterstattende Mitgliedstaat kann im Rahmen der Bewertung des Antrags jederzeit die Behörde konsultieren.

Artikel 8 Dossiers

(1) Die Kurzfassung des Dossiers umfasst:

a) Informationen über eine oder mehrere repräsentative Verwendungen an weit verbreiteten Kulturpflanzen in jeder einzelnen Zone für mindestens ein Pflanzenschutzmittel, das den Wirkstoff enthält, als Nachweis der Erfüllung der Genehmigungskriterien des Artikels 4; decken die vorgelegten Informationen nicht alle Zonen ab oder betreffen sie eine Kulturpflanze, die nicht weit verbreitet ist, ist eine Begründung für diesen Ansatz beizufügen;

b) für jeden einzelnen Punkt der Datenanforderungen für den Wirkstoff, die Zusammenfassungen und Ergebnisse von Versuchen und Studien, den Namen ihres Eigentümers und der Person oder Einrichtung, die die Versuche und Studien durchgeführt hat;

c) für jeden einzelnen Punkt der Datenanforderungen für das Pflanzenschutzmittel die Zusammenfassungen und Ergebnisse von Versuchen und Studien, den Namen ihres Eigentümers und der Person oder Einrichtung, die die Versuche und Studien durchgeführt hat, soweit diese relevant sind für die Bewertung der in Artikel 4 Absätze 2 und 3 genannten Kriterien für ein oder mehrere Pflanzenschutzmittel, die repräsentativ für die Verwendungen gemäß Buchstabe a sind, unter Berücksichtigung der Tatsache, dass gemäß Absatz 2 des vorliegenden Artikels fehlende Daten in dem Dossier, die aus der vorgeschlagenen eingeschränkten Bandbreite repräsentativer Verwendungen des Wirkstoffs resultieren, zu Einschränkungen der Genehmigung führen können;

d) für jeden Versuch oder jede Studie, die Wirbeltiere betreffen, einen Nachweis der Maßnahmen zur Vermeidung von Tierversuchen und der Wiederholung von Versuchen und Studien mit Wirbeltieren;

e) eine Checkliste, aus der hervorgeht, dass das in Absatz 2 des vorliegenden Artikels vorgeschriebene Dossier im Hinblick auf die beantragten Verwendungen vollständig ist;

f) eine Begründung, warum die vorgelegten Versuchs- und Studienberichte für die erste Genehmigung des Wirkstoffs oder für Änderungen der Genehmigungsbedingungen notwendig sind;

g) gegebenenfalls eine Kopie eines Rückstandshöchstgehalts-Antrags gemäß Artikel 7 der Verordnung (EG) Nr. 396/2005 bzw. eine Begründung für die Nichtvorlage diesbezüglicher Informationen;

h) eine Bewertung aller vorgelegten Informationen.

(2) Das vollständige Dossier enthält den Volltext der einzelnen Versuchs- und Studienberichte bezüglich aller unter Absatz 1 Buchstaben b und c genannten Informationen. Es enthält keine Berichte über Versuche oder Studien, in de-

ren Rahmen der Wirkstoff oder das Pflanzenschutzmittel gezielt an Menschen verabreicht wird.

(3) Das Format der Kurzfassung des Dossiers und des vollständigen Dossiers wird nach dem in Artikel 79 Absatz 2 genannten Beratungsverfahren festgelegt.

(4) Die Datenanforderungen gemäß den Absätzen 1 und 2 enthalten die Anforderungen für Wirkstoffe und Pflanzenschutzmittel nach den Anhängen II und III der Richtlinie 91/414/EWG und werden ohne wesentliche Änderungen in Verordnungen festgelegt, die nach dem in Artikel 79 Absatz 2 genannten Beratungsverfahren erlassen werden. Nachfolgende Änderungen dieser Verordnungen werden gemäß Artikel 78 Absatz 1 Buchstabe b erlassen.

(5) Der Antragsteller fügt entsprechend den Vorgaben der Behörde dem Dossier ein Verzeichnis mit den in den letzten zehn Jahren vor dem Datum der Vorlage des Dossiers veröffentlichten wissenschaftlichen und von Fachleuten überprüften frei verfügbaren Literatur über den Wirkstoff und seine Metaboliten bei, in der die Nebenwirkungen auf die Gesundheit, die Umwelt und Nichtzielarten behandelt werden.

Artikel 9 Zulässigkeit des Antrags

(1) Innerhalb von 45 Tagen nach Erhalt des Antrags, übermittelt der berichterstattende Mitgliedstaat dem Antragsteller eine schriftliche Empfangsbestätigung mit dem Datum des Erhalts, und prüft anhand der in Artikel 8 Absatz 1 Buchstabe e genannten Checkliste, ob die mit dem Antrag vorgelegten Dossiers alle Elemente enthalten, die in Artikel 8 vorgeschrieben sind. Er prüft auch die Anträge auf vertrauliche Behandlung nach Artikel 7 Absatz 3 und die vollständige Liste der eingereichten Versuche und Studien nach Artikel 8 Absatz 2.

(2) Fehlen ein oder mehrere der in Artikel 8 vorgesehenen Elemente, so informiert der berichterstattende Mitgliedstaat den Antragsteller darüber und legt eine Frist für ihre Vorlage fest. Diese Frist beträgt höchstens drei Monate.

Hat der Antragsteller nach Ablauf dieser Frist die fehlenden Elemente nicht vorgelegt, so teilt der berichterstattende Mitgliedstaat dem Antragsteller, den anderen Mitgliedstaaten und der Kommission mit, dass der Antrag nicht zulässig ist.

Ein neuer Antrag für denselben Stoff kann jederzeit eingereicht werden.

(3) Enthalten die mit dem Antrag vorgelegten Dossiers alle in Artikel 8 vorgesehenen Elemente, so informiert der berichterstattende Mitgliedstaat den Antragsteller, die anderen Mitgliedstaaten, die Kommission und die Behörde über die Zulässigkeit des Antrags und beginnt mit der Bewertung des Wirkstoffs.

Nach Erhalt der Mitteilung übermittelt der Antragsteller unverzüglich die Dossiers gemäß Artikel 8 an die anderen Mitgliedstaaten, die Kommission und die Behörde, einschließlich der Informationen betreffend diejenigen Teile der Dossiers, bezüglich derer die vertrauliche Behandlung gemäß Artikel 7 Absatz 3 beantragt wurde.

Artikel 10 Zugang zur Kurzfassung des Dossiers

Die Behörde macht die Kurzfassung des Dossiers gemäß Artikel 8 Absatz 1 unverzüglich der Öffentlichkeit zugänglich, unter Ausschluss aller Informationen, die mit einem begründeten Antrag um vertrauliche Behandlung gemäß Artikel 63 übermittelt wurden, es sein denn, es besteht ein übergeordnetes öffentliches Interesse an der Offenlegung.

Artikel 11 Entwurf des Bewertungsberichts

(1) Innerhalb von zwölf Monaten nach der Mitteilung gemäß Artikel 9 Absatz 3 Unerabsatz 1 erstellt der berichterstattende Mitgliedstaat einen Bericht („Entwurf des Bewertungsberichts" genannt), in dem er bewertet, ob der Wirkstoff die Genehmigungskriterien des Artikels 4 voraussichtlich erfüllt, und übermittelt diesen Bericht an die Kommission, mit Kopie an die Behörde.

(2) Gegebenenfalls wird in den Entwurf des Bewertungsberichts auch ein Vorschlag für die Festlegung von Rückstandshöchstgehalte aufgenommen.

Der berichterstattende Mitgliedstaat nimmt eine unabhängige, objektive und transparente Bewertung vor dem Hintergrund des neuesten Stands von Wissenschaft und Technik vor.

Stellt sich gemäß Artikel 4 Absatz 1 bei der Bewertung heraus, dass die in Anhang II Nummern 3.6.2 bis 3.6.4 und 3.7 festgelegten Genehmigungskriterien nicht erfüllt sind, so beschränkt sich der Entwurf des Bewertungsberichts auf diese Teile der Bewertung.

(3) Benötigt der berichterstattende Mitgliedstaat zusätzliche Studien oder Informationen, so setzt er eine Frist fest, innerhalb derer der Antragsteller diese Studien oder Informationen vorzulegen hat. In diesem Fall wird der Zeitraum von zwölf Monaten um die vom berichterstattenden Mitgliedstaat eingeräumte zusätzliche Frist verlängert. Die zusätzliche Frist beträgt höchstens sechs Monate und endet zum Zeitpunkt des Erhalts der zusätzlichen Informationen beim berichterstattenden Mitgliedstaat. Der Mitgliedstaat informiert die Kommission und die Behörde entsprechend.

Hat der Antragsteller die zusätzlichen Studien oder Informationen bis zum Ablauf der zusätzlichen Frist nicht eingereicht, so informiert der berichterstattende Mitgliedstaat den Antragsteller, die Kommission und die Behörde darüber und gibt die fehlenden Elemente in der Bewertung an, die in dem Entwurf des Bewertungsberichts enthalten ist.

(4) Das Format des Entwurfs des Bewertungsberichts wird nach dem in Artikel 79 Absatz 2 genannten Beratungsverfahren festgelegt.

Artikel 12 Schlussfolgerung der Behörde

(1) Die Behörde leitet den vom berichterstattenden Mitgliedstaat übermittelten Entwurf des Bewertungsberichts spätestens 30 Tage nach Erhalt an den Antragsteller und die anderen Mitgliedstaaten weiter. Sie ersucht den Antragsteller, gegebenenfalls ein aktualisiertes Dossier an die Mitgliedstaaten, die Kommission und die Behörde zu verteilen.

Die Behörde macht den Entwurf des Bewertungsberichts der Öffentlichkeit zugänglich, räumt dem Antragsteller jedoch zuvor eine Frist von zwei Wochen ein, innerhalb der er gemäß Artikel 63 beantragen kann, dass bestimmte Teile des Entwurfs des Bewertungsberichts vertraulich behandelt werden.

Die Behörde gewährt eine Frist von 60 Tagen für die Übermittlung schriftlicher Stellungnahmen.

(2) Die Behörde organisiert gegebenenfalls eine Konsultation mit Experten, einschließlich Experten aus dem berichterstattenden Mitgliedstaat.

Die Behörde nimmt innerhalb von 120 Tagen nach Ablauf der für die Übermittlung schriftlicher Stellungnahmen vorgesehenen Frist unter Berücksichtigung des neuesten Stands von Wissenschaft und Technik und unter Heranziehung der zum Zeitpunkt des Antrags verfügbaren Leitlinien eine Schlussfolgerung dazu an, ob der Wirkstoff voraussichtlich die Genehmigungskriterien des Artikels 4 erfüllt, übermittelt diese Schlussfolgerung dem Antragsteller, den Mitgliedstaaten und der Kommission und macht sie öffentlich zugänglich. Findet eine Konsultation gemäß dem vorliegenden Absatz statt, verlängert sich die 120-Tage-Frist um 30 Tage.

Gegebenenfalls geht die Behörde in ihrer Schlussfolgerung auf die im Entwurf des Bewertungsberichts genannten Optionen zur Risikominderung ein.

(3) Benötigt die Behörde zusätzliche Informationen, so setzt sie eine Frist von höchstens 90 Tagen fest, innerhalb derer der Antragsteller den Mitgliedstaaten, der Kommission und der Behörde diese Informationen vorzulegen hat.

Der berichterstattende Mitgliedstaat bewertet die zusätzlichen Informationen und leitet diese unverzüglich, spätestens jedoch innerhalb von 60 Tagen nach Erhalt an die Behörde weiter. In diesem Fall wird die Frist von 120 Tagen gemäß Absatz 2 um eine Frist verlängert, die zum Zeitpunkt des Erhalts der zusätzlichen Bewertung bei der Behörde endet.

Die Behörde kann die Kommission ersuchen, ein gemäß der Verordnung (EG) Nr. 882/2004 benanntes gemeinschaftliches Referenzlabor zu konsultieren, um zu prüfen, ob das vom Antragsteller vorgeschlagene Verfahren für die Rückstandsbestimmung zufrieden stellend ist und die Anforderungen des Artikels 29 Absatz 1 Buchstabe g der vorliegenden Verordnung erfüllt. Der Antragsteller legt auf Anforderung des gemeinschaftlichen Referenzlabors Proben und Analysestandards vor.

(4) Die Schlussfolgerung der Behörde enthält die Einzelheiten zum Bewertungsverfahren und zu den Eigenschaften des betreffenden Wirkstoffs.

(5) Die Behörde legt das Format ihrer Schlussfolgerung fest, die Einzelheiten zum Bewertungsverfahren und zu den Eigenschaften des betreffenden Wirkstoffs enthält.

(6) Fristen für Stellungnahmen der Behörde zu Rückstandshöchstgehalts-Anträgen gemäß Artikel 11 und für Entscheidungen über Rückstandshöchstgehalts-Anträge gemäß Artikel 14 der Verordnung (EG) Nr. 396/2005 berühren nicht die Fristen gemäß dieser Verordnung.

(7) Wird die Schlussfolgerung der Behörde innerhalb der in Absatz 2 dieses Artikels genannten Frist, verlängert um den in Absatz 3 genannten zusätzlichen Zeitraum, angenommen, findet Artikel 11 der Verordnung (EG) Nr. 396/2005 keine Anwendung; stattdessen kommt unverzüglich Artikel 14 derselben Verordnung zur Anwendung.

(8) Wird die Schlussfolgerung der Behörde innerhalb der in Absatz 2 dieses Artikels genannten Frist, verlängert um den in Absatz 3 genannten zusätzlichen Zeitraum, nicht angenommen, finden die Artikel 11 und 14 der Verordnung (EG) Nr. 396/2005 unverzüglich Anwendung.

Artikel 13 Genehmigungsverordnung

(1) Innerhalb von sechs Monaten nach Erhalt der Schlussfolgerung der Behörde legt die Kommission dem in Artikel 79 Absatz 1 genannten Ausschuss einen Bericht („Überprüfungsbericht" genannt) und einen Verordnungsentwurf vor, wobei sie den Entwurf des Bewertungsberichts des berichterstattenden Mitgliedstaats und die Schlussfolgerung der Behörde berücksichtigt.

Der Antragsteller erhält Gelegenheit, zum Überprüfungsbericht Stellung zu nehmen.

(2) Auf der Grundlage des Überprüfungsberichts, anderer in Bezug auf den zu prüfenden Sachverhalt zu berücksichtigender Faktoren und des Vorsorgeprinzips, wenn die Bedingungen gemäß Artikel 7 Absatz 1 der Verordnung (EG) Nr. 178/2002 relevant sind, wird nach dem in Artikel 79 Absatz 3 genannten Regelungsverfahren eine Verordnung dahingehend erlassen, dass

a) ein Wirkstoff gegebenenfalls vorbehaltlich der in Artikel 6 genannten Bedingungen und Einschränkungen genehmigt wird;

b) ein Wirkstoff nicht genehmigt wird oder

c) die Bedingungen für die Genehmigung geändert werden.

(3) Wird in der Genehmigung die Einreichung zusätzlicher bestätigender Informationen gemäß Artikel 6 Buchstabe f gefordert, so muss die Verordnung die Frist für die Vorlage der Informationen an die Mitgliedstaaten, die Kommission und die Behörde vorsehen.

Der berichterstattende Mitgliedstaat bewertet die zusätzlichen Informationen und leitet seine Bewertung unverzüglich, spätestens jedoch sechs Monate nach Erhalt der zusätzlichen Informationen, an die anderen Mitgliedstaaten, die Kommission und die Behörde weiter.

(4) Genehmigte Wirkstoffe werden in die Verordnung gemäß Artikel 78 Absatz 3 aufgenommen, welche die Liste der bereits genehmigten Wirkstoffe enthält. Die Kommission führt eine Liste der genehmigten Wirkstoffe und stellt sie der Öffentlichkeit in elektronischer Form zur Verfügung.

Unterabschnitt3
Erneuerung und Überprüfung

Artikel 14 Erneuerung der Genehmigung

(1) Auf Antrag wird die Genehmigung eines Wirkstoffs erneuert, wenn festgestellt wird, dass die in Artikel 4 genannten Genehmigungskriterien erfüllt sind.

Artikel 4 gilt als erfüllt, wenn dies in Bezug auf einen oder mehrere repräsentative Verwendungszwecke mindestens eines Pflanzenschutzmittels, das den Wirkstoff enthält, nachgewiesen wurde.

Diese Erneuerung der Genehmigung kann Bedingungen und Einschränkungen gemäß Artikel 6 unterliegen.

(2) Die Erneuerung der Genehmigung gilt für einen Zeitraum von höchstens fünfzehn Jahren. Die Erneuerung der Genehmigung von Wirkstoffen im Sinne des Artikels 4 Absatz 7 gilt für die Dauer von höchstens fünf Jahren.

Artikel 15 Antrag auf Erneuerung

(1) Der Hersteller des Wirkstoffs übermittelt einem Mitgliedstaat, mit Kopie an die anderen Mitgliedstaaten, die Kommission und die Behörde, den in Artikel 14 vorgesehenen Antrag spätestens drei Jahre vor Ablauf der Genehmigung.

(2) Bei der Beantragung einer Erneuerung verweist der Antragsteller auf neues Datenmaterial, das er beabsichtigt vorzulegen, und begründet dessen Notwendigkeit mit Datenanforderungen oder Kriterien, die zum Zeitpunkt der letzten Genehmigung des Wirkstoffs noch nicht galten, oder mit der Beantragung einer geänderten Genehmigung. Gleichzeitig legt der Antragsteller einen Zeitplan bezüglich neuer und laufender Studien vor.

Der Antragsteller nennt unter Angabe von Gründen die Teile der vorgelegten Informationen, deren vertrauliche Behandlung er gemäß Artikel 63 beantragt hat sowie gleichzeitig etwaige Datenschutzansprüche gemäß Artikel 59.

Artikel 16 Zugang zu den Informationen für die Erneuerung

Die Behörde macht die vom Antragsteller gemäß Artikel 15 vorgelegten Informationen unverzüglich der Öffentlichkeit zugänglich, unter Ausschluss aller Informationen, die mit einem begründeten Antrag auf vertrauliche Behandlung gemäß Artikel 63 übermittelt wurden, es sei denn, es besteht ein übergeordnetes öffentliches Interesse an der Offenlegung.

Artikel 17 Ausweitung des Genehmigungszeitraums um die Dauer des Verfahrens

Ist zu erwarten, dass die Genehmigung aus Gründen, die der Antragsteller nicht zu verantworten hat, vor einer Entscheidung über die Erneuerung ausläuft, so wird nach dem Regelungsverfahren gemäß Artikel 79 Absatz 3 eine Entscheidung angenommen, mit der der Ablauf des Genehmigungszeitraums für den betreffenden Antragsteller um einen Zeitraum hinausgeschoben wird, der für die Prüfung des Antrags ausreicht.

Eine Verordnung, mit der der Ablauf der Genehmigung um einen Zeitraum hinausgeschoben wird, der für die Prüfung des Antrags ausreicht, wird nach dem Regelungsverfahren mit Kontrolle gemäß Artikel 79 Absatz 5 erlassen, wenn der Antragsteller nicht den in Artikel 15 Absatz 1 vorgeschriebenen Zeitraum von drei Jahren einhalten konnte, da der Wirkstoff in Anhang I der Richtlinie 91/414/EWG für einen Zeitraum eingetragen war, der vor dem 14. Juni 2014 auslief.

Die Länge dieses Zeitraums wird anhand folgender Elemente festgelegt:

a) Zeitbedarf für die Vorlage der erforderlichen Informationen;

b) Zeitbedarf für den Abschluss des Verfahrens;

c) gegebenenfalls Notwendigkeit, die Erstellung eines kohärenten Arbeitsprogramms gemäß Artikel 18 zu gewährleisten.

Artikel 18 Arbeitsprogramm

Die Kommission kann ein Arbeitsprogramm erstellen, in dem sie ähnliche Wirkstoffe zusammenfasst, wobei sie mit Blick auf den Schutz der Gesundheit von Mensch und Tier oder den Umweltschutz Prioritäten festlegt und soweit wie möglich die Notwendigkeit eines wirksamen Bekämpfungs- und Resistenzmanagements der Zielschädlinge berücksichtigt. In dem Programm kann von den interessierten Parteien gefordert werden, den Mitgliedstaaten, der Kommission und der Behörde alle erforderlichen Angaben innerhalb einer im Programm festgelegten Frist vorzulegen.

Das Programm muss Folgendes umfassen:

a) Verfahren für die Vorlage und Bewertung von Anträgen auf Erneuerung einer Genehmigung;

b) die erforderlichen vorzulegenden Daten, einschließlich der Maßnahmen zur Minimierung von Tierversuchen, insbesondere die Anwendung von anderen Versuchen als Tierversuchen und von intelligenten Versuchsstrategien;

c) die Fristen für die Vorlage dieser Daten;

d) Vorschriften für die Vorlage neuer Informationen;

e) die Frist für die Bewertung und Beschlussfassung;

f) die Zuweisung der Bewertung der Wirkstoffe an die Mitgliedstaaten, wobei die Verantwortlichkeiten und die durchzuführenden Arbeiten ausgewogen zwischen den als Berichterstatter fungierenden Mitgliedstaaten aufzuteilen sind.

Artikel 19 Durchführungsmaßnahmen

Eine nach dem in Artikel 79 Absatz 3 genannten Regelungsverfahren erlassene Verordnung legt die für das Erneuerungsverfahren notwendigen Bestimmungen fest, gegebenenfalls einschließlich der Durchführung eines Arbeitsprogramms gemäß Artikel 18.

Artikel 20 Erneuerungsverordnung

(1) Es wird eine Verordnung gemäß dem in Artikel 79 Absatz 3 genannten Regelungsverfahren dahingehend erlassen, dass

  a) die Genehmigung eines Wirkstoffs erneuert wird, gegebenenfalls vorbehaltlich Bedingungen und Einschränkungen, oder

  b) die Genehmigung eines Wirkstoffs nicht erneuert wird.

(2) Soweit die Gründe für die Verweigerung der Erneuerung der Genehmigung nicht den Schutz der Gesundheit oder der Umwelt betreffen, sieht die in Absatz 1 genannte Verordnung einen Übergangszeitraum von höchstens sechs Monaten für den Verkauf und den Vertrieb und zusätzlich höchstens einem Jahr für die Entsorgung, die Lagerung bereits vorhandener und den Verbrauch der Lagerbestände des betreffenden Pflanzenschutzmittels vor. Beim Übergangszeitraum für den Verkauf und Vertrieb wird die normale Verwendungszeit des

Pflanzenschutzmittels berücksichtigt, der gesamte Übergangszeitraum beträgt allerdings höchstens 18 Monate.

Bei Aufhebung oder Nichterneuerung der Genehmigung aus dringender Sorge um die Gesundheit von Mensch oder Tier oder um die Umwelt werden die betreffenden Pflanzenschutzmittel unverzüglich vom Markt genommen.

(3) Artikel 13 Absatz 4 findet Anwendung.

Artikel 21 Überprüfung der Genehmigung

(1) Die Kommission kann die Genehmigung eines Wirkstoffs jederzeit überprüfen. Sie berücksichtigt den Antrag eines Mitgliedstaats auf Überprüfung der Genehmigung eines Wirkstoffs im Lichte neuer wissenschaftlicher und technischer Kenntnisse und Überwachungsdaten, auch in Fällen, in denen es nach der Überprüfung der Genehmigungen gemäß Artikel 44 Absatz 1 Anzeichen dafür gibt, dass das Erreichen der Ziele nach Artikel 4 Absatz 1 Buchstabe a Ziffer iv und Buchstabe b Ziffer i sowie Artikel 7 Absätze 2 und 3 der Richtlinie 2000/60/EG nicht gesichert ist.

Gibt es nach Ansicht der Kommission aufgrund neuer wissenschaftlicher und technischer Kenntnisse Anzeichen dafür, dass der Stoff die Genehmigungskriterien des Artikels 4 nicht mehr erfüllt, oder wurden weitere, gemäß Artikel 6 Buchstabe f angeforderte Informationen nicht vorgelegt, so informiert die Kommission die Mitgliedstaaten, die Behörde und den Hersteller des Wirkstoffs, wobei sie dem Hersteller eine Frist für eine Stellungnahme einräumt.

(2) Die Kommission kann die Mitgliedstaaten und die Behörde um eine Stellungnahme oder um wissenschaftliche oder technische Unterstützung ersuchen. Die Mitgliedstaaten können ihre Stellungnahmen der Kommission innerhalb von drei Monaten nach dem Ersuchen vorlegen. Die Behörde übermittelt der Kommission ihre Stellungnahme oder die Ergebnisse ihrer Arbeit innerhalb von drei Monaten nach dem Ersuchen.

(3) Kommt die Kommission zu dem Schluss, dass die Genehmigungskriterien des Artikels 4 nicht mehr erfüllt sind, oder wurden weitere, gemäß Artikel 6 Buchstabe f angeforderte Informationen nicht vorgelegt, so wird nach dem in Artikel 79 Absatz 3 genannten Regelungsverfahren eine Verordnung über die Aufhebung oder Änderung der Genehmigung erlassen wird.

Artikel 13 Absatz 4 und Artikel 20 Absatz 2 finden Anwendung.

Unterabschnitt 4
Ausnahmen

Artikel 22 Wirkstoffe mit geringem Risiko

(1) Ein Wirkstoff, der die Kriterien des Artikels 4 erfüllt, wird abweichend von Artikel 5 für einen Zeitraum von höchstens 15 Jahren genehmigt, sofern er als Wirkstoff mit geringem Risiko gilt und Pflanzenschutzmittel, die diesen Stoff enthalten, voraussichtlich nur ein geringes Risiko für die Gesundheit von Mensch und Tier sowie für die Umwelt gemäß Artikel 47 Absatz 1 darstellen.

(2) Artikel 4 und die Artikel 6 bis 21 sowie Anhang II Nummer 5 finden Anwendung. Wirkstoffe mit geringem Risiko werden in der Verordnung gemäß Artikel 13 Absatz 4 gesondert aufgeführt.

(3) Die Kommission kann die Kriterien für die Genehmigung eines Wirkstoffs als Wirkstoffe mit geringem Risiko gemäß Artikel 78 Absatz 1 Buchstabe a überprüfen und gegebenenfalls neue Kriterien festlegen.

Artikel 23 Genehmigungskriterien für Grundstoffe

(1) Grundstoffe werden gemäß den Absätzen 2 bis 6 genehmigt. Abweichend von Artikel 5 wird die Genehmigung zeitlich unbegrenzt erteilt.

Im Sinne der Absätze 2 bis 6 ist ein Grundstoff ein Wirkstoff, der

a) kein bedenklicher Stoff ist; und

b) keine Störungen des Hormonsystems und keine neurotoxischen oder immuntoxischen Wirkungen auslösen kann; und

c) nicht in erster Linie für den Pflanzenschutz verwendet wird, aber dennoch für den Pflanzenschutz von Nutzen ist, entweder unmittelbar oder in einem Produkt, das aus dem Stoff und einem einfachen Verdünnungsmittel besteht; und

d) nicht als Pflanzenschutzmittel vermarktet wird.

Für die Zwecke dieser Verordnung gilt ein Wirkstoff, der die Kriterien eines Lebensmittels im Sinne von Artikel 2 der Verordnung (EG) Nr. 178/2002 erfüllt, als Grundstoff.

(2) Abweichend von Artikel 4 wird ein Grundstoff genehmigt, wenn einschlägige, gemäß anderen Gemeinschaftsvorschriften, die die Verwendung dieses Stoffes für andere Zwecke als den Pflanzenschutz regeln, durchgeführte Bewertungen zeigen, dass der Stoff weder eine unmittelbare oder verzögerte schädigende Wirkung auf die Gesundheit von Mensch oder Tier noch eine unannehmbare Wirkung auf die Umwelt hat.

(3) Abweichend von Artikel 7 wird ein Antrag auf Genehmigung eines Grundstoffs von einem Mitgliedstaat oder einer interessierten Partei bei der Kommission eingereicht.

Dem Antrag sind beizufügen:

a) etwaige Bewertungen der möglichen Auswirkungen des Stoffs auf die Gesundheit von Mensch und Tier oder die Umwelt, die gemäß anderen Gemeinschaftsvorschriften über die Verwendung des Stoffs durchgeführt worden sind, und

b) andere sachdienliche Informationen über die möglichen Auswirkungen auf die Gesundheit von Mensch und Tier oder die Umwelt.

(4) Die Kommission ersucht die Behörde um eine Stellungnahme oder um wissenschaftliche oder technische Unterstützung. Die Behörde übermittelt der Kommission ihre Stellungnahme oder die Ergebnisse ihrer Arbeit innerhalb von drei Monaten nach dem Ersuchen.

(5) Die Artikel 6 und 13 finden Anwendung. Grundstoffe werden in der Verordnung gemäß Artikel 13 Absatz 4 gesondert aufgeführt.

(6) Die Kommission kann die Genehmigung eines Grundstoffs jederzeit überprüfen. Sie kann den Antrag eines Mitgliedstaats auf Überprüfung der Genehmigung berücksichtigen.

Gibt es nach Ansicht der Kommission Anzeichen dafür, dass der Stoff die Kriterien in den Absätzen 1 bis 3 nicht mehr erfüllt, so informiert sie die Mitgliedstaaten, die Behörde und den Betroffenen und legt eine Frist für die Übermittlung von Stellungnahmen fest.

Die Kommission ersucht die Behörde um eine Stellungnahme oder um wissenschaftliche oder technische Unterstützung. Die Behörde übermittelt der Kommission ihre Stellungnahme oder die Ergebnisse ihrer Arbeit innerhalb von drei Monaten nach dem Zeitpunkt des Ersuchens.

Kommt die Kommission zu dem Schluss, dass die in Absatz 1 genannten Kriterien nicht mehr erfüllt sind, so erlässt sie nach dem in Artikel 79 Absatz 3 genannten Regelungsverfahren eine Verordnung dahingehend, dass die Genehmigung entzogen oder geändert wird.

Artikel 24 Substitutionskandidaten

(1) Ein Wirkstoff, der die Kriterien des Artikels 4 erfüllt, wird für eine Dauer von höchstens sieben Jahren als Substitutionskandidat genehmigt, wenn er eines oder mehrere der zusätzlichen Kriterien in Anhang II Nummer 4 erfüllt. Abweichend von Artikel 14 Absatz 2 kann die Genehmigung einmal oder mehrmals jeweils für einen Zeitraum von höchstens sieben Jahren erneuert werden.

(2) Unbeschadet des Absatzes 1 finden die Artikel 4 bis 21 Anwendung. Zu ersetzende Stoffe werden in der Verordnung gemäß Artikel 13 Absatz 4 gesondert aufgeführt.

Abschnitt 2
Safener und Synergisten

Artikel 25 Genehmigung von Safenern und Synergisten

(1) Ein Safener oder Synergist wird genehmigt, sofern er die Anforderungen des Artikels 4 erfüllt.

(2) Die Artikel 5 bis 21 finden Anwendung.

(3) Ähnliche Datenanforderungen wie die in Artikel 8 Absatz 4 genannten sind für Safener und Synergisten nach dem Regelungsverfahren mit Kontrolle gemäß Artikel 79 Absatz 4 zu definieren.

Artikel 26 Bereits auf dem Markt befindliche Safener und Synergisten

Bis zum 14. Dezember 2014 wird nach dem in Artikel 79 Absatz 4 genannten Regelungsverfahren mit Kontrolle eine Verordnung erlassen, mit der ein Arbeitsprogramm für die schrittweise Überprüfung der Synergisten und Safener festgelegt wird, die sich zum Zeitpunkt des Inkrafttretens der genannten Verordnung auf dem Markt befinden. In der Verordnung werden Datenanforderungen, einschließlich Maßnahmen zur Minimierung von Tierversuchen, sowie Notifizierungs-, Evaluierungs-, Bewertungs- und Entscheidungsverfahren festgelegt. Die interessierten Parteien werden in ihr verpflichtet, den Mitgliedstaaten, der Kommission und der Behörde innerhalb einer festgelegten Frist alle notwendigen Daten zu übermitteln.

Abschnitt 3
Unzulässige Beistoffe

Artikel 27 Beistoffe

(1) Ein Beistoff wird nicht als Bestandteil in einem Pflanzenschutzmittel zugelassen, wenn festgestellt wird, dass

a) seine durch die Verwendung nach guter Pflanzenschutzpraxis und unter der Voraussetzung realistischer Verwendungsbedingungen entstandenen Rückstände schädliche Auswirkungen auf die Gesundheit von Mensch oder Tier oder auf das Grundwasser oder unannehmbare Auswirkungen auf die Umwelt haben oder

b) seine Verwendung nach der guten Pflanzenschutzpraxis und unter der Voraussetzung realistischer Verwendungsbedingungen schädliche Auswirkungen auf die Gesundheit von Mensch oder Tier oder unannehmbare Auswirkungen auf Pflanzen, Pflanzenerzeugnisse oder die Umwelt hat.

(2) Beistoffe, die gemäß Absatz 1 als Bestandteil in einem Pflanzenschutzmittel nicht zugelassen werden, werden nach dem in Artikel 79 Absatz 4 genannten Regelungsverfahren mit Kontrolle in Anhang III aufgenommen.

(3) Die Kommission kann Beistoffe jederzeit überprüfen. Sie kann dabei relevante Informationen der Mitgliedstaaten berücksichtigen.

(4) Artikel 81 Absatz 2 findet Anwendung.

(5) Durchführungsvorschriften zu diesem Artikel können nach dem in Artikel 79 Absatz 3 genannten Regelungsverfahren festgelegt werden.

Kapitel III
Pflanzenschutzmittel

Abschnitt 1
Zulassung

Unterabschnitt 1
Anforderungen und Inhalte

Artikel 28 Zulassung zum Inverkehrbringen und zur Verwendung

(1) Ein Pflanzenschutzmittel darf nur in Verkehr gebracht oder verwendet werden, wenn es in dem betreffenden Mitgliedstaat gemäß der vorliegenden Verordnung zugelassen wurde.

(2) Abweichend von Absatz 1 ist in folgenden Fällen keine Zulassung erforderlich:

a) Verwendung von Mitteln, die ausschließlich einen oder mehr Grundstoffe enthalten;

b) Inverkehrbringen und Verwendung von Pflanzenschutzmitteln zu Forschungs- und Entwicklungszwecken gemäß Artikel 54;

c) Herstellung, Lagerung und Verbringung eines Pflanzenschutzmittels, das zur Verwendung in einem anderen Mitgliedstaat bestimmt ist, sofern das Mittel in dem anderen Mitgliedstaat zugelassen ist und der Mitgliedstaat, in dem es hergestellt, gelagert oder transportiert wird, Inspektionsanforderungen festgelegt hat, um sicherzustellen, dass das Pflanzenschutzmittel nicht auf seinem Hoheitsgebiet verwendet wird;

d) Herstellung, Lagerung und Verbringung eines Pflanzenschutzmittels, das zur Verwendung in einem Drittland bestimmt ist, sofern der Mitgliedstaat, in dem es hergestellt, gelagert oder transportiert wird, Inspektionsanforderungen festgelegt hat, um sicherzustellen, dass das Pflanzenschutzmittel aus seinem Hoheitsgebiet ausgeführt wird;

e) Inverkehrbringen und Verwendung von Pflanzenschutzmitteln, für die bereits eine Genehmigung für den Parallelhandel nach Artikel 52 erteilt wurde.

Artikel 29 Anforderungen für die Zulassung zum Inverkehrbringen

(1) Unbeschadet des Artikels 50 wird ein Pflanzenschutzmittel nur zugelassen, wenn es entsprechend den einheitlichen Grundsätzen gemäß Absatz 6 folgende Anforderungen erfüllt:

a) Seine Wirkstoffe, Safener und Synergisten sind genehmigt;

b) stammen sein Wirkstoff, Safener oder Synergist aus einer anderen Quelle oder aus der gleichen Quelle mit einer Änderung des Herstellungsverfahrens und/oder des Herstellungsstandorts, so

   i) darf die Spezifikation gemäß Artikel 38 nicht signifikant von der Spezifikation in der diesen Wirkstoff, Safener oder Synergisten genehmigenden Verordnung abweichen und

   ii) der Wirkstoff, Safener oder Synergist darf nicht mehr durch Verunreinigungen bedingte schädliche Auswirkungen im Sinne von Artikel 4 Absätze 2 und 3 haben, als wenn er in Übereinstimmung mit dem in dem Dossier zur Genehmigung angegebenen Herstellungsprozess hergestellt worden wäre;

c) seine Beistoffe sind nicht in Anhang III enthalten;

d) infolge seiner technischen Formulierung sind die Exposition der Verwender oder andere Risiken so weit minimiert, wie es ohne Beeinträchtigung der Funktion des Produkts möglich ist;

e) er erfüllt unter Berücksichtigung des neuesten Stands von Wissenschaft und Technik die Anforderungen gemäß Artikel 4 Absatz 3;

f) Art und Menge seiner Wirkstoffe, Safener und Synergisten und gegebenenfalls toxikologisch, ökotoxikologisch oder ökologisch relevante Verunreinigungen und Beistoffe lassen sich durch geeignete Methoden feststellen;

g) seine bei zugelassenen Verwendungen entstehenden toxikologisch, ökotoxikologisch oder ökologisch relevanten Rückstände können nach in allen Mitgliedstaaten allgemein gebräuchlichen geeigneten Methoden mit geeigneten Grenzen anhand relevanter Proben bestimmt werden;

h) seine physikalischen und chemischen Eigenschaften wurden ermittelt und für eine entsprechende Verwendung und Lagerung dieses Mittels als annehmbar erachtet;

i) für Pflanzen oder Pflanzenerzeugnisse, die als Futter oder Lebensmittel verwendet werden, wurden gegebenenfalls gemäß der Verordnung (EG) Nr. 396/2005 Rückstandshöchstgehalte für die von der Verwendung gemäß Zulassung betroffenen landwirtschaftlichen Erzeugnisse festgesetzt oder geändert.

(2) Der Antragsteller muss nachweisen, dass die Anforderungen nach Absatz 1 Buchstaben a bis h erfüllt sind.

(3) Die Erfüllung der Anforderungen in Absatz 1 Buchstabe b sowie Buchstaben e bis h werden durch amtliche oder amtlich anerkannte Versuche und Analysen ermittelt, die in Bezug auf landwirtschaftliche, pflanzengesundheitliche und ökologische Aspekte unter Bedingungen durchgeführt werden, die für die Verwendung des betreffenden Pflanzenschutzmittels relevant und für die Bedingungen in der Zone repräsentativ sind, in der das Pflanzenschutzmittel verwendet werden soll.

(4) In Bezug auf Absatz 1 Buchstabe f können nach dem in Artikel 79 Absatz 4 genannten Regelungsverfahren mit Kontrolle harmonisierte Verfahren festgelegt werden.

(5) Artikel 81 findet Anwendung.

(6) Einheitliche Grundsätze für die Bewertung und Zulassung von Pflanzenschutzmitteln enthalten die Anforderungen des Anhangs VI der Richtlinie 91/414/EWG und werden in Verordnungen festgelegt, die nach dem in Artikel 79 Absatz 2 genannten Beratungsverfahren ohne wesentliche Änderungen erlassen werden. Spätere Änderungen dieser Verordnungen werden gemäß Artikel 78 Absatz 1 Buchstabe c erlassen.

Gemäß diesen Grundsätzen werden die Wechselwirkungen zwischen dem Wirkstoff, den Safenern, den Synergisten und den Beistoffen bei der Bewertung der Pflanzenschutzmittel berücksichtigt.

Artikel 30 Vorläufige Zulassung

(1) Abweichend von Artikel 29 Absatz 1 Buchstabe a können die Mitgliedstaaten für einen Übergangszeitraum von höchstens drei Jahren das Inverkehrbringen von Pflanzenschutzmitteln, die einen noch nicht genehmigten Wirkstoff enthalten, zulassen, sofern die folgenden Voraussetzungen erfüllt sind:

a) der Genehmigungsbeschluss konnte nicht innerhalb eines Zeitraums von 30 Monaten ab dem Zeitpunkt der Zulässigkeit des Antrags gefasst werden, wobei dieser Zeitraum um eine zusätzliche Frist gemäß Artikel 9 Absatz 2, Artikel 11 Absatz 3 oder Artikel 12 Absatz 2 oder Absatz 3 verlängert werden kann; und

b) das Dossier über den Wirkstoff ist gemäß Artikel 9 im Hinblick auf die vorgeschlagenen Verwendungszwecke annehmbar; und

c) der Mitgliedstaat stellt fest, dass der Wirkstoff die Anforderungen des Artikels 4 Absätze 2 und 3 erfüllt und davon ausgegangen werden kann, dass das Pflanzenschutzmittel die Anforderungen des Artikels 29 Absatz 1 Buchstaben b bis h erfüllen wird; und

d) Rückstandshöchstgehalte wurden gemäß der Verordnung (EG) Nr. 396/2005 festgelegt.

(2) In diesem Fall unterrichtet der Mitgliedstaat die anderen Mitgliedstaaten und die Kommission unverzüglich von dem Ergebnis seiner Überprüfung des Dossiers und den Bedingungen für die Zulassung; er macht dabei mindestens die in Artikel 57 Absatz 1 vorgesehenen Angaben.

(3) Die Bestimmungen in den Absätzen 1 und 2 gelten bis zum 14. Juni 2016. Diese Frist kann erforderlichenfalls nach dem Regelungsverfahren mit Kontrolle gemäß Artikel 79 Absatz 4 verlängert werden.

Artikel 31 Inhalt der Zulassungen

(1) In der Zulassung wird festgelegt, bei welchen Pflanzen oder Pflanzenerzeugnissen und nicht-landwirtschaftlichen Bereichen (z. B. Bahnanlagen, öffentliche Bereiche, Lagerräume) und für welche Zwecke das Pflanzenschutzmittel verwendet werden darf.

(2) In der Zulassung werden die Anforderungen für das Inverkehrbringen und die Verwendung des Pflanzenschutzmittels festgelegt. Dazu gehören zumindest die Bedingungen für die Verwendung, die notwendig sind, um die in der Genehmigungsverordnung für die Wirkstoffe, Safener und Synergisten festgelegten Bedingungen und Anforderungen zu erfüllen.

Die Zulassung schließt eine Einstufung des Pflanzenschutzmittels im Sinne der Richtlinie 1999/45/EG ein. Die Mitgliedstaaten können vorschreiben, dass die Inhaber einer Zulassung nach einer Änderung der Einstufung und Kennzeichnung des Pflanzenschutzmittels gemäß der Richtlinie 1999/45/EG das Etikett unverzüglich einstufen oder aktualisieren. In diesen Fällen unterrichten sie hiervon umgehend die zuständige Behörde.

(3) Aus den in Absatz 2 genannten Anforderungen muss gegebenenfalls zudem Folgendes hervorgehen:

a) die Höchstdosis pro Hektar bei jeder Verwendung;

b) der Zeitraum zwischen der letzten Verwendung und der Ernte;

c) die Höchstzahl der Verwendungen pro Jahr.

(4) Die in Absatz 2 genannten Anforderungen können Folgendes umfassen:

a) eine Einschränkung in Bezug auf Vertrieb und Verwendung des Pflanzenschutzmittels, die dem Schutz der Gesundheit der Vertreiber, Verwender, umstehenden Personen, Anrainer, Verbraucher oder betroffenen Arbeitnehmer oder der Umwelt dienen sollen, unter Berücksichtigung der Anforderungen aufgrund anderer Gemeinschaftsvorschriften; eine entsprechende Einschränkung ist auf dem Etikett anzugeben;

b) die Verpflichtung, Nachbarn vorab zu unterrichten, die der Sprühnebelabdrift ausgesetzt sein könnten, sofern diese eine Unterrichtung gefordert haben;

c) Angaben über die ordnungsgemäße Verwendung gemäß den in Artikel 14 und Anhang III der Richtlinie 2009/128/EG festgelegten Grundsätzen des integrierten Pflanzenschutzes;

d) Festlegung von Verwenderkategorien (z. B. beruflich oder nicht beruflich);

e) das genehmigte Etikett;

f) die Intervalle zwischen den Anwendungen;

g) gegebenenfalls den Zeitraum zwischen der letzten Anwendung und dem Verzehr des Pflanzenerzeugnisses;

h) die Wiederbetretungsfrist;

i) Größe und Material der Verpackung.

Artikel 32 Dauer

(1) In der Zulassung wird die Zulassungsdauer festgelegt.

Unbeschadet des Artikels 44 wird die Geltungsdauer einer Zulassung für einen Zeitraum von höchstens einem Jahr nach Ablauf der Zulassung der in dem Pflanzenschutzmittel enthaltenen Wirkstoffe, Safener und Synergisten festgelegt, und danach für so lange, wie die in dem Pflanzenschutzmittel enthaltenen Wirkstoffe, Safener und Synergisten genehmigt sind.

Dieser Zeitraum muss die Durchführung der Prüfung gemäß Artikel 43 ermöglichen.

(2) Zulassungen können auch für einen kürzeren Zeitraum erteilt werden, um die zeitliche Abstimmung mit der Neubewertung ähnlicher Produkte zum Zweck einer vergleichenden Bewertung von Produkten zu ermöglichen, die zu ersetzende Stoffe im Sinne von Artikel 50 enthalten.

Unterabschnitt 2
Verfahren

Artikel 33 Antrag auf Zulassung oder Änderung einer Zulassung

(1) Ein Antragsteller, der ein Pflanzenschutzmittel in Verkehr bringen möchte, beantragt entweder selbst oder durch einen Vertreter eine Zulassung oder eine Änderung einer Zulassung in jedem einzelnen Mitgliedstaat, in dem das Pflanzenschutzmittel in Verkehr gebracht werden soll.

(2) Der Antrag muss Folgendes umfassen:

a) eine Liste der beabsichtigten Verwendungszwecke in den Zonen gemäß Anhang I und den Mitgliedstaaten, in denen der Antragsteller einen Antrag gestellt hat oder zu stellen beabsichtigt;

b) einen Vorschlag hinsichtlich des Mitgliedstaats, der nach Ansicht des Antragstellers den Antrag in der betreffenden Zone bewerten sollte. Im Fall eines Antrags auf Verwendung in Gewächshäusern oder die Behandlung nach der Ernte, die Behandlung leerer Lagerräume und die Behandlung von Saatgut wird nur ein Mitgliedstaat vorgeschlagen, der den Antrag unter Berücksichtigung aller Zonen bewertet. In diesem Fall übermittelt der Antragsteller die Kurzfassung des Dossiers oder das vollständige Dossier gemäß Artikel 8 auf Anfrage anderen Mitgliedstaaten;

c) gegebenenfalls eine Kopie eventuell bereits erteilter Zulassungen für das Pflanzenschutzmittel in einem Mitgliedstaat;

d) gegebenenfalls eine Kopie der Schlussfolgerung des Mitgliedstaats, der die Äquivalenz bewertet, gemäß Artikel 38 Absatz 2.

(3) Dem Antrag ist Folgendes beizufügen:

a) für das betreffende Pflanzenschutzmittel ein vollständiges Dossiers und eine Kurzfassung davon, die jeden Punkt der Datenanforderungen für das Pflanzenschutzmittel abdecken;

b) für jeden Wirkstoff, Safener und Synergisten im Pflanzenschutzmittel ein vollständiges Dossier sowie eine Kurzfassung davon, die jeden Punkt der Datenanforderungen für den Wirkstoff, Safener und Synergisten abdecken;

c) für jeden Versuch oder jede Studie, die Wirbeltiere betreffen, ein Nachweis der Maßnahmen zur Vermeidung von Tierversuchen und der Wiederholung von Versuchen und Studien mit Wirbeltieren;

d) eine Begründung, warum die vorgelegten Versuchs- und Studienberichte für die Erstzulassung oder für Änderungen der Zulassungsbedingungen notwendig sind;

e) gegebenenfalls eine Kopie des Rückstandshöchstgehalts-Antrags gemäß Artikel 7 der Verordnung (EG) Nr. 396/2005 bzw. eine Begründung für die Nichtvorlage diesbezüglicher Informationen;

f) falls für die Änderung einer Zulassung erforderlich, eine Bewertung aller nach Artikel 8 Absatz 1 Buchstabe h vorgelegten Informationen;

g) ein Etikettentwurf.

(4) Bei Vorlage des Antrags kann der Antragsteller gemäß Artikel 63 beantragen, dass bestimmte Informationen, einschließlich bestimmter Teile des Dossiers, vertraulich behandelt werden; diese Informationen sind gesondert vorzulegen.

Der Antragsteller legt gleichzeitig eine vollständige Liste der gemäß Artikel 8 Absatz 2 eingereichten Studien und eine Liste von Berichten über Versuche und Studien vor, für die etwaige Datenschutzansprüche gemäß Artikel 59 angemeldet werden.

Wird ein Antrag auf Zugang zu Informationen gestellt, so entscheidet der den Antrag prüfende Mitgliedstaat darüber, welche Informationen er vertraulich behandelt.

(5) Sofern vom betreffenden Mitgliedstaat gefordert, legt der Antragsteller seinen Antrag in den Landes- oder Amtssprachen dieses Mitgliedstaats oder in einer dieser Sprachen vor.

(6) Der Antragsteller übermittelt dem Mitgliedstaat auf Ersuchen Proben des Pflanzenschutzmittels und Analysestandards seiner Bestandteile.

Artikel 34 Befreiung von der Verpflichtung zur Vorlage von Studien

(1) Antragsteller sind von der Verpflichtung zur Vorlage der in Artikel 33 Absatz 3 genannten Versuchs- und Studienberichte befreit, wenn dem Mitgliedstaat, bei dem der Antrag gestellt wird, die betreffenden Versuchs- und Studienberichte vorliegen, und sofern die Antragsteller nachweisen können, dass ihnen Zugang gemäß Artikel 59, 61 oder 62 gewährt wurde oder dass etwaige Datenschutzzeiten abgelaufen sind.

(2) Antragsteller, auf die Absatz 1 Anwendung findet, müssen jedoch Folgendes vorlegen:

a) alle zur Identifizierung des Pflanzenschutzmittels erforderlichen Daten, einschließlich seiner vollständigen Zusammensetzung, sowie eine Erklärung, dass keine unannehmbaren Beistoffe verwendet werden;

b) die erforderlichen Angaben für die Identifizierung des Wirkstoffs, Safeners oder Synergisten, sofern diese genehmigt sind, sowie für die Feststellung, ob die Genehmigungsbedingungen erfüllt sind und gegebenenfalls die Übereinstimmung mit Artikel 29 Absatz 1 Buchstabe b gegeben ist;

c) auf Ersuchen des betreffenden Mitgliedstaats die erforderlichen Daten für den Nachweis, dass das Pflanzenschutzmittel eine mit dem Pflanzenschutzmittel, zu dessen geschützten Daten sie einen Zugang nachweisen, vergleichbare Wirkung hat.

Artikel 35 Den Antrag prüfender Mitgliedstaat

Der Antrag wird von dem Mitgliedstaat geprüft, den der Antragsteller vorgeschlagen hat, es sei denn, ein anderer Mitgliedstaat in derselben Zone erklärt sich bereit, die Prüfung vorzunehmen. Der Mitgliedstaat, der die Prüfung des Antrags vornimmt, unterrichtet den Antragsteller hiervon.

Auf Ersuchen des den Antrag prüfenden Mitgliedstaats beteiligen sich die anderen Mitgliedstaaten derselben Zone, denen ein Antrag vorgelegt wurde, an den Arbeiten, um eine gerechte Verteilung der Arbeitslast zu gewährleisten.

Die anderen Mitgliedstaaten in der Zone, denen ein Antrag vorgelegt wurde, setzen die Bearbeitung des Antrags aus, bis die Bewertung durch den prüfenden Mitgliedstaat vorliegt.

Wurde ein Antrag für mehr als eine Zone gestellt, so verständigen sich die den Antrag bewertenden Mitgliedstaaten auf die Bewertung der Daten, die keinen Bezug zu den ökologischen und landwirtschaftlichen Bedingungen haben.

Artikel 36 Prüfung zur Zulassung

(1) Der Mitgliedstaat, der den Antrag prüft, nimmt eine unabhängige, objektive und transparente Bewertung unter Berücksichtigung des neuesten Stands von Wissenschaft und Technik und unter Heranziehung der zum Zeitpunkt des Antrags verfügbaren Leitlinien vor. Er gibt allen Mitgliedstaaten in der gleichen Zone die Gelegenheit zu einer Stellungnahme, die in der Bewertung berücksichtigt wird.

Er wendet die in Artikel 29 Absatz 6 genannten einheitlichen Grundsätze für die Bewertung und Zulassung von Pflanzenschutzmitteln an, um so weit wie möglich festzustellen, ob das Pflanzenschutzmittel bei Verwendung gemäß Artikel 55 in der selben Zone und unter realistisch anzunehmenden Verwendungsbedingungen die Anforderungen gemäß Artikel 29 erfüllt.

Der Mitgliedstaat, der den Antrag prüft, stellt seine Bewertung den anderen Mitgliedstaaten derselben Zone zur Verfügung. Das Format des Bewertungsberichts wird nach dem in Artikel 79 Absatz 2 genannten Beratungsverfahren festgelegt.

(2) Die betreffenden Mitgliedstaaten gewähren oder verweigern die Zulassung auf der Grundlage der Schlussfolgerungen aus der Bewertung durch den Mitgliedstaat, der den Antrag gemäß den Artikeln 31 und 32 prüft.

(3) Abweichend von Absatz 2 und vorbehaltlich des Gemeinschaftsrechts können geeignete Bedingungen in Bezug auf die Anforderungen gemäß Artikel 31 Absätze 3 und 4 und andere Maßnahmen zur Risikominderung, die sich aus den spezifischen Verwendungsbedingungen ergeben, festgelegt werden.

Können die Bedenken eines Mitgliedstaats in Bezug auf die Gesundheit von Mensch und Tier oder die Umwelt nicht durch die Festlegung nationaler Maßnahmen zur Risikominderung gemäß Unerabsatz 1 ausgeräumt werden, so kann ein Mitgliedstaat die Zulassung des Pflanzenschutzmittels in seinem Gebiet verweigern, wenn er angesichts spezifischer ökologischer oder landwirtschaftlicher Bedingungen berechtigten Grund zu der Annahme hat, dass das betreffende Produkt noch immer ein unannehmbares Risiko für die Gesundheit von Mensch und Tier oder die Umwelt darstellt.

Dieser Mitgliedstaat unterrichtet den Antragsteller und die Kommission umgehend über seine Entscheidung und legt eine technische oder wissenschaftliche Begründung vor.

Die Mitgliedstaaten sehen die Möglichkeit der Anfechtung einer Entscheidung über die Verweigerung der Zulassung der entsprechenden Produkte vor den nationalen Gerichten oder anderen Berufungsinstanzen vor.

Artikel 37 Frist für die Prüfung

(1) Der den Antrag prüfende Mitgliedstaat entscheidet innerhalb von zwölf Monaten nach Erhalt des Antrags, ob die Anforderungen für eine Zulassung erfüllt sind.

Benötigt der Mitgliedstaat zusätzliche Informationen, so setzt er eine Frist fest, innerhalb derer der Antragsteller diese Informationen vorzulegen hat. In diesem Fall wird der Zeitraum von zwölf Monaten um die vom Mitgliedstaat eingeräumte zusätzliche Frist verlängert. Diese zusätzliche Frist beträgt höchstens sechs Monate und endet zum Zeitpunkt des Erhalts der zusätzlichen Informationen bei dem Mitgliedstaat. Hat der Antragsteller nach Ablauf dieser Frist die fehlenden Informationen nicht vorgelegt, so teilt der Mitgliedstaat dem Antragsteller mit, dass der Antrag nicht zulässig ist.

(2) Die in Absatz 1 vorgesehene Frist wird ausgesetzt, solange das Verfahren gemäß Artikel 38 läuft.

(3) Bei einem Antrag auf Zulassung eines Pflanzenschutzmittels, das einen noch nicht genehmigten Wirkstoff enthält, beginnt der den Antrag prüfende Mit-

gliedstaat mit der Bewertung, sobald er den Entwurf des Bewertungsberichts gemäß Artikel 12 Absatz 1 erhalten hat. Betrifft der Antrag dasselbe Pflanzenschutzmittel und dieselben Verwendungszwecke wie die in dem Dossier gemäß Artikel 8 aufgeführten, so entscheidet der Mitgliedstaat innerhalb von höchstens sechs Monaten nach der Genehmigung des Wirkstoffs über den Antrag.

(4) Die anderen betroffenen Mitgliedstaaten entscheiden innerhalb von höchstens 120 Tagen nach Erhalt des Bewertungsberichts und der Kopie der Zulassung durch den den Antrag prüfenden Mitgliedstaat über den Antrag gemäß Artikel 36 Absätze 2 und 3.

Artikel 38 Bewertung der Äquivalenz gemäß Artikel 29 Absatz 1 Buchstabe b

(1) Muss bezüglich eines Wirkstoffs, eines Safeners oder eines Synergisten festgestellt werden, ob eine abweichende Quelle oder bei der gleichen Quelle eine Änderung des Herstellungsverfahrens und/oder des Herstellungsstandorts die Anforderungen gemäß Artikel 29 Absatz 1 Buchstabe b erfüllt, so erfolgt die Bewertung durch den Mitgliedstaat, der nach Artikel 7 Absatz 1 Berichterstatter für den Wirkstoff, Safener oder Synergisten war, es sei denn, der den Antrag gemäß Artikel 35 prüfende Mitgliedstaat ist bereit, die Äquivalenz zu bewerten. Der Antragsteller übermittelt dem Mitgliedstaat, der die Äquivalenz bewertet, alle erforderlichen Daten.

(2) Nachdem er dem Antragsteller Gelegenheit gegeben hat, eine Stellungnahme vorzulegen, die der Antragsteller auch dem berichterstattenden Mitgliedstaat beziehungsweise dem den Antrag prüfenden Mitgliedstaat übermittelt, erstellt der Mitgliedstaat, der die Äquivalenz bewertet, innerhalb von 60 Tagen nach Erhalt des Antrags einen Bericht über die Äquivalenz und übermittelt diesen der Kommission, den anderen Mitgliedstaaten und dem Antragsteller.

(3) Im Falle einer positiven Schlussfolgerung in Bezug auf die Äquivalenz, gegen die keine Einwände erhoben werden, gilt Artikel 29 Absatz 1 Buchstabe b als erfüllt. Ist jedoch ein den Antrag prüfender Mitgliedstaat mit der Schlussfolgerung des berichterstattenden Mitgliedstaats nicht einverstanden, und umgekehrt, so unterrichtet er hiervon den Antragsteller, die anderen Mitgliedstaaten und die Kommission unter Angabe seiner Gründe.

Der betreffende Mitgliedstaat bemüht sich um eine Einigung über die Frage, ob die Anforderungen gemäß Artikel 29 Absatz 1 Buchstabe b erfüllt sind. Sie geben dem Antragsteller Gelegenheit, eine Stellungnahme vorzulegen.

(4) Gelangen die betroffenen Mitgliedstaaten nicht binnen 45 Tagen zu einer Einigung, so befasst der Mitgliedstaat, der die Äquivalenz bewertet, die Kommission mit der Angelegenheit. Eine Entscheidung darüber, ob die Anforderungen gemäß Artikel 29 Absatz 1 Buchstabe b erfüllt sind, erfolgt nach dem in Artikel 79 Absatz 3 genannten Regelungsverfahren. Die Frist von 45 Tagen beginnt zu dem Zeitpunkt, an dem der den Antrag auf Zulassung prüfende Mitgliedstaat den berichterstattenden Mitgliedstaat nach Absatz 3 davon unterrichtet hat, dass er mit dessen Schlussfolgerung nicht einverstanden ist, und umgekehrt.

Bevor eine solche Entscheidung getroffen wird, kann die Kommission die Behörde um eine Stellungnahme oder eine wissenschaftliche oder technische Beratung bitten, die binnen drei Monaten nach Erhalt des Antrags erteilt wird.

(5) Die Durchführungsbestimmungen und -verfahren zu den Absätzen 1 bis 4 können nach Anhörung der Behörde gemäß dem in Artikel 79 Absatz 3 genannten Regelungsverfahren festgelegt werden.

Artikel 39 Berichterstattung und Austausch von Informationen über Zulassungsanträge

(1) Die Mitgliedstaaten legen zu jedem Antrag eine Akte an. Jede Akte enthält:

a) eine Kopie des Antrags;

b) einen Bericht mit Informationen über die Bewertung des Pflanzenschutzmittels und die entsprechende Entscheidung; das Berichtsformat wird nach dem in Artikel 79 Absatz 2 genannten Beratungsverfahren festgelegt;

c) Aufzeichnungen über die von dem Mitgliedstaat in Bezug auf den Antrag getroffenen verwaltungstechnischen Entscheidungen und die Dokumentation gemäß Artikel 33 Absatz 3 und Artikel 34 sowie eine Zusammenfassung dieser Dokumentation;

d) gegebenenfalls das genehmigte Etikett.

(2) Auf Anfrage stellen die Mitgliedstaaten unverzüglich den anderen Mitgliedstaaten, der Kommission und der Behörde eine Akte zur Verfügung, die die unter Absatz 1 Buchstaben a bis d vorgesehene Dokumentation enthält.

(3) Auf Anfrage stellt der Antragsteller den Mitgliedstaaten, der Kommission und der Behörde eine Kopie der gemäß Artikel 33 Absatz 3 und Artikel 34 mit einem Antrag vorzulegenden Dokumentation bereit.

(4) Die Durchführungsbestimmungen zu den Absätzen 2 und 3 werden nach dem in Artikel 79 Absatz 3 genannten Regelungsverfahren erlassen.

Unterabschnitt 3
Gegenseitige Anerkennung von Zulassungen

Artikel 40 Gegenseitige Anerkennung

(1) Der Inhaber einer nach Artikel 29 gewährten Zulassung kann in den nachstehenden Fällen eine Zulassung für dasselbe Pflanzenschutzmittel, für dieselben Verwendungen und unter vergleichbaren landwirtschaftlichen Bedingungen in einem anderen Mitgliedstaat nach dem in diesem Unterabschnitt festgelegten Verfahren der gegenseitigen Anerkennung beantragen:

a) Die Zulassung wurde von einem Mitgliedstaat (Referenzmitgliedstaat) erteilt, der zur selben Zone gehört;

b) die Zulassung wurde von einem Mitgliedstaat (Referenzmitgliedstaat) erteilt, der zu einer anderen Zone gehört, sofern die Zulassung, für die der Antrag gestellt wurde, nicht zum Zwecke der gegenseitigen Anerkennung in einem anderen Mitgliedstaat innerhalb der gleichen Zone verwendet wird;

c) die Zulassung wurde von einem Mitgliedstaat für die Verwendung in Gewächshäusern oder für die Nacherntebehandlung oder die Behandlung leerer Lagerräume oder Behälter, die zur Aufbewahrung von Pflanzen oder Pflanzenerzeugnissen dienen, oder für die Behandlung von Saatgut gewährt, unabhängig davon, zu welcher Zone der Referenzmitgliedstaat gehört.

(2) Ist ein Pflanzenschutzmittel in einem Mitgliedstaat nicht zugelassen, weil in dem betreffenden Mitgliedstaat kein Antrag auf Zulassung gestellt wurde, so können mit landwirtschaftlichen Tätigkeiten befasste amtliche oder wissenschaftliche Stellen oder landwirtschaftliche Berufsorganisationen mit Zustimmung des Zulassungsinhabers eine Zulassung für dasselbe Pflanzenschutzmittel, für dieselben Verwendungen und unter den gleichen landwirtschaftlichen Bedingungen in dem betreffenden Mitgliedstaat nach dem Verfahren der gegenseitigen Anerkennung gemäß Absatz 1 beantragen. In diesem Fall muss der Antragsteller nachweisen, dass die Verwendung des entsprechenden Pflanzenschutzmittels von allgemeinem Interesse für den Mitgliedstaat ist, in dem es eingeführt werden soll.

Verweigert der Zulassungsinhaber seine Zustimmung, so kann die zuständige Behörde des betreffenden Mitgliedstaats den Antrag aus Gründen des öffentlichen Interesses annehmen.

Artikel 41 Zulassung

(1) Der Mitgliedstaat, dem ein Antrag gemäß Artikel 40 vorgelegt wird, erteilt nach Prüfung des Antrags und gegebenenfalls der in Artikel 42 Absatz 1 genannten Begleitdokumente im Hinblick auf die Bedingungen in seinem Hoheitsgebiet für das betreffende Pflanzenschutzmittel eine Zulassung unter den gleichen Bedingungen wie der den Antrag prüfende Mitgliedstaat; hiervon ausgenommen sind die Fälle, in denen Artikel 36 Absatz 3 Anwendung findet.

(2) Abweichend von Absatz 1 kann der Mitgliedstaat das Pflanzenschutzmittel zulassen, wenn

a) eine Zulassung nach Artikel 40 Absatz 1 Buchstabe b beantragt worden ist;

b) es einen Substitutionskandidaten enthält;

c) Artikel 30 angewendet wurde; oder

d) es einen gemäß Artikel 4 Absatz 7 genehmigten Stoff enthält.

Artikel 42 Verfahren

(1) Dem Antrag ist Folgendes beizufügen:

a) eine Kopie der vom Referenzmitgliedstaat erteilten Zulassung sowie eine Übersetzung der Zulassung in eine Amtssprache des Mitgliedstaats, für den die Zulassung bestimmt ist;

b) eine förmliche Erklärung, dass das Pflanzenschutzmittel mit dem vom Referenzmitgliedstaat zugelassenen Pflanzenschutzmittel identisch ist;

c) ein vollständiges Dossier oder eine Kurzfassung davon gemäß Artikel 33 Absatz 3, falls dies vom Mitgliedstaat beantragt wird;

d) ein Bewertungsbericht des Referenzmitgliedstaats mit Informationen über die Bewertung des Pflanzenschutzmittels und die diesbezügliche Entscheidung.

(2) Der Mitgliedstaat, dem ein Antrag gemäß Artikel 40 vorgelegt wird, entscheidet innerhalb von 120 Tagen über diesen Antrag.

(3) Sofern vom betreffenden Mitgliedstaat gefordert, legt der Antragsteller den Antrag in den Landes- oder Amtssprachen dieses Mitgliedstaats oder in einer dieser Sprachen vor.

Unterabschnitt 4
Erneuerung, Aufhebung und Änderung

Artikel 43 Erneuerung der Zulassung

(1) Eine Zulassung wird auf Antrag des Zulassungsinhabers erneuert, sofern die Anforderungen gemäß Artikel 29 noch erfüllt sind.

(2) Innerhalb von drei Monaten nach der Erneuerung der Genehmigung eines in dem Pflanzenschutzmittel enthaltenen Wirkstoffs, Safeners oder Synergisten legt der Antragsteller Folgendes vor:

a) eine Kopie der Zulassung des Pflanzenschutzmittels;

b) neue Informationen, die aufgrund geänderter Datenanforderungen oder Kriterien erforderlich sind;

c) den Nachweis, dass die neuen Daten aufgrund von Datenanforderungen oder Kriterien vorgelegt werden, die zum Zeitpunkt der ursprünglichen Zulassung des Pflanzenschutzmittels noch nicht in Kraft waren, oder dass sie für die Änderung der Bedingungen der Zulassung erforderlich sind;

d) Informationen, die belegen, dass das Pflanzenschutzmittel die Anforderungen der Verordnung in Bezug auf die Erneuerung der Genehmigung des in ihm enthaltenen Wirkstoffs, Safeners oder Synergisten erfüllt;

e) einen Bericht über die Ergebnisse der Überwachung, sofern die Zulassung einer Überwachung unterlag.

(3) Die Mitgliedstaaten prüfen alle Pflanzenschutzmittel, die den betreffenden Wirkstoff, Safener oder Synergisten enthalten, auf Einhaltung der Bedingungen und Einschränkungen der Verordnung zur Erneuerung der Genehmigung gemäß Artikel 20.

Der Mitgliedstaat gemäß Artikel 35 innerhalb jeder Zone koordiniert die Überprüfung der Übereinstimmung und die Bewertung der vorgelegten Informationen für alle Mitgliedstaaten in dieser Zone.

(4) Nach dem Beratungsverfahren gemäß Artikel 79 Absatz 2 können Leitlinien für die Organisation der Prüfung der Übereinstimmung erstellt werden.

(5) Die Mitgliedstaaten entscheiden über die Erneuerung der Zulassung eines Pflanzenschutzmittels spätestens zwölf Monate nach der Erneuerung der Genehmigung für den in ihm enthaltenen Wirkstoff, Safener oder Synergisten.

(6) Wurde aus Gründen, die sich der Kontrolle des Zulassungsinhabers entziehen, vor Ablauf der Zulassung keine Entscheidung über deren Erneuerung getroffen, so verlängert der fragliche Mitgliedstaat die Zulassung um den Zeitraum, der für den Abschluss der Prüfung und eine Erneuerungsentscheidung notwendig ist.

Artikel 44 Aufhebung oder Änderung einer Zulassung

(1) Die Mitgliedstaaten können eine Zulassung jederzeit ändern, wenn es Anzeichen dafür gibt, dass eine Anforderung gemäß Artikel 29 nicht mehr erfüllt ist.

Ein Mitgliedstaat überprüft die Zulassung, wenn er zu dem Schluss gelangt, dass das Erreichen der Ziele nach Artikel 4 Absatz 1 Buchstabe a Ziffer iv und

Buchstabe b Ziffer i sowie Artikel 7 Absätze 2 und 3 der Richtlinie 2000/60/EG gefährdet sein könnte.

(2) Beabsichtigt ein Mitgliedstaat, eine Zulassung aufzuheben oder zu ändern, so unterrichtet er den Zulassungsinhaber und gibt ihm Gelegenheit, eine Stellungnahme oder weitere Informationen vorzulegen.

(3) Der Mitgliedstaat hebt die Zulassung auf oder ändert sie, wenn

a) die Anforderungen gemäß Artikel 29 nicht oder nicht mehr erfüllt sind;

b) falsche oder irreführende Angaben in Bezug auf die Umstände gemacht worden sind, aufgrund derer die Zulassung erteilt wurde;

c) eine in der Zulassung enthaltene Bedingung nicht erfüllt wurde;

d) nach den neuesten wissenschaftlichen und technischen Erkenntnissen die Art der Verwendung und die verwendeten Mengen geändert werden können; oder

e) der Zulassungsinhaber die Verpflichtungen aufgrund dieser Verordnung nicht erfüllt.

(4) Hebt ein Mitgliedstaat eine Zulassung gemäß Absatz 3 auf oder ändert er sie, so unterrichtet er unverzüglich den Zulassungsinhaber, die anderen Mitgliedstaaten, die Kommission und die Behörde. Die anderen Mitgliedstaaten, die derselben Zone angehören, heben die Zulassung auf oder ändern sie entsprechend unter Berücksichtigung der nationalen Bedingungen und der Risikominderungsmaßnahmen, außer in den Fällen, in denen Artikel 36 Absatz 3 Unterabsätze 2, 3 oder 4 angewendet wurden. Gegebenenfalls findet Artikel 46 Anwendung.

Artikel 45 Aufhebung oder Änderung einer Zulassung auf Antrag des Zulassungsinhabers

(1) Eine Zulassung kann auf Antrag des Zulassungsinhabers, der diesen Antrag zu begründen hat, aufgehoben oder geändert werden.

(2) Änderungen können nur gewährt werden, wenn festgestellt wurde, dass die Anforderungen gemäß Artikel 29 weiterhin erfüllt sind.

(3) Gegebenenfalls findet Artikel 46 Anwendung.

Artikel 46 Aufbrauchfrist

Hebt ein Mitgliedstaat eine Zulassung auf, ändert er sie oder verlängert er sie nicht, so kann er eine Aufbrauchfrist für Entsorgung, Lagerung, Inverkehrbringen und Verbrauch der bereits bestehenden Lagerbestände einräumen.

Soweit die Gründe für die Aufhebung, die Änderung oder die Nichtgewährung der Erneuerung der Zulassung nicht den Schutz der Gesundheit von Mensch und Tier oder der Umwelt betreffen, wird die Aufbrauchfrist begrenzt und beträgt höchstens sechs Monate für den Verkauf und den Vertrieb und zusätzlich höchstens ein Jahr für die Beseitigung, die Lagerung und den Verbrauch der Lagerbestände des betreffenden Pflanzenschutzmittels.

Unterabschnitt 5
Sonderfälle

Artikel 47 Inverkehrbringen von Pflanzenschutzmitteln mit geringem Risiko

(1) Handelt es sich bei allen Wirkstoffen in einem Pflanzenschutzmittel um Wirkstoffe mit geringem Risiko gemäß Artikel 22, so wird dieses Produkt als Pflanzenschutzmittel mit geringem Risiko zugelassen, sofern aufgrund einer Risikobewertung keine spezifischen Maßnahmen zur Risikominderung erforderlich sind. Das Pflanzenschutzmittel muss ferner folgende Anforderungen erfüllen:

a) die in ihm enthaltenen Wirkstoffe, Safener und Synergisten mit geringem Risiko wurden gemäß Kapitel II genehmigt;

b) es enthält keine bedenklichen Stoffe;

c) es ist hinreichend wirksam;

d) es verursacht bei den zu bekämpfenden Wirbeltieren keine unnötigen Leiden oder Schmerzen;

e) es entspricht Artikel 29 Absatz 1 Buchstaben b, c und f bis i.

Diese Produkte werden als „Pflanzenschutzmittel mit geringem Risiko" bezeichnet.

(2) Mit dem Antrag auf Zulassung eines Pflanzenschutzmittels mit geringem Risiko muss der Antragsteller nachweisen, dass die Anforderungen gemäß Absatz 1 erfüllt sind; außerdem müssen dem Antrag ein vollständiges Dossier und eine Kurzfassung davon beigefügt sein, die jeden einzelnen Punkt der Datenanforderungen für den Wirkstoff und das Pflanzenschutzmittel abdecken.

(3) Der Mitgliedstaat entscheidet innerhalb von 120 Tagen, ob er den Antrag auf Zulassung eines Pflanzenschutzmittels mit geringem Risiko billigt.

Benötigt der Mitgliedstaat zusätzliche Informationen, so setzt er eine Frist fest, innerhalb derer der Antragsteller diese Informationen vorzulegen hat. In diesem Fall wird der betreffende Zeitraum um die vom Mitgliedstaat eingeräumte zusätzliche Frist verlängert.

Die zusätzliche Frist beträgt höchstens sechs Monate und endet zum Zeitpunkt des Erhalts der zusätzlichen Informationen bei dem Mitgliedstaat. Hat der Antragsteller nach Ablauf dieser Frist die fehlenden Informationen nicht vorgelegt, so teilt der Mitgliedstaat dem Antragsteller mit, dass der Antrag nicht zulässig ist.

(4) Soweit nichts anderes bestimmt ist, gelten alle in der vorliegenden Verordnung genannten Bestimmungen in Bezug auf Zulassungen.

Artikel 48 Inverkehrbringen und Verwendung von Pflanzenschutzmitteln, die einen genetisch veränderten Organismus enthalten

(1) Ein Pflanzenschutzmittel, das einen Organismus enthält, der in den Anwendungsbereich der Richtlinie 2001/18/EG fällt, wird zusätzlich zu der Bewertung nach dem vorliegenden Kapitel gemäß der genannten Richtlinie in Bezug auf die genetische Veränderung untersucht.

Eine Zulassung gemäß der vorliegenden Verordnung wird für ein solches Pflanzenschutzmittel nur erteilt, wenn eine schriftliche Zustimmung gemäß Artikel 19 der Richtlinie 2001/18/EG erteilt wurde.

(2) Soweit nichts anderes bestimmt ist, gelten alle in der vorliegenden Verordnung genannten Bestimmungen in Bezug auf Zulassungen.

Artikel 49 Inverkehrbringen von behandeltem Saatgut

(1) Die Mitgliedstaaten verbieten nicht das Inverkehrbringen und die Verwendung von Saatgut, das mit Pflanzenschutzmitteln behandelt wurde, die in mindestens einem Mitgliedstaat für die Verwendung zugelassen sind.

(2) Bestehen erhebliche Bedenken, dass das behandelte Saatgut gemäß Absatz 1 wahrscheinlich ein schwerwiegendes Risiko für die Gesundheit von Mensch und Tier oder die Umwelt darstellt und dass diesem Risiko durch Maßnahmen, die der betreffende Mitgliedstaat oder die betreffenden Mitgliedstaaten getroffen hat bzw. haben, nicht auf zufrieden stellende Weise begegnet werden kann, so werden unverzüglich Maßnahmen zur Einschränkung oder zum Verbot der Verwendung und/oder des Verkaufs des entsprechend behandelten Saatguts nach dem in Artikel 79 Absatz 3 genannten Regelungsverfahren getroffen. Bevor die Kommission diese Maßnahmen trifft, prüft sie die Sachlage und ersucht gegebenenfalls die Behörde um ein Gutachten. Die Kommission kann bestimmen, innerhalb welcher Frist dieses Gutachten vorzulegen ist.

(3) Die Artikel 70 und 71 finden Anwendung.

(4) Unbeschadet anderer Gemeinschaftsvorschriften über die Kennzeichnung von Saatgut sind auf dem Etikett und in den Begleitdokumenten des behandelten Saatguts die Bezeichnung des Pflanzenschutzmittels, mit dem das Saatgut behandelt wurde, die Bezeichnung(en) des Wirkstoffs/der Wirkstoffe in dem betreffenden Produkt, die Standardsätze betreffend Sicherheitsvorkehrungen gemäß der Richtlinie 1999/45/EG und gegebenenfalls die in der Zulassung für das Produkt vorgesehenen Maßnahmen zur Risikominderung anzugeben.

Artikel 50 Vergleichende Bewertung von Pflanzenschutzmitteln, die Substitutionskandidaten enthalten

(1) Eine vergleichende Bewertung ist von den Mitgliedstaaten durchzuführen, wenn sie einen Antrag auf Zulassung eines Pflanzenschutzmittels prüfen, das einen Wirkstoff enthält, der als Substitutionskandidat zugelassen ist. Die Mitgliedstaaten erteilen keine Zulassung für ein Pflanzenschutzmittel oder beschränken die Verwendung eines Pflanzenschutzmittels, das einen Substitutionskandidaten enthält, auf eine bestimmte Kulturpflanze, wenn die vergleichende Bewertung der Risiken und des Nutzens gemäß Anhang IV ergibt, dass

a) für die im Antrag genannten Verwendungen bereits ein zugelassenes Pflanzenschutzmittel oder eine nichtchemische Bekämpfungs- oder Präventionsmethode besteht, das/die für die Gesundheit von Mensch oder Tier oder für die Umwelt deutlich sicherer ist, und

b) die Substitution durch die Pflanzenschutzmittel bzw. die nichtchemischen Bekämpfungs- oder Präventionsmethoden gemäß Buchstabe a keine wesentlichen wirtschaftlichen oder praktischen Nachteile aufweist, und

c) gegebenenfalls die chemische Vielfalt der Wirkstoffe oder die Methoden und Verfahren der Kulturführung und der Schädlingsprävention ausreichend sind, um das Entstehen einer Resistenz beim Zielorganismus zu minimieren, und

d) die Auswirkungen auf die Zulassungen für geringfügige Verwendungen berücksichtigt werden.

(2) Abweichend von Artikel 36 Absatz 2 können die Mitgliedstaaten in Ausnahmefällen bei der Prüfung eines Antrags auf Zulassung eines Pflanzenschutzmittels, das keine Substitutionskandidaten oder Stoffe mit geringem Risiko enthält, auch die Bestimmungen des Absatzes 1 dieses Artikels anwenden, wenn für denselben Zweck eine nichtchemische Bekämpfungs- oder Präventionsmethode existiert, die in dem betreffenden Mitgliedstaat allgemein gebräuchlich ist.

(3) Abweichend von Absatz 1 wird ein Pflanzenschutzmittel, das einen Substitutionskandidaten enthält, ohne vergleichende Bewertung zugelassen, soweit es notwendig ist, zunächst durch die praktische Verwendung des Mittels Erfahrungen zu sammeln.

Solche Zulassungen werden einmalig für die Dauer von höchstens fünf Jahren erteilt.

(4) Bei Pflanzenschutzmitteln, die einen Substitutionskandidaten enthalten, führen die Mitgliedstaaten die vergleichende Bewertung gemäß Absatz 1 regelmäßig und spätestens bei der Erneuerung oder Änderung der Zulassung durch.

Anhand der Ergebnisse dieser vergleichenden Bewertung bestätigen die Mitgliedstaaten die Zulassung, heben sie auf oder ändern sie.

(5) Beschließt ein Mitgliedstaat, eine Genehmigung gemäß Absatz 4 aufzuheben oder zu ändern, so wird diese Aufhebung oder diese Änderung drei Jahre nach diesem Beschluss des Mitgliedstaats oder, sofern dieser Zeitraum früher endet, am Ende des Genehmigungszeitraums des Substitutionskandidaten wirksam.

(6) Soweit nichts anderes bestimmt ist, gelten alle in der vorliegenden Verordnung genannten Bestimmungen in Bezug auf Zulassungen.

Artikel 51 Ausweitung des Geltungsbereichs von Zulassungen auf geringfügige Verwendungen

(1) Zulassungsinhaber, mit landwirtschaftlichen Tätigkeiten befasste amtliche oder wissenschaftliche Stellen, landwirtschaftliche Berufsorganisationen oder berufliche Verwender können beantragen, dass der Geltungsbereich der Zulassung eines in dem betreffenden Mitgliedstaat bereits zugelassenen Pflanzenschutzmittels auf geringfügige Verwendungen ausgeweitet wird, die darin noch nicht erfasst sind.

(2) Die Mitgliedstaaten weiten den Geltungsbereich der Zulassung aus, sofern

a) die vorgesehene Verwendung von geringfügigem Umfang ist;

b) die Bedingungen gemäß Artikel 4 Absatz 3 Buchstaben b, d und e sowie Artikel 29 Absatz 1 Buchstabe i erfüllt sind;

c) die Ausweitung im öffentlichen Interesse ist und

d) die in Absatz 1 genannten Personen oder Stellen die Dokumentation und Informationen zur Unterstützung der Ausweitung der Verwendung vorgelegt haben, insbesondere Angaben zur Höhe der Rückstände und gegebenenfalls zur Risikobewertung für Verwender, Arbeitnehmer und anwesende Personen.

(3) Die Mitgliedstaaten können Maßnahmen treffen, um die Einreichung von Anträgen auf Ausweitung des Geltungsbereichs der Zulassung von bereits zugelassenen Pflanzenschutzmitteln auf geringfügige Verwendungen zu vereinfachen oder zu fördern.

(4) Die Ausweitung kann je nach den Verwaltungsverfahren des betreffenden Mitgliedstaats in Form einer Änderung der bestehenden Zulassung oder als getrennte Zulassung erteilt werden.

(5) Gewährt ein Mitgliedstaat eine Ausweitung des Geltungsbereichs einer Zulassung für eine geringfügige Verwendung, so informiert er bei Bedarf den Zulassungsinhaber und fordert ihn auf, die Kennzeichnung entsprechend anzupassen.

Lehnt der Zulassungsinhaber dies ab, so stellen die Mitgliedstaaten sicher, dass die Verwender mittels einer amtlichen Veröffentlichung oder über eine amtliche Website umfassend und detailliert über die Verwendungsvorschriften informiert werden.

Die amtliche Veröffentlichung oder gegebenenfalls das Etikett enthält einen Hinweis auf die Haftung der Person, die das Pflanzenschutzmittel verwendet, für mangelnde Wirksamkeit oder Phytotoxizität des Mittels, für das die geringfügige Verwendung gewährt wurde. Die Ausweitung des Geltungsbereichs auf geringfügige Verwendungen ist auf dem Etikett gesondert anzugeben.

(6) Ausweitungen auf der Grundlage dieses Artikels sind gesondert zu kennzeichnen, und auf Haftungseinschränkungen ist gesondert hinzuweisen.

(7) Die Antragsteller gemäß Absatz 1 können auch die Zulassung eines Pflanzenschutzmittels für geringfügige Verwendungen gemäß Artikel 40 Absatz 1 beantragen, sofern das betreffende Pflanzenschutzmittel in dem betreffenden Mitgliedstaat zugelassen ist. Die Mitgliedstaaten genehmigen diese Verwendungen gemäß den Bestimmungen des Artikels 41, sofern diese Verwendungen auch im Mitgliedstaat des Antrags als geringfügig gelten.

(8) Die Mitgliedstaaten erstellen Listen geringfügiger Verwendungen, die sie regelmäßig aktualisieren.

(9) Die Kommission legt dem Europäischen Parlament und dem Rat bis 14. Dezember 2011 einen Bericht über die Einrichtung eines europäischen Fonds für geringfügige Verwendungen vor, dem erforderlichenfalls ein Legislativvorschlag beigefügt ist.

(10) Soweit nicht anders angegeben, gelten alle in der vorliegenden Verordnung genannten Bestimmungen in Bezug auf Zulassungen.

Artikel 52 Parallelhandel

(1) Ein Pflanzenschutzmittel, das in einem Mitgliedstaat (Ursprungsmitgliedstaat) zugelassen ist, kann, sofern eine Genehmigung für den Parallelhandel erteilt wurde, in einem anderen Mitgliedstaat eingeführt, in Verkehr gebracht oder verwendet werden (Einfuhrmitgliedstaat), wenn dieser Mitgliedstaat feststellt, dass das Pflanzenschutzmittel in seiner Zusammensetzung mit einem Pflanzenschutzmittel identisch ist, das in seinem Gebiet bereits zugelassen ist (Referenzmittel). Der Antrag ist an die zuständige Behörde des Einfuhrmitgliedstaats zu richten.

(2) Eine Genehmigung für den Parallelhandel wird binnen 45 Arbeitstagen nach Erhalt eines vollständigen Antrags nach einem vereinfachten Verfahren erteilt, sofern das einzuführende Pflanzenschutzmittel identisch im Sinne des Absatzes 3 ist. Die Mitgliedstaaten übermitteln einander binnen 10 Arbeitstagen nach Erhalt des Antrags die Informationen, die notwendig sind, um zu bewerten ob die Pflanzenschutzmittel identisch sind. Das Verfahren für die Erteilung einer Genehmigung für den Parallelhandel erfährt eine Unterbrechung ab dem Tag, an dem das Informationsersuchen an die zuständige Behörde des Ursprungsmitgliedstaats gesandt wird, bis zum Erhalt der benötigten vollständigen Informationen bei der zuständigen Behörde des Einfuhrmitgliedstaats.

(3) Pflanzenschutzmittel gelten als identisch mit dem Referenzmittel, wenn

a) sie von dem selben Unternehmen oder einem angeschlossenen Unternehmen oder unter Lizenz nach demselben Verfahren hergestellt wurden;

b) sie in Spezifikation und Gehalt an Wirkstoffen, Safenern und Synergisten sowie in Formulierungsart identisch sind; und

c) sie hinsichtlich der enthaltenen Beistoffe und der Größe, des Materials oder der Form der Verpackung im Hinblick auf die potenziellen nachteiligen Auswirkungen auf die Sicherheit des Produkts in Bezug auf die Gesundheit von Mensch oder Tier oder auf die Umwelt identisch oder gleichwertig sind.

(4) Der Antrag auf Genehmigung für den Parallelhandel umfasst Folgendes:

a) Bezeichnung und Zulassungsnummer des Pflanzenschutzmittels im Ursprungsmitgliedstaat;

b) Angabe des Ursprungsmitgliedstaats;

c) Name und Anschrift des Genehmigungsinhabers im Ursprungsmitgliedstaat;

d) Original des Etiketts und der Gebrauchsanleitung, mit denen das einzuführende Pflanzenschutzmittel im Ursprungsmitgliedstaat vertrieben wird, wenn dies als für die Prüfung durch die zuständige Behörde des Einfuhrmitgliedstaats erforderlich angesehen wird. Die zuständige Behörde kann eine Übersetzung der wesentlichen Teile dieser Gebrauchsanleitung verlangen;

e) Name und Anschrift des Antragstellers;

f) Bezeichnung, unter der das Pflanzenschutzmittel im Einfuhrmitgliedstaat vertrieben werden soll;

g) Etikettentwurf für das Produkt, das in Verkehr gebracht werden soll;

h) Probe des einzuführenden Produkts, wenn dies von der zuständigen Behörde des Einfuhrmitgliedstaats für erforderlich gehalten wird;

i) Bezeichnung und Zulassungsnummer des Referenzmittels.

Im Falle eines Antrags in Bezug auf ein Pflanzenschutzmittel, für das bereits eine Genehmigung zum Parallelhandel erteilt wurde, und im Falle eines Antrags in Bezug auf ein Pflanzenschutzmittel für den Eigengebrauch können die Anforderungen hinsichtlich der Informationen nach dem Regelungsverfahren mit Kontrolle gemäß Artikel 79 Absatz 4 geändert oder ergänzt werden und weitere Einzelheiten und spezifische Anforderungen sind nach dem genannten Verfahren festzulegen.

(5) Ein Pflanzenschutzmittel, für das eine Genehmigung für den Parallelhandel erteilt wurde, darf nur nach den Bestimmungen der Zulassung für das Referenzmittel in Verkehr gebracht und verwendet werden. Um die Überwachung und Kontrolle zu erleichtern, legt die Kommission in einer Verordnung gemäß Artikel 68 spezifische Anforderungen an die Kontrolle des einzuführenden Produkts fest.

(6) Die Genehmigung für den Parallelhandel ist für die Dauer der Zulassung des Referenzmittels gültig. Beantragt der Inhaber der Zulassung für das Referenzmittel die Aufhebung der Zulassung gemäß Artikel 45 Absatz 1 und sind die Anforderungen gemäß Artikel 29 noch erfüllt, so endet die Gültigkeit der Genehmigung für den Parallelhandel an dem Tag, an dem die Zulassung für das Referenzmittel normalerweise abgelaufen wäre.

(7) Unbeschadet der spezifischen Bestimmungen dieses Artikels gelten die Bestimmungen der Artikel 44, 45, 46 und 55 und Artikel 56 Absatz 4 sowie der Kapitel VI bis X sinngemäß für Pflanzenschutzmittel im Parallelhandel.

(8) Unbeschadet des Artikels 44 kann eine Genehmigung für den Parallelhandel aufgehoben werden, wenn die Zulassung für das eingeführte Pflanzenschutzmittels im Ursprungsmitgliedstaat aus Gründen der Sicherheit oder Wirksamkeit aufgehoben wurde.

(9) Ist das Produkt nicht im Sinne des Absatzes 3 mit dem Referenzmittel identisch, so kann der Einfuhrmitgliedstaat die für das Inverkehrbringen und die Verwendung erforderliche Zulassung nur gemäß Artikel 29 erteilen.

(10) Die Bestimmungen dieses Artikels gelten nicht für Pflanzenschutzmittel, die im Ursprungsmitgliedstaat nach Artikel 53 oder 54 zugelassen sind.

(11) Unbeschadet von Artikel 63 können die Behörden der Mitgliedstaaten Informationen über Genehmigungen zum Parallelhandel öffentlich zugänglich machen.

Unterabschnitt 6
Ausnahmen

Artikel 53 Notfallsituationen im Pflanzenschutz

(1) Abweichend von Artikel 28 kann ein Mitgliedstaat unter bestimmten Umständen für eine Dauer von höchstens 120 Tagen das Inverkehrbringen eines Pflanzenschutzmittels für eine begrenzte und kontrollierte Verwendung zulassen, sofern sich eine solche Maßnahme angesichts einer anders nicht abzuwehrenden Gefahr als notwendig erweist.

Der betroffene Mitgliedstaat informiert unverzüglich die anderen Mitgliedstaaten und die Kommission über seine Maßnahmen und legt detaillierte Informationen zur Situation und zu den Maßnahmen für die Verbrauchersicherheit vor.

(2) Die Kommission kann die Behörde um eine Stellungnahme oder um wissenschaftliche oder technische Unterstützung ersuchen.

Die Behörde übermittelt der Kommission ihre Stellungnahme oder die Ergebnisse ihrer Arbeit innerhalb von einem Monat nach dem Zeitpunkt des Ersuchens.

(3) Gegebenenfalls wird eine Entscheidung nach dem in Artikel 79 Absatz 3 genannten Regelungsverfahren darüber erlassen, wann und unter welchen Bedingungen der Mitgliedstaat

a) die Dauer der Maßnahme ausdehnen oder die Maßnahme wiederholen darf bzw. dies nicht tun darf; oder

b) die Maßnahme zurücknehmen oder abändern muss.

(4) Die Absätze 1 bis 3 gelten nicht für Pflanzenschutzmittel, die genetisch veränderte Organismen enthalten oder daraus bestehen, es sei denn, eine solche Freisetzung ist gemäß der Richtlinie 2001/18/EG zulässig.

Artikel 54 Forschung und Entwicklung

(1) Abweichend von Artikel 28 können Experimente und Versuche zu Forschungs- und Entwicklungszwecken, bei denen ein nicht zugelassenes Pflanzenschutzmittel in die Umwelt freigesetzt wird oder es zu einer unzulässigen Verwendung eines Pflanzenschutzmittels kommt, durchgeführt werden, sofern der Mitgliedstaat, auf dessen Gebiet dieses Experiment oder dieser Versuch ablaufen soll, die verfügbaren Daten bewertet und eine Genehmigung für Versuchszwecke erteilt hat. In dieser Genehmigung können, sofern nicht bereits entsprechende Bedingungen gemäß der Verordnung (EG) Nr. 369/2005 festgelegt wurden, die zu verwendenden Mengen und das zu behandelnde Gebiet begrenzt werden; außerdem können weitere Bedingungen festgelegt werden, um schädliche Auswirkungen auf die Gesundheit von Mensch oder Tier sowie unannehmbare Auswirkungen auf die Umwelt zu verhindern, damit beispielsweise Lebens- und Futtermittel, die Rückstände enthalten, nicht in die Lebensmittelkette gelangen können.

Die Mitgliedstaaten können ein Experimental- oder Versuchsprogramm vorab genehmigen oder eine Genehmigung für jedes einzelne Experiment und jeden einzelnen Versuch vorschreiben.

(2) Dem Mitgliedstaat, auf dessen Gebiet das Experiment oder der Versuch durchgeführt werden soll, ist ein Antrag vorzulegen; beizufügen ist ein Dossier, das alle verfügbaren Daten zur Bewertung der möglichen Auswirkungen auf die Gesundheit von Mensch oder Tier oder auf die Umwelt enthält.

(3) Für Experimente oder Versuche, bei denen ein genetisch veränderter Organismus in die Umwelt freigesetzt wird, wird keine Genehmigung für Versuchszwecke erteilt, es sei denn, eine solche Freisetzung ist gemäß der Richtlinie 2001/18/EG zulässig.

(4) Absatz 2 gilt nicht, wenn der Mitgliedstaat der betreffenden Person das Recht eingeräumt hat, bestimmte Experimente und Versuche durchzuführen, und die Bedingungen für die Durchführung dieser Experimente und Versuche festgelegt hat.

(5) Nach dem in Artikel 79 Absatz 4 genannten Regelungsverfahren mit Kontrolle werden Durchführungsbestimmungen zu diesem Artikel festgelegt, insbesondere die maximalen Mengen der Pflanzenschutzmittel, die bei Versuchen freigesetzt werden dürfen, sowie die Mindestdaten, die nach Absatz 2 vorzulegen sind.

Abschnitt 2
Verwendung und Information

Artikel 55 Verwendung von Pflanzenschutzmitteln

Pflanzenschutzmittel müssen sachgemäß angewendet werden.

Die sachgemäße Verwendung umfasst die Befolgung der Grundsätze der guten Pflanzenschutzpraxis und die Einhaltung der gemäß Artikel 31 festgelegten und auf dem Etikett angegebenen Bedingungen. Sie umfasst ferner die Einhaltung der Bestimmungen der Richtlinie 2009/128/EG und insbesondere der allgemeinen Grundsätze des integrierten Pflanzenschutzes gemäß Artikel 14 und Anhang III der genannten Richtlinie, die spätestens ab dem 1. Januar 2014 angewendet werden.

Artikel 56 Angaben über potenziell schädliche oder unannehmbare Auswirkungen

(1) Der Inhaber einer Zulassung für ein Pflanzenschutzmittel übermittelt dem Mitgliedstaat, der die Zulassung erteilt hat, unverzüglich alle neuen Informationen über dieses Pflanzenschutzmittel, den Wirkstoff, seine Metaboliten, einen in dem Pflanzenschutzmittel enthaltenen Safener, Synergisten oder Beistoff, die darauf hindeuten, dass das Pflanzenschutzmittel die Kriterien der Artikel 29 und 4 nicht mehr erfüllt.

Insbesondere sind potenziell schädliche Auswirkungen dieses Pflanzenschutzmittels oder von Rückständen eines darin enthaltenen Wirkstoffs, seiner Metaboliten, Safener, Synergisten oder Beistoffe auf die Gesundheit von Mensch oder Tier oder auf das Grundwasser sowie potenziell unannehmbare Auswirkungen auf Pflanzen oder Pflanzenerzeugnisse oder die Umwelt zu melden.

Hierzu zeichnet der Zulassungsinhaber alle möglicherweise nachteiligen Reaktionen bei Menschen, bei Tieren und in der Umwelt im Zusammenhang mit der Verwendung des Pflanzenschutzmittels auf und meldet diese.

Die Meldepflicht schließt auch relevante Informationen zu Entscheidungen oder Bewertungen internationaler Organisationen oder öffentlicher Stellen in Drittländern ein, die Pflanzenschutzmittel oder Wirkstoffe zulassen.

(2) Die Meldung umfasst eine Bewertung, ob und inwieweit aus den neuen Informationen hervorgeht, dass das Pflanzenschutzmittel oder der Wirkstoff,

seine Metaboliten, ein Safener, Synergist oder Beistoff die Anforderungen der Artikel 29 und 4 bzw. des Artikels 27 nicht mehr erfüllt.

(3) Unbeschadet des Rechts der Mitgliedstaaten, vorläufige Schutzmaßnahmen zu ergreifen, bewertet der Mitgliedstaat, der innerhalb einer Zone als erster eine Zulassung erteilt hat, die eingegangenen Informationen und unterrichtet die anderen Mitgliedstaaten derselben Zone, wenn er entscheidet, die Zulassung gemäß Artikel 44 aufzuheben oder zu ändern.

Dieser Mitgliedstaat unterrichtet die anderen Mitgliedstaaten und die Kommission, wenn er der Ansicht ist, dass die Bedingungen für die Genehmigung des in dem Pflanzenschutzmittel enthaltenen Wirkstoffs, Safeners oder Synergisten nicht mehr erfüllt sind oder wenn ein Beistoff als unannehmbar erachtet wurde, und schlägt vor, die Zulassung aufzuheben oder die Bedingungen zu ändern.

(4) Der Inhaber einer Zulassung für ein Pflanzenschutzmittel erstattet den zuständigen Behörden der Mitgliedstaaten, die sein Pflanzenschutzmittel zugelassen haben, jährlich Bericht, wenn ihm Informationen über eine unerwartet schwache Wirksamkeit, die Bildung einer Resistenz oder unerwartete Auswirkungen auf Pflanzen, Pflanzenerzeugnisse oder die Umwelt vorliegen.

Artikel 57 Pflicht zur Aufbewahrung von Informationen

(1) Die Mitgliedstaaten stellen der Öffentlichkeit Informationen über die gemäß dieser Verordnung zugelassenen Pflanzenschutzmittel und aufgehobenen Zulassungen in elektronischer Form zur Verfügung; diese enthalten mindestens folgende Angaben:

- a) Name bzw. Firmenname des Inhabers der Zulassung und Zulassungsnummer;
- b) Handelsname des Pflanzenschutzmittels;
- c) Art der Zubereitung;
- d) Namen und Anteile aller darin enthaltenen Wirkstoffe, Safener oder Synergisten;
- e) die Hinweise zur Einstufung sowie zu Gefahren und zur Sicherheit gemäß der Richtlinie 1999/45/EG und gemäß der in Artikel 65 genannten Verordnung;
- f) Verwendungszweck(e), für den/die das Mittel zugelassen ist;
- g) die Gründe für die Aufhebung einer Zulassung, wenn diese Sicherheitsbelange betreffen;
- h) die Liste der geringfügigen Verwendungen gemäß Artikel 51 Absatz 8.

(2) Die Informationen gemäß Absatz 1 müssen leicht zugänglich sein und mindestens alle drei Monate aktualisiert werden.

(3) Gemäß dem in Artikel 79 Absatz 3 genannten Regelungsverfahren wird ein Informationssystem für Zulassungen eingeführt, um die Anwendung der Absätze 1 und 2 des vorliegenden Artikels zu erleichtern.

Kapitel IV
Zusatzstoffe

Artikel 58 Inverkehrbringen und Verwendung von Zusatzstoffen

(1) Ein Zusatzstoff darf nur in Verkehr gebracht oder verwendet werden, wenn er in dem betreffenden Mitgliedstaat in Übereinstimmung mit der Verordnung gemäß Absatz 2 zugelassen wurde.

(2) Die Durchführungsbestimmungen für die Zulassung von Zusatzstoffen, einschließlich der Datenanforderungen sowie Notifizierungs-, Evaluierungs-, Bewertungs- und Entscheidungsverfahren, werden in einer nach dem in Artikel 79 Absatz 4 genannten Regelungsverfahren mit Kontrolle zu erlassenden Verordnung festgelegt.

(3) Artikel 81 Absatz 3 findet Anwendung.

Kapitel V
Datenschutz und gemeinsame Datennutzung

Artikel 59 Datenschutz

(1) Versuchs- und Studienberichte unterliegen dem Datenschutz nach Maßgabe dieses Artikels.

Dieser Schutz gilt für Versuchs- und Studienberichte zu dem Wirkstoff, Safener oder Synergisten, Zusatzstoff und dem Pflanzenschutzmittel gemäß Artikel 8 Absatz 2, die ein Antragsteller einem Mitgliedstaat mit einem Antrag auf Zulassung gemäß dieser Verordnung vorlegt („Erstantragsteller" genannt), sofern diese Versuche und Studien

a) notwendig waren für die Zulassung oder die Änderung einer Zulassung im Hinblick auf die Verwendung bei einer anderen Kulturpflanze, und

b) mit den Grundsätzen der Guten Laborpraxis oder guten experimentellen Praxis übereinstimmen.

Ist ein Bericht geschützt, so darf der Mitgliedstaat, dem er vorgelegt wurde, ihn außer in Fällen gemäß Absatz 2 dieses Artikels, Artikel 62 oder Artikel 80 nicht zum Nutzen anderer Antragsteller für Zulassungen für Pflanzenschutzmittel, Safener oder Synergisten und Zusatzstoffe verwenden.

Der Datenschutz gilt außer in den Fällen gemäß Absatz 2 dieses Artikels oder Artikel 62 für einen Zeitraum von zehn Jahren ab dem Datum der Erstzulassung in dem betreffenden Mitgliedstaat. Dieser Zeitraum wird für Pflanzenschutzmittel, die unter Artikel 47 fallen, auf 13 Jahre verlängert.

Diese Zeiträume werden für jede Ausweitung des Geltungsbereichs einer Zulassung für geringfügige Verwendungen gemäß Artikel 51 Absatz 1 – sofern diese Ausweitung nicht auf Extrapolation beruht – um drei Monate verlängert, wenn diese Zulassungen spätestens fünf Jahre nach dem Datum der Erstzulassung von deren Inhaber in diesem Mitgliedstaat beantragt werden. Der Gesamtzeitraum des Datenschutzes darf in keinem Fall 13 Jahre überschreiten. Bei

Pflanzenschutzmitteln, die unter Artikel 47 fallen, darf der Gesamtzeitraum des Datenschutzes in keinem Fall 15 Jahre überschreiten.

Die gleichen Datenschutzregeln wie für die Erstzulassung gelten auch für Versuchs- und Studienberichte, die von Dritten zum Zwecke der Ausweitung des Geltungsbereichs einer Zulassung für geringfügige Verwendungen gemäß Artikel 51 Absatz 1 vorgelegt werden.

Eine Studie ist auch dann geschützt, wenn sie für die Erneuerung oder Überprüfung einer Zulassung benötigt wurde. Der Datenschutzzeitraum beträgt 30 Monate. Die Unterabsätze 1 bis 4 gelten mit entsprechend.

(2) Absatz 1 gilt nicht

a) für Versuchs- und Studienberichte, für die der Antragsteller eine Zugangsbescheinigung vorgelegt hat; oder

b) wenn ein Datenschutzzeitraum für die betreffenden Versuchs- und Studienberichte in Bezug auf ein anderes Pflanzenschutzmittel abgelaufen ist.

(3) Datenschutz gemäß Absatz 1 wird nur dann gewährt, wenn der Erstantragsteller zum Zeitpunkt der Vorlage des Dossiers Datenschutz für Versuchs- und Studienberichte über den Wirkstoff, Safener oder Synergisten, Zusatzstoff und das Pflanzenschutzmittel beansprucht und dem betreffenden Mitgliedstaat für jeden Versuchs- oder Studienbericht die in Artikel 8 Absatz 1 Buchstabe f und Artikel 33 Absatz 3 Buchstabe d genannten Informationen sowie die Bestätigung vorgelegt hat, dass für den Versuchs- oder Studienbericht kein Datenschutzzeitraum gewährt wurde oder dass gewährte Datenschutzzeiträume nicht abgelaufen sind.

Artikel 60 Liste der Versuchs- und Studienberichte

(1) Für jeden Wirkstoff, Safener und Synergisten sowie Zusatzstoff erstellt der berichterstattende Mitgliedstaat eine Liste der für die Erstzulassung, Änderung der Zulassungsbedingungen oder Erneuerung der Zulassung erforderlichen Versuchs- und Studienberichte und stellt sie den Mitgliedstaaten und der Kommission zur Verfügung.

(2) Für jedes Pflanzenschutzmittel, das sie zulassen, führen die Mitgliedstaaten folgende Listen, die sie interessierten Parteien auf Anfrage zur Verfügung stellen:

a) eine Liste der für die Erstzulassung, Änderung der Zulassungsbedingungen oder Erneuerung einer Zulassung erforderlichen Versuchs- und Studienberichte über den Wirkstoff, Safener oder Synergisten und Zusatzstoff sowie das Pflanzenschutzmittel und

b) eine Liste der Versuchs- und Studienberichte, für die der Antragsteller gemäß Artikel 59 Datenschutz in Anspruch genommen hat, einschließlich Begründungen gemäß dem genannten Artikel.

(3) Die in den Absätzen 1 und 2 vorgesehenen Listen enthalten auch Informationen darüber, ob diese Versuchs- und Studienberichte als mit den Grundsätzen der Guten Laborpraxis oder der experimentellen Praxis übereinstimmend anerkannt wurden.

Artikel 61 Allgemeine Regelungen zur Vermeidung von Doppelversuchen

(1) Um Doppelversuche zu vermeiden, konsultiert eine Person, die eine Zulassung für ein Pflanzenschutzmittel erlangen möchte, vor der Durchführung von Versuchen oder Studien die Informationen gemäß Artikel 57, um zu ermitteln, ob und wem bereits eine Zulassung für ein Pflanzenschutzmittel, das denselben Wirkstoff, Safener oder Synergisten enthält, oder einen Zusatzstoff erteilt wurde. Die zuständige Behörde stellt dem Antragssteller auf Anfrage die gemäß Artikel 60 für das betreffende Produkt erstellte Liste der Versuchs- und Studienberichte zur Verfügung.

Der potenzielle Antragsteller legt alle Daten bezüglich Identität und Verunreinigungen des Wirkstoffs vor, den er zu verwenden beabsichtigt. Bei der Anfrage muss der potenzielle Antragsteller glaubhaft machen, dass er beabsichtigt, einen Zulassungsantrag zu stellen.

(2) Erlangt die zuständige Behörde des Mitgliedstaats die Gewissheit, dass der potenzielle Antragsteller einen Antrag auf Zulassung oder auf Erneuerung bzw. Überprüfung einer Zulassung beabsichtigt, so teilt sie ihm Namen und Anschrift des Inhabers bzw. der Inhaber bestehender einschlägiger Zulassungen und gleichzeitig den Inhabern der Zulassungen Namen und Adresse des potenziellen Antragstellers mit.

(3) Der potenzielle Antragsteller für eine Zulassung oder die Erneuerung oder Überprüfung einer Zulassung und der bzw. die Inhaber einschlägiger Zulassungen treffen alle angemessenen Maßnahmen, um eine Einigung über die Weitergabe etwaiger gemäß Artikel 59 geschützter Versuchs- und Studienberichte auf faire, transparente und nichtdiskriminierende Art und Weise zu erzielen.

Artikel 62 Weitergabe der Ergebnisse von Versuchen und Studien mit Wirbeltieren

(1) Für die Zwecke dieser Verordnung werden Versuche mit Wirbeltieren nur dann durchgeführt, wenn keine anderen Methoden verfügbar sind. Die Wiederholung von Versuchen und Studien mit Wirbeltieren, für die Zwecke dieser Verordnung wird gemäß den Absätzen 2 bis 6 vermieden.

(2) Die Mitgliedstaaten akzeptieren die Wiederholung von Versuchen und Studien mit Wirbeltieren nicht, wenn nach vernünftigem Ermessen die in Anhang II der Richtlinie 1999/45/EG beschriebenen konventionellen Methoden zur Unterstützung der Zulassungsanträge hätten angewendet werden können. Beabsichtigt jemand, Versuche und Studien mit Wirbeltieren durchzuführen, so trifft er die notwendigen Maßnahmen, um sicherzustellen, dass diese Versuche und Studien nicht bereits durchgeführt oder begonnen wurden.

(3) Der potenzielle Antragsteller und der bzw. die Inhaber einschlägiger Zulassungen unternehmen alle Anstrengungen um sicherzustellen, dass die Ergebnisse von Versuchen und Studien mit Wirbeltieren gemeinsam genutzt werden. Die Kosten für die Weitergabe von Versuchs- und Studienberichten werden in gerechter, transparenter und nicht diskriminierender Weise festgelegt. Der potenzielle Antragsteller muss sich lediglich an den Kosten derjenigen Informationen beteiligen, die er im Hinblick auf die Erfordernisse der Zulassung vorlegen muss.

(4) Können sich der potenzielle Antragsteller und der bzw. die Inhaber der einschlägigen Zulassungen für Pflanzenschutzmittel, die denselben Wirkstoff, Safener oder Synergisten enthalten, oder für Zusatzstoffe nicht über die Weitergabe der Berichte über Versuche und Studien mit Wirbeltieren einigen, unterrichtet der potenzielle Antragsteller die zuständige Behörde des in Artikel 61 Absatz 1 genannten Mitgliedstaats.

Wird keine Einigung gemäß Absatz 3 erzielt, so bleibt es der zuständigen Behörde des betreffenden Mitgliedstaats unbenommen, die Berichte über Versuche und Studien mit Wirbeltieren für die Zwecke der Bewertung des Antrags des potenziellen Antragstellers zu nutzen.

(5) Bis zum 14. Dezember 2016 erstellt die Kommission einen Bericht über die Auswirkungen dieser Verordnung im Zusammenhang mit dem Datenschutz bei Versuchen und Studien mit Wirbeltieren. Die Kommission legt diesen Bericht dem Europäischen Parlament und dem Rat vor, erforderlichenfalls mit einem entsprechenden Legislativvorschlag.

(6) Der oder die Inhaber der betreffenden Zulassung kann/ können vom potenziellen Antragsteller verlangen, einen fairen Anteil an den ihm/ihnen entstandenen Kosten zu übernehmen. Die zuständige Behörde des Mitgliedstaats kann die betroffenen Parteien auffordern, die Frage im Rahmen eines förmlichen und verbindlichen Schiedsverfahrens gemäß den nationalen Rechtsvorschriften zu lösen. Andernfalls können die Parteien die Frage im Wege eines Rechtsstreits vor den Gerichten in den Mitgliedstaaten klären lassen. Die Schiedsstellen oder Gerichte berücksichtigen bei ihren Entscheidungen die in Absatz 3 festgelegten Grundsätze; diese Entscheidungen sind vor den Gerichten der Mitgliedstaaten durchsetzbar.

Kapitel VI
Öffentlicher Zugang zu Informationen

Artikel 63 Vertraulichkeit

(1) Eine Person, die beantragt, dass gemäß dieser Verordnung vorgelegte Informationen vertraulich behandelt werden sollen, legt einen nachprüfbaren Beweis vor, aus dem hervorgeht, dass die Offenlegung dieser Informationen ihre kommerziellen Interessen oder den Schutz ihrer Privatsphäre und ihre Integrität beeinträchtigen könnte.

(2) Bei folgenden Informationen ist in der Regel davon auszugehen, dass ihre Offenlegung den Schutz der wirtschaftlichen Interessen oder der Privatsphäre und die Integrität der betroffenen Personen beeinträchtigt:

a) dem Herstellungsverfahren;

b) den Angaben zu Verunreinigungen des Wirkstoffs, mit Ausnahme von Verunreinigungen, die als toxikologisch, ökotoxikologisch oder ökologisch relevant angesehen werden;

c) Ergebnissen zu hergestellten Wirkstoffchargen, einschließlich Verunreinigungen;

d) Analysenmethoden für Verunreinigungen in dem Wirkstoff so wie er hergestellt wird, mit Ausnahme von Analysenmethoden für Verunreinigungen, die als toxikologisch, ökotoxikologisch oder ökologisch relevant angesehen werden;

e) Beziehungen zwischen einem Hersteller oder Importeur und dem Antragsteller oder dem Zulassungsinhaber;

f) Angaben zur vollständigen Zusammensetzung eines Pflanzenschutzmittels;

g) Namen und Anschriften der Personen, die an den Versuchen mit Wirbeltieren beteiligt sind.

(3) Dieser Artikel gilt unbeschadet der Richtlinie 2003/4/EG des Europäischen Parlaments und des Rates vom 28. Januar 2003 über den Zugang der Öffentlichkeit zu Umweltinformationen[19].

Kapitel VII
Verpackung und Kennzeichnung von Pflanzenschutzmitteln und Zusatzstoffen und Werbung dafür

Artikel 64 Verpackung und Aufmachung

(1) Pflanzenschutzmittel und Zusatzstoffe, die mit Lebensmitteln, Getränken oder Futtermitteln verwechselt werden können, sind so zu verpacken, dass das Risiko einer solchen Verwechslung möglichst gering ist.

(2) Pflanzenschutzmittel und Zusatzstoffe, die für die Öffentlichkeit zugänglich sind und mit Lebensmitteln, Getränken oder Futtermitteln verwechselt werden können, sind mit Bestandteilen zu versehen, die vom Verzehr abschrecken bzw. diesen verhindern.

(3) Artikel 9 der Richtlinie 1999/45/EG gilt auch für Pflanzenschutzmittel und Zusatzstoffe, die nicht unter die genannte Richtlinie fallen.

Artikel 65 Kennzeichnung

(1) Die Kennzeichnung von Pflanzenschutzmitteln umfasst die Anforderungen in Bezug auf Einstufung, Kennzeichnung und Verpackung gemäß der Richtlinie 1999/45/EG und muss den Anforderungen einer Verordnung entsprechen, die nach dem Regelungsverfahren mit Kontrolle gemäß Artikel 79 Absatz 4 erlassen wird.

Die genannte Verordnung enthält außerdem, ergänzend zu den durch die Richtlinie 1999/45/EG vorgeschriebenen Hinweisen, Standardformulierungen für besondere Gefahren- und Sicherheitshinweise. Sie beinhaltet den Wortlaut des Artikels 16 sowie der Anhänge IV und V der Richtlinie 91/414/EWG mit den jeweils erforderlichen Änderungen.

(2) Die Mitgliedstaaten können vor Erteilung der Zulassung Muster oder Modelle der Verpackung und Entwürfe der Etiketten und Begleitunterlagen anfordern.

---

19 ABl. L 41 vom 14.2.2003, S. 26.

(3) Ist ein Mitgliedstaat der Ansicht, dass für den Schutz der Gesundheit von Mensch oder Tier oder der Umwelt zusätzliche Hinweise notwendig sind, so unterrichtet er die anderen Mitgliedstaaten und die Kommission unverzüglich und übermittelt ihnen den oder die zusätzlichen Hinweis(e) und die Gründe für diese Anforderung.

Es ist zu erwägen, solche Hinweise in die in Absatz 1 genannte Verordnung aufzunehmen.

Bis zur Aufnahme in die Verordnung kann der Mitgliedstaat die Verwendung des oder der zusätzlichen Hinweise(s) verlangen.

Artikel 66 Werbung

(1) Für nicht zugelassene Pflanzenschutzmittel darf nicht geworben werden. Jeglicher Werbung für ein Pflanzenschutzmittel ist der Hinweis „Pflanzenschutzmittel vorsichtig verwenden. Vor Verwendung stets Etikett und Produktinformationen lesen“ hinzuzufügen. Diese Sätze müssen leicht lesbar und von der eigentlichen Werbebotschaft deutlich unterscheidbar sein. Das Wort „Pflanzenschutzmittel“ kann durch eine genauere Bezeichnung des Produkttyps – etwa: Fungizid, Insektizid oder Herbizid – ersetzt werden.

(2) In der Werbung dürfen keine Informationen in Form von Text oder Grafiken enthalten sein, die hinsichtlich möglicher Risiken für die Gesundheit von Mensch oder Tier oder für die Umwelt irreführend sein könnten, etwa Bezeichnungen wie „risikoarm“, „ungiftig“ oder „harmlos“.

Die Verwendung des Begriffs „als Pflanzenschutzmittel mit geringem Risiko gemäß der Verordnung (EG) Nr. 1107/2009 zugelassen“ ist nur bei Pflanzenschutzmitteln mit geringem Risiko in der Werbung zulässig. Dieser Begriff darf nicht auf dem Etikett des Pflanzenschutzmittels erscheinen.

(3) Die Mitgliedstaaten können die Werbung für Pflanzenschutzmittel in bestimmten Medien unter Beachtung des Gemeinschaftsrechts verbieten oder einschränken.

(4) Alle in der Werbung verwendeten Aussagen müssen technisch zu rechtfertigen sein.

(5) Werbung darf keine visuellen Darstellungen potenziell gefährlicher Praktiken enthalten, wie z. B. Mischen oder Verwendung ohne ausreichende Schutzkleidung, Verwendung in der Nähe von Lebensmitteln oder Verwendung durch oder in der Nähe von Kindern.

(6) Werbematerial muss die Aufmerksamkeit auf angemessene Warnhinweise und -symbole gemäß der Kennzeichnung lenken.

Kapitel VIII
Kontrollen

Artikel 67 Aufzeichnungen

(1) Hersteller, Lieferanten, Händler, Einführer und Ausführer von Pflanzenschutzmitteln führen über mindestens fünf Jahre Aufzeichnungen über die Pflan-

zenschutzmittel, die sie herstellen, einführen, ausführen, lagern oder in Verkehr bringen. Berufliche Verwender von Pflanzenschutzmitteln führen über mindestens drei Jahre Aufzeichnungen über die Pflanzenschutzmittel, die sie verwenden, in denen die Bezeichnung des Pflanzenschutzmittels, der Zeitpunkt der Verwendung, die verwendete Menge, die behandelte Fläche und die Kulturpflanze, für die das Pflanzenschutzmittel verwendet wurde, vermerkt sind.

Sie stellen die einschlägigen Informationen in diesen Aufzeichnungen auf Anfrage der zuständigen Behörde zur Verfügung. Dritte wie beispielsweise die Trinkwasserwirtschaft, Einzelhändler oder Anrainer können bei der zuständigen Behörde um Zugang zu diesen Information ersuchen.

Die zuständige Behörde macht diese Informationen gemäß den geltenden nationalen oder gemeinschaftlichen Rechtsvorschriften zugänglich.

Bis zum 14. Dezember 2012 legt die Kommission dem Europäischen Parlament und dem Rat einen Bericht über die Kosten und Nutzen der Rückverfolgbarkeit der Informationen über die Verwendung von Pflanzenschutzmitteln für landwirtschaftliche Erzeugnisse von den Verwendern zu den Einzelhändlern – erforderlichenfalls mit einem entsprechenden Legislativvorschlag – vor.

(2) Die Hersteller von Pflanzenschutzmitteln führen nach der Zulassung auf Ersuchen der zuständigen Behörden Überwachungstätigkeiten durch. Sie melden die diesbezüglichen Ergebnisse den zuständigen Behörden.

(3) Die Zulassungsinhaber übermitteln den zuständigen Behörden der Mitgliedstaaten alle Daten über das Umsatzvolumen mit Pflanzenschutzmitteln gemäß den gemeinschaftlichen Rechtsvorschriften über Statistiken zu Pflanzenschutzmitteln.

(4) Durchführungsmaßnahmen zur Sicherstellung der einheitlichen Anwendung der Absätze 1, 2 und 3 können nach dem in Artikel 79 Absatz 3 genannten Regelungsverfahren erlassen werden.

Artikel 68 Überwachung und Kontrolle

Die Mitgliedstaaten führen amtliche Kontrollen durch, um die Einhaltung der Bestimmungen dieser Verordnung durchzusetzen. Sie übermitteln der Kommission die endgültige Fassung eines Berichts über Umfang und Ergebnisse dieser Kontrollen innerhalb von sechs Monaten nach Abschluss des Jahres, auf das sich der Bericht bezieht.

Experten der Kommission führen allgemeine und gezielte Prüfungen der amtlichen Kontrollen in den Mitgliedstaaten durch.

Eine nach dem in Artikel 79 Absatz 4 genannten Regelungsverfahren mit Kontrolle gemäß Artikel 79 Absatz 4 erlassene Verordnung regelt die Kontrollen, insbesondere bezüglich Produktion, Verpackung, Kennzeichnung, Lagerung, Transport, Vermarktung, Formulierung, Parallelhandel und Verwendung der Pflanzenschutzmittel. Sie enthält außerdem Bestimmungen über die Erhebung von Daten sowie die Meldung möglicher Vergiftungsfälle.

Kapitel IX
Notfälle

Artikel 69 Notfallmaßnahmen

Ist davon auszugehen, dass ein genehmigter Wirkstoff, Safener, Synergist oder Beistoff oder ein Pflanzenschutzmittel, das gemäß dieser Verordnung zugelassen wurde, wahrscheinlich ein schwerwiegendes Risiko für die Gesundheit von Mensch und Tier oder die Umwelt darstellt und dass diesem Risiko durch Maßnahmen, die der betreffende Mitgliedstaat oder die betreffenden Mitgliedstaaten getroffen hat bzw. haben, nicht auf zufrieden stellende Weise begegnet werden kann, so trifft die Kommission nach dem in Artikel 79 Absatz 3 genannten Regelungsverfahren von sich aus oder auf Verlangen eines Mitgliedstaats unverzüglich Maßnahmen zur Einschränkung oder zum Verbot der Verwendung und/oder des Verkaufs dieses Stoffes oder Produkts. Bevor die Kommission diese Maßnahmen trifft, prüft sie die Sachlage und ersucht gegebenenfalls die Behörde um ein Gutachten. Die Kommission kann bestimmen, innerhalb welcher Frist dieses Gutachten vorzulegen ist.

Artikel 70 Maßnahmen in extremen Notfällen

Abweichend von Artikel 69 kann die Kommission in extremen Notfällen provisorisch Notfallmaßnahmen treffen, nachdem sie den oder die betroffenen Mitgliedstaat(en) konsultiert und die anderen Mitgliedstaaten informiert hat.

Die Maßnahmen werden nach dem in Artikel 79 Absatz 3 genannten Regelungsverfahren so rasch wie möglich, auf jeden Fall aber innerhalb von 10 Arbeitstagen bestätigt, geändert, aufgehoben oder verlängert.

Artikel 71 Sonstige Notfallmaßnahmen

(1) Unterrichtet ein Mitgliedstaat die Kommission offiziell über die Notwendigkeit von Notfallmaßnahmen und hat die Kommission nicht gemäß Artikel 69 oder 70 gehandelt, so kann der Mitgliedstaat vorläufige Schutzmaßnahmen ergreifen. In diesem Fall unterrichtet er die anderen Mitgliedstaaten und die Kommission unverzüglich.

(2) Innerhalb von 30 Arbeitstagen befasst die Kommission den in Artikel 79 Absatz 1 genannten Ausschuss nach dem in Artikel 79 Absatz 3 genannten Regelungsverfahren mit der Frage der Verlängerung, der Änderung oder der Aufhebung der vorläufigen nationalen Schutzmaßnahmen.

(3) Der Mitgliedstaat darf seine vorläufigen nationalen Schutzmaßnahmen so lange beibehalten, bis die Gemeinschaftsmaßnahmen erlassen sind.

Kapitel X
Verwaltungs- und Finanzbestimmungen

Artikel 72 Sanktionen

Die Mitgliedstaaten erlassen Vorschriften über die Sanktionen, die bei einem Verstoß gegen diese Verordnung zu verhängen sind, und treffen alle erforderlichen Maßnahmen, um ihre Verwendung zu gewährleisten. Die Sanktionen müssen wirksam, verhältnismäßig und abschreckend sein.

Die Mitgliedstaaten teilen der Kommission diese Vorschriften sowie spätere Änderungen unverzüglich mit.

Artikel 73 Zivilrechtliche Haftung und strafrechtliche Verantwortung

Die Erteilung der Zulassung und die anderen Maßnahmen gemäß dieser Verordnung haben in den Mitgliedstaaten keine Auswirkung auf die allgemeine zivilrechtliche Haftung und strafrechtliche Verantwortung des Erzeugers und gegebenenfalls der für das Inverkehrbringen oder die Verwendung des Pflanzenschutzmittels verantwortlichen Person.

Artikel 74 Gebühren und Abgaben

(1) Die Mitgliedstaaten können eine Gebühr oder Abgabe erheben, die die im Rahmen dieser Verordnung durchgeführten Arbeiten abdeckt.

(2) Die Mitgliedstaaten gewährleisten, dass die Gebühren oder Abgaben gemäß Absatz 1

a) auf transparente Weise festgesetzt werden; und

b) den tatsächlichen Gesamtkosten der angefallenen Arbeit entsprechen, ausgenommen in Fällen, in denen eine Senkungen der Gebühren oder Abgaben im öffentlichen Interesse ist.

Die Gebühren oder Abgaben können jedoch in Form fester Gebührensätze auf der Grundlage der durchschnittlichen Kosten für die Arbeiten gemäß Absatz 1 festgelegt werden.

Artikel 75 Zuständige Behörde

(1) Jeder Mitgliedstaat benennt die in Bezug auf die Verpflichtungen gemäß der vorliegenden Verordnung zuständige(n) Behörde(n).

(2) Jeder Mitgliedstaat benennt eine koordinierende nationale Behörde, die für die Koordination und die notwendigen Kontakte zu den Antragstellern, den anderen Mitgliedstaaten, der Kommission und der Europäischen Behörde für Lebensmittelsicherheit zuständig ist.

(3) Die Mitgliedstaaten stellen sicher, dass die zuständigen Behörden über eine ausreichende Zahl entsprechend qualifizierter und erfahrener Mitarbeiter verfügen, so dass ihre Aufgabe nach dieser Verordnung effizient und wirksam erfüllt wird.

(4) Jeder Mitgliedstaat übermittelt die Angaben über die zuständige(n) nationale(n) Behörde(n) an die Kommission, die Europäische Behörde für Lebensmittelsicherheit und die koordinierenden nationalen Behörden der anderen Mitgliedstaaten und teilt ihnen alle Änderungen mit.

(5) Die Kommission veröffentlicht auf ihrer Website eine Liste der in den Absätzen 1 und 2 genannten Behörden und aktualisiert diese Liste regelmäßig.

Artikel 76 Ausgaben seitens der Kommission

(1) Der Kommission können Ausgaben für Maßnahmen entstehen, die auf die Ziele dieser Verordnung ausgerichtet sind, darunter die Organisation folgender Maßnahmen:

a) Entwicklung eines harmonisierten Systems, einschließlich einer geeigneten Datenbank, zur Sammlung und Speicherung aller Informationen über Wirkstoffe, Safener, Synergisten, Beistoffe, Pflanzenschutzmittel und Zusatzstoffe, und zur Bereitstellung solcher Informationen für Mitgliedstaaten, Hersteller und andere interessierte Parteien;

b) Durchführung von Studien im Hinblick auf die Ausarbeitung weiterer Rechtsvorschriften für das Inverkehrbringen und die Verwendung von Pflanzenschutzmitteln und Zusatzstoffen;

c) Durchführung von Studien im Hinblick auf die Harmonisierung von Verfahren, Entscheidungskriterien und Datenanforderungen;

d) Koordinierung – gegebenenfalls auf elektronischem Weg – der Zusammenarbeit zwischen den Mitgliedstaaten, der Kommission und der Behörde sowie Maßnahmen zur Erleichterung der Arbeitsteilung;

e) Entwicklung und Pflege eines koordinierten Systems für die Einreichung und Bewertung von Anträgen, mit dem Ziel, den elektronischen Dokumentenaustausch und die Arbeitsteilung zwischen Antragstellern, Mitgliedstaaten, Kommission und Behörde zu fördern;

f) Entwicklung von Leitlinien zur Erleichterung der praktischen Durchführung dieser Verordnung;

g) Reise- und Aufenthaltskosten, die Experten aus den Mitgliedstaaten entstehen, wenn die Kommission sie beauftragt, ihre internen Experten im Rahmen der Kontrollmaßnahmen gemäß Artikel 68 zu unterstützen;

h) Schulung von Kontrollpersonal;

i) Finanzierung anderer Maßnahmen zur Gewährleistung der Anwendung der gemäß Artikel 68 erlassenen Verordnung.

(2) Die gemäß Absatz 1 erforderlichen Mittel unterliegen in jedem Haushaltsjahr der Genehmigung durch die Haushaltsbehörde.

Artikel 77 Leitlinien

Die Kommission kann nach dem in Artikel 79 Absatz 2 genannten Beratungsverfahren technische oder andere Leitlinien für die Durchführung dieser Verordnung wie etwa Erläuterungen oder Leitlinien zum Inhalt des Antrags in Bezug auf Mikroorganismen, Pheromone und biologische Produkte verabschieden oder abändern. Die Kommission kann die Behörde auffordern, solche Leitlinien auszuarbeiten oder dazu beizutragen.

Artikel 78 Änderungen und Durchführungsmaßnahmen

(1) Die folgenden Maßnahmen zur Änderung nicht wesentlicher Bestimmungen dieser Verordnung, auch durch Ergänzung, werden nach dem Regelungsverfahren mit Kontrolle gemäß Artikel 79 Absatz 4 erlassen.

a) Änderungen der Anhänge unter Berücksichtigung des neuesten Stands von Wissenschaft und Technik;

b) Änderungen der Verordnungen über Datenanforderungen für Wirkstoffe und Pflanzenschutzmittel gemäß Artikel 8 Absatz 1 Buchstaben b und c unter Berücksichtigung des neuesten Stands von Wissenschaft und Technik;

c) Änderungen der Verordnung über die einheitlichen Grundsätze für die Bewertung und Zulassung von Pflanzenschutzmitteln gemäß Artikel 29 Absatz 6 unter Berücksichtigung neuesten Stands von Wissenschaft und Technik;

d) eine Verordnung, mit der der Ablauf des Genehmigungszeitraums gemäß Artikel 17 Unterabsatz 2 hinausgeschoben wird;

e) eine Verordnung über Datenanforderungen für Safener und Synergisten gemäß Artikel 25 Absatz 3;

f) eine Verordnung zur Festlegung eines Arbeitsprogramms für Safener oder Synergisten gemäß Artikel 26;

g) Annahme der harmonisierten Methoden gemäß Artikel 29 Absatz 4;

h) Aufnahme von Beistoffen in Anhang III gemäß Artikel 27 Absatz 2;

i) Verlängerung des Zeitraums der Verwendung dieser Verordnung auf vorläufige Zulassungen gemäß Artikel 30 Absatz 3;

j) Informationsanforderungen für den Parallelhandel gemäß Artikel 52 Absatz 4;

k) Vorschriften für die Anwendung von Artikel 54, insbesondere in Bezug auf die maximalen Mengen von Pflanzenschutzmitteln, die freigesetzt werden dürfen;

l) detaillierte Bestimmungen für Zusatzstoffe gemäß Artikel 58 Absatz 2;

m) eine Verordnung über die Kennzeichnungsanforderungen für Pflanzenschutzmittel gemäß Artikel 65 Absatz 1;

n) eine Verordnung über Kontrollen gemäß Artikel 68 Unterabsatz 3.

(2) Weitere Maßnahmen, die für die Durchführung dieser Verordnung erforderlich sind, können nach dem in Artikel 79 Absatz 3 genannten Regelungsverfahren erlassen werden.

(3) Nach dem in Artikel 79 Absatz 2 genannten Beratungsverfahren wird eine Verordnung erlassen, mit der die Liste der in Anhang I der Richtlinie 91/414/EWG aufgenommenen Wirkstoffe übernommen wird. Die dort aufgeführten Stoffe gelten als gemäß der vorliegenden Verordnung genehmigt.

Artikel 79 Ausschussverfahren

(1) Die Kommission wird von dem mit Artikel 58 der Verordnung (EG) Nr. 178/2002 eingesetzten Ständigen Ausschuss für die Lebensmittelkette und Tiergesundheit unterstützt.

(2) Wird auf diesen Absatz Bezug genommen, so gelten die Artikel 3 und 7 des Beschlusses 1999/468/EG unter Beachtung von dessen Artikel 8.

(3) Wird auf diesen Absatz Bezug genommen, so gelten die Artikel 5 und 7 des Beschlusses 1999/468/EG unter Beachtung von dessen Artikel 8.

Der Zeitraum nach Artikel 5 Absatz 6 des Beschlusses 1999/468/EG wird auf drei Monate festgesetzt.

(4) Wird auf diesen Absatz Bezug genommen, so gelten Artikel 5a Absätze 1 bis 4 und Artikel 7 des Beschlusses 1999/468/EG unter Beachtung von dessen Artikel 8.

(5) Wird auf diesen Absatz Bezug genommen, so gelten die Artikel 5a Absätze 1 bis 4 und 5 Buchstabe b sowie Artikel 7 des Beschlusses 1999/468/EG unter Beachtung von dessen Artikel 8.

Die in Artikel 5a Absatz 3 Buchstabe c und Absatz 4 Buchstaben b und e des Beschlusses 1999/468/EG vorgesehenen Fristen werden auf zwei Monate, einen Monat bzw. zwei Monate festgesetzt.

Kapitel XI
Übergangs- und Schlussbestimmungen

Artikel 80 Übergangsmaßnahmen

(1) Die Richtlinie 91/414/EWG gilt weiterhin in Bezug auf das Verfahren und die Bedingungen für die Genehmigung von

a) Wirkstoffen, für die eine Entscheidung gemäß Artikel 6 Absatz 3 der Richtlinie 91/414/EWG vor dem 14. Juni 2011 getroffen wurde;

b) Wirkstoffen, die in Anhang I der Verordnung (EG) Nr. 737/2007 der Kommission[20] aufgeführt sind;

c) Wirkstoffen, bezüglich derer die Vollständigkeit gemäß Artikel 16 der Verordnung (EG) Nr. 33/2008 der Kommission[21] festgestellt wurde;

d) Wirkstoffen, bei denen Vollständigkeit gemäß Artikel 6 der Verordnung (EG) Nr. 33/2008 vor dem 14. Juni 2011 festgestellt wurde.

Auf der Grundlage der gemäß der Richtlinie 91/414/EWG durchgeführten Prüfung wird eine Verordnung über die Genehmigung eines solchen Wirkstoffs gemäß Artikel 13 Absatz 2 der vorliegenden Verordnung erlassen. In Bezug auf Wirkstoffe gemäß Buchstabe b dieses Absatzes gilt diese Genehmigung nicht als Erneuerung der Genehmigung gemäß Artikel 14 der vorliegenden Verordnung.

(2) Artikel 13 Absätze 1 bis 4 sowie die Anhänge II und III der Richtlinie 91/414/EWG bleiben weiterhin gültig für die Wirkstoffe in Anhang I der Richtlinie sowie für Wirkstoffe, die gemäß Absatz 1 dieses Artikels genehmigt wurden, und zwar

a) für einen Zeitraum von fünf Jahren ab dem Zeitpunkt ihrer Aufnahme bzw. Genehmigung für Wirkstoffe, die unter Artikel 8 Absatz 2 der Richtlinie 91/414/EWG fallen;

---

20 ABl. L 169 vom 29.6.2007, S. 10.

21 ABl. L 15 vom 18.1.2008, S. 5.

b) für einen Zeitraum von zehn Jahren ab dem Zeitpunkt ihrer Aufnahme oder Genehmigung für Wirkstoffe, die am 26. Juli 1993 noch nicht auf dem Markt waren;

c) für einen Zeitraum von fünf Jahren ab dem Zeitpunkt der Erneuerung der Aufnahme in die Liste bzw. der Erneuerung der Genehmigung für Wirkstoffe, bei denen die Geltungsdauer der Aufnahme in Anhang I der Richtlinie 91/414/EWG spätestens am 24. November 2011 abläuft. Diese Bestimmung gilt nur für Daten, die für die Erneuerung der Genehmigung notwendig sind und spätestens bis zu dem genannten Datum als übereinstimmend mit den Grundsätzen der Guten Laborpraxis bewertet wurden.

(3) Gilt Artikel 13 der Richtlinie 91/414/EWG gemäß den Absätzen 1 oder 2 des vorliegenden Artikels, so finden etwaige besondere, in der Akte über den Beitritt eines Landes zur Gemeinschaft festgelegte Bestimmungen in Bezug auf die Richtlinie 91/414/EWG Anwendung.

(4) Für Wirkstoffe, bei denen die Geltungsdauer der Erstgenehmigung spätestens am 14. Dezember 2012 abläuft, muss der Hersteller des Wirkstoffs den Antrag gemäß Artikel 14 spätestens zwei Jahre vor Ablauf der Geltungsdauer der Erstgenehmigung einem Mitgliedstaat – mit Kopie an die anderen Mitgliedstaaten, die Kommission und die Behörde – vorlegen.

(5) Über Anträge auf Zulassung von Pflanzenschutzmitteln

a) gemäß Artikel 4 der Richtlinie 91/414/EWG, die den Mitgliedstaaten zum Zeitpunkt des Beginns der Anwendung dieser Verordnung vorliegen, oder

b) die zum Zeitpunkt des Beginns der Anwendung dieser Verordnung aufgrund der Aufnahme in Anhang I der Richtlinie 91/414/EWG oder einer Zulassung gemäß Absatz 1 dieses Artikels zu ändern oder zurückzuziehen sind,

wird auf der Grundlage der vor dem 14. Juni 2011 geltenden nationalen Rechtsvorschriften entschieden.

Nach dieser Entscheidung gilt die vorliegende Verordnung.

(6) Produkte, die gemäß Artikel 16 der Richtlinie 91/414/EWG gekennzeichnet sind, können bis zum 14. Juni 2015 weiterhin in Verkehr gebracht werden.

(7) Die Kommission erstellt bis zum 14. Dezember 2013 eine Liste der in Anhang I der Richtlinie 91/414/EWG aufgeführten Wirkstoffe, die die Kriterien von Anhang II Nummer 4 der vorliegenden Verordnung erfüllen und für die Artikel 50 der vorliegenden Verordnung gilt.

Artikel 81 Ausnahmen für Safener und Synergisten, Beistoffe und Zusatzstoffe

(1) Abweichend von Artikel 28 Absatz 1 kann ein Mitgliedstaat während eines Zeitraums von fünf Jahren nach Verabschiedung des Arbeitsprogramms gemäß Artikel 26 das Inverkehrbringen von Pflanzenschutzmitteln, die Synergisten und Safener enthalten, die nicht genehmigt, aber in diesem Programm enthalten sind, in seinem Gebiet zulassen.

(2) Abweichend von Artikel 27 und unbeschadet der gemeinschaftlichen Rechtsvorschriften können die Mitgliedstaaten bis zum 14. Juni 2016 nationale Bestimmungen für nicht in Anhang III enthaltene Beistoffe anwenden.

Hat ein Mitgliedstaat nach dem 14. Juni 2016 berechtigten Grund zu der Annahme, dass ein nicht in Anhang III enthaltener Beistoff wahrscheinlich ein schwerwiegendes Risiko für die Gesundheit von Mensch oder Tier oder für die Umwelt darstellt, so kann er die Verwendung des betreffenden Beistoffs in seinem Hoheitsgebiet vorübergehend verbieten oder einschränken. Er teilt dies den übrigen Mitgliedstaaten und der Kommission unverzüglich unter Angabe der Gründe für seine Entscheidung mit. Artikel 71 findet Anwendung.

(3) Abweichend von Artikel 58 Absatz 1 können die Mitgliedstaaten bis zur Annahme detaillierter Vorschriften gemäß Artikel 58 Absatz 2 nationale Bestimmungen für die Zulassung von Zusatzstoffen anwenden.

Artikel 82 Überprüfungsklausel

Die Kommission legt dem Europäischen Parlament und dem Rat bis zum 14. Dezember 2014 einen Bericht über das Funktionieren der gegenseitigen Anerkennung der Zulassungen und insbesondere über die Anwendung der Bestimmungen nach Artikel 36 Absatz 3 und Artikel 50 Absatz 2 durch die Mitgliedstaaten, die Untergliederung der Gemeinschaft in drei Zonen und die Anwendung der Kriterien für die Genehmigung von Wirkstoffen, Safenern und Synergisten gemäß Anhang II und deren Auswirkungen auf die Diversifizierung und die Wettbewerbsfähigkeit der Landwirtschaft sowie auf die Gesundheit von Menschen und auf die Umwelt vor. Sofern erforderlich, können dem Bericht geeignete Legislativvorschläge zur Änderung dieser Bestimmungen beiliegen.

Artikel 83 Aufhebung

Unbeschadet des Artikels 80 werden die Richtlinien 79/117/EWG und 91/414/EWG, in der durch die in Anhang V aufgeführten Rechtsakte geänderten Fassung, mit Wirkung ab dem 14. Juni 2011 aufgehoben; die Verpflichtungen der Mitgliedstaaten bezüglich der Fristen für die Umsetzung der in dem genannten Anhang aufgeführten Richtlinien in nationales Recht und ihrer Anwendung bleiben davon unberührt.

Bezugnahmen auf die aufgehobenen Richtlinien gelten als Bezugnahmen auf die vorliegende Verordnung. Insbesondere die in anderen Rechtsvorschriften der Gemeinschaft, wie z.B. der Verordnung (EG) Nr. 1782/2003, enthaltenen Bezugnahmen auf Artikel 3 der Richtlinie 91/414/EWG gelten als Bezugnahmen auf Artikel 55 der vorliegenden Verordnung.

Artikel 84 Inkrafttreten und Anwendung

Diese Verordnung tritt am zwanzigsten Tag nach ihrer Veröffentlichung im Amtsblatt der Europäischen Union in Kraft.

Die Kommission erlässt bis zum 14. Juni 2011:

a) eine Verordnung mit der Liste der zum Zeitpunkt der Annahme der Verordnung bereits genehmigten Wirkstoffe;

b) eine Verordnung gemäß Artikel 8 Absatz 1 Buchstabe b über die Datenanforderungen für Wirkstoffe;

c) eine Verordnung gemäß Artikel 8 Absatz 1 Buchstabe c über die Datenanforderungen für Pflanzenschutzmittel;

d) eine Verordnung gemäß Artikel 36 über einheitliche Grundsätze für die Risikobewertung von Pflanzenschutzmitteln;

e) eine Verordnung gemäß Artikel 65 Absatz 1 über die Anforderungen an die Kennzeichnung von Pflanzenschutzmitteln.

Diese Verordnung gilt ab dem 14. Juni 2011.

Richtlinie 2009/128/EG des Europäischen Parlaments und des Rates

vom 21. Oktober 2009

über einen Aktionsrahmen der Gemeinschaft für die nachhaltige Verwendung von Pestiziden

ABl. L 309 vom 24.11.2009, S. 71

DAS EUROPÄISCHE PARLAMENT UND DER RAT DER EUROPÄISCHEN UNION –

gestützt auf den Vertrag zur Gründung der Europäischen Gemeinschaft, insbesondere auf Artikel 175 Absatz 1,

auf Vorschlag der Kommission,

nach Stellungnahme des Europäischen Wirtschafts- und Sozialausschusses[1],

nach Stellungnahme des Ausschusses der Regionen[2],

gemäß dem Verfahren des Artikels 251 des Vertrags[3],

in Erwägung nachstehender Gründe:

(1) Gemäß den Artikeln 2 und 7 des Beschlusses Nr. 1600/2002/EG des Europäischen Parlaments und des Rates vom 22. Juli 2002 über das sechste Umweltaktionsprogramm[4] sollte, unter Berücksichtigung des Vorsorgeprinzips, ein gemeinsamer Rechtsrahmen für die nachhaltige Verwendung von Pestiziden geschaffen werden.

(2) Zunächst sollte diese Richtlinie für Pestizide gelten, die Pflanzenschutzmittel sind. Es ist jedoch vorgesehen, den Geltungsbereich dieser Richtlinie in Zukunft auf Biozid- Produkte auszudehnen.

(3) Die in dieser Richtlinie vorgesehenen Maßnahmen sollten die Maßnahmen, die in anderen einschlägigen gemeinschaftlichen Rechtsvorschriften festgelegt sind, ergänzen und nicht berühren; dies gilt insbesondere hinsichtlich der Richtlinie 79/409/EWG des Rates vom 2. April 1979 über die Erhaltung der wildlebenden Vogelarten[5], der Richtlinie 92/43/EWG des Rates vom 21. Mai 1992 zur Erhaltung der natürlichen Lebensräume sowie der wildlebenden Tiere und Pflanzen[6], der Richtlinie 2000/60/EG des Europäischen Parlaments und des Rates vom 23. Oktober 2000 zur Schaffung eines Ordnungsrah-

---

1 ABl. C 161 vom 13.7.2007, S. 48.

2 ABl. C 146 vom 30.6.2007, S. 48.

3 Stellungnahme des Europäischen Parlaments vom 23. Oktober 2007 (ABl. C 263 E vom 16.10.2008, S. 158), Gemeinsamer Standpunkt des Rates vom 19. Mai 2008 (ABl. C 254 E vom 7.10.2008, S. 1) und Standpunkt des Europäischen Parlaments vom 13. Januar 2009 (noch nicht im Amtsblatt veröffentlicht). Beschluss des Rates vom 24. September 2009.

4 ABl. L 242 vom 10.9.2002, S. 1.

5 ABl. L 103 vom 25.4.1979, S. 1.

6 ABl. L 206 vom 22.7.1992, S. 7.

mens für Maßnahmen der Gemeinschaft im Bereich der Wasserpolitik[7], der Verordnung (EG) Nr. 396/2005 des Europäischen Parlaments und des Rates vom 23. Februar 2005 über Höchstgehalte an Pestizidrückständen in oder auf Lebens- und Futtermitteln pflanzlichen und tierischen Ursprungs[8] und der Verordnung (EG) Nr. 1107/2009 des Europäischen Parlaments und des Rates vom 21. Oktober 2009 über das Inverkehrbringen von Pflanzenschutzmitteln[9]. Diese Maßnahmen sollten ferner freiwilligen Maßnahmen im Rahmen der Verordnungen über die Strukturfonds oder der Verordnung (EG) Nr. 1698/2005 des Rates vom 20. September 2005 über die Förderung der Entwicklung des ländlichen Raums durch den Europäischen Landwirtschaftsfonds für die Entwicklung des ländlichen Raums (ELER)[10] nicht vorgreifen.

(4) Wirtschaftliche Instrumente können bei der Erreichung der Ziele im Zusammenhang mit der nachhaltigen Verwendung von Pestiziden eine ausschlaggebende Rolle spielen. Der Einsatz derartiger Instrumente auf der geeigneten Ebene sollte daher gefördert werden, wobei zu betonen ist, dass die einzelnen Mitgliedstaaten unbeschadet der Anwendbarkeit von Vorschriften über staatliche Beihilfen über ihren Einsatz entscheiden können.

(5) Um die Umsetzung dieser Richtlinie zu erleichtern, sollten die Mitgliedstaaten nationale Aktionspläne verabschieden, mit denen quantitative Vorgaben, Ziele, Maßnahmen, Zeitpläne und Indikatoren zur Verringerung der Risiken und Auswirkungen der Verwendung von Pestiziden auf die menschliche Gesundheit und die Umwelt festgelegt werden und die Entwicklung und Einführung eines integrierten Pflanzenschutzes sowie von alternativen Konzepten oder Techniken zur Verringerung der Abhängigkeit von der Verwendung von Pestiziden gefördert wird. Die Mitgliedstaaten sollten die Verwendung von Pflanzenschutzmitteln, die besonders bedenkliche Wirkstoffe enthalten, überwachen sowie Zeitpläne und Ziele für die Einschränkung ihrer Verwendung festlegen, insbesondere wenn dies ein geeignetes Instrument zur Erreichung von Zielvorgaben zur Verringerung der Risiken ist. Die nationalen Aktionspläne sollten mit den Durchführungsplänen im Rahmen anderer einschlägiger Gemeinschaftsvorschriften koordiniert werden und könnten dazu genutzt werden, die im Rahmen anderer Gemeinschaftsvorschriften angestrebten Ziele in Bezug auf Pestizide zu bündeln.

(6) Der Austausch von Informationen über die Ziele und die Aktionen, die die Mitgliedstaaten in ihren nationalen Aktionsplänen festlegen, ist für die Verwirklichung der Ziele dieser Richtlinie sehr wichtig. Es sollte daher verlangt werden, dass die Mitgliedstaaten der Kommission und den anderen Mitgliedstaaten insbesondere über die Durchführung und die Ergebnisse ihrer nationalen Aktionspläne sowie über ihre Erfahrungen regelmäßig Bericht erstatten. Auf der Grundlage der von den Mitgliedstaaten übermittelten Informationen sollte die Kommission dem Europäischen Parlament und dem

---

7 ABl. L 327 vom 22.12.2000, S. 1.

8 ABl. L 70 vom 16.3.2005, S. 1

9 Siehe Seite 1 dieses Amtsblatts.

10 ABl. L 277 vom 21.10.2005, S. 1.

Rat entsprechende Berichte vorlegen, denen erforderlichenfalls geeignete Legislativvorschläge beigefügt sind.

(7) Für die Ausarbeitung und Änderung der nationalen Aktionspläne sollte die Anwendung der Richtlinie 2003/35/EG des Europäischen Parlaments und des Rates vom 26. Mai 2003 über die Beteiligung der Öffentlichkeit bei der Ausarbeitung bestimmter umweltbezogener Pläne und Programme[11] vorgesehen werden.

(8) Die Mitgliedstaaten müssen unbedingt Regelungen sowohl für die Erstausbildung als auch für die Fort- und Weiterbildung der Vertreiber, Berater und beruflichen Verwender von Pestiziden und Bescheinigungsregelungen zur Aufzeichnung von Aus-, Fort- und Weiterbildung schaffen, damit sich die derzeitigen und die künftigen Verwender von Pestiziden in vollem Umfang der potenziellen Risiken für die menschliche Gesundheit und die Umwelt sowie der geeigneten Maßnahmen zur Minimierung dieser Risiken bewusst sind. Die Fort- und Weiterbildungsmaßnahmen für berufliche Verwender können mit denjenigen koordiniert werden, die im Rahmen der Verordnung (EG) Nr. 1698/2005 organisiert werden.

(9) Der Verkauf von Pestiziden, einschließlich des Verkaufs über das Internet, ist ein wichtiges Element in der Vertriebskette, und der Endverwender, insbesondere der berufliche Verwender, sollte zum Zeitpunkt des Verkaufs eine spezifische Beratung zu Sicherheitshinweisen für die menschliche Gesundheit und die Umwelt erhalten. Nicht berufliche Verwender, die im Allgemeinen nicht über die gleichen Kenntnisse und die gleiche Ausbildung verfügen, sollten insbesondere Empfehlungen zur sicheren Handhabung und Lagerung von Pestiziden sowie zur Entsorgung der Verpackung erhalten.

(10) Angesichts der möglichen Risiken, die von der Verwendung von Pestiziden ausgehen können, sollte die Öffentlichkeit durch Sensibilisierungskampagnen, von den Einzelhändlern weitergegebene Informationen und andere geeignete Maßnahmen besser über sämtliche Auswirkungen der Verwendung von Pestiziden unterrichtet werden.

(11) Forschungsprogramme, die darauf abzielen, die Auswirkungen der Verwendung von Pestiziden auf die menschliche Gesundheit und die Umwelt festzustellen, einschließlich Studien über besonders gefährdete Personengruppen, sollten auf europäischer und nationaler Ebene gefördert werden.

(12) Soweit für die Handhabung und Anwendung von Pestiziden Mindestanforderungen zum Schutz der Gesundheit und Sicherheit am Arbeitsplatz im Hinblick auf die Risiken einer Exposition der Arbeitnehmer gegen solche Produkte sowie allgemeine und spezifische Präventivmaßnahmen zur Verringerung dieser Risiken festzulegen sind, fallen diese Maßnahmen unter die Richtlinie 98/24/EG des Rates vom 7. April 1998 zum Schutz von Gesundheit und Sicherheit der Arbeitnehmer vor der Gefährdung durch chemische Arbeitsstoffe bei der Arbeit[12] und die Richtlinie 2004/37/EG des Europäischen Parlaments

11 ABl. L 156 vom 25.6.2003, S. 17.

12 ABl. L 131 vom 5.5.1998, S. 11.

und des Rates vom 29. April 2004 über den Schutz der Arbeitnehmer gegen Gefährdung durch Karzinogene oder Mutagene bei der Arbeit[13].

(13) Da die Richtlinie 2006/42/EG des Europäischen Parlaments und des Rates vom 17. Mai 2006 über Maschinen[14] Bestimmungen über das Inverkehrbringen von Anwendungsgeräten für Pestizide enthalten wird, die die Einhaltung von Umweltanforderungen gewährleisten, sollten Regelungen für die regelmäßige technische Prüfung von bereits in Gebrauch befindlichen Anwendungsgeräten für Pestizide vorgesehen werden, um die nachteiligen Auswirkungen von Pestiziden auf die menschliche Gesundheit und die Umwelt, die von diesen Geräten ausgehen, zu minimieren. Die Mitgliedstaaten sollten in ihren nationalen Aktionsplänen beschreiben, wie sie die Umsetzung dieser Anforderungen sicherstellen werden.

(14) Das Spritzen oder Sprühen von Pestiziden mit Luftfahrzeugen kann insbesondere durch die Abdrift signifikante nachteilige Auswirkungen auf die menschliche Gesundheit und die Umwelt haben. Das Spritzen oder Sprühen mit Luftfahrzeugen sollte daher generell verboten werden, mit der Möglichkeit von Ausnahmegenehmigungen in Fällen, in denen es gegenüber anderen Spritz- oder Sprühmethoden eindeutige Vorteile im Sinne von geringeren Auswirkungen auf die menschliche Gesundheit und die Umwelt bringt oder wenn es keine praktikablen Alternativen gibt, sofern die beste verfügbare Technik zur Verringerung der Abdrift zum Einsatz kommt.

(15) Die aquatische Umwelt ist gegenüber Pestiziden besonders empfindlich. Es ist daher besonders wichtig, durch geeignete Maßnahmen eine Verschmutzung des Oberflächen- und des Grundwassers zu verhindern, indem etwa entlang den Oberflächengewässern Pufferzonen und Schutzgebiete angelegt oder Hecken gepflanzt werden, um die Exposition der Wasserkörper gegen Abdrift, Drainageabfluss und Oberflächenabfluss zu verringern. Die Größe der Pufferzonen sollte insbesondere von den Bodenmerkmalen, den Eigenschaften der Pestizide und von den Merkmalen der Landwirtschaft in den betreffenden Gebieten abhängen. Die Verwendung von Pestiziden in Einzugsgebieten von Trinkwassergewinnungsanlagen, an oder auf Verkehrswegen wie z.B. Bahnlinien sowie auf versiegelten oder stark durchlässigen Oberflächen kann das Risiko einer Verschmutzung der aquatischen Umwelt erhöhen. In solchen Gebieten ist die Verwendung von Pestiziden daher so weit wie möglich zu verringern oder gegebenenfalls ganz einzustellen.

(16) In sehr empfindlichen Gebieten – z.B. Natura-2000- Schutzgebieten gemäß der Richtlinie 79/409/EWG und der Richtlinie 92/43/EWG – kann die Verwendung von Pestiziden besonders gefährlich sein. An anderen Orten, z.B. in öffentlichen Parks und Gärten, auf Sport- und Freizeitplätzen, Schulgeländen und auf Kinderspielplätzen sowie in unmittelbarer Nähe von Einrichtungen des Gesundheitswesens besteht bei einer Pestizidexposition ein hohes Risiko. In diesen Gebieten sollte die Verwendung von Pestiziden minimiert oder verboten werden. Wenn Pestizide verwendet werden, sollten geeignete Risi-

---

13 ABl. L 158 vom 30.4.2004, S. 50.

14 ABl. L 157 vom 9.6.2006, S. 24.

komanagementmaßnahmen getroffen werden, wobei Pestiziden mit einem geringen Risiko sowie biologischen Bekämpfungsmaßnahmen der Vorzug gegeben werden sollte.

(17) Bei der Handhabung von Pestiziden, z.B. bei der Lagerung, beim Verdünnen und Mischen der Pestizide oder beim Reinigen der Anwendungsgeräte für Pestizide nach der Verwendung sowie bei der Rückgewinnung und Entsorgung von Tankmischungen, von leeren Verpackungen und Restmengen von Pestiziden kann es besonders leicht zu einer unbeabsichtigten Exposition von Mensch und Umwelt kommen. Hierfür sind daher besondere Maßnahmen vorzusehen, die die Maßnahmen gemäß der Richtlinie 2006/12/EG des Europäischen Parlaments und des Rates vom 5. April 2006 über Abfälle[15] und der Richtlinie 91/689/EWG des Rates vom 12. Dezember 1991 über gefährliche Abfälle[16] ergänzen. Die Maßnahmen sollten auch für nicht berufliche Verwender gelten, da in dieser Verwendergruppe eine unsachgemäße Handhabung aufgrund von mangelnden Kenntnissen sehr leicht möglich ist.

(18) Die Anwendung von allgemeinen Grundsätzen sowie kulturpflanzen- und sektorspezifischen Leitlinien zum integrierten Pflanzenschutz durch alle Landwirte würde eine gezieltere Verwendung aller verfügbaren Schädlingsbekämpfungsmaßnahmen einschließlich Pestiziden ermöglichen. Damit würde zur weiteren Verringerung der Risiken für die menschliche Gesundheit und die Umwelt sowie der Abhängigkeit von der Verwendung von Pestiziden beigetragen. Die Mitgliedstaaten sollten einen Pflanzenschutz mit geringer Pestizidverwendung – insbesondere den integrierten Pflanzenschutz – fördern und die erforderlichen Voraussetzungen und Maßnahmen für dessen Umsetzung schaffen.

(19) Gemäß der Verordnung (EG) Nr. 1107/2009 und der vorliegenden Richtlinie müssen die Grundsätze des integrierten Pflanzenschutzes verpflichtend angewendet werden und gilt für die Art und Weise, wie die Grundsätze des integrierten Pflanzenschutzes umgesetzt werden, das Subsidiaritätsprinzip. Die Mitgliedstaaten sollten in ihren nationalen Aktionsplänen beschreiben, wie sie die Anwendung der Grundsätze des integrierten Pflanzenschutzes sicherstellen, wobei nach Möglichkeit nichtchemischen Methoden des Pflanzenschutzes, der Schädlingsbekämpfung und des Pflanzenbaus der Vorzug gegeben werden sollte.

(20) Die Fortschritte, die bei der Verringerung der von der Verwendung von Pestiziden ausgehenden Risiken und nachteiligen Auswirkungen für die menschliche Gesundheit und die Umwelt erzielt werden, müssen gemessen werden. Ein geeignetes Instrument hierfür sind harmonisierte Risikoindikatoren, die auf Gemeinschaftsebene aufgestellt werden. Die Mitgliedstaaten sollten diese Indikatoren für das Risikomanagement auf nationaler Ebene sowie zur Berichterstattung verwenden, während die Kommission Indikatoren zur Beurteilung der Fortschritte auf Gemeinschaftsebene berechnen sollte. Dazu sollten gemäß dem Gemeinschaftsrecht über Statistiken zu Pflanzen-

---

15 ABl. L 114 vom 27.4.2006, S. 9.

16 ABl. L 377 vom 31.12.1991, S. 20.

schutzmitteln erhobene statistische Daten verwendet werden. Zusätzlich zu den harmonisierten gemeinsamen Indikatoren sollten die Mitgliedstaaten ihre nationalen Indikatoren weiter verwenden dürfen.

(21) Die Mitgliedstaaten sollten Sanktionen für Verstöße gegen die nationalen Bestimmungen zur Umsetzung dieser Richtlinie festlegen und gewährleisten, dass sie angewandt werden. Diese Sanktionen sollten wirksam, verhältnismäßig und abschreckend sein.

(22) Da das Ziel dieser Richtlinie, nämlich der Schutz der menschlichen Gesundheit und der Umwelt vor den mit der Verwendung von Pestiziden verbundenen möglichen Risiken, auf Ebene der Mitgliedstaaten nicht ausreichend verwirklicht werden kann und daher besser auf Gemeinschaftsebene zu verwirklichen ist, kann die Gemeinschaft im Einklang mit dem in Artikel 5 des Vertrags niedergelegten Subsidiaritätsprinzip tätig werden. Entsprechend dem in demselben Artikel genannten Grundsatz der Verhältnismäßigkeit geht diese Richtlinie nicht über das für die Erreichung dieses Ziels erforderliche Maß hinaus.

(23) Diese Richtlinie steht im Einklang mit den Grundrechten und Grundsätzen, die insbesondere mit der Charta der Grundrechte der Europäischen Union anerkannt wurden. Durch diese Richtlinie soll insbesondere im Einklang mit dem Grundsatz einer nachhaltigen Entwicklung gemäß Artikel 37 der Charta der Grundrechte der Europäischen Union ein hohes Umweltschutzniveau in die Politik der Gemeinschaft einbezogen werden.

(24) Die zur Durchführung dieser Richtlinie erforderlichen Maßnahmen sollten gemäß dem Beschluss 1999/468/EG des Rates vom 28. Juni 1999 zur Festlegung der Modalitäten für die Ausübung der der Kommission übertragenen Durchführungsbefugnisse[17] erlassen werden.

(25) Insbesondere sollte die Kommission ermächtigt werden, die Anhänge dieser Richtlinie zu erstellen und zu aktualisieren. Da es sich hierbei um Maßnahmen von allgemeiner Tragweite handelt, die eine Änderung nicht wesentlicher Bestimmungen dieser Richtlinie, auch durch Ergänzung um neue nicht wesentliche Bestimmungen, bewirken, sind diese Maßnahmen nach dem Regelungsverfahren mit Kontrolle des Artikels 5a des Beschlusses 1999/468/EG zu erlassen.

(26) Nach Nummer 34 der Interinstitutionellen Vereinbarung über bessere Rechtsetzung[18] sind die Mitgliedstaaten aufgefordert, für ihre eigenen Zwecke und im Interesse der Gemeinschaft eigene Tabellen aufzustellen, aus denen im Rahmen des Möglichen die Entsprechungen zwischen dieser Richtlinie und den Umsetzungsmaßnahmen zu entnehmen sind, und diese zu veröffentlichen –

HABEN FOLGENDE RICHTLINIE ERLASSEN:

---

17 ABl. L 184 vom 17.7.1999, S. 23.

18 ABl. C 321 vom 31.12.2003, S. 1.

Kapitel I
Allgemeine Bestimmungen

Artikel 1 Gegenstand

Mit dieser Richtlinie wird ein Rahmen für eine nachhaltige Verwendung von Pestiziden geschaffen, indem die mit der Verwendung von Pestiziden verbundenen Risiken und Auswirkungen für die menschliche Gesundheit und die Umwelt verringert und die Anwendung des integrierten Pflanzenschutzes sowie alternativer Methoden oder Verfahren wie nichtchemischer Alternativen zu Pestiziden gefördert werden.

Artikel 2 Geltungsbereich

(1) Diese Richtlinie gilt für Pestizide, die Pflanzenschutzmittel im Sinne des Artikels 3 Nummer 10 Buchstabe a sind.

(2) Diese Richtlinie gilt unbeschadet anderer einschlägiger Gemeinschaftsvorschriften.

(3) Diese Richtlinie hindert die Mitgliedstaaten nicht daran, bei der Einschränkung oder dem Verbot der Verwendung von Pestiziden unter bestimmten Bedingungen oder in bestimmten Gebieten das Vorsorgeprinzip anzuwenden.

Artikel 3 Begriffsbestimmungen

Im Sinne dieser Richtlinie bezeichnet der Ausdruck

1. „beruflicher Verwender" jede Person, die im Zuge ihrer beruflichen Tätigkeit Pestizide verwendet, insbesondere Anwender, Techniker, Arbeitgeber sowie Selbständige in der Landwirtschaft und anderen Sektoren;
2. „Vertreiber" jede natürliche oder juristische Person, die ein Pestizid in den Verkehr bringt, insbesondere Großhändler, Einzelhändler, Verkäufer und Lieferanten;
3. „Berater" jede Person, die entsprechende Kenntnisse erworben hat und im Rahmen einer beruflichen Tätigkeit oder einer gewerblichen Dienstleistung Beratung zum Pflanzenschutz und zur sicheren Verwendung von Pestiziden erteilt, einschließlich gegebenenfalls private selbständige und öffentliche Beratungsdienste, Handelsvertreter sowie Lebensmittelhersteller und Einzelhändler;
4. „Anwendungsgerät für Pestizide" alle Geräte, die speziell für die Anwendung von Pestiziden bestimmt sind, einschließlich Zubehör, das für den ordnungsgemäßen Betrieb dieser Geräte von wesentlicher Bedeutung ist, wie Düsen, Druckmesser, Filter, Siebe und Reinigungsvorrichtungen für den Tank;
5. „Spritzen oder Sprühen mit Luftfahrzeugen" die Anwendung von Pestiziden von einem Luftfahrzeug (Flugzeug oder Hubschrauber) aus;
6. „integrierter Pflanzenschutz" die sorgfältige Abwägung aller verfügbaren Pflanzenschutzmethoden und die anschließende Einbindung geeigneter Maßnahmen, die der Entstehung von Populationen von Schadorganismen entgegenwirken und die Verwendung von Pflanzenschutzmitteln und anderen Abwehr- und Bekämpfungsmethoden auf einem Niveau halten, das wirtschaftlich und ökologisch vertretbar ist und Risiken für die menschliche Gesundheit und die Umwelt

reduziert oder minimiert. Der integrierte Pflanzenschutz stellt auf das Wachstum gesunder Nutzpflanzen bei möglichst geringer Störung der landwirtschaftlichen Ökosysteme ab und fördert natürliche Mechanismen zur Bekämpfung von Schädlingen;

7. „Risikoindikator" das Ergebnis einer Berechnungsmethode, die zur Beurteilung der Risiken von Pestiziden für die menschliche Gesundheit und/oder die Umwelt verwendet wird;
8. „nichtchemische Methoden" alternative Methoden zur Verwendung chemischer Pestizide für den Pflanzenschutz und die Schädlingsbekämpfung auf der Grundlage von agronomischen Verfahren wie die in Anhang III Nummer 1 genannten oder physikalische, mechanische oder biologische Schädlingsbekämpfungsmethoden;
9. „Oberflächengewässer" und „Grundwasser" Oberflächengewässer bzw. Grundwasser im Sinne der Richtlinie 2000/60/EG;
10. „Pestizid"
    a) ein Pflanzenschutzmittel im Sinne der Verordnung (EG) Nr. 1107/2009;
    b) ein Biozid-Produkt im Sinne der Richtlinie 98/8/EG des Europäischen Parlaments und des Rates vom 16. Februar 1998 über das Inverkehrbringen von Biozid-Produkten[19].

Artikel 4 Nationale Aktionspläne

(1) Die Mitgliedstaaten erlassen nationale Aktionspläne, in denen ihre quantitativen Vorgaben, Ziele, Maßnahmen und Zeitpläne zur Verringerung der Risiken und der Auswirkungen der Verwendung von Pestiziden auf die menschliche Gesundheit und die Umwelt festgelegt werden und mit denen die Entwicklung und Einführung des integrierten Pflanzenschutzes sowie alternativer Methoden oder Verfahren gefördert werden, um die Abhängigkeit von der Verwendung von Pestiziden zu verringern. Diese Zielvorgaben können verschiedene Themenbereiche betreffen, beispielsweise den Schutz der Arbeitnehmer, den Umweltschutz, Rückstände, den Einsatz bestimmter Techniken oder die Verwendung für bestimmte Kulturpflanzen.

Die nationalen Aktionspläne umfassen ferner Indikatoren zur Überwachung der Verwendung von Pflanzenschutzmitteln, die besonders bedenkliche Wirkstoffe enthalten, insbesondere wenn Alternativen verfügbar sind. Die Mitgliedstaaten widmen Pflanzenschutzmitteln, die gemäß der Richtlinie 91/414/EWG des Rates vom 15. Juli 1991 über das Inverkehrbringen von Pflanzenschutzmitteln[20] genehmigte Wirkstoffe enthalten, besondere Aufmerksamkeit, die zu dem Zeitpunkt, zu dem gemäß der Verordnung (EG) Nr. 1107/2009 deren Zulassung erneuert werden soll, die maßgeblichen Kriterien für eine Zulassung nach Anhang II Nummern 3.6 bis 3.8 der genannten Verordnung nicht erfüllen.

---

19 ABl. L 123 vom 24.4.1998, S. 1.

20 ABl. L 200 vom 30.7.1999, S. 1.

Auf der Grundlage dieser Indikatoren und gegebenenfalls unter Berücksichtigung der bereits vor Anwendung dieser Richtlinie erreichten Zielvorgaben für die Verringerung des Risikos oder der Verwendung werden Zeitpläne und Zielvorgaben für die Einschränkung der Verwendung festgelegt, insbesondere, wenn die Einschränkung der Verwendung ein geeignetes Instrument zur Erreichung einer Verringerung des Risikos im Hinblick auf die vorrangigen Themen gemäß Artikel 15 Absatz 2 Buchstabe c darstellt. Diese Zielvorgaben können vorläufig oder endgültig sein. Die Mitgliedstaaten verwenden alle notwendigen Instrumente zur Erreichung dieser Ziele.

Bei der Aufstellung und Überprüfung ihrer nationalen Aktionspläne berücksichtigen die Mitgliedstaaten die gesundheitlichen, sozialen, wirtschaftlichen und ökologischen Auswirkungen der geplanten Maßnahmen sowie die besonderen nationalen, regionalen und lokalen Bedingungen und alle relevanten Interessengruppen. Die Mitgliedstaaten beschreiben in ihren nationalen Aktionsplänen, wie sie die aufgrund der Artikel 5 bis 15 zu ergreifenden Maßnahmen umsetzen, um die im ersten Unterabsatz dieses Absatzes genannten Ziele zu erreichen.

Die nationalen Aktionspläne tragen den Planungen aufgrund anderer gemeinschaftlicher Rechtsvorschriften über die Verwendung von Pestiziden Rechnung, wie etwa geplanten Maßnahmen nach der Richtlinie 2000/60/EG.

(2) Bis zum 14. Dezember 2012 übermitteln die Mitgliedstaaten der Kommission und den anderen Mitgliedstaaten ihre nationalen Aktionspläne.

Die nationalen Aktionspläne werden mindestens alle fünf Jahre überprüft; etwaige wesentliche Änderungen der Pläne werden der Kommission unverzüglich mitgeteilt.

(3) Bis zum 14. Dezember 2014 legt die Kommission dem Europäischen Parlament und dem Rat einen Bericht über die von den Mitgliedstaaten in Bezug auf die nationalen Aktionspläne übermittelten Informationen vor. In diesem Bericht werden die angewandten Methoden und die Auswirkungen in Bezug auf die Festlegung verschiedener Arten von Zielvorgaben zur Verringerung der Risiken und der Verwendung von Pestiziden beschrieben.

Bis zum 14. Dezember 2018 legt die Kommission dem Europäischen Parlament und dem Rat einen Bericht über die Erfahrungen der Mitgliedstaaten bei der Umsetzung der gemäß Absatz 1 festgelegten nationalen Zielvorgaben zur Erreichung der Ziele dieser Richtlinie vor. Erforderlichenfalls können ihm geeignete Legislativvorschläge beigefügt sein.

(4) Die Kommission stellt der Öffentlichkeit die gemäß Absatz 2 übermittelten Angaben auf einer Internetseite zur Verfügung.

(5) Für die Ausarbeitung und Änderung der nationalen Aktionspläne gelten die Bestimmungen über die Öffentlichkeitsbeteiligung in Artikel 2 der Richtlinie 2003/35/EG.

Kapitel II
Fort- und Weiterbildung, Verkauf von Pestiziden, Information und Sensibilisierung

Artikel 5 Fort- und Weiterbildung

(1) Die Mitgliedstaaten gewährleisten, dass alle beruflichen Verwender sowie alle Vertreiber und Berater Zugang zu einer geeigneten Fort- und Weiterbildung bei von den zuständigen Behörden benannten Stellen erhalten. Hierzu gehören sowohl eine Erstausbildung als auch eine Weiterbildung zum Erwerb beziehungsweise zur Aktualisierung der entsprechenden Kenntnisse.

Die Fort- und Weiterbildung soll gewährleisten, dass die Verwender, Vertreiber und Berater ausreichende Kenntnisse über die in Anhang I genannten Themen erwerben, wobei ihre jeweilige Rolle und Verantwortlichkeit zu berücksichtigen ist.

(2) Bis zum 14. Dezember 2013 führen die Mitgliedstaaten Bescheinigungsregelungen ein und benennen die für deren Durchführung zuständigen Behörden. Diese Bescheinigungen weisen mindestens nach, dass die beruflichen Verwender, Vertreiber und Berater entweder im Rahmen einer Fort- und Weiterbildung oder auf anderem Wege ausreichende Kenntnisse zu den in Anhang I genannten Themen erworben haben.

Zu den Bescheinigungsregelungen gehören unter anderem Anforderungen und Verfahren für die Erteilung, die Erneuerung und den Entzug von Bescheinigungen.

(3) Die Maßnahmen zur Änderung nicht wesentlicher Bestimmungen dieser Richtlinie, die die Änderung des Anhangs I zur Berücksichtigung des wissenschaftlichen und technischen Fortschritts betreffen, werden nach dem in Artikel 21 Absatz 2 genannten Regelungsverfahren mit Kontrolle erlassen.

Artikel 6 Auflagen für den Verkauf von Pestiziden

(1) Die Mitgliedstaaten stellen sicher, dass die Vertreiber genügend Personal beschäftigen, das im Besitz einer Bescheinigung gemäß Artikel 5 Absatz 2 ist. Das entsprechende Personal muss zum Zeitpunkt des Verkaufs verfügbar sein, um den Kunden geeignete Hinweise für die Verwendung von Pestiziden, Informationen über die Risiken für die menschliche Gesundheit und die Umwelt sowie Sicherheitshinweise für das Risikomanagement zu den betreffenden Produkten zu geben. Sehr kleine Vertreiber, die nur Produkte für die nicht berufliche Verwendung verkaufen, können ausgenommen werden, wenn sie keine Pestizidformulierungen, die gemäß der Richtlinie 1999/45/EG des Europäischen Parlaments und des Rates vom 31. Mai 1999 zur Angleichung der Rechts- und Verwaltungsvorschriften der Mitgliedstaaten für die Einstufung, Verpackung und Kennzeichnung gefährlicher Zubereitungen[21] als giftig, sehr giftig, krebserregend, erbgutverändernd oder fortpflanzungsgefährdend eingestuft sind, zum Verkauf anbieten.

---

21 ABl. L 200 vom 30.7.1999, S. 1.

(2) Die Mitgliedstaaten treffen die Maßnahmen, die erforderlich sind, um sicherzustellen, dass Pestizide, die für die berufliche Verwendung zugelassen sind, nur an Personen verkauft werden, die im Besitz einer Bescheinigung gemäß Artikel 5 Absatz 2 sind.

(3) Die Mitgliedstaaten verlangen von den Vertreibern, die Pestizide an nicht berufliche Verwender verkaufen, die Bereitstellung allgemeiner Informationen über die Risiken der Verwendung von Pestiziden für die menschliche Gesundheit und die Umwelt, insbesondere über die Gefahren, die Exposition, die sachgemäße Lagerung, Handhabung, Anwendung und sichere Entsorgung gemäß den gemeinschaftsrechtlichen Vorschriften über Abfälle sowie über Alternativen mit geringem Risiko. Die Mitgliedstaaten können vorschreiben, dass die Pestizidhersteller entsprechende Informationen zur Verfügung stellen müssen.

(4) Die Maßnahmen gemäß den Absätzen 1 und 2 werden bis zum 14. Dezember 2015 erlassen.

Artikel 7 Information und Sensibilisierung

(1) Die Mitgliedstaaten ergreifen Maßnahmen zur Information der allgemeinen Öffentlichkeit und zur Förderung und Erleichterung von Informations- und Sensibilisierungsprogrammen und der Bereitstellung von genauen und ausgewogenen Informationen über Pestizide für die allgemeine Öffentlichkeit, insbesondere über die Risiken und möglichen akuten und chronischen Auswirkungen ihrer Verwendung auf die menschliche Gesundheit, Nichtzielorganismen und die Umwelt und über die Verwendung nichtchemischer Alternativen.

(2) Die Mitgliedstaaten richten Systeme zur Erfassung von Informationen über pestizidbedingte akute Vergiftungsfälle und – sofern verfügbar – chronische Vergiftungsfälle in Gruppen ein, die Pestiziden regelmäßig ausgesetzt sein können, wie etwa Anwender, landwirtschaftliche Arbeitskräfte oder Personen, die in der Nähe von Pestizidanwendungsgebieten leben.

(3) Bis zum 14. Dezember 2012 erarbeitet die Kommission in Zusammenarbeit mit den Mitgliedstaaten strategische Leitlinien zur Überwachung und Beobachtung der Auswirkungen der Verwendung von Pestiziden auf die menschliche Gesundheit und die Umwelt, damit die Vergleichbarkeit von Informationen verbessert wird.

Kapitel III
Anwendungsgeräte für Pestizide

Artikel 8 Kontrolle von in Gebrauch befindlichen Geräten

(1) Die Mitgliedstaaten gewährleisten, dass beruflich eingesetzte Anwendungsgeräte für Pestizide regelmäßig kontrolliert werden. Der Abstand zwischen den Kontrollen darf bis 2020 fünf Jahre und danach drei Jahre nicht überschreiten.

(2) Die Mitgliedstaaten gewährleisten, dass bis zum 14. Dezember 2016 mindestens eine Kontrolle der Anwendungsgeräte für Pestizide durchgeführt wurde. Nach diesem Zeitpunkt dürfen nur Anwendungsgeräte für Pestizide beruflich eingesetzt werden, die bei der Kontrolle den Anforderungen genügt haben.

Neue Geräte müssen innerhalb eines Zeitraums von fünf Jahren nach dem Kauf mindestens einmal kontrolliert werden.

(3) Abweichend von den Absätzen 1 und 2 und im Anschluss an eine Bewertung der Risiken für die menschliche Gesundheit und die Umwelt, einschließlich einer Beurteilung des Verwendungsumfangs der Geräte, dürfen die Mitgliedstaaten

a) andere Zeitpläne und Kontrollabstände für Anwendungsgeräte für Pestizide, die nicht für das Spritzen oder Sprühen von Pestiziden verwendet werden, für handgeführte Anwendungsgeräte für Pestizide oder Rückenspritzen sowie für zusätzliche Anwendungsgeräte für Pestizide, die nur in sehr geringem Umfang eingesetzt werden, anwenden; diese sind in den nationalen Aktionsplänen gemäß Artikel 4 aufzulisten.

Folgende zusätzliche Anwendungsgeräte für Pestizide gelten in keinem Fall als Anwendungsgeräte, die nur in sehr geringem Umfang eingesetzt werden:

i) Spritz- und Sprühgeräte an Eisenbahnzügen oder Luftfahrzeugen;

ii) Spritz- oder Sprühgestänge, die breiter als 3 m sind, einschließlich Spritz- oder Sprühgestänge an Saatgeräten;

b) handgeführte Anwendungsgeräte für Pestizide oder Rückenspritzen von den Kontrollen ausnehmen. In diesem Fall stellen die Mitgliedstaaten sicher, dass die Anwender davon in Kenntnis gesetzt werden, dass die Zubehörteile regelmäßig gewechselt werden müssen und welche Risiken mit diesen Geräten verbunden sind, sowie, dass die Anwender gemäß Artikel 5 für den korrekten Einsatz dieser Anwendungsgeräte geschult sind.

(4) Mit den Kontrollen soll sichergestellt werden, dass die Anwendungsgeräte für Pestizide den in Anhang II aufgeführten einschlägigen Anforderungen genügen, damit ein hoher Grad an Schutz für die menschliche Gesundheit und die Umwelt erreicht wird.

Bei Anwendungsgeräten für Pestizide, die mit gemäß Artikel 20 Absatz 1 ausgearbeiteten harmonisierten Normen im Einklang stehen, wird davon ausgegangen, dass sie den wesentlichen Gesundheits- und Sicherheits- sowie Umweltanforderungen genügen.

(5) Berufliche Verwender führen regelmäßig Kalibrierungen und technische Kontrollen der Anwendungsgeräte für Pestizide gemäß der entsprechenden Fort- und Weiterbildung nach Artikel 5 durch.

(6) Die Mitgliedstaaten benennen die Einrichtungen, die für die Umsetzung der Kontrollsysteme zuständig sind, und unterrichten die Kommission hierüber.

Jeder Mitgliedstaat führt Bescheinigungsregelungen ein, die eine Überprüfung der Kontrollen ermöglichen, und erkennt die in einem anderen Mitgliedstaat entsprechend den Anforderungen nach Absatz 4 ausgestellten Bescheinigungen an, wenn der Zeitraum seit der letzten in einem anderen Mitgliedstaat durchgeführten Kontrolle gleich oder kürzer als der Zeitraum des in seinem eigenen Hoheitsgebiet geltenden Kontrollabstands ist.

Die Mitgliedstaaten sind bestrebt, die in anderen Mitgliedstaaten ausgestellten Bescheinigungen anzuerkennen, sofern die Kontrollabstände gemäß Absatz 1 eingehalten werden.

(7) Die Maßnahmen zur Änderung nicht wesentlicher Bestimmungen dieser Richtlinie, die die Änderung des Anhangs II zur Berücksichtigung des wissenschaftlichen und technischen Fortschritts betreffen, werden nach dem in Artikel 21 Absatz 2 genannten Regelungsverfahren mit Kontrolle erlassen.

Kapitel IV
Spezifische Verfahren und Verwendungen

Artikel 9 Spritzen oder Sprühen mit Luftfahrzeugen

(1) Die Mitgliedstaaten stellen sicher, dass das Spritzen oder Sprühen mit Luftfahrzeugen verboten ist.

(2) Abweichend von Absatz 1 darf das Spritzen oder Sprühen mit Luftfahrzeugen nur in besonderen Fällen genehmigt werden, wenn die folgenden Voraussetzungen erfüllt sind:

a) Es darf keine praktikablen Alternativen geben, oder es müssen gegenüber der Anwendung von Pestiziden vom Boden aus eindeutige Vorteile im Sinne geringerer Auswirkungen auf die menschliche Gesundheit und die Umwelt bestehen.

b) Die verwendeten Pestizide müssen von den Mitgliedstaaten nach einer besonderen Bewertung der Risiken durch Spritzen oder Sprühen mit Luftfahrzeugen ausdrücklich für das Spritzen oder Sprühen mit Luftfahrzeugen genehmigt worden sein.

c) Der Anwender, der das Spritzen oder Sprühen mit Luftfahrzeugen vornimmt, muss im Besitz einer Bescheinigung gemäß Artikel 5 Absatz 2 sein. In dem Übergangszeitraum, in dem die Bescheinigungsregelungen noch nicht in Kraft sind, können die Mitgliedstaaten einen anderen Nachweis der ausreichenden Kenntnis des Anwenders akzeptieren.

d) Das für das Spritzen oder Sprühen mit Luftfahrzeugen verantwortliche Dienstleistungsunternehmen muss von einer für die Zulassung von Geräten und Luftfahrzeugen für das Spritzen oder Sprühen von Pestiziden mit Luftfahrzeugen zuständigen Behörde anerkannt sein.

e) Wenn sich das zu besprühende Gebiet in unmittelbarer Nähe von öffentlich zugänglichen Flächen befindet, werden spezifische Risikomanagementmaßnahmen in die Genehmigung aufgenommen, die nachteilige Auswirkungen auf die Gesundheit von anwesenden Personen verhindern. Das zu besprühende Gebiet darf sich nicht in unmittelbarer Nähe von Wohngebieten befinden.

f) Ab 2013 muss das Luftfahrzeug mit Ausrüstungen ausgestattet sein, die die beste verfügbare Technologie zur Verringerung der Abdrift darstellen.

(3) Die Mitgliedstaaten benennen die Behörden, die für die Festlegung der besonderen Voraussetzungen, unter denen das Spritzen oder Sprühen mit Luftfahrzeugen durchgeführt werden darf, für die Prüfung der Anträge gemäß Absatz 4 und für die Veröffentlichung von Informationen darüber zuständig sind, für welche Kulturpflanzen und Gebiete und unter welchen Umständen und besonderen

Auflagen für die Anwendung, einschließlich der Wetterbedingungen, das Spritzen oder Sprühen mit Luftfahrzeugen genehmigt werden kann.

In der Genehmigung geben die zuständigen Behörden an, welche Maßnahmen erforderlich sind, um Anrainer und anwesende Personen rechtzeitig zu warnen und die Umwelt in der Nähe des besprühten Gebiets zu schützen.

(4) Ein beruflicher Verwender, der Pestizide mit Luftfahrzeugen spritzen oder sprühen will, stellt bei der zuständigen Behörde einen Antrag auf Genehmigung eines Anwendungsplans und fügt Nachweise bei, die belegen, dass die in den Absätzen 2 und 3 genannten Voraussetzungen erfüllt sind. Der Antrag auf Anwendung von Pestiziden durch Spritzen oder Sprühen mit Luftfahrzeugen gemäß dem genehmigten Anwendungsplan wird der zuständigen Behörde rechtzeitig übermittelt. Er enthält Informationen über den voraussichtlichen Zeitpunkt des Spritzens oder Sprühens, die verspritzten bzw. versprühten Mengen und die eingesetzten Pestizidarten.

Die Mitgliedstaaten können vorsehen, dass Anträge auf Anwendung von Pestiziden durch Spritzen oder Sprühen mit Luftfahrzeugen gemäß einem genehmigten Anwendungsplan, für die innerhalb der festgelegten Frist keine Antwort der zuständigen Behörden über eine Entscheidung eingegangen ist, als genehmigt gelten.

In Ausnahmefällen wie Notfällen oder besonderen schwierigen Situationen können auch Einzelanträge auf Anwendung von Pestiziden durch Spritzen oder Sprühen mit Luftfahrzeugen gestellt werden. Sofern dies gerechtfertigt ist, haben die zuständigen Behörden die Möglichkeit, ein beschleunigtes Verfahren anzuwenden, um zu prüfen, ob die in den Absätzen 2 und 3 genannten Bedingungen vor der Anwendung von Pestiziden durch Spritzen oder Sprühen mit Luftfahrzeugen erfüllt sind.

(5) Die Mitgliedstaaten stellen sicher, dass die in den Absätzen 2 und 3 genannten Voraussetzungen erfüllt sind, indem sie geeignete Kontrollen durchführen.

(6) Die zuständigen Behörden führen Aufzeichnungen über die in Absatz 4 genannten Anträge und Genehmigungen und stellen die darin enthaltenen maßgeblichen Informationen wie etwa das zu besprühende Gebiet, das voraussichtliche Datum und die voraussichtliche Zeit der Anwendung und die Pestizidart gemäß den geltenden einzelstaatlichen oder gemeinschaftlichen Rechtsvorschriften der Öffentlichkeit zur Verfügung.

Artikel 10 Unterrichtung der Öffentlichkeit

Die Mitgliedstaaten können in ihre nationalen Aktionspläne Vorkehrungen über die Unterrichtung von Personen aufnehmen, die der Abdrift ausgesetzt sein könnten.

Artikel 11 Spezifische Maßnahmen zum Schutz der aquatischen Umwelt und des Trinkwassers

(1) Die Mitgliedstaaten stellen sicher, dass geeignete Maßnahmen zum Schutz der aquatischen Umwelt und der Trinkwasserversorgung vor den Auswirkungen von Pestiziden getroffen werden. Diese Maßnahmen unterstützen die einschlä-

gigen Bestimmungen der Richtlinie 2000/60/EG und der Verordnung (EG) Nr. 1107/2009 und müssen mit diesen vereinbar sein.

(2) Die Maßnahmen gemäß Absatz 1 beinhalten:

a) die bevorzugte Verwendung von Pestiziden, die nicht gemäß der Richtlinie 1999/45/EG als für die aquatische Umwelt gefährlich eingestuft sind und keine prioritären gefährlichen Stoffe gemäß Artikel 16 Absatz 3 der Richtlinie 2000/60/EG enthalten;

b) die bevorzugte Verwendung der effizientesten Anwendungstechniken, wie die Verwendung von Anwendungsgeräten für Pestizide mit geringer Abdrift, insbesondere in Raumkulturen wie Hopfen, Obstanlagen und Rebflächen;

c) den Einsatz von Risikominderungsmaßnahmen, mit denen das Risiko der Verschmutzung außerhalb der Anwendungsfläche durch Abdrift, Drainageabfluss und Oberflächenabfluss minimiert wird. Dazu gehören die Einrichtung von Pufferzonen in geeigneter Größe zum Schutz der aquatischen Nichtzielorganismen sowie Schutzgebiete für Oberflächengewässer und Grundwasser für die Gewinnung von Trinkwasser, in denen Pestizide weder verwendet noch gelagert werden dürfen;

d) die größtmögliche Verringerung oder ein Unterbinden der Anwendung von Pestiziden auf oder entlang von Straßen, Bahnlinien, sehr durchlässigen Flächen oder anderen Infrastruktureinrichtungen in der Nähe von Oberflächengewässern oder Grundwasser sowie auf versiegelten Flächen, bei denen ein hohes Risiko des Abflusses in Oberflächengewässer oder in die Kanalisation besteht.

Artikel 12 Verringerung der Verwendung von Pestiziden bzw. der damit verbundenen Risiken in bestimmten Gebieten

Die Mitgliedstaaten stellen unter angemessener Berücksichtigung der Anforderungen an die notwendige Hygiene, an die öffentliche Gesundheit und der biologischen Vielfalt oder der Ergebnisse einschlägiger Risikobewertungen sicher, dass die Verwendung von Pestiziden in bestimmten Gebieten so weit wie möglich minimiert oder verboten wird. Es sind geeignete Risikomanagementmaßnahmen zu treffen und der Verwendung von Pflanzenschutzmitteln mit geringem Risiko im Sinne der Verordnung (EG) Nr. 1107/2009 sowie biologischen Bekämpfungsmaßnahmen ist der Vorzug zu geben. Diese bestimmten Gebiete sind:

a) Gebiete, die von der Allgemeinheit oder von gefährdeten Personengruppen im Sinne von Artikel 3 der Verordnung (EG) Nr. 1107/2009 genutzt werden, wie öffentliche Parks und Gärten, Sport- und Freizeitplätze, Schulgelände und Kinderspielplätze sowie Gebiete in unmittelbarer Nähe von Einrichtungen des Gesundheitswesens;

b) Schutzgebiete im Sinne der Richtlinie 2000/60/EG oder andere Gebiete, die im Hinblick auf die erforderlichen Erhaltungsmaßnahmen gemäß der Richtlinie 79/409/EWG oder der Richtlinie 92/43/EWG ausgewiesen wurden;

c) kürzlich behandelte Flächen, die von landwirtschaftlichen Arbeitskräften genutzt werden oder diesen zugänglich sind.

Artikel 13 Handhabung und Lagerung von Pestiziden sowie Behandlung von deren Verpackungen und Restmengen

(1) Die Mitgliedstaaten erlassen die erforderlichen Maßnahmen, um sicherzustellen, dass die folgenden von beruflichen Verwendern und gegebenenfalls von Vertreibern ausgeführten Tätigkeiten nicht die menschliche Gesundheit und die Umwelt gefährden:

a) Lagerung, Handhabung, Verdünnen und Mischen von Pestiziden vor dem Anwenden;

b) Handhabung von Verpackungen und Restmengen von Pestiziden;

c) Entsorgung von nach dem Anwenden verbleibenden Tankmischungen;

d) Reinigung der Geräte nach dem Anwenden;

e) Rückgewinnung oder Entsorgung von Restmengen von Pestiziden und deren Verpackungen nach den gemeinschaftsrechtlichen Vorschriften über Abfälle.

(2) Die Mitgliedstaaten treffen alle erforderlichen Maßnahmen in Bezug auf Pestizide, die für nicht berufliche Verwender zugelassen sind, um eine gefährliche Handhabung zu vermeiden. Diese Maßnahmen können die Verwendung von Pestiziden von geringer Toxizität, gebrauchsfertige Formulierungen und Begrenzungen der Größe von Behältern oder Verpackungen einschließen.

(3) Die Mitgliedstaaten stellen sicher, dass die Lagerbereiche für Pestizide für die berufliche Verwendung so gebaut werden, dass es zu keiner unbeabsichtigten Freisetzung kommen kann. Besonders ist auf den Standort, die Größe und die Baumaterialien zu achten.

Artikel 14 Integrierter Pflanzenschutz

(1) Die Mitgliedstaaten treffen alle erforderlichen Maßnahmen, um einen Pflanzenschutz mit geringer Pestizidverwendung zu fördern, wobei wann immer möglich nichtchemischen Methoden der Vorzug gegeben wird, so dass berufliche Verwender von Pestiziden unter den für dasselbe Schädlingsproblem verfügbaren Verfahren und Produkten auf diejenigen mit dem geringsten Risiko für die menschliche Gesundheit und die Umwelt zurückgreifen. Pflanzenschutzverfahren mit geringer Pestizidverwendung schließen den integrierten Pflanzenschutz sowie den ökologischen Landbau im Sinne der Verordnung (EG) Nr. 834/2007 des Rates vom 28. Juni 2007 über die ökologische/ biologische Produktion und die Kennzeichnung von ökologischen/biologischen Erzeugnissen[22] ein.

(2) Die Mitgliedstaaten schaffen die erforderlichen Voraussetzungen für die Anwendung des integrierten Pflanzenschutzes bzw. unterstützen die Schaffung dieser Voraussetzungen. Insbesondere stellen sie sicher, dass beruflichen Verwendern Informationen und Instrumente für die Überwachung von Schädlingen und die Entscheidungsfindung sowie Beratungsdienste für den integrierten Pflanzenschutz zur Verfügung stehen.

(3) Bis zum 30. Juni 2013 erstatten die Mitgliedstaaten der Kommission Bericht über die Durchführung der Absätze 1 und 2 und teilen ihr insbesondere mit, ob

22 ABl. L 189 vom 20.7.2007, S. 1.

die notwendigen Voraussetzungen für die Anwendung des integrierten Pflanzenschutzes gegeben sind.

(4) Die Mitgliedstaaten beschreiben in ihren nationalen Aktionsplänen, wie sie sicherstellen, dass alle beruflichen Verwender von Pestiziden die allgemeinen Grundsätze des integrierten Pflanzenschutzes gemäß Anhang III spätestens ab dem 1. Januar 2014 anwenden.

Die Maßnahmen zur Änderung nicht wesentlicher Bestimmungen dieser Richtlinie, die die Änderung des Anhangs III zur Berücksichtigung des wissenschaftlichen und technischen Fortschritts betreffen, werden nach dem in Artikel 21 Absatz 2 genannten Regelungsverfahren mit Kontrolle erlassen.

(5) Die Mitgliedstaaten schaffen geeignete Anreize, um die beruflichen Verwender zur freiwilligen Umsetzung von kulturpflanzen- oder sektorspezifischen Leitlinien zum integrierten Pflanzenschutz zu veranlassen. Öffentliche Stellen und/oder Organisationen, die bestimmte berufliche Verwender vertreten, können entsprechende Leitlinien aufstellen. Die Mitgliedstaaten nehmen in ihren nationalen Aktionsplänen auf die ihrer Ansicht nach maßgeblichen und geeigneten Leitlinien Bezug.

Kapitel V
Indikatoren, Berichterstattung und Informationsaustausch

Artikel 15 Indikatoren

(1) Es werden harmonisierte Risikoindikatoren im Sinne des Anhangs IV festgelegt. Allerdings können die Mitgliedstaaten neben den harmonisierten Indikatoren vorhandene nationale Indikatoren weiterhin verwenden oder andere geeignete Indikatoren erlassen.

Die Maßnahmen zur Änderung nicht wesentlicher Bestimmungen dieser Richtlinie, die die Änderung des Anhangs IV zur Berücksichtigung des wissenschaftlichen und technischen Fortschritts betreffen, werden nach dem in Artikel 21 Absatz 2 genannten Regelungsverfahren mit Kontrolle erlassen.

(2) Die Mitgliedstaaten

a) berechnen harmonisierte Risikoindikatoren gemäß Absatz 1 unter Verwendung von gemäß dem Gemeinschaftsrecht über Statistiken zu Pflanzenschutzmitteln erhobenen statistischen Daten und anderer relevanter Daten;

b) ermitteln Trends bei der Verwendung bestimmter Wirkstoffe;

c) ermitteln vorrangige Themen, wie Wirkstoffe, Kulturpflanzen, Regionen oder Verfahren, die besondere Aufmerksamkeit erfordern, oder bewährte Praktiken, die als Beispiele angeführt werden können, mit denen sich die Ziele dieser Richtlinie erreichen lassen, nämlich die Verringerung der Risiken und der Auswirkungen der Verwendung von Pestiziden auf die menschliche Gesundheit und die Umwelt und die Förderung der Entwicklung und Einführung des integrierten Pflanzenschutzes und alternativer Methoden oder Verfahren, um die Abhängigkeit von der Verwendung von Pestiziden zu verringern.

(3) Die Mitgliedstaaten teilen der Kommission und den anderen Mitgliedstaaten die Ergebnisse der gemäß Absatz 2 durchgeführten Bewertungen mit und stellen diese Informationen der Öffentlichkeit zur Verfügung.

(4) Unter Verwendung von gemäß dem Gemeinschaftsrecht über Statistiken zu Pflanzenschutzmitteln erhobenen statistischen Daten und anderer relevanter Daten berechnet die Kommission Risikoindikatoren auf Gemeinschaftsebene, mit denen die Trends bei den von der Verwendung von Pestiziden ausgehenden Risiken eingeschätzt werden können.

Die Kommission verwendet diese Daten und Angaben auch dazu, die Fortschritte bei der Verwirklichung der Ziele anderer Gemeinschaftspolitiken zu bewerten, mit denen die Auswirkungen von Pestiziden auf die menschliche Gesundheit und auf die Umwelt verringert werden sollen.

Die Ergebnisse werden der Öffentlichkeit auf der Website gemäß Artikel 4 Absatz 4 zur Verfügung gestellt.

Artikel 16 Berichterstattung

Die Kommission unterbreitet dem Europäischen Parlament und dem Rat regelmäßig einen Bericht über die bei der Durchführung dieser Richtlinie erzielten Fortschritte, dem sie gegebenenfalls Änderungsvorschläge beifügt.

Kapitel VI
Schlussbestimmungen

Artikel 17 Sanktionen

Die Mitgliedstaaten legen die Sanktionen fest, die bei Verstößen gegen die einzelstaatlichen Vorschriften zur Umsetzung dieser Richtlinie zu verhängen sind, und treffen alle erforderlichen Maßnahmen, um deren Durchsetzung zu gewährleisten. Die Sanktionen müssen wirksam, verhältnismäßig und abschreckend sein.

Die Mitgliedstaaten teilen der Kommission diese Bestimmungen bis zum 14. Dezember 2012 mit und unterrichten sie unverzüglich über alle späteren Änderungen dieser Bestimmungen.

Artikel 18 Austausch von Informationen und bewährten Verfahren

Die Kommission schlägt den Austausch von Informationen und bewährten Verfahren im Bereich der nachhaltigen Verwendung von Pestiziden und des integrierten Pflanzenschutzes als vorrangiges Thema für Diskussionen in der Sachverständigengruppe für die thematische Strategie zur nachhaltigen Verwendung von Pestiziden vor.

Artikel 19 Gebühren und Abgaben

(1) Die Mitgliedstaaten können eine Gebühr oder Abgabe erheben, die die Kosten für die Arbeiten aufgrund der sich aus dieser Richtlinie ergebenden Verpflichtungen abdeckt.

(2) Die Mitgliedstaaten gewährleisten, dass die Gebühr oder Abgabe gemäß Absatz 1 auf transparente Weise festgesetzt wird und den tatsächlichen Kosten der angefallenen Arbeit entspricht.

Artikel 20 Festlegung von Normen

(1) Die Normen gemäß Artikel 8 Absatz 4 dieser Richtlinie werden nach dem Verfahren gemäß Artikel 6 Absatz 3 der Richtlinie 98/34/EG des Europäischen Parlaments und des Rates vom 22. Juni 1998 über ein Informationsverfahren auf dem Gebiet der Normen und technischen Vorschriften und der Vorschriften für die Dienste der Informationsgesellschaft[23] erarbeitet.

Das Ersuchen um Erarbeitung dieser Normen kann in Konsultation mit dem in Artikel 21 Absatz 1 genannten Ausschuss erfolgen.

(2) Die Kommission veröffentlicht die Bezugsdaten der Normen im Amtsblatt der Europäischen Union.

(3) Ist ein Mitgliedstaat oder die Kommission der Auffassung, dass eine harmonisierte Norm den von ihr abgedeckten Anforderungen gemäß Anhang II nicht voll entspricht, so kann die Kommission oder der betreffende Mitgliedstaat den durch Artikel 5 der Richtlinie 98/34/EG eingesetzten Ausschuss unter Angabe der Gründe mit dieser Frage befassen. Der Ausschuss nimmt dazu nach Konsultation der entsprechenden europäischen Normungsgremien umgehend Stellung.

Unter Berücksichtigung der Stellungnahme des Ausschusses entscheidet die Kommission, die Fundstelle der betreffenden harmonisierten Norm im Amtsblatt der Europäischen Union zu veröffentlichen, nicht zu veröffentlichen, unter Vorbehalt zu veröffentlichen, zu belassen, unter Vorbehalt zu belassen oder zu streichen.

Die Kommission unterrichtet das betreffende europäische Normungsgremium und erteilt ihm erforderlichenfalls den Auftrag zur Überarbeitung der fraglichen harmonisierten Normen.

Artikel 21 Ausschussverfahren

(1) Die Kommission wird von dem durch Artikel 58 der Verordnung (EG) Nr. 178/2002 des Europäischen Parlaments und des Rates vom 28. Januar 2002 zur Festlegung der allgemeinen Grundsätze und Anforderungen des Lebensmittelrechts, zur Errichtung der Europäischen Behörde für Lebensmittelsicherheit und zur Festlegung von Verfahren zur Lebensmittelsicherheit[24] eingesetzten Ständigen Ausschuss für die Lebensmittelkette und Tiergesundheit unterstützt.

(2) Wird auf diesen Absatz Bezug genommen, so gelten Artikel 5a Absätze 1 bis 4 und Artikel 7 des Beschlusses 1999/468/EG unter Beachtung von dessen Artikel 8.

---

23 ABl. L 204 vom 21.7.1998, S. 37.

24 ABl. L 31 vom 1.2.2002, S. 1.

Artikel 22 Ausgaben

Um die Ausarbeitung einer harmonisierten Politik und harmonisierter Systeme für die nachhaltige Verwendung von Pestiziden zu unterstützen, kann die Kommission Folgendes finanzieren:

a) die Entwicklung eines harmonisierten Systems, einschließlich einer geeigneten Datenbank für die Erfassung und Speicherung sämtlicher Informationen über Pestizidrisikoindikatoren, und die Bereitstellung dieser Informationen für die zuständigen Behörden, andere Interessengruppen und die allgemeine Öffentlichkeit;

b) die Durchführung der Studien, die für die Erarbeitung und Weiterentwicklung der Rechtsvorschriften, einschließlich der Anpassung der Anhänge dieser Richtlinie an den technischen Fortschritt, erforderlich sind;

c) die Entwicklung von Leitlinien und vorbildlichen Praktiken zur Erleichterung der Umsetzung dieser Richtlinie.

Artikel 23 Umsetzung

(1) Die Mitgliedstaaten setzen die Rechts- und Verwaltungsvorschriften in Kraft, die erforderlich sind, um dieser Richtlinie spätestens am 14. Dezember 2011 nachzukommen.

Wenn die Mitgliedstaaten diese Vorschriften erlassen, nehmen sie in den Vorschriften selbst oder durch einen Hinweis bei der amtlichen Veröffentlichung auf diese Richtlinie Bezug. Die Mitgliedstaaten regeln die Einzelheiten der Bezugnahme.

(2) Die Mitgliedstaaten teilen der Kommission den Wortlaut der wichtigsten innerstaatlichen Rechtsvorschriften mit, die sie auf dem unter diese Richtlinie fallenden Gebiet erlassen.

Artikel 24 Inkrafttreten

Diese Richtlinie tritt am Tag nach ihrer Veröffentlichung im Amtsblatt der Europäischen Union in Kraft.

Artikel 25 Adressaten

Diese Richtlinie ist an die Mitgliedstaaten gerichtet.

Anhang I
Themen der Fort- und Weiterbildung gemäß Artikel 5

1. Alle einschlägigen Rechtsvorschriften, die Pestizide und deren Verwendung betreffen.
2. Existenz und Risiken illegaler (nachgeahmter) Pflanzenschutzmittel und Methoden zur Erkennung solcher Produkte.
3. Die mit Pestiziden verbundenen Gefahren und Risiken sowie die Möglichkeit, diese zu identifizieren und zu beherrschen, insbesondere:
   a) Risiken für den Menschen (Anwender, Anrainer, anwesende Personen, Personen, die behandelte Flächen betreten, und Personen, die mit behandelten Erzeugnissen umgehen oder solche Erzeugnisse verzehren) und wie Faktoren, etwa das Rauchen, diese Risiken verschärfen;
   b) Symptome einer Pestizidvergiftung und Erste-Hilfe-Maßnahmen;
   c) Risiken für Nichtzielpflanzen, Nutzinsekten, wild lebende Tiere und Pflanzen, die biologische Vielfalt und die Umwelt allgemein.
4. Strategien und Verfahren des integrierten Pflanzenschutzes, Strategien und Verfahren des integrierten Pflanzenbaus, Grundsätze des ökologischen Landbaus, Methoden der biologischen Schädlingsbekämpfung; Informationen über die allgemeinen Grundsätze und kulturpflanzen- oder sektorspezifischen Leitlinien zum integrierten Pflanzenschutz.
5. Einführung in die vergleichende Bewertung auf Verwenderebene, um den beruflichen Verwendern dabei zu helfen, für ein bestimmtes Schädlingsproblem in einer gegebenen Situation unter allen zugelassenen Produkten die beste Wahl von Pestiziden mit den geringsten Nebenwirkungen für die menschliche Gesundheit, Nichtzielorganismen und die Umwelt zu treffen.
6. Maßnahmen zur Minimierung der Risiken für Menschen, Nichtzielorganismen und die Umwelt: sichere Arbeitsmethoden für die Lagerung, Handhabung und das Mischen von Pestiziden sowie für die Entsorgung von leeren Verpackungen, anderen kontaminierten Materialien und Restmengen von Pestiziden (einschließlich Tankmischungen) in konzentrierter oder verdünnter Form; empfohlene Vorgehensweise zur Verringerung der Exposition der Anwender (persönliche Schutzausrüstung).
7. Risikobasierte Ansätze, bei denen die für die Wassergewinnung vor Ort relevanten Variablen wie Klima, Bodentypen, Pflanzenarten und das Relief berücksichtigt werden.
8. Verfahren zur Vorbereitung der Anwendungsgeräte für Pestizide für die Inbetriebnahme (einschließlich Kalibrierung) und eine Verwendung unter geringstmöglichen Risiken für den Verwender, andere Personen, Nichtzielarten (Tiere und Pflanzen), die biologische Vielfalt und die Umwelt, einschließlich Wasserressourcen.
9. Verwendung und Wartung der Anwendungsgeräte für Pestizide, spezifische Spritztechniken (z.B. Low-Volume- Verfahren und abdriftmindernde Düsen), die Ziele der technischen Kontrolle von in Verwendung befindlichen Spritz- oder

Sprühgeräten für Pestizide, Möglichkeiten zur Verbesserung der Spritz- oder Sprühqualität. Besondere Risiken im Zusammenhang mit der Verwendung von handgeführten Anwendungsgeräten für Pestizide oder Rückenspritzen und entsprechende Risikomanagementmaßnahmen.

10. Sofortmaßnahmen zum Schutz der menschlichen Gesundheit und der Umwelt einschließlich Wasserressourcen bei unbeabsichtigter Verschüttung und Kontamination sowie bei extremen Wetterereignissen, die die Gefahr des Versickerns von Pestiziden mit sich bringen.
11. Besondere Umsicht in Schutzgebieten gemäß Artikel 6 und 7 der Richtlinie 2000/60/EG.
12. Gesundheitsüberwachung und Anlaufstellen für die Meldung von Zwischenfällen oder Verdachtsfällen.
13. Führung von Aufzeichnungen über alle Pestizidverwendungen gemäß den einschlägigen Rechtsvorschriften.

Anhang II
Gesundheits-, Sicherheits- und Umweltanforderungen bei der Kontrolle von Anwendungsgeräten für Pestizide

Die Prüfung von Anwendungsgeräten für Pestizide muss alle Aspekte betreffen, die für die Gewährleistung eines hohen Sicherheits- und Schutzniveaus für die menschliche Gesundheit und die Umwelt wichtig sind. Eine optimal wirksame Anwendung wird dadurch sichergestellt, dass die Vorrichtungen bzw. Funktionen der Geräte einwandfrei sind, so dass folgende Ziele erreicht werden.

Anwendungsgeräte für Pestizide müssen verlässlich funktionieren und sachgemäß verwendet werden, damit sichergestellt ist, dass die Pestizide genau dosiert und ausgebracht werden können. Die Geräte müssen in einem solchen Zustand sein, dass sie sicher, leicht und vollständig gefüllt und entleert werden können und es zu keinem Auslaufen von Pestiziden kommt. Sie müssen auch leicht und gründlich zu reinigen sein. Ihr Betrieb muss sicher sein, und sie müssen vom Standort des Anwenders aus kontrolliert und sofort gestoppt werden können. Erforderlichenfalls müssen Einstellungen einfach, genau und reproduzierbar sein.

Dabei sollte folgenden Aspekten besondere Aufmerksamkeit geschenkt werden:

1. Antriebselemente

   Der Schutz der Gelenkwelle und der Schutz der Anschlusswelle müssen montiert und in einwandfreiem Zustand sein, und die Schutzvorrichtungen sowie alle beweglichen oder rotierenden Antriebselemente dürfen in ihrer Funktionsweise nicht beeinträchtigt sein, damit die Sicherheit des Anwenders gewährleistet ist.

2. Pumpe

   Die Pumpenkapazität muss an die Erfordernisse des Geräts angepasst sein, und die Pumpe muss einwandfrei funktionieren, um eine stabile und zuverlässige Anwendungsrate zu gewährleisten. Die Pumpe darf nicht undicht sein.

3. Rührwerk

   Die Rührvorrichtungen müssen einen einwandfreien Rücklauf gewährleisten, damit eine gleichmäßige Konzentration der gesamten Spritzflüssigkeitsmenge im Tank erreicht wird.

4. Spritztank

   Die Spritztanks (einschließlich Tankanzeige, Füllvorrichtungen, Siebe und Filter, Entleerungs- und Ausspülungssysteme und Mischvorrichtungen) müssen so funktionieren, dass unbeabsichtigtes Verschütten, ungleichmäßige Konzentrationsverteilungen, eine Exposition des Anwenders und Restmengen weitestgehend vermieden werden.

5. Messsysteme, Kontroll- und Reglersysteme

   Alle Messvorrichtungen, An- und Ausschaltvorrichtungen und Vorrichtungen zur Regulierung des Drucks und/oder der Durchflussmenge müssen ordnungsgemäß kalibriert sein und korrekt funktionieren, und es dürfen keine Lecks auftreten. Der Druck muss während des Ausbringens leicht zu kontrollieren sein, und die Druckregler müssen sich leicht bedienen lassen. Die Druckregler müssen einen konstanten Betriebsdruck bei konstanter Umdrehungszahl der Pumpe aufrechterhalten, damit eine stabile Anwendungsrate gewährleistet ist.

6. Leitungen und Schläuche

   Die Leitungen und Schläuche müssen in einwandfreiem Zustand sein, um Störungen des Flüssigkeitsdurchflusses oder unbeabsichtigtes Verschütten bei einem Ausfall zu vermeiden. Bei maximalem Betriebsdruck dürfen an den Schläuchen und Leitungen keine Undichtigkeiten auftreten.

7. Filter

   Zur Vermeidung von Turbulenzen und einem ungleichmäßigen Spritz- oder Sprühmuster müssen die Filter in einwandfreiem Zustand sein, und die Maschenweite der Filter muss der Größe der am Spritz- oder Sprühgerät montierten Düsen entsprechen. Die Verstopfungsanzeige der Filter muss gegebenenfalls ordnungsgemäß funktionieren.

8. Spritz- oder Sprühgestänge (bei Geräten, die Pestizide mit Hilfe eines horizontal ausgerichteten, dicht an den zu behandelnden Pflanzen oder Materialien befindlichen Spritz- oder Sprühgestänge anwenden)

   Das Spritz- oder Sprühgestänge muss in einwandfreiem Zustand und in alle Richtungen stabil sein. Die Fixierungs- und Reglersysteme sowie die Stoßdämpfer und der Hangausgleich müssen ordnungsgemäß funktionieren.

9. Düsen

   Die Düsen müssen ordnungsgemäß funktionieren, so dass ein Nachtropfen beim Stoppen des Spritz- oder Sprühvorgangs verhindert wird. Damit die Homogenität des Spritz- oder Sprühmusters gewährleistet ist, darf die Durchflussmenge jeder Einzeldüse nicht signifikant von den Daten der vom Hersteller gelieferten Durchflusstabellen abweichen.

10. Verteilung

    Die Querverteilung und Vertikalverteilung (beim Anwenden auf Raumkulturen) der Spritz- oder Sprühflüssigkeit im Zielbereich müssen gegebenenfalls gleichmäßig sein.

11. Gebläse (bei Geräten, die Pestizide mit Hilfe eines Luftstroms verteilen)

    Das Gebläse muss in einwandfreiem Zustand sein und einen stabilen, zuverlässigen Luftstrom erzeugen.

Anhang III
Allgemeine Grundsätze des integrierten Pflanzenschutzes

1. Die Vorbeugung und/oder Bekämpfung von Schadorganismen sollte neben anderen Optionen insbesondere wie folgt erreicht oder unterstützt werden:
   - Fruchtfolge;
   - Anwendung geeigneter Kultivierungsverfahren (z. B. Unkrautbekämpfung im abgesetzten Saatbett vor der Saat/ Pflanzung, Aussaattermine und -dichte, Untersaat, konservierende Bodenbearbeitung, Schnitt und Direktsaat);
   - gegebenenfalls Verwendung resistenter/toleranter Sorten und von Standardsaat- und -pflanzgut/zertifiziertem Saat- und Pflanzgut;
   - Anwendung ausgewogener Dünge-, Kalkungs- und Bewässerungs-/Drainageverfahren;
   - Vorbeugung gegen die Ausbreitung von Schadorganismen durch Hygienemaßnahmen (z. B. durch regelmäßiges Reinigen der Maschinen und Geräte);
   - Schutz und Förderung wichtiger Nutzorganismen, z. B. durch geeignete Pflanzenschutzmaßnahmen oder die Nutzung ökologischer Infrastrukturen innerhalb und außerhalb der Anbau- oder Produktionsflächen.
2. Schadorganismen müssen mit geeigneten Methoden und Instrumenten, sofern solche zur Verfügung stehen, überwacht werden. Zu diesen geeigneten Instrumenten sind unter anderem Beobachtungen vor Ort und Systeme für wissenschaftlich begründete Warnungen, Voraussagen und Frühdiagnosen, sofern dies möglich ist, sowie die Einholung von Ratschlägen beruflich qualifizierter Berater zu zählen.
3. Auf der Grundlage der Ergebnisse der Überwachung muss der berufliche Verwender entscheiden, ob und wann er Pflanzenschutzmaßnahmen anwenden will. Solide und wissenschaftlich begründete Schwellenwerte sind wesentliche Komponenten der Entscheidungsfindung. Bei der Entscheidung über eine Behandlung gegen Schadorganismen sind wenn möglich die für die betroffene Region, die spezifischen Gebiete, die Kulturpflanzen und die besonderen klimatischen Bedingungen festgelegten Schwellenwerte zu berücksichtigen.
4. Nachhaltigen biologischen, physikalischen und anderen nichtchemischen Methoden ist der Vorzug vor chemischen Methoden zu geben, wenn sich mit ihnen ein zufrieden stellendes Ergebnis bei der Bekämpfung von Schädlingen erzielen lässt.
5. Die eingesetzten Pestizide müssen so weit zielartenspezifisch wie möglich sein und die geringsten Nebenwirkungen auf die menschliche Gesundheit, Nichtzielorganismen und die Umwelt haben.
6. Der berufliche Verwender sollte die Verwendung von Pestiziden und andere Bekämpfungsmethoden auf das notwendige Maß begrenzen (z. B. durch Verringerung der Aufwandmenge, verringerte Anwendungshäufigkeit oder Teilflächenanwendung), wobei er berücksichtigen muss, dass die Höhe des Risikos für die Vegetation akzeptabel sein muss und das Risiko der Entwicklung von Resistenzen in den Schadorganismenpopulationen nicht erhöht werden darf.

7. Wenn ein Risiko der Resistenz gegen Pflanzenschutzmaßnahmen bekannt ist und der Umfang des Befalls mit Schadorganismen wiederholte Pestizidanwendungen auf die Pflanzen erforderlich macht, sind verfügbare Resistenzvermeidungsstrategien anzuwenden, um die Wirksamkeit der Produkte zu erhalten. Dazu kann die Verwendung verschiedener Pestizide mit unterschiedlichen Wirkungsweisen gehören.
8. Der berufliche Verwender muss auf der Grundlage der Aufzeichnungen über Pestizidanwendungen und der Überwachung von Schadorganismen den Erfolg der angewandten Pflanzenschutzmaßnahmen überprüfen.

Anhang IV
Harmonisierte Risikoindikatoren

(nicht abgedruckt)

Verordnung (EG) Nr. 1490/2002 der Kommission

vom 14. August 2002

mit weiteren Durchführungsbestimmungen für die dritte Stufe des Arbeitsprogramms gemäß Artikel 8 Absatz 2 der Richtlinie 91/414/EWG des Rates und zur Änderung der Verordnung (EG) Nr. 451/2000

ABl. Nr. L 224 vom 21.8.2002, S. 23,
zuletzt geändert durch Verordnung (EG) Nr. 1095/2007 der Kommission vom 20. September 2007, ABl. Nr. L 246 vom 21.9.2007, S. 19

DIE KOMMISSION DER EUROPÄISCHEN GEMEINSCHAFTEN –

gestützt auf den Vertrag zur Gründung der Europäischen Gemeinschaft,

gestützt auf die Richtlinie 91/414/EWG des Rates vom 15. Juli 1991 über das Inverkehrbringen von Pflanzenschutzmitteln[1], zuletzt geändert durch die Richtlinie 2002/48/EG[2], insbesondere auf Artikel 8 Absatz 2 zweiter Unterabsatz,

in Erwägung nachstehender Gründe:

(1) Die Kommission hat innerhalb von 12 Jahren mit einem Arbeitsprogramm zur schrittweisen Prüfung der Wirkstoffe durchzuführen, die bereits zwei Jahre nach Bekanntgabe der Richtlinie 91/414/EWG im Handel waren. Die erste Stufe dieses Programms wurde mit der Verordnung (EWG) Nr. 3600/92 der Kommission vom 11. Dezember 1992 mit Durchführungsbestimmungen für die erste Stufe des Arbeitsprogramms gemäß Artikel 8 Absatz 2 der Richtlinie 91/414/EWG des Rates über das Inverkehrbringen von Pflanzenschutzmitteln[3], zuletzt geändert durch die Verordnung (EG) Nr. 2266/2000[4], festgelegt. Die Arbeiten auf der ersten Stufe laufen zurzeit.

(2) Die Arbeiten auf der zweiten Stufe des Programms, festgelegt durch die Verordnung (EG) Nr. 451/2000 der Kommission vom 28. Februar 2000 mit Durchführungsbestimmungen für die zweite und dritte Stufe des Arbeitsprogramms gemäß Artikel 8 Absatz 2 der Richtlinie 91/414/EWG des Rates[5], sind ebenfalls angelaufen.

(3) Für eine Reihe zusätzlicher Wirkstoffe, die nicht während der ersten und der zweiten Stufe des Arbeitsprogramms behandelt wurden, wurde eine dritte Stufe gemäß Verordnung (EG) Nr. 451/2000 eingerichtet. Hersteller, die die Aufnahme dieser Wirkstoffe in den Anhang I der Richtlinie 91/414/EWG sicherstellen wollten, haben ausführliche Informationen über den derzeitigen Stand der Vollständigkeit

---

1 ABl. L 230 vom 9.8.1991, S. 1.

2 ABl. L 148 vom 6.6.2002, S. 19.

3 ABl. L 366 vom 15.12.1992, S. 10.

4 ABl. L 259 vom 13.10.2000, S. 27.

5 ABl. L 55 vom 29.2.2000, S. 25.

ihrer Unterlagen und über die Endpunkte bereitgestellt und sich verpflichtet, ein vollständiges Datenpaket einzureichen.

(4) Gemäß Artikel 10 Absatz 3 der Verordnung (EG) Nr. 451/2000 muss die Kommission für die dritte Stufe in einer Verordnung, die gemäß Artikel 8 Absatz 2 zweiter Unterabsatz der Richtlinie 91/414/EWG erlassen wird, ausführliche Bestimmungen über die Übermittlung vollständiger Unterlagen, die entsprechende(n) Frist(en) und die Gebührenregelung festlegen.

(5) Die durch die Verordnung (EG) Nr. 178/2002 des Europäischen Parlaments und des Rates vom 28. Januar 2002[6] errichtete Europäische Behörde für Lebensmittelsicherheit (EBLS) soll sicherstellen, dass die Gemeinschaft qualitativ hochwertigen, unabhängigen und wirksamen wissenschaftlichen und technischen Beistand erhält, um bei der Gesetzgebung zu Lebens- und Futtermitteln einen hohen Grad an Gesundheitsschutz zu erzielen. Es ist daher zweckmäßig, diese Behörde in das Arbeitsprogramm zu Wirkstoffen einzubeziehen, und den Umfang dieser Beteiligung umgehend festzulegen.

(6) Damit sichergestellt ist, dass die Mitgliedstaaten die Unterlagen in einer leicht zu handhabenden Form erhalten, sollten die zu bewertenden Wirkstoffe in zwei Gruppen mit unterschiedlichen Terminen für die Übermittlung der Unterlagen eingeteilt werden.

(7) Außerdem sollte es anfangs ausreichen, wenn die Antragsteller lediglich eine Liste der verfügbaren Tests und Studien an den Bericht erstattenden Mitgliedstaat schicken, damit die Mitgliedstaaten feststellen können, ob bis zum einschlägigen Termin ein vollständiges Datenpaket eingereicht werden kann. Sind diese Daten nicht bis zum Termin verfügbar, kann die vollständige Neubewertung des Wirkstoffs nicht innerhalb des von der Richtlinie 91/414/EWG gesetzten Zeitrahmens erfolgen und es sollte unverzüglich beschlossen werden, den entsprechenden Wirkstoff nicht in Anhang I der Richtlinie aufzunehmen. Die Zulassung von Mitteln, die diesen Wirkstoff enthalten, sollte von den Mitgliedstaaten zurückgezogen werden.

(8) Die Beziehungen zwischen Kommission und EBLS sowie Herstellern, Mitgliedstaaten, die Pflichten der einzelnen Parteien bei der Durchführung des Programms sind unter Berücksichtigung der Erfahrungen während der ersten und zweiten Programmstufe festzulegen. Nur bei einer engen Zusammenarbeit aller Beteiligten und strikter Einhaltung der gesetzten Termine lässt sich die Wirksamkeit des Programm sicherstellen. Für die dritte Stufe des Arbeitsprogramms muss eine genaue Fristenregelung gelten, damit alle Abschnitte in annehmbarer Zeit abgeschlossen werden. Bricht die Zusammenarbeit mit den Antragstellern ab, ist eine weitere wirksame Bewertung unmöglich. In diesem Fall sollte die Bewertung beendet werden.

(9) Um sicherzustellen, dass alle einschlägigen Hinweise auf mögliche gefährliche Auswirkungen eines Wirkstoffs oder seiner Rückstände Beachtung finden, sind auch technische oder wissenschaftliche Informationen zu berücksichtigen, die von sonstigen Personen innerhalb der vorgesehenen Fristen vorgelegt werden.

---

6 ABl. L 31 vom 1.2.2002, S. 1.

(10) Es ist festzulegen, welche Verpflichtungen der Antragsteller zur Vorlage dieser Informationen bezüglich Format, Fristen und Bestimmungsbehörde eingehen muss.

(11) Die Bewertungsarbeiten werden auf die zuständigen Behörden der Mitgliedstaaten verteilt. Daher ist für jeden Wirkstoff ein Bericht erstattender Mitgliedstaat zu benennen. Der Bericht erstattende Mitgliedstaat beurteilt die vom Antragsteller vorgelegte Vollständigkeitskontrolle und prüft und bewertet seine Angaben. Er übermittelt die Ergebnisse seiner Bewertung an die EBLS und richtet an die Kommission eine Empfehlung zu der in Bezug auf den entsprechenden Wirkstoff zu treffenden Entscheidung.

(12) Die Mitgliedstaaten schicken Entwürfe ihrer Bewertungsberichte an die EBLS. Die vom Bericht erstattenden Mitgliedstaat erstellten Entwürfe werden einer Gegenprüfung durch die EBLS unterzogen, bevor sie an den Ständigen Ausschuss für die Lebensmittelkette und Tiergesundheit weitergeleitet werden.

(13) Um Doppelarbeit und insbesondere unnötige Versuche an Wirbeltieren zu vermeiden, sollten Hersteller dazu bewegt werden, gemeinsame Antragsunterlagen einzureichen.

(14) Die Antragstellung und Übermittlung von Unterlagen sollte keine Voraussetzung dafür sein, nach der Aufnahme des Wirkstoffs in den Anhang I der Richtlinie 91/414/EWG Pflanzenschutzmittel gemäß Artikel 13 der Richtlinie 91/414/EWG auf den Markt zu bringen. Hersteller, die keinen Antrag gestellt haben, sollten sich daher auf allen Stufen des Bewertungsprozesses über mögliche zusätzliche Anforderungen informieren können, die für die fortgesetzte Vermarktung von Pflanzenschutzmitteln mit einem Wirkstoff gelten, der einer Bewertung unterzogen wird.

(15) Diese Verordnung gilt unbeschadet der Verfahren und Maßnahmen im Rahmen anderer gemeinschaftlicher Rechtsvorschriften, insbesondere der Richtlinie 79/117/EWG des Rates über das Verbot des Inverkehrbringens und der Anwendung von Pflanzenschutzmitteln, die bestimmte Wirkstoffe enthalten[7], zuletzt geändert durch die Akte über den Beitritt Österreichs, Finnlands und Schwedens, wenn die Kommission Informationen darüber erhält, dass die Anforderungen dieser Richtlinie erfüllt werden können.

(16) Vom Einsatz antimikrobieller Substanzen der Klassen, die in der Human- oder Veterinärmedizin verwendet werden oder verwendet werden könnten, zum Pflanzenschutz sollte abgeraten werden. Zwei von der vorliegenden Verordnung erfasste Wirkstoffe – Kasugamycin und Streptomycin – gehören zu dieser Kategorie[8]. Bis zur letztlichen Entscheidung über ihre Aufnahme in Anhang I sollte ihr Einsatz weiterhin eingeschränkt und nur bei unbedingter Notwendigkeit genehmigt werden. Für die Bewertung dieser Substanzen werden Angaben zur Resistenz gegen antimikrobielle Mittel verlangt.

(17) Diese Verordnung gilt unbeschadet der Gemeinschaftsverpflichtungen in Bezug auf Methylbromid gemäß dem Protokoll von Montreal.

---

7 ABl. L 33 vom 8.2.1979, S. 36.

8 Stellungnahme des Wissenschaftlichen Lenkungsausschusses vom 28. Mai 1999 zur Resistenz gegen antimikrobielle Mittel.

(18) Ergeben sich bei der Zuständigkeit des Bericht erstattenden Mitgliedstaates für Prüfung und Bewertung offensichtliche Ungleichgewichte, sollte es möglich sein, dass der anfänglich für einen Wirkstoff benannte Mitgliedstaat durch einen anderen ersetzt wird.

(19) Damit die Finanzierung dieser Stufe des Arbeitsprogramms sichergestellt ist, sollte zusätzlich zu den bereits für die Antragstellung gemäß Artikel 13 der Verordnung (EG) Nr. 451/2000 erhobenen Gebühren eine Gebühr für die Bearbeitung und Bewertung der Unterlagen an den jeweiligen Mitgliedstaat überwiesen werden.

(20) Gemäß der Verordnung (EG) Nr. 451/2000 ist der 25. Mai 2003 der Termin für die Übermittlung der vollständigen Datenpakete für Wirkstoffe, die auf der dritten Stufe des Arbeitsprogramms geprüft werden. Ebenfalls gemäß der genannten Verordnung werden Durchführungsbestimmungen zur Übermittlung der vollständigen Unterlagen zu einem späteren Zeitpunkt erlassen. Für eine wirksame Gestaltung des Arbeitsprogramms ist es nicht erforderlich, die vollständigen Datenpakete kurz vor Übermittlung der vollständigen Unterlagen vorzulegen. Damit Wirkstoffe, für die es keine vollständigen Datenpakete gibt, nicht länger vermarktet werden, sollte eine Liste der verfügbaren Daten übermittelt werden, und sollten nur in Ausnahmefällen und auf Anfrage die vollständigen Datenpakete nachgereicht werden.

(21) Die Verordnung (EG) Nr. 451/2000 wird entsprechend geändert.

(22) Die in dieser Verordnung vorgesehenen Maßnahmen entsprechen der Stellungnahme des Ständigen Ausschusses für die Lebensmittelkette und Tiergesundheit –

HAT FOLGENDE VERORDNUNG ERLASSEN:

Artikel 1 Gegenstand und Geltungsbereich

(1) In dieser Verordnung werden weitere Durchführungsbestimmungen für die dritte Stufe des Arbeitsprogramms gemäß Artikel 8 Absatz 2 der Richtlinie 91/414/EWG des Rates zur fortgesetzten Bewertung der Wirkstoffe festgelegt, für die Anträge gemäß der Verordnung (EG) Nr. 451/2000 gestellt wurden.

(2) Artikel 6 Absätze 2 und 3 sowie Absatz 4 zweiter Unterabsatz der genannten Richtlinie gilt nicht für in Anhang I dieser Verordnung eingetragene Stoffe, solange die in dieser Verordnung vorgesehenen Verfahren nicht abgeschlossen sind.

(3) Diese Verordnung gilt unbeschadet der

a) Prüfungen der in Anhang I aufgeführten Wirkstoffe, die Mitgliedstaaten vor allem zwecks Erneuerung einer Zulassung gemäß Artikel 4 Absatz 4 der Richtlinie 91/414/EWG durchführen;

b) Überprüfungen, welche die Kommission gemäß Artikel 5 Absatz 5 der Richtlinie 91/414/EWG durchführt;

c) Bewertungen gemäß der Richtlinie 79/117/EWG.

Artikel 2 Begriffsbestimmungen

Für die Zwecke dieser Richtlinie gelten die Begriffsbestimmungen der Richtlinie 91/414/EG.

Darüber hinaus gelten folgende Begriffsbestimmungen:

a) „Antragsteller“: die natürliche oder juristische Person, die einen Antrag gemäß Anhang II der Verordnung (EG) Nr. 451/2000 gestellt hat;

b) „Ausschuss“: der gemäß Artikel 19 der Richtlinie 91/414/EWG eingerichtete Ständige Ausschuss für die Lebensmittelkette und Tiergesundheit;

c) „Datenverzeichnis“: Auflistung aller im vollständigen Datenpaket enthaltenen Daten;

d) „vollständiges Datenpaket“: Daten und Ergebnissen von Studien, die den Anforderungen für eine begrenzte Zahl repräsentativer Anwendungen des Wirkstoffs gemäß Anhänge II und III der Richtlinie 91/414/EWG entsprechen.

Artikel 3 Behörde des Mitgliedstaates

(1) Die Mitgliedstaaten übertragen die Verantwortung für die Umsetzung ihrer Verpflichtungen im Rahmen des Arbeitsprogramms gemäß Artikel 8 Absatz 2 der Richtlinie 91/414/EWG auf eine oder mehrere Behörden.

(2) Jeder Mitgliedstaat benennt eine koordinierende nationale Behörde gemäß Anhang III, die alle für die Zwecke dieser Verordnung notwendigen Kontakte mit Herstellern, anderen Mitgliedstaaten, der Kommission und der Europäischen Behörde für Lebensmittelsicherheit (EBLS) herstellt. Jeder Mitgliedstaat teilt der Kommission, der EBLS und den koordinierenden nationalen Behörden der anderen Mitgliedstaaten alle die koordinierende Behörde betreffenden Einzelheiten und etwaige Änderungen mit.

Artikel 4 Maßnahmen für den Fall von Ungleichgewichten

Stellt sich bei der Bewertung und Prüfung gemäß den Artikeln 9 und 10 heraus, dass die Pflichten und die zu erledigende oder gerade durchgeführte Arbeit ungleich auf die Bericht erstattenden Mitgliedstaaten verteilt sind, so kann nach dem Verfahren des Artikels 19 der Richtlinie 91/414/EWG beschlossen werden, den anfänglich für einen bestimmten Wirkstoff als Berichterstatter benannten Mitgliedstaat durch einen anderen zu ersetzen.

In diesem Fall setzt der anfängliche Bericht erstattende Mitgliedstaat die betreffenden Antragsteller über die Änderung in Kenntnis und übermittelt dem neu benannten Mitgliedstaat den gesamten Schriftverkehr sowie alle Informationen, die er als Bericht erstattender Mitgliedstaat im Zusammenhang mit dem betreffenden Wirkstoff erhalten hat. Der anfängliche Bericht erstattende Mitgliedstaat zahlt die Gebühr gemäß Artikel 17 mit Ausnahme des Anteils gemäß Absatz 2 Buchstabe d) desselben Artikels an die betreffenden Antragsteller zurück. Der neu benannte Bericht erstattende Mitgliedstaat fordert die Antragsteller auf, die Gebühr gemäß Artikel 17 abzüglich des unter Absatz 2 Buchstabe d) genannten Teils zu zahlen.

Artikel 5 Rücktritt oder Wechsel des Antragstellers

(1) Entscheidet ein Antragsteller, nicht länger an dem Arbeitsprogramm für einen Wirkstoff teilzunehmen, so setzt er unverzüglich den Bericht erstattenden Mitgliedstaat, die Kommission, die EBLS und die anderen Antragsteller für den betreffenden Wirkstoff unter Angabe der Gründe davon in Kenntnis. Die Anwen-

dung der Verfahren gemäß Artikel 9 und 10 auf seine Unterlagen wird abgebrochen, wenn ein Antragsteller seine Teilnahme beendet oder seinen in dieser Verordnung festgelegten Verpflichtungen nicht nachkommt.

(2) Kommt ein Antragsteller mit einem anderen Hersteller überein, ihn im weiteren Verlauf des Arbeitsprogramms im Rahmen dieser Verordnung zu ersetzen, so teilen der Antragsteller und der andere Hersteller dem Bericht erstattenden Mitgliedstaat, der Kommission und der EBLS in einer gemeinsamen Erklärung mit, dass der andere Hersteller die Pflichten gemäß den Artikeln 6, 7, 9, 10 oder 11 von dem anfänglichen Antragsteller übernimmt. Sie sorgen dafür, dass die anderen Antragsteller für den betreffenden Wirkstoff gleichzeitig unterrichtet werden. Der andere Hersteller haftet in diesem Fall gemeinsam mit dem anfänglichen Antragsteller für Gebühren, die im Rahmen der von den Mitgliedstaaten gemäß Artikel 17 eingeführten Regelung für den Antrag noch fällig sind.

(3) Alle übermittelten Angaben bleiben für den Bericht erstattenden Mitgliedstaat, die Kommission und die EBLS weiterhin zugänglich.

Artikel 6 Übermittlung und Überprüfung der Datenverzeichnisse

(1) Der/Die Antragsteller übermittelt/n bis 23. Mai 2003 die Datenverzeichnisse für die in Anhang I aufgeführten Wirkstoffe an den jeweiligen Bericht erstattenden Mitgliedstaat und eine Kopie an die EBLS.

Liegen für einen in Anhang I aufgeführten Wirkstoff mehrere Anträge vor, unternehmen die Antragsteller alle angemessenen Schritte, um diese Datenverzeichnisse gemeinsam zu übermitteln.

Wird ein Datenverzeichnis nicht von allen einschlägigen Antragstellern übermittelt, sind alle unternommenen Anstrengungen und die Gründe für die Nichtbeteiligung bestimmter Antragsteller anzuführen.

Bei Wirkstoffen, für die es mehr als einen Antragsteller gibt, sollten die Antragsteller bei allen Versuchen an Wirbeltieren die Bemühungen beschreiben, die zur Vermeidung von Doppelversuchen unternommen wurden, und gegebenenfalls die Gründe dafür enthalten, dass solche Doppelstudien erstellt wurden.

(2) Die Datenverzeichnisse sind in dem Format gemäß dem Verfahren nach Artikel 19 der Richtlinie 91/414/EWG zu erstellen. Das vollständige Datenpaket gemäß Artikel 10 Absatz 4 der Verordnung (EG) Nr. 451/2000 muss vom Antragsteller zugänglich gehalten werden. Auf schriftliche Anfrage des Bericht erstattenden Mitgliedstaates oder der Kommission hin liefert der Antragsteller unverzüglich den angeforderten Teil des Datenpakets oder das angeforderte vollständige Datenpaket.

(3) Der Bericht erstattende Mitgliedstaat prüft anhand der vorgelegten Datenverzeichnisse, ob ein vollständiges Datenpaket zur Übermittlung ansteht oder nicht. Steht für einen Wirkstoff nach Auffassung des Bericht erstattenden Mitgliedstaats kein vollständiges Datenpaket zur Übermittlung an, fordert dieser Mitgliedstaat den Antragsteller auf, unverzüglich ein vollständiges Datenpaket zu übermitteln, und prüft dessen Vollständigkeit. Der Bericht erstattende Mitgliedstaat meldet die Ergebnisse dieser Überprüfung innerhalb von drei Monaten nach Erhalt der Datenverzeichnisse an die Kommission.

(4) Ist nach Auffassung des Bericht erstattenden Mitgliedstaats kein vollständiges Datenverzeichnis erhältlich, teilt dieser der Kommission seinen Befund unverzüglich mit. Dann wird gemäß dem Verfahren in Artikel 19 der Richtlinie 91/414/EWG entschieden, ob ein vollständiges Datenpaket vorhanden ist.

(5) Wird entschieden, dass für einen bestimmten Wirkstoff kein vollständiges Datenpaket erhältlich ist, beschließt die Kommission gemäß Artikel 8 Absatz 2 vierter Unterabsatz der Richtlinie 91/414/EWG, den betreffenden Wirkstoff nicht in den Anhang I der genannten Richtlinie aufzunehmen.

(6) Teilt die Kommission dem Antragsteller nicht mit, dass für einen bestimmten Wirkstoff kein vollständiges Datenpaket vorhanden ist, reicht dieser die in Artikel 7 Absätze 2 und 3 aufgeführten Unterlagen innerhalb der in Artikel 7 Absatz 1 genannten Fristen ein.

Artikel 7 Übermittlung der Unterlagen

(1) Der/die Antragsteller übermittelt/n dem Bericht erstattenden Mitgliedstaat die Zusammenfassung der Unterlagen gemäß Absatz 2 und die vollständigen Unterlagen gemäß Absatz 3 bis 30. November 2003 bzw. 2004 bei in Anhang I Teil A bzw. Teil B genannten Unterlagen.

Liegen für einen der in Anhang I aufgeführten Wirkstoffe mehrere Anträge vor, unternehmen die Antragsteller alle angemessenen Schritte, um diese Datenverzeichnisse gemeinsam zu übermitteln.

Wird ein Datenverzeichnis nicht von allen beteiligten Antragstellern übermittelt, sind alle unternommenen Anstrengungen und die Gründe für die Nichtbeteiligung bestimmter Antragsteller anzuführen.

Bei Wirkstoffen, für die es mehr als einen Antragsteller gibt, sollten die Antragsteller bei allen Versuchen an Wirbeltieren die Bemühungen beschreiben, die zur Vermeidung von Doppelversuchen unternommen wurden, und gegebenenfalls die Gründe dafür enthalten, dass solche Doppelstudien erstellt wurden.

(2) Die Zusammenfassung der Unterlagen umfasst Folgendes:

a) eine Kopie des Antrags; bei einem von mehreren Herstellern gemeinsam vorgelegten Antrag eine Kopie der Anträge gemäß Artikel 10 der Verordnung Nr. (EG) 451/2000 sowie der Name der Person, der von den Herstellern für die gemeinsamen Unterlagen und die Bearbeitung der Unterlagen gemäß der vorliegenden Verordnung für verantwortlich erklärt wurde;

b) eine begrenzte Anzahl repräsentativer Verwendungen des Wirkstoffs, für den anhand der vom Antragsteller mit den Unterlagen übermittelten Daten belegt werden soll, dass die in Artikel 5 der Richtlinie 91/414/EWG festgelegten Voraussetzungen für eine Aufnahme einer oder mehrerer Zubereitungen des Wirkstoffs in Anhang I der Richtlinie 91/414/EWG erfüllt werden können;

c) i) für alle Punkte in Anhang II der Richtlinie 91/414/EWG die Zusammenfassungen und Ergebnisse von Studien und Versuchen sowie Namen und Anschriften der Personen und Institute, die diese Versuche durchgeführt haben;

   ii) dieselben Angaben zu den einzelnen Punkten des Anhangs III der Richtlinie 91/414/EWG, soweit erforderlich für die Bewertung der Kriterien gemäß

Artikel 5 der genannten Richtlinie für eine oder mehrere Zubereitungen, die für die Anwendungen gemäß Buchstabe b) repräsentativ sind. Dabei ist zu berücksichtigen, dass fehlende Informationen in den Unterlagen gemäß Anhang II, die sich aus dem begrenzten Umfang der vorgeschlagenen repräsentativen Anwendungen des Wirkstoffs ergeben, zu Beschränkungen bei der Aufnahme in den Anhang I der genannten Richtlinie führen können;

iii) und bei Wirkstoffen, die in Anhang I Teil B aufgeführt sind, im Falle von noch nicht vollständig abgeschlossenen Studien den Nachweis, dass diese gemäß Artikel 10 Absatz 4 der Verordnung (EG) Nr. 451/2000 in Auftrag gegeben sind, und die Verpflichtung, sie bis 31. Mai 2005 vorzulegen;

d) eine vom Antragsteller auszufüllende Prüfliste zum Nachweis, dass die Unterlagen vollständig sind.

(3) Die vollständigen Unterlagen enthalten die einzelnen Untersuchungs- und Studienberichte über alle Angaben gemäß Absatz 2 Buchstabe c) oder, wenn die Arbeiten noch andauern, die Nachweise gemäß Absatz 2 Buchstabe c) Punkt iii).

(4) Die Mitgliedstaaten bestimmen die Zahl der Kopien und das Format der Zusammenfassung und der vollständigen Unterlagen, die von den Antragstellern einzureichen sind. Dabei berücksichtigen sie die Empfehlungen gemäß Artikel 19 der Richtlinie 91/414/EWG.

(5) Treffen die Unterlagen nicht fristgerecht ein, informiert der Bericht erstattende Mitgliedstaat die Kommission und EBLS innerhalb von zwei Monaten unter Angabe aller von den Antragstellern für die Verspätung vorgebrachten Gründe.

(6) Auf der Grundlage des Berichts des Bericht erstattenden Mitgliedstaats gemäß Absatz 5 stellt die Kommission fest, ob der Antragsteller nachgewiesen hat, dass die Verzögerung aufgrund höherer Gewalt eingetreten ist. Ist dies der Fall, setzt sie gemäß dem Verfahren des Artikels 19 der Richtlinie 91/414/EWG für die Einreichung von Unterlagen, die den Anforderungen der Absätze 2 und 3 entsprechen, eine neue Frist fest.

(7) Die Kommission entscheidet gemäß Artikel 8 Absatz 2 vierter Unterabsatz der Richtlinie 91/414/EWG, Wirkstoffe, für die innerhalb der gesetzten Frist keine Unterlagen eingereicht wurden, nicht in Anhang I der genannten Richtlinie aufzunehmen.

Artikel 8 Angaben von Dritten

Wer dem Bericht erstattenden Mitgliedstaat Angaben machen möchte, die möglicherweise die Bewertung beeinflussen, insbesondere in Bezug auf mögliche Gefahren für die Gesundheit von Mensch und Tier und die Umwelt, die von einem Wirkstoff oder seinen Rückständen ausgehen könnten, tut dies bei Wirkstoffen von Anhang I Teil A bzw. Teil B bis 30. November 2003 bzw. 2004. Der Bericht erstattende Mitgliedstaat leitet alle Hinweise, die er erhält, an die EBLS weiter.

Artikel 9 Vollständigkeitsprüfung der Unterlagen

(1) Der Bericht erstattende Mitgliedstaat prüft bei allen Wirkstoffen, für die er benannt wurde, die Unterlagen gemäß Artikel 7 Absätze 2 und 3 und beurteilt die von den Antragstellern übermittelten Prüflisten. Er erstattet der EBLS und

der Kommission spätestens sechs Monate nach Erhalt aller Unterlagen für einen Wirkstoff Bericht über deren Vollständigkeit.

Die EBLS beurteilt die vom Bericht erstattenden Mitgliedstaat übermittelten Berichte und meldet der Kommission, ob die Unterlagen vollständig sind oder nicht.

Werden für einen Wirkstoff eine oder mehrere Unterlagen als vollständig anerkannt, so führt der Bericht erstattende Mitgliedstaat die Bewertung gemäß Artikel 10 durch, sofern die EBLS ihm und der Kommission nicht innerhalb von zwei Monaten nach Eingang des Vollständigkeitsberichts mitteilt, dass die Unterlagen nicht als vollständig angesehen werden können.

Für Wirkstoffe, deren Unterlagen gemäß Artikel 7 Absatz 2 Buchstabe c) Punkt iii) vervollständigt werden müssen, muss der Bericht den Zeitpunkt der Vervollständigung und den Beginn der Bewertung gemäß Artikel 10 bestätigen.

(2) Bewerten ein Bericht erstattender Mitgliedstaat oder EBLS keine der Unterlagen für einen Wirkstoff als vollständig im Sinne von Artikel 7 Absätze 2 und 3, so leitet die Kommission den Bericht des Bericht erstattenden Mitgliedstaats oder von EBLS gemäß Absatz 1 Buchstabe b) innerhalb von drei Monaten nach Erhalt dieses Berichts an den Ausschuss weiter. Gemäß dem Verfahren des Artikels 19 der Richtlinie 91/414/EWG wird entschieden, ob die Unterlagen als vollständig im Sinne von Artikel 7 Absätze 2 und 3 betrachtet werden können.

(3) Die Kommission entscheidet gemäß Artikel 8 Absatz 2 vierter Unterabsatz der genannten Richtlinie, Wirkstoffe, für die innerhalb der vorgeschriebenen Frist kein zulässiger Antrag eingereicht wurde, nicht in Anhang I der genannten Richtlinie aufzunehmen.

Artikel 10 Bewertung durch den Bericht erstattenden Mitgliedstaat

(1) Der Bericht erstattende Mitgliedstaat bewertet nur Wirkstoffe und erstattet Bericht über sie, bei denen die Vollständigkeit der Unterlagen gemäß Artikel 9 festgestellt wurde. In diesen Fällen werden nur die vollständigen Unterlagen bewertet und Bericht über sie erstattet; in den anderen Fällen werden lediglich die Identität und Verunreinigungen der Wirkstoffe überprüft. Der Bericht erstattende Mitgliedstaat berücksichtigt die Angaben in den anderen eingereichten Unterlagen oder die Informationen über mögliche Schadwirkungen, die in allen gemäß Artikel 8 von einem Antragsteller oder einer interessierten dritten Partei eingereichten Unterlagen enthalten sind. Er schickt den Entwurf seiner Beurteilung der Unterlagen möglichst bald, spätestens aber zwölf Monate, nachdem die Unterlagen für vollständig erklärt wurden, an die EBLS. Der Entwurf des Bewertungsberichts wird in dem empfohlenen Format gemäß dem Verfahren nach Artikel 19 der Richtlinie 91/414/EWG erstellt.

Gleichzeitig übermittelt der Bericht erstattende Mitgliedstaat eine Empfehlung an die Kommission,

- den Wirkstoff entweder in den Anhang I der Richtlinie 91/414/EWG aufzunehmen, wobei die Bedingungen dieser Aufnahme anzugeben sind, oder
- ihn nicht in Anhang I der genannten Richtlinie aufzunehmen, wobei die Gründe für die Nichtaufnahme anzugeben sind.

Der Entwurf eines Bewertungsberichts des Bericht erstattenden Mitgliedstaats enthält insbesondere einen Verweis auf jeden Untersuchungs- und Studienbericht zu jedem in Anhang II und Anhang III der Richtlinie 91/414/EWG genannten, bei der Beurteilung zugrunde gelegten Punkt. Dieser Verweis erfolgt in Form eines Verzeichnisses der Untersuchungs- und Studienberichte, unter Angabe von Titel, Name/n des/der Autors/en, Datum der Studie oder des Untersuchungsberichts, Veröffentlichungsdatum, der bei der Erstellung der Untersuchung oder Studie zugrunde gelegten Normen, Name des Dateninhabers und gegebenenfalls jedem vom Inhaber oder Antragsteller erhobenen Anspruch auf Datenschutz. Darüber hinaus ist für die anderen gemeldeten Quellen der Wirkstoffe, für die die Unterlagen nicht als vollständig anerkannt wurden, zu vermerken, ob sie als vergleichbar im Sinne von Artikel 13 Absatz 5 der genannten Richtlinie gelten können.

(2) Unbeschadet des Artikels 7 der genannten Richtlinie ist die Einreichung neuer Studien nur für die Studien gemäß Artikel 10 Absatz 4 der Verordnung (EG) Nr. 451/2000 zulässig. Der Bericht erstattende Mitgliedstaat kann jedoch die Antragsteller auffordern, weitere Daten zu liefern, die zur Klärung der Unterlagen notwendig sind. In diesem Falle setzt er einen Termin, bis zu dem die entsprechenden Angaben zu erbringen sind; dieser Termin hat keinen Einfluss auf die Frist für die Übermittlung des Berichts gemäß Absatz 1.

Der Bericht erstattende Mitgliedstaat kann von Beginn der Prüfung der Unterlagen an Sachverständige von EBLS zu Rate ziehen und für die Bewertung zusätzliche technische oder wissenschaftliche Informationen von anderen Mitgliedstaaten anfordern. Der Bericht erstattende Mitgliedstaat kann die Bewertung zusammen mit einem als Mitberichterstatter fungierenden Mitgliedstaat durchführen.

Der Bericht erstattende Mitgliedstaat fordert die Antragsteller auf, der EBLS, den anderen Mitgliedstaaten und auf Anfrage der Kommission die neueste Fassung der zusammengefassten Unterlagen zu dem Zeitpunkt zu übermitteln, zu dem der Berichterstatter EBLS den Entwurf seines Berichts schickt.

Die Mitgliedstaaten, die Kommission oder die EBLS können die Antragsteller über den Bericht erstattenden Mitgliedstaat auffordern, ihnen auch die neueste Fassung der gesamten Unterlagen oder Teile davon zu übermitteln.

(3) Sobald sich ein Bericht erstattender Mitgliedstaat im Klaren ist, dass er die in Absatz 1 genannte Frist für die Übermittlung des Entwurfs eines Bewertungsberichts nicht einhalten kann, meldet er dies der Kommission und der EBLS unter Angabe der Gründe für die Verzögerung. Erforderlichenfalls können bestimmte Wirkstoffe gemäß dem Verfahren in Artikel 19 der Richtlinie 91/414/EWG einem anderen Mitgliedstaat zugewiesen werden.

Artikel 11 Erhalt des Entwurfs eines Bewertungsberichts und Zugang zu diesem

(1) Nach Erhalt der aktualisierten Zusammenfassung der Unterlagen und des Entwurfs eines Bewertungsberichts gemäß Artikel 10 Absatz 1 bescheinigt die EBLS dem Bericht erstattenden Mitgliedstaat innerhalb von 30 Tagen den Eingang des Berichts.

In Ausnahmefällen, wenn der Entwurf eines Bewertungsberichts die von der Kommission empfohlenen Anforderungen an das Format offensichtlich nicht erfüllt, kann die Kommission mit der EBLS und dem Bericht erstattenden Mitgliedstaat eine Frist für die Vorlage eines geänderten Berichts vereinbaren. Diese Frist darf zwei Monate nicht überschreiten.

(2) Die EBLS übermittelt den Entwurf eines Bewertungsberichts unverzüglich der Kommission, den übrigen Mitgliedstaaten und den Antragstellern, wobei sie eine Frist von höchstens zwei Monaten für die Vorlage von Kommentaren seitens dieser Mitgliedstaaten und der Antragsteller festlegt.

Sie sammelt die eingehenden Kommentare, einschließlich verfügbarer Kommentare der EBLS, und leitet diese an die Kommission, die Mitgliedstaaten und die Antragsteller weiter.

(3) Die EBLS macht allen Personen auf ausdrücklichen Antrag folgende Informationen zugänglich oder hält sie zur Verfügung:

a) den Entwurf eines Bewertungsberichts, mit Ausnahme der Teile, die gemäß Artikel 14 der Richtlinie 91/414/EWG vertraulich behandelt werden;
b) die Liste aller zur Bewertung im Hinblick auf eine mögliche Aufnahme des Wirkstoffs in Anhang I der genannten Richtlinie erforderlichen Daten in der Endfassung der EBLS, sofern diese eine solche Endfassung erstellt hat.

Artikel 11a Prüfung des Entwurfs eines Bewertungsberichts

Die Kommission prüft gemäß Artikel 11 Absatz 2 unverzüglich den Entwurf eines Bewertungsberichts und die Empfehlung des Bericht erstattenden Mitgliedstaats sowie die Kommentare der übrigen Mitgliedstaaten, der EBLS und der Antragsteller.

Artikel 11b Wirkstoffe mit eindeutigen Hinweisen darauf, dass sie keine schädlichen Auswirkungen haben

Gibt es eindeutige Hinweise darauf, dass keine schädliche Auswirkung des Wirkstoffs auf die menschliche Gesundheit, die Tiergesundheit oder das Grundwasser und auch sonst kein unannehmbarer Einfluss auf die Umwelt nach Anhang V zu erwarten ist, so gelten die Bestimmungen des Artikels 12 Absatz 1 Buchstabe a und Absatz 2 Buchstabe a.

Artikel 11c Konsultation der EBLS

(1) Findet Artikel 11b keine Anwendung, so kann die Kommission jederzeit im Verlauf der Bewertung die EBLS ersuchen, eine Gegenprüfung des vollständigen Entwurfs eines Bewertungsberichts oder spezifischer Punkte, darunter auch der Punkte im Zusammenhang mit den Kriterien gemäß Anhang VI, vorzunehmen. Die EBLS organisiert eine Anhörung von Sachverständigen der Mitgliedstaaten, einschließlich des Bericht erstattenden Mitgliedstaats.

Ersucht die Kommission die EBLS um eine umfassende Gegenprüfung, so legt die EBLS ihre Schlussfolgerung spätestens sechs Monate nach dem Ersuchen vor. Ersucht die Kommission nicht um eine umfassende Gegenprüfung, sondern lediglich um eine Schlussfolgerung zu spezifischen Punkten, so wird die Frist auf drei Monate verkürzt. Die Vorlage der Schlussfolgerungen erfolgt in jedem Fall spätestens am 30. September 2008.

(2) Ergeben sich bei der Gegenprüfung eindeutige Hinweise darauf, dass bei einem Wirkstoff schädliche Auswirkungen auf die menschliche Gesundheit, die

Tiergesundheit oder das Grundwasser nach Anhang VI zu erwarten sind, so setzt die EBLS die Kommission hiervon in Kenntnis.

Die Kommission kann eine Entscheidung gemäß Artikel 11f treffen.

(3) Die Kommission und die EBLS vereinbaren einen Zeitplan für die Vorlage der Schlussfolgerungen, um die Arbeitsplanung zu erleichtern. Die Kommission und die EBLS einigen sich auf ein Format für die Vorlage der Schlussfolgerungen der EBLS.

Artikel 11d Vorlage zusätzlicher Informationen nach Übermittlung des Entwurfs eines Bewertungsberichts an die EBLS

(1) Unbeschadet des Artikels 7 der Richtlinie 91/414/EWG ist die Einreichung neuer Studien nicht zulässig.

(2) Erachtet die EBLS zusätzliche Informationen des Antragstellers als erforderlich, um einem Ersuchen der Kommission nach Artikel 11c nachkommen zu können, so fordert der Bericht erstattende Mitgliedstaat diese Informationen an. Solche Aufforderungen zur Vorlage von Informationen erfolgen ausdrücklich und in schriftlicher Form unter Setzung einer einmonatigen Frist. Dies betrifft nicht die Vorlage neuer Studien. Der Bericht erstattende Mitgliedstaat setzt die Kommission und die EBLS von solchen Informationsanforderungen schriftlich in Kenntnis.

Der Bericht erstattende Mitgliedstaat bewertet die vorgelegten Informationen innerhalb eines Monats nach deren Eingang und übermittelt seine Bewertung an die EBLS.

(3) Vom Antragsteller vorgelegte, jedoch nicht angeforderte Informationen oder Informationen, die nicht vor Ablauf der in Absatz 2 genannten Frist vorgelegt wurden, werden nicht berücksichtigt, es sei denn, es handelt sich dabei um Informationen nach Artikel 7 der Richtlinie 91/414/EWG.

Verweigert der Bericht erstattende Mitgliedstaat gemäß Absatz 1 oder Absatz 3 Unterabsatz 1 die Berücksichtigung von Studien oder Informationen, die vom Antragsteller vorgelegt wurden, so setzt er die Kommission und die EBLS hiervon unter Angabe der Gründe für die Weigerung in Kenntnis.

Artikel 11e Rücknahme durch den Antragsteller

Findet Artikel 11b keine Anwendung, so kann der Antragsteller seinen Antrag auf Aufnahme des Wirkstoffs in Anhang I der Richtlinie 91/414/EWG innerhalb von zwei Monaten nach Erhalt des Entwurfs eines Bewertungsberichts gemäß Artikel 11 Absatz 2 zurücknehmen.

Artikel 11f Wirkstoff, bei dem es eindeutige Hinweise auf schädliche Auswirkungen gibt

Gibt es eindeutige Hinweise darauf, dass schädliche Auswirkungen des Wirkstoffs auf die menschliche Gesundheit, die Tiergesundheit oder das Grundwasser nach Anhang VI zu erwarten sind, trifft die Kommission eine Entscheidung über die Nichtaufnahme des Wirkstoffs in Anhang I der Richtlinie 91/414/EWG gemäß Artikel 12 Absatz 1 Buchstabe a und Absatz 2 Buchstabe b der vorliegenden Verordnung.

Artikel 12 Vorlage eines Richtlinien- oder Entscheidungsentwurfs

(1) Die Kommission legt dem Ausschuss den Entwurf eines Prüfberichts vor, und zwar spätestens sechs Monate nach

a) Erhalt des Entwurfs eines Bewertungsberichts, wenn Artikel 11b oder Artikel 11f gilt;

b) Erhalt der Schlussfolgerung der EBLS, wenn Artikel 11c gilt;

c) Eingang der Antragsrücknahme in schriftlicher Form durch den Antragsteller, wenn Artikel 11e gilt.

(2) Zusammen mit dem Entwurf eines Prüfberichts legt die Kommission dem Ausschuss Folgendes vor:

a) den Entwurf einer Richtlinie zur Aufnahme des Wirkstoffs in Anhang I der Richtlinie 91/414/EWG, gegebenenfalls unter Angabe der Bedingungen, einschließlich der Geltungsdauer dieser Aufnahme, oder

b) den an die Mitgliedstaaten gerichteten Entwurf einer Entscheidung, gemäß der sie die Zulassungen der Pflanzenschutzmittel, die den Wirkstoff enthalten, nach Artikel 8 Absatz 2 Unterabsatz 4 der Richtlinie 91/414/EWG innerhalb von sechs Monaten zurücknehmen müssen, was bedeutet, dass dieser Wirkstoff nicht in Anhang I der genannten Richtlinie aufgenommen wird. Dabei sind die Gründe für die Nichtaufnahme anzugeben.

Die Richtlinie oder Entscheidung wird gemäß dem Verfahren nach Artikel 19 Absatz 2 der Richtlinie 91/414/EWG angenommen.

(3) Abweichend von Absatz 2 Buchstabe b erfolgt im unter Absatz 1 Buchstabe c genannten Fall die Rücknahme der Zulassungen durch die Mitgliedstaaten bis spätestens 31. Dezember 2010, sofern die Kommission nicht – gegebenenfalls nach Konsultation der EBLS – zu dem Schluss gelangt ist, dass der Wirkstoff die Kriterien des Anhangs VI erfüllt.

Artikel 12a Stellungnahme der EBLS

Wird ein Wirkstoff gemäß Artikel 11b der vorliegenden Verordnung in Anhang I der Richtlinie 91/414/EWG aufgenommen, ersucht die Kommission die EBLS um Vorlage einer Stellungnahme zum Entwurf eines Prüfberichts bis spätestens 31. Dezember 2010. Die Mitgliedstaaten und die Antragsteller arbeiten mit der EBLS und der Kommission zusammen.

Um die Arbeitsplanung zu erleichtern, einigen sich Kommission und EBLS auf einen Zeitplan für die Vorlage der Stellungnahme der EBLS zum Entwurf eines Prüfberichts und auf das Format für die Vorlage der Stellungnahme.“

Artikel 13 Endgültiger Prüfbericht

Legt die Kommission den Entwurf einer Richtlinie bzw. Entscheidung gemäß Artikel 12 vor, so fügt sie gleichzeitig die Schlussfolgerungen der Prüfung des Ständigen Ausschusses in Form eines endgültigen Prüfberichts bei, der in das Kurzprotokoll über die Sitzung aufgenommen wird. Der endgültige Prüfbericht, ausgenommen diejenigen Teile, die sich auf gemäß Artikel 14 der Richtlinie 91/414/EWG als vertraulich geltende Angaben in den Unterlagen beziehen, wird der Öffentlichkeit zugänglich gemacht.

Artikel 14 Aussetzung der Fristen

Schlägt die Kommission vor, einen der in Anhang I genannten Stoffe gemäß der Richtlinie 79/117/EWG gänzlich zu verbieten, so werden die in dieser Verordnung genannten Fristen ausgesetzt, bis über den Vorschlag entschieden worden ist. Beschließt der Rat, den im Anhang der Richtlinie 79/117/EWG genannten Stoff gänzlich zu verbieten, so wird das Verfahren dieser Verordnung beendet.

Artikel 15 Maßnahmen der Mitgliedstaaten

Beabsichtigt ein Mitgliedstaat aufgrund der Angaben in den Unterlagen gemäß Artikel 7 bzw. in dem Bericht über einen Wirkstoff gemäß Artikel 10, ein diesen Wirkstoff enthaltendes Pflanzenschutzmittel vom Markt zu nehmen oder seine Anwendung drastisch einzuschränken, setzt er umgehend die Kommission, EBLS, die anderen Mitgliedstaaten und die Antragsteller unter Angaben von Gründen für seine Maßnahme in Kenntnis.

Artikel 16 Zwischenbericht über den Stand der Arbeiten

Die Mitgliedstaaten übermitteln Kommission und EBLS einen Bericht über den Stand der Bewertung der Wirkstoffe, für die sie Bericht erstattend sind. Dieser Bericht muss bis 30. November 2004 bei Wirkstoffen, die in Anhang I Teil A aufgeführt sind, und bis 30. November 2005 bei solchen, die in Anhang I Teil B stehen, vorliegen.

Artikel 17 Gebühren

(1) Die Mitgliedstaaten führen eine Regelung ein, nach der die Antragsteller bei dem zum Berichterstatter ernannten Mitgliedstaat für die Bearbeitung und Bewertung der Unterlagen eine Gebühr oder einen Kostenbeitrag entrichten müssen.

(2) Zu diesem Zweck verfahren die Mitgliedstaaten wie folgt:

a) sie erheben eine Gebühr oder einen Kostenbeitrag für jeden Antrag;

b) sie stellen sicher, dass die Höhe der Gebühr oder des Kostenbeitrags auf transparente Weise und im Hinblick auf die tatsächlichen Kosten der Prüfung und Bearbeitung der Unterlagen festgelegt wird. Dabei ist nicht ausgeschlossen, dass Mitgliedstaaten für die Berechnung der Gesamtgebühr eine Skala mit festen Gebühren auf der Grundlage der durchschnittlichen Kosten erstellen;

c) sie stellen sicher, dass die Gebühr oder der Kostenbeitrag gemäß den Anweisungen in jedem Mitgliedstaat an die in Anhang IV aufgeführte Organisation geht und ausschließlich zur Finanzierung der Kosten verwendet wird, die dem Bericht erstattenden Mitgliedstaat im Zusammenhang mit der Bearbeitung und Verwaltung der Anträge und der zugehörigen Unterlagen bzw. der Finanzierung allgemeiner Maßnahmen der Mitgliedstaaten aufgrund des Artikels 9, 10 oder 11 entstehen;

d) sie legen fest, dass ein erster Teil der Gebühr oder des Kostenbeitrags zur Deckung der Kosten die dem Bericht erstattenden Mitgliedstaat aus den Verpflichtungen gemäß Artikel 6 und Artikel 9 entstehen, bei Einreichung des Datenverzeichnisses gemäß Artikel 6 entrichtet wird. Dieser Anteil wird unter keinen Umständen zurückerstattet.

Artikel 18 Andere Kosten, Steuern, Abgaben oder Gebühren

Artikel 17 gilt unbeschadet des Rechts der Mitgliedstaaten, im laut EG-Vertrag zulässigen Umfang außer der Gebühr gemäß Artikel 17 im Zusammenhang mit der Zulassung, dem Inverkehrbringen, der Verwendung und der Kontrolle von Wirkstoffen und Pflanzenschutzmitteln andere Kosten, Steuern, Abgaben oder Gebühren beizubehalten oder einzuführen.

Artikel 19 Befristete Maßnahmen

Wird zusätzlich ein fachlicher Nachweis erbracht, dass die weitere Anwendung eines Wirkstoffs notwendig ist und keine wirksamen Alternativen bestehen, kann die Kommission gegebenenfalls von Fall zu Fall geeignete vorübergehende Maßnahmen gemäß Artikel 8 Absatz 2 dritter Unterabsatz der Richtlinie 91/414/EWG treffen.

Artikel 20 Änderungen der Verordnung (EG) Nr. 451/2000

Die Verordnung (EG) Nr. 451/2000 wird wie folgt geändert:

1. **Artikel 8 erhält folgende Fassung:**

„Artikel 8

Bewertung der Unterlagen durch die Bericht erstattenden Mitgliedstaaten und die EBLS

(1) Der Bericht erstattende Mitgliedstaat bewertet nur Wirkstoffe und erstattet Bericht über sie, wenn bei wenigstens einem Satz Unterlagen festgestellt wurde, dass sie gemäß Artikel 6 Absätze 2 und 3 vollständig sind. In diesen Fällen werden nur die vollständigen Unterlagen bewertet und Bericht über sie erstattet; in den anderen Fällen werden lediglich die Identität und Verunreinigungen der Wirkstoffe überprüft. Der Bericht erstattende Mitgliedstaat berücksichtigt die Angaben in den anderen eingereichten Unterlagen oder die Informationen über mögliche Schadwirkungen, die in allen gemäß Artikel 5 Absatz 4 Buchstabe d) von einem Antragsteller oder einer interessierten dritten Partei eingereichten Unterlagen enthalten sind. Er schickt den Entwurf seiner Bewertung der Unterlagen möglichst bald, spätestens aber zwölf Monate, nachdem die Unterlagen für vollständig erklärt wurden, an die Europäische Behörde für Lebensmittelsicherheit (EBLS). Der Berichtsentwurf wird in dem empfohlenen Format gemäß dem Verfahren in Artikel 19 der Richtlinie erstellt.

Gleichzeitig übermittelt der Bericht erstattende Mitgliedstaat eine Empfehlung an die Kommission,

– den Wirkstoff in den Anhang I der Richtlinie aufzunehmen, wobei die Bedingungen dieser Aufnahme anzugeben sind, oder

– ihn nicht in Anhang I der Richtlinie aufzunehmen, wobei die Gründe für die Nichtaufnahme anzugeben sind.

Der Entwurf eines Bewertungsberichts des Bericht erstattenden Mitgliedstaats enthält insbesondere einen Verweis auf jeden Untersuchungs- und Studienbericht zu jedem in Anhang II und Anhang III der Richtlinie genannten, bei der Beurteilung zugrunde gelegten Punkt. Dieser Verweis erfolgt in Form eines Verzeichnisses der Untersuchungs- und Studienberichte, unter Angabe von Titel, Name/n des/der Autors/en, Datum der Studie oder des Untersuchungsberichts, Veröffentlichungsdatum, der bei der Erstellung der Untersuchung oder Studie zugrunde gelegten Normen, Name des Dateninhabers und gegebenenfalls jedem vom Inhaber oder Antragsteller erhobenen Anspruch auf Datenschutz. Darüber hinaus ist für die anderen gemeldeten Quellen der Wirkstoffe, für die die Unterlagen nicht als vollständig anerkannt wurden, zu vermerken, ob sie als vergleichbar im Sinne von Artikel 13 Absatz 5 der Richtlinie gelten können.

(2) Unbeschadet des Artikels 7 der Richtlinie ist die Einreichung neuer Studien nur für Studien gemäß Artikel 6 Absatz 2 Buchstabe c) dritter Gedankenstrich zulässig. Der Bericht erstattende Mitgliedstaat kann die Antragsteller auffordern, weitere Daten zu liefern, die zur Klärung der Unterlagen notwendig sind. In diesem Falle setzt er einen Termin, bis zu dem die entsprechenden Angaben zu erbringen sind; dieser Termin hat keinen Einfluss auf die Frist für die Übermittlung des Berichts gemäß Absatz 1.

Der Bericht erstattende Mitgliedstaat kann von Beginn der Prüfung an Sachverständige der EBLS zu Rate ziehen und für die Bewertung zusätzliche technische oder wissenschaftliche Informationen von anderen Mitgliedstaaten anfordern. Der Bericht erstattende Mitgliedstaat kann die Bewertung zusammen mit einem als Mitberichterstatter fungierenden Mitgliedstaat durchführen.

Der Bericht erstattende Mitgliedstaat fordert die Antragsteller auf, EBLS, den anderen Mitgliedstaaten und auf Anfrage der Kommission die neueste Fassung der zusammengefassten Unterlagen zu dem Zeitpunkt zu übermitteln, zu dem der Berichterstatter den Entwurf seines Bewertungsberichts an die EBLS schickt.

Die Mitgliedstaaten, die EBLS oder die Kommission können die Antragsteller über den Bericht erstattenden Mitgliedstaat auffordern, ihnen auch die neueste Fassung der gesamten Unterlagen oder Teile davon zu übermitteln.

(3) Sobald sich ein Bericht erstattender Mitgliedstaat im Klaren ist, dass er die in Absatz 1 genannte Frist für die Übermittlung des Entwurfs eines Bewertungsberichts nicht einhalten kann, meldet er dies der Kommission und EBLS unter Angabe der Gründe für die Verzögerung. Die Mitgliedstaaten übermitteln Kommission und EBLS einen Bericht über den Stand der Bewertung der Wirkstoffe, für die sie Bericht erstattend sind. Dieser Bericht ist bis 30. April 2003 fertig zu stellen.

(4) Nach Erhalt der aktualisierten Zusammenfassung der Unterlagen und des Entwurfs eines Bewertungsberichts gemäß Absatz 1 bescheinigt der EBLS dem Bericht erstattenden Mitgliedstaat innerhalb von 30 Tagen den Eingang des Berichts. In Ausnahmefällen, wenn der Entwurf eines Bewertungsberichts die von der Kommission empfohlenen Anforderungen an das Format offensichtlich nicht erfüllt, kann die Kommission mit der EBLS und dem Bericht erstattenden

Mitgliedstaat eine Frist für die Vorlage eines geänderten Berichts vereinbaren. Diese Frist darf vier Monate nicht überschreiten.

(5) Die EBLS lässt den Entwurf eines Bewertungsberichts des Berichterstatters unter den Mitgliedstaaten zirkulieren und veranstaltet gegebenenfalls eine Anhörung von Sachverständigen, einschließlich derjenigen des Bericht erstattenden Mitgliedstaats. Sie kann einige oder alle Antragsteller für die Wirkstoffe, die im Anhang aufgeführt sind, zu dem Bericht oder Teilen des Berichts über den betreffenden Wirkstoff hören.

Unbeschadet von Artikel 7 der Richtlinie wird die Übermittlung neuer Studien nicht akzeptiert. Der Bericht erstattende Mitgliedstaat kann die Antragsteller im Einvernehmen mit der EBLS auffordern, weitere Daten zu liefern, die nach Auffassung des Bericht erstattenden Mitgliedstaates oder der EBLS zur Klärung der Unterlagen notwendig sind.

(6) Die EBLS macht folgende Informationen allen Personen auf ausdrückliche Anfrage zugänglich oder hält sie zur Verfügung:

a) die Informationen gemäß Absatz 1 letzter Unterabsatz, mit Ausnahme der Elemente, die gemäß Artikel 14 der Richtlinie als vertraulich behandelt werden; den Namen des Wirkstoffs;
b) den Namen des Wirkstoffs;
c) den reinen Wirkstoffgehalt des Erzeugnisses;
d) das Verzeichnis der für die Erwägung der möglichen Aufnahme des Wirkstoffs in den Anhang I der genannten Richtlinie erforderlichen Daten, erstens in der im Bericht des Berichterstatters enthaltenen und zweitens in der durch EBLS fertig gestellten Form;
e) den Entwurf einer Beurteilung, mit Ausnahme der Elemente, die gemäß Artikel 14 der Richtlinie als vertraulich behandelt werden.

(7) Die EBLS bewertet den Entwurf des Bewertungsberichts des Berichterstatters und übermittelt der Kommission spätestens ein Jahr nach Erhalt des Entwurfs einer Bewertung vom Bericht erstattenden Mitgliedstaat ihre Stellungnahme zur Frage, ob von dem Wirkstoff zu erwarten ist, dass er die Sicherheitsanforderungen der Richtlinie erfüllen wird. Gegebenenfalls bezieht die EBLS Stellung zu den möglichen Optionen, die angeblich den Sicherheitsanforderungen genügen. Kommission und EBLS einigen sich auf einen Zeitplan zur Abgabe der Stellungnahmen, um die Planung der Arbeit zu erleichtern. Kommission und EBLS einigen sich auf das Format der Stellungnahme von EBLS.

(8) Spätestens sechs Monate nach Erhalt der Stellungnahme der EBLS gemäß Absatz 7 erarbeitet die Kommission die Schlussfassung des Entwurfs eines Prüfberichts. Unbeschadet etwaiger Vorschläge zur Änderung des Anhangs der Richtlinie 79/117/EWG und auf der Grundlage der genannten Schlussfassung unterbreitet die Kommission dem Ausschuss entweder:

a) den Entwurf einer Richtlinie zur Aufnahme des Wirkstoffs in den Anhang I der Richtlinie, wobei erforderlichenfalls die Bedingungen, einschließlich der Frist, für diese Aufnahme anzugeben sind, oder

b) den an die Mitgliedstaaten gerichteten Entwurf einer Entscheidung, um die Zulassung der Pflanzenschutzmittel, die den Wirkstoff enthalten, gemäß Artikel 8 Absatz 2 Unterabsatz 4 der Richtlinie zurückzuziehen, was bedeutet, dass dieser Wirkstoff nicht in den Anhang I der Richtlinie aufgenommen wird. Dabei sind die Gründe für die Nichtaufnahme anzugeben.

Die Richtlinie oder Entscheidung wird gemäß dem Verfahren in Artikel 19 der Richtlinie angenommen.

(9) Legt die Kommission den Entwurf einer Richtlinie bzw. Entscheidung gemäß Absatz 8 vor, so fügt sie die Schlussfolgerungen der Prüfung des Ausschusses in Form eines endgültigen Prüfberichts bei, der in das Kurzprotokoll über die Sitzung aufgenommen wird.

Der endgültige Prüfbericht, ausgenommen diejenigen Teile, die sich auf gemäß Artikel 14 der Richtlinie als vertraulich geltende Angaben in den Unterlagen beziehen, wird der Öffentlichkeit zugänglich gemacht."

2. **Artikel 10 Absatz 4 erster Satz erhält folgende Fassung:**

„Die Frist für die Einreichung einer Liste verfügbarer Studien endet am 23. Mai 2003. Das vollständige Datenpaket ist spätestens am 23. Mai 2003 verfügbar."

3. **Artikel 11 Absatz 2 zweiter Satz erhält folgende Fassung:**

„Die Mitgliedstaaten ziehen bis 25. Juli 2003 die Zulassungen für Pflanzenschutzmittel mit Wirkstoffen, für die kein zulässiger Antrag gestellt wurde, zurück. Zulassungen von Pflanzenschutzmitteln mit Wirkstoffen, für die keine Liste verfügbarer Studien übermittelt wurde oder kein vollständiges Datenpaket verfügbar ist, werden bis zu dem in der Entscheidung über die Nichtaufnahme der betreffenden Wirkstoffe festgesetzten Termin zurückgezogen."

4. In Anhang I Teil A wird „Niederlande" neben dem Wirkstoff Tolclofos-methyl durch „Schweden" ersetzt.

Artikel 21 Inkrafttreten

Diese Verordnung tritt am siebten Tag nach ihrer Veröffentlichung im Amtsblatt der Europäischen Gemeinschaften in Kraft.

Diese Verordnung ist in allen ihren Teilen verbindlich und gilt unmittelbar in jedem Mitgliedstaat.

Anhang I
Liste der Wirkstoffe (Spalte A), der Bericht erstattenden Mitgliedstaaten (Spalte B) und der Antrag stellenden Hersteller (Kenncode) (Spalte C)

Teil A

A	B	C
Name	**Bericht erstattender Mitgliedstaat**	**Antragsteller**
Abamectin	Niederlande	IBE-ES PRO-ES SNO-FR SYN-GB
Acetochlor	Spanien	DAS-GB MON-BE RIV-IE
Amidosulfuron	Österreich	AVS-DE
Benfluralin	Belgien	DAS-GB MAK-BE
Bifenox	Belgien	FSG-DE
Bifenthrin	Frankreich	FMC-BE
Bitertanol	Vereinigtes Königreich	BAY-DE
Bromuconazol	Belgien	AVS-FR
Buprofezin	Finnland	NIH-GB
Butralin	Frankreich	CFP-FR
Carbetamid	Frankreich	FSG-DE
Chlorflurenol	Deutschland	SCC-DE
Chloridazon	Deutschland	BAS-DE
Chlorpikrin	Italien	EBR-NL RIV-IE
Chlorthal-dimethyl	Griechenland	AMV-GB
Cinosulfuron	Italien	SYN-GB
Clethodim	Niederlande	TOM-FR
Clofentezin	Vereinigtes Königreich	MAK-BE
Clomazon	Dänemark	FMC-BE
Kupferverbindungen	Frankreich	EUC-GB
Kresylsäure	Niederlande	ASP-NL
Cyanamid	Deutschland	DUS-DE
Cycloxydim	Österreich	BAS-DE
Dichlorophen	Irland	CCD-GB
Diclofop	Frankreich	AVS-DE PPC-ES
Dichloran	Spanien	MAI-PT
Diflubenzuron	Schweden	UNI-NL
Diflufenican	Vereinigtes Königreich	AVS-DE HRM-BE MAK-BE

A	B	C
Name	**Bericht erstattender Mitgliedstaat**	**Antragsteller**
Dimethipin	Griechenland	CRO-GB
Dithianon	Griechenland	BAS-BE HRM-BE
Epoxiconazol	Deutschland	BAS-DE MAK-BE
Etofenprox	Italien	LKC-UK
Fenazaquin	Griechenland	DAS-GB
Fenbuconazol	Vereinigtes Königreich	DAS-GB
Fenoxaprop-P	Österreich	AVS-DE
Fenpropidin	Schweden	SYN-GB
Fenpropimorph	Deutschland	BAS-DE
Fenpyroximat	Deutschland	NIH-GB
Fluazifop-P	Frankreich	SYN-GB
Fluazinam	Österreich	ISK-BE
Fludioxonil	Dänemark	SYN-GB
Fluometuron	Griechenland	MAK-BE NLI-AT
Fluquinconazol	Irland	AVS-FR
Flurenol	Deutschland	SCC-DE
Flutolanil	Finnland	NIH-GB
Fuberidazol	Vereinigtes Königreich	BAY-DE
Hexaflumuron	Portugal	DAS-GB
Hexythiazox	Finnland	NPS-DE
Imidacloprid	Deutschland	BAY-DE
Kasugamycin	Niederlande	LAI-ES
Mefluidid	Irland	MKC-BE
Mepiquat	Vereinigtes Königreich	BAS-DE
Metaldehyd	Österreich	LON-DE
Metazachlor	Vereinigtes Königreich	BAS-DE FSG-DE MAK-BE
Methylbromid	Vereinigtes Königreich	EBR-NL
Myclobutanil	Belgien	DAS-GB
Napropamid	Dänemark	UPL-GB
Nicosulfuron	Vereinigtes Königreich	ISK-BE
Nuarimol	Portugal	DAS-GB
Pencycuron	Niederlande	BAY-DE
Polyoxin	Spanien	LAI-ES

A	B	C
Name	**Bericht erstattender Mitgliedstaat**	**Antragsteller**
Pretilachlor	Italien	SYN-GB
Propaquizafop	Italien	MAK-BE
Prosulfocarb	Schweden	SYN-GB
Pyriproxyfen	Niederlande	SUM-FR
Quinoclamin	Schweden	AKA-DE
Streptomycin	Niederlande	DSM-NL
Tebufenozid	Deutschland	DAS-GB
Tetraconazol	Italien	ISA-IT
Thiobencarb	Spanien	KCI-GB
Tralkoxydim	Vereinigtes Königreich	SYN-GB
Triadimefon	Vereinigtes Königreich	BAY-DE
Triadimenol	Vereinigtes Königreich	BAY-DE MAK-BE
Tridemorph	Deutschland	BAS-DE
Triflumizol	Niederlande	CRE-NL
Triflumuron	Italien	BAY-DE
Triflusulfuron	Frankreich	DPD-FR
Zeta-Cypermethrin	Belgien	FMC-BE

Teil B

A	B	C
Name	**Bericht erstattender Mitgliedstaat**	**Antragsteller**
8-Hydroxichinolin	Spanien	ASU-DE PRO-ES
Aclonifen	Deutschland	AVS-DE
Acrinathrin	Frankreich	AVS-DE
Aluminiumphosphid	Deutschland	DET-DE
Ammoniumsulphamat	Irland	DAP-GB
Asulam	Vereinigtes Königreich	AVS-DE
Azocyclotin	Italien	CRX-FR
Bensulfuron	Italien	DPD-FR
Bupirimat	Niederlande	MAK-BE
Calciumphosphid	Deutschland	CFW-DE
Carboxin	Vereinigtes Königreich	CRO-GB
Chlorat	Frankreich	ATO-FR

A	B	C
Name	**Bericht erstattender Mitgliedstaat**	**Antragsteller**
Chlormequat	Vereinigtes Königreich	BCL-IE CTF-AT FSG-DE PUS-FR
Chlorsulfuron	Griechenland	DPD-FR
Cyhexatin	Italien	CRX-FR OXO-IT
Cymoxanil	Österreich	CAL-FR DPD-FR OXO-IT PUS-FR
Cyproconazol	Irland	SYN-GB
Cyromazin	Griechenland	SYN-GB
Dazomet	Belgien	BAS-DE
Dicamba	Dänemark	GHA-GB SYN-GB
Dichlobenil	Niederlande	UNI-NL
Dichlorbenzoesäure-methylester	Deutschland	ASU-DE
Dicofol	Spanien	DAS-GB MAK-BE
Diethofencarb	Frankreich	SUM-FR
Difenoconazol	Schweden	SYN-GB
Dimethachlor	Deutschland	SYN-GB
Diniconazol	Frankreich	SUM-FR
Diphenylamin	Irland	CRX-FR CSI-UK
Dodemorph	Niederlande	BAS-DE
Dodin	Portugal	CAG-BE OXO-IT
Ethalfluralin	Griechenland	DAS-GB
Etridiazol	Niederlande	UNI-NL
Fenbutatin-Oxid	Belgien	BAS-BE CRX-FR
Fenoxycarb	Niederlande	SYN-GB
Flamprop-M	Schweden	BAS-BE
Flufenoxuron	Frankreich	BAS-BE
Flurochloridon	Spanien	MAK-BE
Flurprimidol	Finnland	DAS-GB
Flutriafol	Vereinigtes Königreich	CHE-DK
Guazatin	Vereinigtes Königreich	MAK-BE
Hexaconazol	Italien	IQV-ES SYN-GB
Hymexazol	Finnland	TSG-GB
Imazamethabenz	Vereinigtes Königreich	BAS-BE
Imazaquin	Belgien	BAS-BE
Imazethapyr	Italien	BAS-BE
Isoxaben	Schweden	DAS-GB

A	B	C
Name	**Bericht erstattender Mitgliedstaat**	**Antragsteller**
Lenacil	Belgien	HRM-BE SCH-DE
Lufenuron	Portugal	SYN-GB
Magnesiumphosphid	Deutschland	DET-DE
Metam	Belgien	FMF-ES LAI-ES MAK-BE UCB-BE
Metamitron	Vereinigtes Königreich	BAY-DE BCL-IE EXC-BE FSG-DE HRM-BE MAK-BE PUS-FR UPL-GB
Methabenzthiazuron	Schweden	PUS-FR
Metosulam	Frankreich	BAY-DE
Monocarbamid-dihydrogensulfat	Spanien	AGX-GB
Oryzalin	Frankreich	DAS-GB
Oxadiazon	Italien	AVS-DE
Oxyfluorfen	Spanien	DAS-GB MAK-BE PPC-ES
Paclobutrazol	Vereinigtes Königreich	SYN-GB
Penconazol	Deutschland Königreich	SYN-GB
Picloram	Vereinigtes	DAS-GB
Primisulfuron	Österreich	SYN-GB
Prochloraz	Irland	AVS-FR BCL-IE MAK-BE PUS-FR SPC-FR
Propachlor	Niederlande	MAK-BE MON-BE
Propanil	Italien	DAS-GB MAK-BE RCO-PT
Propargit	Frankreich	CRO-GB PPC-ES
Pyridaben	Niederlande	NCI-DE
Quinclorac	Portugal	BAS-DE
Quinmerac	Vereinigtes Königreich	BAS-DE
Quizalofop-P	Finnland	CRO-GB MAK-BE NCI-DE
Sintofen	Frankreich	DPD-FR
Natrium-5-nitro-guaiacolat	Griechenland	CAL-FR
Natrium-o-nitrophe-nolat	Griechenland	CAL-FR
Natrium-p-nitrophe-nolat	Griechenland	CAL-FR
Natriumtetratio-carbonat	Spanien	AGX-GB
Sulcotrion	Deutschland	BAY-DE

A	B	C
Name	**Bericht erstattender Mitgliedstaat**	**Antragsteller**
tau-Fluvalinat	Dänemark	MAK-BE
Tebuconazol	Dänemark	BAY-DE MAK-BE
Tebufenpyrad	Deutschland	BAS-BE
Teflubenzuron	Vereinigtes Königreich	BAS-BE
Tefluthrin	Deutschland	SYN-GB
Terbuthylazin	Vereinigtes Königreich	MAK-BE OXO-IT SYN-GB
Thidiazuron	Spanien	AVS-FR
Triallat	Vereinigtes Königreich	MON-BE
Triazoxid	Vereinigtes Königreich	BAY-DE
Tricyclazol	Frankreich	DAS-GB

Anhang II
Verzeichnis der Kenncodes, Namen und Anschriften der Antragsteller

Kenncode	Name	Anschrift
AGX-GB	Agrilex UK Ltd	PO Box 31 Robertsbridge TN32 5ZL United Kingdom Tel. (44-1580) 88 20 59 Fax (44-1580) 88 20 57
AKA-DE	Agro-Kanesho Co., Ltd, Europa	Stader Elbstraße D-21683 Stade Tel. (49-41) 41 40 83 88 Fax (49-41) 41 40 83 90
AMV-GB	Amvac Chemical UK Ltd	Surrey Technology Centre, 40 Occam Rd The Surrey Research Park Guildford, Surrey GU2 5YG United Kingdom Tel. (44-1483) 29 57 80 Fax (44-1483) 29 57 81
ASP-NL	Asepta BV	Cyclotronweg 1/ P.O. Box 33 2600 AA Delft Nederland Tel. (31-15) 256 92 10 Fax (31-15) 257 19 01
ASU-DE	Stähler Agrochemie GmbH & Co. KG	Postfach 2047 D-21680 Stade Tel. (49-41) 41 92 04-0 Fax (49-41) 41 92 04-10
ATO-FR	Atofina	4-8, cours Michelet F-92800 Puteaux Tel. (33-1) 49 00 80 80 Fax (33-1) 49 00 88 80
AVS-DE	Aventis CropScience GmbH	Industriepark Höchst Gebäude K 607 D-65926 Frankfurt am Main Tel. (49-69) 305 66 99 Fax (49-69) 305 176 69
AVS-FR	Aventis CropScience SA	14-20, rue Pierre Baizet BP 9163 F-69263 Lyon Cedex 09 Tel. (33-4) 72 85 25 25 Fax (33-4) 72 85 30 81

Kenncode	Name	Anschrift
BAS-BE	BASF (Belgien)	Global Regulatory Affairs – APD/RF Avenue Hamoir, 14 B-1180 Bruxelles Tel. (32-2) 373 27 11 Fax (32-2) 373 27 00
BAS-DE	BASF AG (Deutschland)	Agricultural Center PO Box 120 D-67114 Limburgerhof Tel. (49-621) 60-0 Fax (49-621) 60-27701
BAY-DE	Bayer AG	Business Group Crop Protection Agricultural Centre Monheim D-51368 Leverkusen Tel. (49-2173) 38 49 28 Fax (49-2173) 38 37 35
BCL-IE	Barclay Chemicals Ltd	Tyrellstown Way Damastown Industrial Park Mulhuddart Dublin 15 Ireland Tel. (353-18) 42 57 55 Fax (353-18) 42 53 81
CAG-BE	Chimac-Agriphar SA	26, rue de Renory B-4102 Ougrée Tel. (32-4) 385 97 46 Fax (32-4) 385 97 49
CAL-FR	Calliope SAS	Route d'Artix BP 80 F-64150 Noguères Tel. (33-5) 59 60 92 92 Fax (33-5) 59 60 92 19
CCD-GB	Coalite Chemicals Division	Postfach 152 Buttermilk Lane Bolsover Chesterfield Derbyshire S44 6AZ United Kingdom Tel. (44-1246) 82 68 16 Fax (44-1246) 24 03 09
CFP-FR	CFPI Nufarm	Abteilung für Regulierungsfragen 28, boulevard Camélinat F-92230 Gennevilliers Tel. (33-1) 40 85 50 20 Fax (33-1) 40 85 51 56

Kenncode	Name	Anschrift
CFW-DE	Chemische Fabrik Wülfel GmbH & Co. KG	Hildesheimer Straße 305 D-30519 Hannover Tel. (49-511) 98 49 60 Fax (49-511) 984 96 40
CHE-DK	Cheminova A/S	Thyborønvej 76-78 DK-7673 Harboøre Tel. (45) 96 90 96 90 Fax (45) 96 90 96 91
CRE-NL	Certis Europe BV	Straatweg 30B PO Box 1180 3600 BD Maarssen Nederland Tel. (31-346) 55 24 00 Fax (31-346) 55 42 74
CRO-GB	Crompton Europe Ltd	Registration Department Kennet House 4 Langley Quay Slough Berkshire SL3 6EH United Kingdom Tel. (44-17) 53 60 30 00 Fax (44-17) 53 60 30 77
CRX-FR	Cerexagri	Registration Department 1, rue des Frères Lumière F-78370 Plaisir Tel. (33-1) 30 81 73 00 Fax (33-1) 30 81 72 51
CSI-UK	CSI-Europe	Pentlands Science Park Penicuik Edinburgh EH26 0PZ United Kingdom Tel. (44-131) 445 60 82 Fax (44-131) 445 60 85
CTF-AT	CCC Task Force	c/o Nufarm GmbH & Co KG St.-Peter-Straße 25 A-4021 Linz Tel. (43-732) 69 18 23 13 Fax (43-732) 69 18 20 04
DAP-GB	Dax Products Ltd	76 Cyprus Road Nottingham NG3 5ED United Kingdom Tel. (44-11) 59 26 9996 Fax (44-11) 59 66 1173

Kenncode	Name	Anschrift
DAS-GB	Dow Agro Sciences	Letcombe Laboratory Letcombe Regis Wantage Oxon OX12 9JT United Kingdom Tel. (49-69) 78 99 60 Fax (49-69) 97 84 24 77
DET-DE	Detia Freyberg GmbH	Dr.-Werner-Freyberg-Straße 11 D-69514 Laudenbach Tel. (49-6201) 70 80 Fax (49-6201) 70 84 27
DPD-FR	DuPont de Nemours (France) SAS	Pflanzenschutzmittel 137, rue de l'Université F-75334 Paris Cedex 07 Tel. (33-1) 45 50 65 50 Fax (33-1) 45 50 60 05
DSM-NL	DSM Food Specialties, Agri Ingredients	Alexander Fleminglaan 1 PO Box 1 2600 MA Delft Nederland Tel. (31-15) 279 91 11 Fax (31-15) 279 34 82
DUS-DE	Degussa AG	Dr.-Albert-Frank-Straße 32 D-83308 Trostberg Tel. (49-8621) 86-0 Fax (49-8621) 86 22 52
EBR-NL	Eurobrom BV	Abteilung für Regulierungsfragen Verrijn Stuartlaan 1c 2288 EK Rijswijk Nederland Tel. (31-70) 3 408 408 Fax (31-70) 3 999 035
EUC-GB	Arbeitsgruppe Kupfer der Europäischen Union	c/o TSGE Conyngham Hall Knaresborough North Yorkshire HG5 9AY United Kingdom Tel. (44-1423) 79 91 51 Fax (44-1423) 79 91 55
EXC-BE	Excel Industries Ltd	Luithagen Haven 9 B-2030 Antwerpen Tel. (32-3) 239 82 24 Fax (32-3) 239 82 69

Kenncode	Name	Anschrift
FMC-BE	FMC Chemical SPRL	Agricultural Products Group Boulevard de la Plaine 9/3 B-1050 Bruxelles Tel. (32-2) 645 95 84 Fax (32-2) 645 96 55
FMF-ES	FMC Foret SA	Córcega 293 E-08008 Barcelona Tel. (34) 934 16 75 17 Fax (34) 934 16 74 13
FSG-DE	Feinchemie Schwebda GmbH	Straßburger Straße 5 D-37269 Eschwege Tel. (49-221) 94 98 14-0 Fax (49-221) 94 98 14 15
GHA-GB	Gharda Chemicals Ltd Europe	Holbrook House 72 Lower Addiscombe Road Croydon CR9 6AD United Kingdom Tel. (44-2086) 55 41 03 Fax (44-2086) 55 41 02
HRM-BE	Hermoo Belgium NV	Zepperenweg 257 B-3800 Sint-Truiden Tel. (32-11) 68 68 66 Fax (32-11) 70 74 84
IBE-ES	Iberotam SA	Muntaner, 322, 12a E-08021 Barcelona Tel. (34) 934 54 34 64 Fax (34) 934 54 89 21
IQV-ES	Industrias Químicas del Vallés SA	Av. Rafael Casanova 81 E-08100 Mollet del Vallès (Barcelona) Tel. (34) 935 79 66 77 Fax (34) 935 93 80 11
ISA-IT	Isagro SpA	Registration Department Centro Uffici San Siro Fabbricato D ala 3 Via Caldera, 21 I-20153 Milano Tel. (39-02) 40 90 11 Fax (39-02) 40 90 12 87
ISK-BE	ISK Biosciences Europe SA	Tour ITT Avenue Louise 480 bte 12 B-1050 Bruxelles Tel. (32-2) 627 86 11 Fax (32-2) 627 86 00

Kenncode	Name	Anschrift
KCI-GB	Kumiai Chemical Industry Co., Ltd	London Liaison Office 35 Piccadilly London W1J 0DW United Kingdom Tel. (44-2077) 34 72 82 Fax (44-2077) 34 45 61
LAI-ES	Lainco, SA	Polígono Can Jardí Av. Bizet 8-12 E-08191 Rubí (Barcelona) Tel. (34) 935 86 20 15 Fax (34) 935 86 20 16
LKC-UK	Landis Kane Consulting	PO Box 383 Cheltenham Gloucestershire GL52 6WD United Kingdom Tel. (44-4161) 906 85 04 Fax (44-4161) 906 85 09
LON-DE	Lonza GmbH	Morianstraße 32 Postfach 13 14 53 D-42041 Wuppertal Tel. (49-202) 245 38-0 Fax (49-202) 245 38 10
MAI-PT	Margarita Internacional	Comércio e Serviços, Limitada Rua do Bom Jesus, 18-3.º Esq.º P-9050-028 Funchal Tel. (351-291) 23 24 84
MAK-BE	Makhteshim Agan	International Coordination Center (MAICC) Avenue Louise 283 B-1050 Bruxelles Tel. (32-2) 646 86 06 Fax (32-2) 646 91 52
MKC-BE	McKenna & Cuneo, L.L.P.	56, rue des Colonies, Box 14 B-1000 Bruxelles Tel. (32-2) 278 12 11 Fax (32-2) 278 12 00
MON-BE	Monsanto Europe SA	Regulatory Department Avenue de Tervuren 270-272 B-1150 Bruxelles Tel. (32-10) 49 42 11 Fax (32-10) 49 42 42
NCI-DE	Nissan Chemical Europe GmbH	Deutsch-Japanisches Center Immermannstraße 45 D-40210 Düsseldorf Tel. (49-211) 17 22 70 Fax (49-211) 16 22 43

Kenncode	Name	Anschrift
NIH-GB	Nihon Nohyaku Co., Ltd	8 Cork Street Mayfair London W1S 3LJ United Kingdom Tel. (44-2074) 34 00 33 Fax (44-2072) 87 13 35
NLI-AT	Nufarm GmbH & Co. KG	St.-Peter-Straße 25 A-4021 Linz Tel. (43-73) 26 91 80 Fax (43-73) 26 91 82 004
NPS-DE	Nisso Chemical Europe GmbH	Berliner Allee 29/Ecke Steinstraße D-40212 Düsseldorf Tel. (49-211) 323 01 35 Fax (49-211) 32 82 31
OXO-IT	Oxon Italia SpA	Via Sempione, 195 I-20016 Pero (MI) Tel. (39-02) 35 37 81 Fax (39-02) 339 02 75
PPC-ES	Proplan-Plant Protection Company, SL	Vía de las dos Castillas 11. Bloque 3, 1° C. E-28224 Pozuelo de Alarcón (Madrid) Tel. (34) 913 52 29 60 Fax (34) 913 52 72 82
PRO-ES	Probelte, SA	Ctra. Madrid Km. 384.6 Polígono Industrial El Tiro E-30100 Espinardo (Murcia) Tel. (34) 968 30 72 50 Fax (34) 968 30 54 32
PUS-FR	Phytorus SA	Parc d'Ariane, Bât B 11, boulevard de la grande Thumine F-13090 Aix-en-Provence Tel. (33-1) 60 27 26 26 Fax (33-4) 42 52 68 52
RCO-PT	Rice Madeira Company Europe	Comércio Internacional e Serviços, Sociedade Unipessoal Lda. Rua 31 de Janeiro n.º 81-A, 5.º E PT-9050-011 Funchal (Madeira) Tel. (351-291) 22 77 44 Fax (351-291) 22 66 31
RIV-IE	Rivendell Consulting Ltd	Rivendell House Stamullen County Meath Ireland Tel. (353-18) 41 52 95 Fax (353-18) 41 47 68

Kenncode	Name	Anschrift
SCC-DE	SCC Scientific Consulting Company GmbH	Mikroforum Ring 1 D-55234 Wendelsheim Tel. (49-67) 34 91 90 Fax (49-67) 34 91 91 91
SCH-DE	Dr. Schirm AG	Kipper Straße 9-11 D-44147 Dortmund Tel. (49-392) 845 63 02 Fax (49-392) 845 63 00
SNO-FR	SINON EU Corporation	170, boulevard Haussmann F-75008 Paris Tel. (33-5) 59 60 92 92 Fax (33-5) 59 60 92 19
SPC-FR	Sipcam-Phyteurop	Courcellor 2 35, rue d'Alsace F-92531 Levallois-Perret Cedex Tel. (33-1) 47 59 77 00 Fax (33-1) 47 37 54 52
SUM-FR	Sumitomo Chemical Agro Europe SA	2, rue Claude Chappe F-69370 Saint-Didier-au-Mont-d'Or Tel. (33-4) 78 64 32 60 Fax (33-4) 78 47 70 05
SYN-DE	Syngenta Agro GmbH	Am Technologiepark 1-5 Postfach 110 353 D-63477 Maintal Tel. (49-6971) 55-0 Fax (49-6971) 55-319
SYN-GB	Syngenta Europe Ltd	European Regional Centre Priestley Road Surrey Research Park Guildford Surrey GU2 7YH United Kingdom Tel. (44-1483) 26 00 00 Fax (44-1483) 26 00 19
TOM-FR	Tomen France	18, avenue de l'Opéra F-75001 Paris Tel. (33-1) 42 96 14 56 Fax (33-1) 42 97 52 91
TSG-GB	Sankyo Company Ltd	C/o TSGE Conyngham Hall Knaresborough North Yorkshire HG5 9AY United Kingdom Tel. (44-1423) 79 91 51 Fax (44-1423) 79 91 55

Kenncode	Name	Anschrift
UCB-BE	UCB Chemicals NV	Allée de la Recherche 60 B-1070 Bruxelles Tel. (32-2) 559 99 99 Fax (32-2) 559 99 00
UNI-NL	Uniroyal Chemical Europe BV	Registration Department Ankerweg 18 1041 AT Amsterdam Nederland Tel. (31-20) 587 18 60 Fax (31-20) 587 18 68
UPL-GB	United Phosphorus Ltd	Chadwick House Birchwood Park Warrington Cheshire WA3 6AE United Kingdom Tel. (44-1925) 81 99 99 Fax (44-1925) 81 74 25

Anhang III
Koordinierende Behörde in den Mitgliedstaaten

(für weitere Einzelheiten s.:
http://www.europa.eu.int/comm/food/fs/ph_ps/pro/index_en.htm)

ÖSTERREICH
Bundesamt für Ernährungssicherheit
Landwirtschaftliche Untersuchungen und Forschung Wein
Spargelfeldstraße 191
A-1220 Wien

BELGIEN
Ministère des classes moyennes et de l'agriculture
Service Qualité des matières premières et analyses
WTC 3, 8e étage
Boulevard S. Bolivar 30
B-1000 Bruxelles

DÄNEMARK
Ministry of Environment and Energy
Danish Environmental Protection Agency
Pesticide Division
Strandgade 29
DK-1401 Copenhagen K

DEUTSCHLAND
Biologische Bundesanstalt für Land- und Forstwirtschaft (BBA)
Abteilung für Pflanzenschutzmittel und Anwendungstechnik (AP)
Messeweg 11-12
D-38104 Braunschweig

GRIECHENLAND
Hellenic Republic
Ministry of Agriculture
General Directorate of Plant Produce
Directorate of Plant Produce Protection
Department of Pesticides
3-4 Hippokratous Street
GR-10164 Athens

SPANIEN
Ministerio de Agricultura, Pesca y Alimentación
Dirección General de Agricultura
Subdirección General de Medios de Producción Agrícolas
Ciudad de Barcelona, 118-120
E-28007 Madrid

FINNLAND
Kasvintuotannon tarkastuskeskus
Torjunta-aineet
PL 42
FIN-00501 Helsinki

FRANKREICH
Ministère de l'agriculture, de l'alimentation, de la pêche et des affaires rurales
Sous-direction de la qualité et de la protection des végétaux
Bureau de la réglementation et de la mise sur le marché des intrants
251, rue de Vaugirard
F-75732 Paris Cedex 15

IRLAND
Pesticide Control Service
Department of Agriculture and Food
Abbotstown Laboratory Complex
Abbotstown, Castleknock
Dublin 15
Ireland

ITALIEN
Ministero della Salute Direzione generale della Sanità pubblica veterinaria nutrizione
Piazza G. Marconi, 25
I-00144 Roma

LUXEMBURG
Administration des services techniques de l'agriculture, Service de la protection des végétaux
Boîte postale 1904
16, route d'Esch
L-1019 Luxembourg

NIEDERLANDE
College voor de Toelating van Bestrijdingsmiddelen
Postbus 217
6700 AE Wageningen
Nederland

PORTUGAL
Direcção-Geral de Protecção das Culturas
Quinta do Marquês
P-2780 Oeiras

SCHWEDEN
Kemikalieinspektionen
Box 1384
S-17127 Solna

VEREINIGTES KÖNIGREICH
Pesticides Safety Directorate Department for Environment, Food and Rural Affairs
Mallard House, Kings Pool
3 Peasholme Green
York YO1 7PX
United Kingdom

Anhang IV
Organisationen in den Mitgliedstaaten, die hinsichtlich weiterer Einzelheiten über die Zahlung der Gebühren gemäß Artikel 17 kontaktiert werden können und an die diese Gebühren zu entrichten sind

ÖSTERREICH
Bundesamt für Ernährungssicherheit ,Landwirtschaftliche Untersuchungen und Forschung
Wein
Spargelfeldstraße 191
A-1220 Wien

BELGIEN
Fonds budgétaire des matières premières
Ministère des classes moyennes et de l'agriculture
Inspection générale des matières premières et produits transformés, WTC 3
Boulevard S. Bolivar 30
B-1000 Bruxelles
Kontonummer 679-2005985-25 (Postbank)

DÄNEMARK
Ministry of Environment and Energy
Danish Environmental Protection Agency
Strandgade 29
DK-1401 Copenhagen K

DEUTSCHLAND
Biologische Bundesanstalt für Land- und Forstwirtschaft, Abteilung für Pflanzenschutzmittel und Anwendungstechnik
Messeweg 11-12
D-38104 Braunschweig

GRIECHENLAND
Hellenic Republic
Ministry of Agriculture, General Directorate of Plant Produce, Directorate of Plant Produce Protection, Department of Pesticides
3-4 Hippokratous Street
GR-10164 Athens

SPANIEN
Ministerio de Agricultura, Pesca y Alimentación
Dirección General de Agricultura, Subdirección General de Medios de Producción Agrícolas
Ciudad de Barcelona, 118-120
E-28007 Madrid

FINNLAND
Kasvintuotannon tarkastuskeskus
Torjunta-aineet
PL 42
FIN-00501 Helsinki
Bank und Konto:
Leonia Bank plc
PSP BFIHH
800015-18982

FRANKREICH
Ministère de l'agriculture et de la pêche
Bureau de la réglementation des produits antiparasitaires
251, rue de Vaugirard
F-75732 Paris Cedex 15

IRLAND
Pesticide Control Service
Department of Agriculture, Food and Rural Development
Abbotstown Laboratory Complex
Abbotstown, Castleknock
Dublin 15
Ireland

ITALIEN
Tesoreria provinciale dello Stato di Viterbo
Post current account No 11281011

LUXEMBURG
Administration des services techniques de l'agriculture
Boîte postale 1904
L-1019 Luxembourg

NIEDERLANDE
College voor de Toelating van Bestrijdingsmiddelen
Postbus 217
6700 AE Wageningen
Nederland

PORTUGAL
Direcção-Geral de Protecção das Culturas
Quinta do Marquês
P-2780 Oeiras
Kontonummer: 003505840003800793097
Bank: Caixa Geral de Depósitos

SCHWEDEN
Kemikalieinspektionen
Box 1384
S-17127 Solna
Nationales Girokonto: 4465054-7

VEREINIGTES KÖNIGREICH
Pesticides Safety Directorate
Department for Environment, Food and Rural Affairs
Mallard House Kings Pool
3 Peasholme Green
York YO1 7PX
United Kingdom

Anhang V
Kriterien für eindeutige Hinweise auf Unschädlichkeit

Ein Wirkstoff entspricht dann der Anforderung gemäß Artikel 11b – d.h., es gibt eindeutige Hinweise darauf, dass der Wirkstoff keine schädlichen Auswirkungen auf die menschliche Gesundheit, die Tiergesundheit oder das Grundwasser und auch sonst keinen unannehmbaren Einfluss auf die Umwelt hat –, wenn alle unter den Nummern 1 und 2 aufgeführten Kriterien erfüllt sind.

1. Der Wirkstoff erfüllt die nachstehenden Kriterien:
   a) Er ist nicht eingestuft oder vorgeschlagen für eine Einstufung als C (krebserzeugend), M (erbgutverändernd), R (fortpflanzungsgefährdend) in Kategorie 1, 2 oder 3 gemäß der Richtlinie 67/548/EWG;
   b) eine ADI (annehmbare Tagesdosis), eine AOEL (annehmbare Anwenderexposition) und eine ARfD (akute Referenzdosis) wurden entweder nicht beantragt oder können, falls erforderlich, auf der Basis des üblichen Extrapolationsfaktors 100 festgesetzt werden;
   c) es wird nicht davon ausgegangen, dass der Wirkstoff die Kriterien eines persistenten organischen Schadstoffs gemäß der Verordnung (EG) Nr. 850/2004 des Europäischen Parlaments und des Rates[9] erfüllen könnte;
   d) es wird nicht davon ausgegangen, dass der Wirkstoff die Kriterien gemäß Anhang XIII der Verordnung (EG) Nr. 1907/2006 des Europäischen Parlaments und des Rates[10] erfüllen könnte.
2. Mindestens eine der beantragten repräsentativen Anwendungen des Wirkstoffs erfüllt alle nachstehenden Kriterien:
   a) Die Anwenderexposition ist kleiner oder gleich 75 % der AOEL in Modellszenarios, die für die vorgesehene Anwendung als relevant erachtet werden, die sich für die beantragte Anwendung eignen und bei denen als persönliche Schutzausrüstung höchstens Handschuhe verwendet werden;
   b) die Exposition umstehender Personen und des Betriebspersonals ist kleiner oder gleich 75 % der AOEL in Modellszenarios, die für die vorgesehene Anwendung als relevant erachtet werden, die sich für die beantragte Anwendung eignen und bei denen keine persönliche Schutzausrüstung verwendet wird;
   c) die Verbraucherexposition ist bei allen in der EU verfügbaren Nahrungsmitteln kleiner oder gleich 75 % der ADI oder der ARfD (falls ein solcher Wert erforderlich ist), basierend auf den für den Wirkstoff vorgeschlagenen Rückstandshöchstgehalten (ohne Anwendung spezieller Variablen);
   d) in mindestens der Hälfte der für die vorgesehene Anwendung als relevant erachteten Szenarios bzw. in relevanten Lysimeter-/Felduntersuchungen

9 ABl. L 158 vom 30.4.2004, S. 7. Berichtigung im ABl. L 229 vom 29.6.2004, S. 5.

10 ABl. L 396 vom 30.12.2006, S. 1. Berichtigung im ABl. L 136 vom 29.5.2007, S. 3.

liegt die Versickerung ins Grundwasser bei einem Wert unter 0,1 µg/l, und zwar sowohl für den Ausgangsstoff als auch für seine Metaboliten;

e) die Pufferzonen zum Zweck des Umweltschutzes erstrecken sich ohne zusätzliche Risikominimierungsmaßnahmen (z. B. Anti-Drift-Düsen) auf maximal 30 m;

f) Die Gefährdung von Nichtzielorganismen ist, basierend auf der Anwendung von Standardvariablen, annehmbar.

Anhang VI
Kriterien für eindeutige Hinweise auf Schädlichkeit

Ein Wirkstoff entspricht dann der Anforderung gemäß Artikel 11f – d. h., es gibt auf der Grundlage der verfügbaren Daten, die nach den Bestimmungen des Artikels 11d bewertet worden sind, eindeutige Hinweise darauf, dass der Wirkstoff schädliche Auswirkungen auf die menschliche Gesundheit, die Tiergesundheit oder das Grundwasser hat –, wenn entweder das Kriterium nach Nummer 1 oder eines der Kriterien nach Nummer 2 erfüllt ist.

1. Die verfügbaren Daten über den Wirkstoff reichen für die Festsetzung einer ADI, ARfD oder AOEL nicht aus, und solche Werte werden für eine Bewertung der Gefährdung von Verbrauchern und Betriebspersonal benötigt.
2. Jede beantragte repräsentative Anwendung erfüllt mindestens eines der nachstehenden Kriterien:
   a) Die Exposition des Betriebspersonals ist größer als 100 % der AOEL in allen Modellszenarios, bei denen eine persönliche Schutzausrüstung/ein Atemschutzgerät verwendet wird, die sich für die beantragte Anwendung eignen und bei denen die tatsächlichen Expositionsdaten – soweit verfügbar – auch belegen, dass die AOEL bei bestimmungsgemäßer Anwendung überschritten wird;
   b) die Exposition umstehender Personen und des Betriebspersonals ist größer als 100 % der AOEL in Modellszenarios, die sich für die beantragte Anwendung eignen und bei denen die tatsächlichen Expositionsdaten – soweit verfügbar – belegen, dass die AOEL für diese Personengruppen bei bestimmungsgemäßer Anwendung überschritten wird;
   c) die Verbraucherexposition ist bei mindestens einem der in der EU verfügbaren Nahrungsmittel größer als 100 % der ADI oder der ARfD (falls ein solcher Wert erforderlich ist), basierend auf den für den Wirkstoff vorgeschlagenen Rückstandshöchstgehalten;
   d) in allen Modellszenarios liegt die Versickerung ins Grundwasser – entweder für den Ausgangsstoff oder für die relevanten Metaboliten – bei einem Wert von 0,1 µg/l oder darüber.

Verordnung (EG) Nr. 1112/2002 der Kommission

vom 20. Juni 2002

mit Durchführungsbestimmungen für die vierte Stufe des Arbeitsprogramms gemäß Artikel 8 Absatz 2 der Richtlinie 91/414/EWG des Rates

ABl. Nr. L 186 vom 27.6.2002, S. 14

DIE KOMMISSION DER EUROPÄISCHEN GEMEINSCHAFTEN –

gestützt auf den Vertrag zur Gründung der Europäischen Gemeinschaft,

gestützt auf die Richtlinie 91/414/EWG des Rates vom 15. Juli 1991 über das Inverkehrbringen von Pflanzenschutzmitteln[1], zuletzt geändert durch die Richtlinie 2002/48/EG der Kommission[2], insbesondere auf Artikel 8 Absatz 2 Unterabsatz 2,

in Erwägung nachstehender Gründe:

(1) Die Kommission führt ein Arbeitsprogramm zur schrittweisen Prüfung der Wirkstoffe durch, die bereits zwei Jahre nach Bekanntgabe der Richtlinie 91/414/EWG im Handel waren. Die erste Stufe dieses Programms wurde mit der Verordnung (EWG) Nr. 3600/92 der Kommission vom 11. Dezember 1992 mit Durchführungsbestimmungen für die erste Stufe des Arbeitsprogramms gemäß Artikel 8 Absatz 2 der Richtlinie 91/414/EWG des Rates über das Inverkehrbringen von Pflanzenschutzmitteln[3], zuletzt geändert durch die Verordnung (EG) Nr. 2266/2000[4], festgelegt. Die Arbeiten auf der ersten Stufe laufen zurzeit. Die Arbeiten auf der zweiten und dritten Stufe des Programms, festgelegt durch die Verordnung Nr. (EG) 451/2000 der Kommission vom 28. Februar 2000 mit Durchführungsbestimmungen für die zweite und dritte Stufe des Arbeitsprogramms gemäß Artikel 8 Absatz 2 der Richtlinie 91/414/EWG des Rates[5], sind ebenfalls angelaufen.

(2) Für alle Wirkstoffe, die nicht auf der ersten, zweiten und dritten Stufe des Arbeitsprogramms behandelt werden, wird eine vierte Stufe eingerichtet. Bei bestimmten Wirkstoffkategorien ist es angebracht anzugeben, welche Wirkstoffe bzw. unter welchen Anwendungsbedingungen diese in die vierte Stufe aufgenommen werden sollten.

(3) Es ist ein Antragsverfahren festzulegen, durch welches die Hersteller der Kommission ihr Interesse an der Aufnahme eines Wirkstoffs in Anhang I der Richtlinie 91/414/EWG bekunden können und sich zur Vorlage aller Informationen verpflichten, die für eine angemessene Bewertung der Wirkstoffe erforderlich sind und eine Entscheidung über deren Aufnahme nach den Voraussetzungen in Artikel 5 dieser Richtlinie erlauben. Diese Informationen wären der Festsetzung weiterer

---

1 ABl. L 230 vom 9.8.1991, S. 1.

2 ABl. L 148 vom 6.6.2002, S. 19.

3 ABl. L 366 vom 15.12.1992, S. 10.

4 ABl. L 259 vom 13.10.2000, S. 27.

5 ABl. L 55 vom 29.2.2000, S. 25.

Schwerpunkte des Arbeitsprogramms dienlich und würden Entscheidungen darüber ermöglichen, ob diese Stoffe nach dem 25. Juli 2003 auf dem Markt bleiben sollen, bis Gutachten zu der Frage vorliegen, ob bei ihrer Anwendung voraussichtlich die Auflagen von Artikel 5 der Richtlinie 91/414/EWG erfüllt werden.

(4) Es ist festzulegen, welche Verpflichtungen der Antragsteller bei den vorzulegenden Informationen bezüglich Format, Fristen und Antragsbehörde erfüllen muss. Für die verschiedenen Wirkstoffkategorien sind abgestufte Antragsverfahren angebracht. Für bestimmte Wirkstoffkategorien wurden Datenanforderungen und Bewertungskriterien ausgearbeitet. Deshalb sollte festgelegt werden, dass die Hersteller ausführliche Informationen über den aktuellen Stand ihrer Unterlagen und die Endpunkte vorlegen und sich verpflichten, bis zu einem bestimmten Termin ein vollständiges Datenpaket zu übermitteln. Was die übrigen Wirkstoffe angeht, so sollten die Hersteller die wichtigsten Angaben machen, um eine angemessene Bestimmung des jeweiligen Wirkstoffs und seiner Anwendungen zu ermöglichen, und sich außerdem verpflichten, bis zu einem bestimmten Termin ein Datenpaket zu liefern.

(5) Die Antragstellung sollte keine Voraussetzung dafür sein, nach der Aufnahme des Wirkstoffes in den Anhang I der Richtlinie 91/414/EWG Pflanzenschutzmittel gemäß Artikel 13 dieser Richtlinie auf den Markt bringen zu können.

(6) Diese Verordnung gilt unbeschadet der Verfahren und Maßnahmen im Rahmen anderer gemeinschaftlicher Rechtsvorschriften, insbesondere der Richtlinie 79/117/EWG des Rates vom 21. Dezember 1978 über das Verbot des Inverkehrbringens und der Anwendung von Pflanzenschutzmitteln, die bestimmte Wirkstoffe enthalten[6], zuletzt geändert durch die Richtlinie 91/188/EWG der Kommission[7], wenn die Kommission Informationen darüber erhält, dass die Anforderungen dieser Richtlinie erfüllt werden können.

(7) Abhängig von den Schlussfolgerungen ihres Zwischenberichts über das Arbeitsprogramm an das Europäische Parlament und den Rat gemäß Artikel 8 Absatz 2 Unterabsatz 3 der Richtlinie 91/414/EWG wird die Kommission weitere Durchführungsvorschriften erlassen, um die Bewertung und Entscheidung über Wirkstoffe, bei denen die Anforderungen der vorliegenden Verordnung hinsichtlich der Antragstellung erfüllt sind, sobald wie möglich abschließen zu können.

(8) Gemäß Artikel 8 Absatz 2 Unterabsatz 4 der Richtlinie 91/414/EWG kann die Kommission entscheiden, Wirkstoffe nicht in Anhang I aufzunehmen, wenn die Anforderungen des Artikels 5 dieser Richtlinie nicht erfüllt sind oder die angeforderten Informationen und Angaben nicht fristgerecht vorliegen. Die Mitgliedstaaten müssen in diesem Fall die Zulassungen für Pflanzenschutzmittel zurückziehen, die solche Wirkstoffe enthalten. In besonderen Fällen und bei ausführlicher Begründung durch die Mitgliedstaaten kann es jedoch angezeigt sein, mit der Rücknahme der Zulassung bei unabdingbaren Anwendungen, bei denen es keine Alternative für den wirksamen Schutz von Pflanzen und Pflanzenerzeugnissen gibt, bis zur Entwicklung von Alternativen zu warten, welche die zurückgenommenen Mittel

---

6 ABl. L 33 vom 8.2.1979, S. 36.

7 ABl. L 92 vom 13.4.1991, S. 42.

ersetzen. Die Notwendigkeit einer solchen Überprüfung der Bestimmungen muss von Fall zu Fall nachgewiesen werden.

(9) Sind die Anforderungen der vorliegenden Verordnung über die Antragstellung für einen bestimmten Wirkstoff nicht erfüllt, so steht es interessierten Parteien frei, die Aufnahme eines solchen Wirkstoffs in den Anhang I der Richtlinie 91/414/EWG zu einem späteren Zeitpunkt durch Anwendung der Verfahren von Artikel 6 Absatz 2 dieser Richtlinie zu beantragen.

(10) Die Kosten des Gutachtens für den Nachweis der Produktsicherheit sollten von den Herstellern getragen werden. Diese entrichten deshalb Gebühren an die Behörden, die von der Kommission mit der Prüfung der Anträge für die Wirkstoffe beauftragt werden.

(11) Die in dieser Verordnung vorgesehenen Maßnahmen entsprechen der Stellungnahme des Ständigen Ausschusses für die Lebensmittelkette und Tiergesundheit –

HAT FOLGENDE VERORDNUNG ERLASSEN:

Kapitel 1
Allgemeine Bestimmungen und Definitionen

Artikel 1 Geltungsbereich

(1) Diese Verordnung regelt die erste Anwendung der vierten Stufe des Arbeitsprogramms gemäß Artikel 8 Absatz 2 der Richtlinie 91/414/EWG über das Inverkehrbringen von Pflanzenschutzmitteln, im Folgenden „Richtlinie" genannt.

(2) Dieser Verfahrensteil betrifft die Antragstellung für die in den Anhängen I und II dieser Verordnung genannten Wirkstoffe im Hinblick auf ihre mögliche Aufnahme in eine weitere Prioritätenliste für Wirkstoffe, die in den Anhang I der Richtlinie aufgenommen werden sollen. Artikel 6 Absätze 2 und 3 sowie Artikel 6 Absatz 4 Unterabsatz 2 der Richtlinie gelten nicht für in den Anhängen I und II aufgelistete oder erwähnte Stoffe, solange die in dieser Verordnung vorgesehenen Verfahren für die entsprechenden Wirkstoffe nicht abgeschlossen sind.

(3) Diese Verordnung gilt unbeschadet

a. der Prüfungen, die Mitgliedstaaten vor allem zwecks Erneuerung einer Zulassung gemäß Artikel 4 Absatz 4 der Richtlinie durchführen;

b. Prüfungen, die die Kommission gemäß Artikel 5 Absatz 5 der Richtlinie durchführt;

c. Bewertungen im Rahmen der Richtlinie 79/117/EWG.

Artikel 2 Begriffsbestimmungen

Für die Zwecke dieser Verordnung gelten folgende Begriffsbestimmungen:

a. „Hersteller"

- von in der Gemeinschaft produzierten Wirkstoffen: Erzeuger oder in der Gemeinschaft ansässige Person, die vom Erzeuger für die Zwecke dieser Verordnung als sein alleiniger Vertreter benannt wurde;
- von außerhalb der Gemeinschaft produzierten Wirkstoffen: in der Gemeinschaft ansässige Person, die vom Erzeuger für die Zwecke dieser Verordnung als sein alleiniger Vertreter benannt wurde;
- von Wirkstoffen, für die ein gemeinsamer Antrag oder gemeinsame Unterlagen eingereicht werden: in der Gemeinschaft ansässige Herstellervereinigung, die von den Herstellern gemäß dem ersten oder zweiten Gedankenstrich für die Zwecke dieser Verordnung benannt wurde.

b. „Erzeuger" ist die Person, die den Wirkstoff selbst erzeugt oder einen anderen damit beauftragt, den Wirkstoff für sie zu erzeugen.

c. „Ausschuss" ist der gemäß Artikel 19 der Richtlinie eingesetzte Ständige Ausschuss für die Lebensmittelkette und Tiergesundheit.

Artikel 3 Behörde des Mitgliedstaats

(1) Die Mitgliedstaaten übertragen einer oder mehreren Behörden die Verantwortung für die Umsetzung ihrer Verpflichtungen im Rahmen des Arbeitsprogramms nach Artikel 8 Absatz 2 der Richtlinie.

(2) In jedem Mitgliedstaat koordiniert eine nationale Behörde gemäß Anhang VI alle für die Zwecke dieser Verordnung notwendigen Kontakte mit Herstellern, anderen Mitgliedstaaten und der Kommission. jeder Mitgliedstaat informiert die Kommission und die koordinierenden Behörden der anderen Mitgliedstaaten über jegliche Änderung der Angaben betreffend die koordinierende nationale Behörde.

Kapitel 2
Vierte Stufe des Arbeitsprogramms

Artikel 4 Einfache Antragstellung

(1) Hersteller, die die Aufnahme eines in Anhang I dieser Verordnung genannten Wirkstoffs in den Anhang I der Richtlinie wünschen, müssen bei der in Anhang V bezeichneten Behörde einen entsprechenden Antrag stellen. Die Kommission überwacht regelmäßig die Aufgaben, die der Behörde im Anhang V übertragen wurden. Nach dem Verfahren in Artikel 19 der Richtlinie kann entschieden werden, eine andere Stelle zu benennen, wenn sich erweist, dass die Aufgaben nicht ordnungsgemäß ausgeführt werden.

(2) Die Antragstellung erfolgt je Wirkstoff innerhalb von drei Monaten nach dem Inkrafttreten dieser Verordnung gemäß dem Musterantrag in Anhang III Teil 1, einschließlich einer schriftlichen Verpflichtung, vollständige Unterlagen vorzulegen.

(3) Hersteller, die für einen Wirkstoff gemäß Absatz 1 innerhalb der Frist gemäß Absatz 2 keinen Antrag gestellt haben oder deren Antrag gemäß Artikel 6 abgelehnt wurde, können an dem Überprüfungsprogramm nur zusammen mit einem oder mehreren Antragstellern desselben Wirkstoffes (einschließlich eines

Mitgliedstaats, der einen Antrag gemäß Artikel 6 Absatz 2 gestellt hat), deren Antrag gemäß Artikel 6 angenommen wurde, teilnehmen, wenn sie gemeinsame Unterlagen einreichen.

Artikel 5 Vollständige Antragstellung

(1) Hersteller, die die Aufnahme eines in Anhang II dieser Verordnung genannten Wirkstoffs in den Anhang I der Richtlinie wünschen, stellen bei der in Anhang V bezeichneten Behörde einen entsprechenden Antrag.

(2) je Wirkstoff wird ein Antrag wie folgt gestellt:

a. Innerhalb von drei Monaten nach Inkrafttreten dieser Verordnung wird ein erster Antrag nach dem Musterantrag in Anhang III Teil 1 dieser Verordnung gestellt, und

b. innerhalb von sechs Monaten nach Inkrafttreten dieser Verordnung wird ein zweiter Antrag nach dem Musterantrag in Anhang III Teil 2 dieser Verordnung gestellt, einschließlich einer schriftlichen Verpflichtung, vollständige Unterlagen vorzulegen.

(3) Hersteller, die für einen Wirkstoff gemäß Absatz 1 innerhalb der Frist gemäß Absatz 2 keinen Antrag gestellt haben oder deren Antrag gemäß Artikel 6 abgelehnt wurde, können an dem Überprüfungsprogramm nur zusammen mit einem oder mehreren Antragstellern desselben Wirkstoffs (einschließlich eines Mitgliedstaats, der einen Antrag gemäß Artikel 6 Absatz 2 gestellt hat), deren Antrag gemäß Artikel 6 angenommen wurde, teilnehmen, wenn sie gemeinsame Unterlagen einreichen.

Artikel 6 Prüfung im Rahmen der einfachen und vollständigen Antragstellung

(1) Die Kommission unterrichtet den Ausschuss innerhalb von zwei Monaten nach Ablauf der Frist gemäß Artikel 4 Absatz 2 und Artikel 5 Absatz 2 Buchstabe a) über die termingerecht gestellten Anträge.

(2) Bei einem Wirkstoff, für den kein Hersteller einen Antrag gestellt hat, kann ein Mitgliedstaat sein Interesse an der Aufnahme in Anhang I der Richtlinie erklären, indem er gemäß den Artikeln 4 und 5 einen Antrag bei der in Anhang V bezeichneten Behörde stellt. Diese Anträge müssen so schnell wie möglich gestellt werden, spätestens jedoch drei Monate, nachdem die Kommission die Mitgliedstaaten benachrichtigt hat, dass kein Antrag für den betreffenden Wirkstoff gestellt wurde. Der antragstellende Mitgliedstaat wird anschließend zum Zweck der Bewertung des betreffenden Wirkstoffs als dessen Hersteller behandelt.

(3) Die Kommission teilt dem Ausschuss innerhalb von sechs Monaten nach Ablauf der Fristen gemäß Artikel 4 Absatz 2 und Artikel 5 Absatz 2 mit, ob die eingegangenen Anträge unter Berücksichtigung der Kriterien gemäß Anhang IV Teile 1 und 2 zulässig sind.

(4) Ausführliche Bestimmungen über die Einreichung der Unterlagen, die entsprechenden Frist(en) und die Gebührenregelung bei Wirkstoffen, für die ein zulässiger Antrag vorliegt, werden von der Kommission in einer gemäß Artikel 8 Absatz 2 Unterabsatz 2 der Richtlinie zu erlassenden Verordnung festgelegt.

(5) Die Kommission entscheidet gemäß Artikel 8 Absatz 2 Unterabsatz 4 der Richtlinie, Wirkstoffe gemäß Anhang I oder II, für die innerhalb der festgesetzten Frist kein zulässiger Antrag eingereicht wurde, nicht in Anhang I der Richtlinie aufzunehmen. Die Entscheidung enthält die Gründe für die Nichtaufnahme. Die Mitgliedstaaten ziehen die Zulassungen von Pflanzenschutzmitteln, welche diese Wirkstoffe enthalten, innerhalb des in der Entscheidung vorgeschriebenen Zeitraums zurück.

Kapitel 3
Gebühren

Artikel 7 Gebühren für die Antragstellung im Rahmen der vierten Stufe des Arbeitsprogramms

(1) Hersteller, die einen Antrag gemäß Artikel 4 einreichen, entrichten zum Zeitpunkt der Einreichung ihres Antrags eine Gebühr von 750 EUR für jeden Wirkstoff an die in Anhang V bezeichnete Behörde. Die Gebühr muss ausschließlich zur Deckung der Kosten im Rahmen der Aufgaben gemäß Anhang V verwendet werden.

(2) Hersteller, die einen Antrag gemäß Artikel 5 Absatz 2 Buchstabe a) einreichen, entrichten zum Zeitpunkt der Einreichung ihres Antrags eine Gebühr von 5.000 EUR für jeden Wirkstoff an die in Anhang V bezeichnete Behörde. Die Gebühr muss ausschließlich zur Deckung der Kosten im Rahmen der Aufgaben gemäß Anhang V verwendet werden.

Kapitel 4
Schlussbestimmungen

Artikel 8 Befristete Maßnahmen

Mit der Entscheidung, die Zulassung für einen Wirkstoff, für den kein zulässiger Antrag gestellt wurde, auslaufen zu lassen, kann die Kommission gemäß Artikel 8 Absatz 2 Unterabsatz 4 der Richtlinie 91/414/EG, wenn von einem Mitgliedstaat zusätzliche fachliche Beweise dafür vorgelegt werden, dass die weitere Verwendung des Wirkstoffs unabdingbar ist und keine wirksamen Alternativen bestehen, eine ausreichend lange Übergangsfrist zur Entwicklung geeigneter Alternativen festsetzen.

Artikel 9 Inkrafttreten

Diese Verordnung tritt am 1. August 2002 in Kraft.

Anhang I
Wirkstoffe für die einfache Antragstellung im Rahmen der vierten Stufe des Arbeitsprogramms gemäß Artikel 8 Absatz 2 der Richtlinie 91/414/EWG

Alle vor dem 25. Juli 1993 auf dem Markt befindlichen Wirkstoffe (einschließlich ihrer Varianten wie Salze, Ester oder Amine), ausgenommen die in den folgenden Bestimmungen genannten Stoffe:

- Verordnung (EWG) Nr. 3600/92,
- Verordnung (EG) Nr. 451/2000,
- Anhang II der vorliegenden Verordnung.

Ungeachtet der oben genannten Ausnahmen können Anträge gemäß Artikel 4 für Wirkstoffe gestellt werden, die bisher unter die Richtlinie 98/8/EG des Europäischen Parlaments und des Rates[8] fielen, die nach genauerer Abgrenzung des Anwendungsbereichs der Richtlinie 91/414/EWG aber dieser zugeordnet und in die Verordnung (EG) Nr. 451/2000 aufgenommen wurden. Das gilt vor allem für Wirkstoffe, die als Desinfektionsmittel zugelassen wurden, d.h. indirekt zu verwendende Mittel (beispielsweise für die Desinfektion oder Entseuchung leerer Lagerräume oder anderer Vorrichtungen und Behältnisse wie Glashäuser, Gewächshäuser, Container, Kisten, Säcke, Fässer usw.), die ausschließlich der Vernichtung von für Pflanzen und pflanzliche Erzeugnisse besonders schädlichen Organismen dienen, unter der Bedingung, dass nach der Anwendung in den behandelten Vorrichtungen nur Pflanzen oder pflanzliche Erzeugnisse angebaut bzw. gelagert werden.

Anträge müssen für alle Wirkstoffe gestellt werden, die unter die folgenden Kategorien fallen, auch wenn sie in der nachstehenden Tabelle nicht aufgeführt sind:

- Wirkstoffe, die nach den Rechtsvorschriften der EU in Lebensmitteln oder Futtermitteln zugelassen sind und verwendet werden dürfen; – Wirkstoffe, die Pflanzenextrakte sind;
- Wirkstoffe, die tierische Erzeugnisse sind oder durch einfache Verarbeitung aus solchen gewonnen werden;
- Wirkstoffe, die ausschließlich als Lockmittel oder Repellents (einschließlich Pheromone) verwendet werden. Wirkstoffe, die in Übereinstimmung mit der Verordnung (EWG) Nr. 2092/91 des Rates über den ökologischen Landbau[9] ausschließlich in Fallen und/oder Spendern verwendet werden.

Anträge gemäß Artikel 5 sind insbesondere für alle Stoffe zu stellen, die in der folgenden Tabelle aufgeführt sind bzw. unter eine der dort aufgeführten Kategorien fallen:

8 ABl. L 123 vom 24.4.1998, S. 1.

9 ABl. L 198 vom 22.7.1991, S. 1.

(4E-7Z)-4,7-Tridecadien-1-yl-acetat	1,7-Dioxaspiro-5,5-undecan
(4Z-9Z)-7,9-Dodecadien-1-ol	1-Decanol
(4E-7Z)-7,11-Tridecadien-1-yl-acetat	2-Phenylphenol (einschl. Natriumsalz)
(E)-10-Dodecenylacetat	2-Propanol
(E)-11-Tetradecenylacetat	3,7-Dimethyl-2,6-octadien-1-ol
(E)7-(Z)9-Dodecadienylacetat	3,7-Dimethyl-2,6-octadienal
(E,E)-8,10-Dodecadien-1-o1	4-chloro-3-methylphenol
(E/Z)-8-Dodecenylacetat	5-Decen-1-ol
(Z)-11-Hexadecanol	5-Decen-1-yl-acetat
(Z)-11-Tetradecen-1-yl-acetat	6-Benzyladenin
(Z)-13-Octadecanol	7,8-Epoxi-2-methyl-octadecan
(Z)-3-Methyl-6-isopropenyl-3,4-decadien-1-yl	7-Methyl-3-methylen-7-octen-1-yl-propionat
(Z)-3-Methyl-6-isopropenyl-9-decen-1-ylacetat	Essigsäure
(Z)-5-Dodecen-1-ylacetat	Acridinbasen
(Z)-7-Tetradecanol	Alkyldimethybenzylammoniumchlorid
(Z)-7-Tetradecenal	Alkyldimethylethylbenzylammoniumchlorid
(Z)-8-Dodecenol	Aluminiumammoniumsulfat
(Z)-8-Dodecenylacetat	Aluminiumsulfat
(Z)-9-Dodecenylacetat	Aminosäuren
(Z)-9-Hexadecenal	Ammoniumcarbonat
(Z)-9-Tetradecenylacetat	Ammoniumhydroxid
(Z)-9-Tricosen	Ammoniumsulfat
(Z,E)-11-Tetradecadien-1-ylacetat	Anthrachinon
(Z,Z) Octadienylacetat	Azadirachtin
Biphenyl	Bariumnitrat
Knochenöl	Lauryldimethylbenzylammoniumchlorid
Borsäure	Lecithin
Calciumcarbid	Calciumphosphat
Calciumcarbonat	Schwefelkalk
Calciumchlorid	Methylnonylketon
Calciumhydroxid	Methyl-trans-6-nonenoat
Calciumoxid	Naphtalin
Kohlendioxid	1-Naphtylacetamid
Chlorhydrat von Poly(imino-imido-biguanidin)	1-Naphtylessigsäure
Chlorophyllin	2-Naphtyloxyacetamid
Cholinchlorid	2-Naphtyloxyessigsäure
cis-7,trans-11-Hexadecadienylacetat	Naphtylessigsäureethylester

<table>
<tr><td>cis-Zeatin</td><td>Nikotin</td></tr>
<tr><td>Citronellol</td><td>Stickstoff</td></tr>
<tr><td>Cystein</td><td>Octyldecyldimethylammoniumchlorid</td></tr>
<tr><td>Denathoniumbenzoat</td><td>Zwiebelextrakt</td></tr>
<tr><td>Didecyl-dimethylammoniumchlorid</td><td>Oxyquinolin</td></tr>
<tr><td>Dioctyldimethylammoniumchlorid</td><td>Papain</td></tr>
<tr><td>Dodecylalkohol</td><td>Paraffinöl</td></tr>
<tr><td>EDTA und seine Salze</td><td>p-Cresylacetat</td></tr>
<tr><td>Ethanol</td><td>Pfeffer</td></tr>
<tr><td>Ethoxyquin</td><td>Petroleumöle</td></tr>
<tr><td>Farnesol</td><td>Pherodim</td></tr>
<tr><td rowspan="3">Fettsäuren einschließlich Ester und Salze wie*
- Decansäure
- Ethylhexanoat
- Ethyloleat
- Kaliseife
- Pelargonsäure</td><td>Phosphorsäure</td></tr>
<tr><td>Phoxim</td></tr>
<tr><td rowspan="7">Pflanzenöle wie**
- Kokosnussöl
- Seidelbastöl
- Ätherische Öle
- Eukalyptusöl
- Maisöl
- Olivenöl
- Erdnussöl
- Pinienöl
- Rapssamenöl
- Sojaöl
- Sonnenblumenöl</td></tr>
<tr><td>Fettalkohole</td></tr>
<tr><td>Folsäure</td></tr>
<tr><td>Formaldehyd</td></tr>
<tr><td>Ameisensäure</td></tr>
<tr><td>Knoblauchextrakt</td></tr>
<tr><td>Gelatine</td></tr>
<tr><td>Gibberellinsäure</td><td>Kaliumpermanganat</td></tr>
<tr><td>Gibberellin</td><td>Kaliumsorbat</td></tr>
<tr><td>Glutaraldehyd</td><td>Pronumon</td></tr>
<tr><td>Fett (Bänder, Obstbäume)</td><td>Propionsäure</td></tr>
<tr><td>Wasserstoffperoxid</td><td>Pyrethrine</td></tr>
<tr><td>Hydrolysierte Proteine</td><td>Quarzsand</td></tr>
<tr><td>Indolylessigsäure</td><td>Quassia</td></tr>
<tr><td>Indolylbuttersäure</td><td>Quaternäre Ammoniumverbindungen</td></tr>
<tr><td>Eisensulfat</td><td>Quinolinderivative</td></tr>
<tr><td>Kieselgur (Diatomeenerde)</td><td>Repellent (durch Geruch) tierischen oder pflanzlichen Ursprungs</td></tr>
<tr><td>Milchsäure</td><td>Harze und Polymere</td></tr>
<tr><td>Lauryldimethylbenzylammoniumbromid</td><td>Steinpulver</td></tr>
<tr><td>Rotenon</td><td>Natrium o-benzyl-p-chlorphenoxid</td></tr>
<tr><td>Seealgenextrakt</td><td>Natriumorthophenylphenol</td></tr>
</table>

Seegras	Natriumpropionat
Sebacinsäure	Natrium p-t-amylphenoxid
Serricornin	Natriumtetraborat
(Natrium- und Kalium-)Silikate	Sojabohnenextrakt
Silberiodid	Sojabohnenöl, epoxiliert
Natrium P-toluolsulfonchloramid	Schwefel und Schwefeldioxid
Natriumcarbonat	Schwefelsäure
Natriumchlorid	Teeröle
Natriumhydrogencarbonat	trans-6-Nonen-1-ol
Natriumhydroxid	trans-9-Dodecylacetat
Natriumhypochlorit	Trimedlur
Natriumlaurylsulfat	Harnstoff
Natriummetabisulfit	Wachse
** Jede Fettsäure, aber nicht ihre Varianten, ist gesondert zu notifizieren. ** Jedes Pflanzenöl ist gesondert zu notifizieren.	

Anhang II
Wirkstoffe (einschließlich ihrer Varianten wie Salze, Ester oder Amine) für die vollständige Antragstellung im Rahmen der vierten Stufe des Arbeitsprogramms gemäß Artikel 8 Absatz 2 der Richtlinie 91/414/EWG

Alle Wirkstoffe (einschließlich aller ihrer Varianten), die vor dem 25. Juli 1993 auf dem Markt waren und

1. **Mikroorganismen** (einschließlich Viren) sind, auch folgende:

Aschersonia aleyrodis	Mamestra brassicae nucleopolyhedrovirus
Agrotis segetum Granulovirus	Metarhizium anisopliae
Bacillus sphaericus	Neodiprion sertifer nucleopolyhedrovirus
Bacillus thuringiensis einschließlich* • var. aizawai • var. israelensis • var. kurstaki • var. tenebrionis	Phlebiopsis gigantea Streptomyces griseoviridis Tomato Mosaic Virus Trichoderma harzianum Trichoderma polysporum
Beauveria bassiana	Trichoderma viride
Beauveria brongniartii (syn. B. tenella)	Verticillium dahliae (Kleb.)
Cydia pomonella Granulovirus	Verticillium lecanii
* Jede Subspezies ist gesondert zu notifiziern	

2. **als Rodentizide** dienen (in Anbaubereichen – Äckern, Gewächshäusern, Wäldern – zum Schutz von Pflanzen oder pflanzlichen Erzeugnissen, die dort vorübergehend offen, ohne Lagerhaltungsvorrichtungen gelagert werden), einschließlich der folgenden:

Brodifacoum	Flocumafen
Bromadiolon	Fluoroacetamid Isoval
Bromethalin	Papain
Calciferol Calciumphosphat Chloralose Chlorophacinon Cholecalciferol	Phosphin und phosphinerzeugende Verbindungen wie • Aluminiumphosphid • Calciumphosphid • Magnesiumphosphid • Zinkphosphid
Coumachlor	Pyranocumarin
Coumafuryl	Scillirosid
Coumatetralyl	Natriumzyanid

Crimidin	Natriumdimethylarsenat
p-Dichlorobenzen	Strychnin
Difenacoum	Sulfaquinoxalin
Difethialon	Thalliumsulfat
Diphacinon	Thioharnstoff
Ethanethiol	Tricalciumphosphat

3. **zum Schutz gelagerter Pflanzen oder pflanzlicher Erzeugnisse** dienen, einschließlich folgender:

Zyanide wie • Calciumzyanid • Hydrogenzyanid • Natriumzyanid	Phosphin und phosphinerzeugende Verbindungen wie • Aluminiumphosphid • Magnesiumphosphid

Anhang III

Teil 1
Antragstellung für einen Wirkstoff gemäß Artikel 4 und Artikel 5 Absatz 2 Buchstabe a)

Muster

Die Anträge müssen auf Papier und als (von der in Anhang V bezeichneten Behörde zur Verfügung gestellte) EDV-Dateien übermittelt werden.

Dic Anträge enthalten folgende Angaben:

Akten-Nr. ....

1. Angaben zur Identität des Antragstellers

1.1. Erzeuger des Wirkstoffs gemäß Artikel 2 Buchstabe b)

(Name, Anschrift, einschließlich Standort des Betriebs):

1.2. Name und Anschrift des Herstellers gemäß Artikel 2 Buchstabe a) einschließlich des Namens der (natürlichen) Person, die für den Antrag und die weiteren sich aus dieser Verordnung ergebenden Verpflichtungen verantwortlich ist.

1.2.1. a) Telefonnummer

b) Telefaxnummer

c) E-Mail-Adresse

1.2.2. a) Kontaktperson

b) Weitere Kontaktpersonen

2. Angaben zur Erleichterung der Identifizierung

2.1. Gegebenenfalls von der ISO vorgeschlagener oder angenommener „common name“ sowie gegebenenfalls Angabe der vom Hersteller produzierten Varianten wie Salze, Ester oder Amine. Bei Mikroorganismen Angabe der Art und gegebenenfalls der Unterart;

2.2. Chemische Bezeichnung (IUPAC- und CAS-Nomenklatur) (falls angebracht);

2.3. CAS-, CIPAC- und EWG-Nummern (falls vorhanden);

2.4. Summen- und Strukturformeln, molekulare Masse (falls angebracht):

2.5. Weitere Angaben, von denen angenommen wird, dass sie die Identifizierung erleichtern, beispielsweise Herstellungs- oder Extraktionsverfahren oder Ursprung der Stoffe, aus denen die Substanz hergestellt wird;

2.6. (Gegebenenfalls) Gehalt an reinem Wirkstoff in g/kg bzw. g/l;

2.7. Klassifizierung und Kennzeichnung des Wirkstoffs gemäß Richtlinie 67/548/EWG des Rates (ABl. L 196 vom 16.8.1967, S. 1)

(Auswirkungen auf Gesundheit und Umwelt).

3. Weitere Auskünfte

3.1. Für jeden Mitgliedstaat eine Liste der Kulturen Anwendungen, für die Pflanzenschutzmittel, die den Wirkstoff enthalten, derzeit zugelassen sind oder verwendet werden:

3.2. Weitere Angaben zum Wirkstoff gemäß Ziffer 3.1 bis 3.5 des Anhangs II der Richtlinie:

3.3. Datum und Referenznummer der letzten Prüfung des Wirkstoffs in einem Mitgliedstaat der Europäischen Union;

3.4. Datum und Referenznummer der letzten Prüfung des Wirkstoffs in einem OECD-Mitgliedstaat.

4. Verpflichtungen

Der Antragsteller verpflichtet sich, der koordinierenden Behörde des als Berichterstatter benannten Mitgliedstaats die Unterlagen innerhalb der Frist, die in der gemäß Artikel 6 Absatz 4 der vorliegenden Verordnung zu erlassenden Verordnung festgelegt wird, zu übermitteln. Werden in der neu erlassenen Verordnung für diesen Wirkstoff mehrere Antragsteller genannt, so unternimmt der Antragsteller alle zweckdienlichen Schritte, um gemeinsame Unterlagen mit den anderen Antragstellern einzureichen.

Der Antragsteller verpflichtet sich, bei Einreichung des Antrags bei der in Anhang V genannten Behörde eine Gebühr gemäß Artikel 7 zu entrichten.

Der Antragsteller erklärt, dass ihm bekannt ist, dass bei Einreichung der vollständigen Unterlagen für Wirkstoffe gemäß Artikel 6 Absatz 4 der vorliegenden Verordnung von dem Mitgliedstaat eine Gebühr erhoben wird.

Der Antragsteller versichert, dass die obigen Angaben richtig sind und der Wahrheit entsprechen.

Der Antragsteller erklärt, dass er nötigenfalls die Ermächtigung des Herstellers beifügt, für die Zwecke dieser Verordnung als dessen alleiniger Vertreter innerhalb der Gemeinschaft zu handeln.

Unterschrift (des Handlungsbevollmächtigten des unter Punkt 1.1 genannten Unternehmens)

Teil 2
Antragstellung für einen Wirkstoff gemäß Artikel 5 Absatz 2 Buchstabe b)

Muster

Die Anträge müssen auf Papier und als (von der in Anhang V bezeichneten Behörde zur Verfügung gestellte) EDV-Dateien (übermittelt werden.

Die Anträge enthalten folgende Angaben:

Akten-Nr. ....

1. Angaben zur Identität des Antragstellers

1.1 Erzeuger des Wirkstoffs gemäß Artikel 2 Buchstabe b) (Name, Anschrift, einschließlich Standort des Betriebs):

1.2. Name und Anschrift des Herstellers gemäß Artikel 2 Buchstabe a) einschließlich des Namens der (natürlichen) Person, die für den Antrag und die weiteren sich aus dieser Verordnung ergebenden Verpflichtungen verantwortlich ist.

1.2.1. a) Telefonnummer
b) Telefaxnummer
c) E-Mail-Adresse

1.2.2. a) Kontaktperson
b) Weitere Kontaktpersonen

2. Angaben zur Erleichterung der Identifizierung

2.1. Gegebenenfalls von der ISO vorgeschlagener oder angenommener „common name" sowie gegebenenfalls Angabe der vom Hersteller produzierten Varianten wie Salze, Ester oder Amine. Bei Mikroorganismen der Name der Art und gegebenenfalls der Unterart;

2.2. Chemische Bezeichnung (IUPAC- und CAS-Nomenklatur) (sofern angebracht);

2.3. CAS-, CIPAC- und EWG-Nummern (falls vorhanden);

2.4. Summen- und Strukturformeln, molekulare Masse (falls angebracht);

2.5. (Gegebenenfalls) Gehalt an reinem Wirkstoff in g/kg bzw. g/l;

2.6. Klassifizierung und Kennzeichnung des Wirkstoffs gemäß Richtlinie 67/548/EWG (Auswirkungen auf Gesundheit und Umwelt).

3. Vollständigkeitskontrolle

Eine Vollständigkeitskontrolle ist in dem zum Zeitpunkt des Inkrafttretens der Verordnung von der Kommission im Ständigen Ausschuss für die Lebensmittelkette und Tiergesundheit empfohlenen Format für alle Punkte der Anhänge II und III der Richtlinie für eine begrenzte Reihe repräsentativer Anwendungen des Wirkstoffs vorzulegen, für die der Antragsteller auf der Grundlage der eingereichten Daten die Zulässigkeit hinsichtlich der Bewertung der Kriterien gemäß Artikel 5 der Richtlinie für eine oder mehrere Zubereitungen nachweisen möchte.

Der Antragsteller muss diese repräsentativen Anwendungen benennen.

4. **Liste der verfügbaren Studien**

   - Eine Liste aller Studien, die dem Antragsteller vorliegen und dem Bericht erstattenden Mitgliedstaat als Teil der Unterlagen vorgelegt werden;
   - ein ausführlicher vorläufiger Plan mit der Verpflichtung, weitere Studien durchzuführen, um die Unterlagen zu vervollständigen;
   - eine separate Liste aller Studien, die seit dem 1. August 1994 durchgeführt wurden (mit Ausnahme von Wirksamkeitsstudien gemäß Anhang III Abschnitt 6 der Richtlinie).

5. **Für jeden Mitgliedstaat eine Liste der Kulturen, für die Pflanzenschutzmittel, die den Wirkstoff enthalten, derzeit zugelassen sind.**

6. **Datum und Verweis auf die letzte Prüfung des Wirkstoffs in einem Mitgliedstaat der Europäischen Union.**

7. **Datum und Verweis auf die letzte Prüfung des Wirkstoffs in einem OECD-Mitgliedstaat.**

8. **Liste der Endpunkte**

   Eine Liste aller folgenden Endpunkte ist für die begrenzte Reihe repräsentativer Anwendungen des Wirkstoffs vorzulegen, für die der Antragsteller auf der Grundlage der eingereichten Daten nachweist, dass die Anforderungen der Richtlinie hinsichtlich der Kriterien des Artikels 5 von einer oder mehreren Zubereitungen erfüllt werden.

   Die Endpunkte für Rodentizide und Mittel zur Verwendung aufgelagerten Pflanzen oder pflanzlichen Erzeugnissen sind in der Verordnung (EG) Nr. 451/2000, Anhang IV Teil 2 Abschnitt 2 Ziffer 8 festgelegt.

   Für Mikroorganismen gelten folgende Endpunkte:

   Identität und biologische Eigenschaften

   Vorgesehene Anwendungen:

   Bekannter oder neuer Organismus:

   GVO:

   Taxonomische Daten:

   Art. Unterart. Stamm:

   Identifizierung/Ermittlung:

   Analyseverfahren:

   Wirkungsweise:

   Lebenszyklus:

   Wirtsspezifität:

   Bekannter Opportunist:

   Toxinproduktion:

   Widerstandsfähigkeit:

   Ruhephasen:

Produktionskontrolle:

Endpunkte und dazugehörige Angaben

1. Gefahrenabschätzung

1.1. Gefahren für den Menschen

Pathogenität:

Infektiosität:

Toxizität:

Reizung, Sensibilisierung:

Genotoxizität:

Medizinische Berichte:

Formulierung:

1.2. Gefahren für die Umwelt

Auswirkungen auf Nicht-Ziel-Arten:

Formulierung:

2. Ermittlung der Exposition und Risikobewertung

2.1. Anwenderexposition

Anwendungsverfahren:

Modelle für die Anwenderexposition:

2.2. Umweltexposition

Natürliches Vorkommen, Grundbelastung:

Anwendungsverfahren:

Überwachung nach der Freigabe:

2.3. Verbraucherexposition

Rückstände:

3. Formulierung

Technische Merkmale:

Verpackung:

9. Verpflichtungen

Der Antragsteller bestätigt, dass die Angaben in den Punkten 3 und 8 des Antrags auf Studien beruhen, die dem Antragsteller vorliegen und dem Bericht erstattenden Mitgliedstaat als Teil der Unterlagen übermittelt werden.

Der Antragsteller verpflichtet sich, der koordinierenden Behörde des als Berichterstatter benannten Mitgliedstaats die Unterlagen innerhalb der Frist, die in der gemäß Artikel 6 Absatz 4 der vorliegenden Verordnung zu erlassenden Verordnung festgelegt wird, zu übermitteln. Werden in der neu erlassenen Verordnung für diesen Wirkstoff mehrere Antragsteller genannt, so unternimmt der Antragsteller alle zweckdienlichen Schritte, um gemeinsame Unterlagen mit den anderen Antragstellern einzureichen.

Der Antragsteller verpflichtet sich, bei Einreichung des Antrags bei der in Anhang V genannten Behörde eine Gebühr gemäß Artikel 7 zu entrichten.

Der Antragsteller erklärt, dass ihm bekannt ist, dass bei Einreichung der vollständigen Unterlagen für Wirkstoffe gemäß Artikel 6 Absatz 4 der vorliegenden Verordnung von dem Mitgliedstaat eine Gebühr erhoben wird.

Der Antragsteller versichert, dass die obigen Angaben richtig sind und der Wahrheit entsprechen.

Der Antragsteller erklärt, dass er nötigenfalls die Ermächtigung des Herstellers beifügt, für die Zwecke dieser Verordnung als dessen alleiniger Vertreter innerhalb der Gemeinschaft zu handeln.

Unterschrift (des Handlungsbevollmächtigten des unter Punkt 1.1 genannten Unternehmens)

Anhang IV

Teil 1
Kriterien für die Annahme von Anträgen gemäß Artikel 4

Ein Antrag wird nur angenommen, wenn:

1. er innerhalb der Frist gemäß Artikel 4 Absatz 2 eingereicht wird;
2. er von einem Antragsteller eingereicht wird, der ein Hersteller gemäß Artikel 2 Buchstabe a) eines Wirkstoffs im Sinne der Richtlinie ist, und der Wirkstoff für Zwecke des Pflanzenschutzes vertrieben und verwendet wird;
3. er in dem Format gemäß Anhang III Teil 1 eingereicht wird;
4. eine Gebühr gemäß Artikel 7 Absatz 1 entrichtet wurde.

Teil 2
Kriterien für die Annahme von Anträgen gemäß Artikel 5

Ein Antrag wird nur angenommen, wenn:

1. er innerhalb der Frist gemäß Artikel 5 Absatz 2 eingereicht wird;
2. er von einem Antragsteller eingereicht wird, der ein Hersteller gemäß Artikel 2 Buchstabe a) eines Wirkstoffs im Sinne der Richtlinie ist, und der Wirkstoff für Zwecke des Pflanzenschutzes vertrieben und verwendet wird;
3. er in dem Format gemäß Anhang III Teil 2 eingereicht wird;
4. sich bei der Vollständigkeitskontrolle gezeigt hat, dass die Vollständigkeit der vorliegenden Unterlagen zufrieden stellend ist, oder ein Zeitplan zu deren Vervollständigung vorgelegt wird;
5. die Vollständigkeit der Liste der Endpunkte zufrieden stellend ist;
6. eine Gebühr gemäß Artikel 7 Absatz 2 entrichtet wurde.

Anhang V
Von der Kommission benannte Behörde gemäß Artikel 4 und 5

Die folgende Behörde wird damit beauftragt, die in Artikel 6 genannten Aufgaben im Namen der Kommission wahrzunehmen:

Biologische Bundesanstalt für Land- und Forstwirtschaft (Render 4),
Messeweg 11-12, D-38104 Braunschweig
(Internet http://www.bba.de/english/render/htm – E-Mail: render@bba.de).

Die in Artikel 7 genannte Gebühr ist zu entrichten an:

Kontoinhaber: Bundeskasse Halle
Kontonummer: 80.001.020
BLZ 80.000.000, Landeszentralbank Halle
IBAN: DE 5.880.000.000.080.001.020
BIC: ZBNS DE 21 800
(Betreff: „BBA-RENDER 4" unter Angabe der Aktennummer des Antrags).

Diese Behörde

1. prüft die Anträge gemäß Artikel 4 und 5;
2. stellt den Antragstellern das Format der Anträge gemäß Artikel 4 Absatz 2 und Artikel 5 Absatz 2 zur Verfügung;
3. prüft die Anträge und zieht nötigenfalls im Zusammenhang mit den Zulässigkeitskriterien gemäß Anhang IV Sachverständige aus anderen Mitgliedstaaten zu Rate;
4. erstattet der Kommission innerhalb von drei Monaten nach Ablauf der Frist gemäß Artikel 4 Absatz 2 und Artikel 5 Absatz 2 über die Zulässigkeit der Anträge Bericht;
5. stellt der Kommission die angenommenen Anträge zur Verfügung;
6. legt der Kommission eine genaue Abrechnung vor;
7. zahlt den Antragstellern anteilmäßig einen Teil der Gebühr zurück, wenn der eingezahlte Gesamtbetrag die tatsächlichen Kosten der Prüfung und Bearbeitung der Anträge übersteigt.

Anhang VI
Koordinierende Behörden in den Mitgliedstaaten

ÖSTERREICH
Bundesamt und Forschungszentrum für Landwirtschaft
Spargelfeldstraße 191
A-1226 Wien

BELGIEN
Ministère des classes moyennes et de l'agriculture
Service qualité des matieres premières et analyses WTC 3, 8e étage
Boulevard S. Bolivar 30 B-1000 Brüssel

DÄNEMARK
Ministry of Environment
Danish Environmental Protection Agency
Pesticide Division
Strandgade 29
DK-1401 Kopenhagen K

DEUTSCHLAND
Biologische Bundesanstalt für Land- und Forstwirtschaft (BBA)
Abteilung für Pflanzenschutzmittel und Anwendungstechnik (AP)
Messeweg 11-12
D-38104 Braunschweig

GRIECHENLAND
Hellenic Republic
Ministry of Agriculture
General Directorate of Plant Produce
Directorate of Plant Produce Protection
Department of Pesticides
3-5 Hippokratous Street
GR-10164 Athen

SPANIEN
Ministerio de Agricultura, Pesca y Alimentación
Directión General de Agricultura
Subdirección General de Medios de Productión Agríkcolas
C/Ciudad de Barcelona, 118-120
E-28007 Madrid

FINNLAND
Plant Production Inspection Centre
Pesticide Division
P.O. BOX 42
FIN-00501 Helsinki

FRANKREICH
Ministère de l'agriculture et de la pêche
Direction générale de l'alimentation
Sous-direction de la qualité et de la protection des végétaux
251, rue de Vaugirard
F-75732 Paris Cedex 15

IRLAND
Pesticide Control Service
Department of Agriculture, Food and Rural Development
Abbotstown Laboratory Complex
Abbotstown, Castleknock
Dublin 15
Ireland

ITALIEN
Ministero della Sanità
Dipartimento degli Alimenti, Nutrizione e Sanità Pubblica Veterinaria
Ufficio XIV
Piazza G. Marconi, 25
I-00144 Rom

LUXEMBURG
Administration des services techniques de l'agriculture
Service de la protection des végétaux
Boite postale 1904
16, route d' Esch
L-1019 Luxemburg

NIEDERLANDE
College voor de Toelating van Bestrijdingsmiddelen
PO Box 217
6700 AE Wageningen
Nederland

PORTUGAL
Direcção-Gerat de Protecção das Culturas,
Quinta do Marquês
P-2780-155 Oeiras

SCHWEDEN
National Chemicals Inspectorate
P.O. Box 1384
S-17127 Solna

VEREINIGTES KÖNIGREICH
Pesticides Safety Directorate
Department for Environment, Food and Rural Affairs
Mallard House,
Kings Pool,
3 Peasholme Green,
York, YO1 7PX
United Kingdom

Verordnung (EG) Nr. 2229/2004 der Kommission

vom 3. Dezember 2004

mit weiteren Durchführungsbestimmungen für die vierte Stufe des Arbeitsprogramms gemäß Artikel 8 Absatz 2 der Richtlinie 91/414/EWG des Rates, ABl. L 379 vom 24.12.2004, S. 13, zuletzt geändert durch Verordnung (EG) Nr. 1095/2007 der Kommission vom 20. September 2007 (ABl. L 246 vom 21.9.2007, S. 19)

DIE KOMMISSION DER EUROPÄISCHEN GEMEINSCHAFTEN –

gestützt auf den Vertrag zur Gründung der Europäischen Gemeinschaft,

gestützt auf die Richtlinie 91/414/EWG des Rates vom 15. Juli 1991 über das Inverkehrbringen von Pflanzenschutzmitteln[1], insbesondere auf Artikel 8 Absatz 2 Unterabsatz 2,

in Erwägung nachstehender Gründe:

(1) Gemäß der Richtlinie 91/414/EWG führt die Kommission innerhalb von 12 Jahren nach Bekanntgabe der Richtlinie 91/414/ EWG ein Arbeitsprogramm zur schrittweisen Prüfung der Wirkstoffe durch, die bereits zwei Jahre nach Bekanntgabe der Richtlinie im Handel waren.

(2) Die Verordnung (EWG) Nr. 3600/92 der Kommission vom 11. Dezember 1992 mit Durchführungsbestimmungen für die erste Stufe des Arbeitsprogramms gemäß Artikel 8 Absatz 2 der Richtlinie 91/414/EWG des Rates über das Inverkehrbringen von Pflanzenschutzmitteln[2] betrifft die erste Stufe des Arbeitsprogramms, die noch nicht abgeschlossen ist.

(3) Die Verordnung (EG) Nr. 451/2000 der Kommission vom 28. Februar 2000 mit Durchführungsbestimmungen für die zweite und dritte Stufe des Arbeitsprogramms gemäß Artikel 8 Absatz 2 der Richtlinie 91/414/EWG des Rates[3] betrifft die zweite Stufe des Arbeitsprogramms, die ebenfalls noch läuft.

(4) Die Verordnung (EG) Nr. 451/2000 sieht auch eine dritte Stufe des Arbeitsprogramms für eine weitere Reihe von Wirkstoffen vor, die nicht unter die erste und zweite Stufe des Programms fallen. Die Verordnung (EG) Nr. 1490/2002 der Kommission vom 14. August 2002 mit weiteren Durchführungsbestimmungen für die dritte Stufe des Arbeitsprogramms gemäß Artikel 8 Absatz 2 der Richtlinie 91/414/EWG des Rates und zur Änderung der Verordnung (EG) Nr. 451/2000[4] betrifft somit ebenfalls die dritte Stufe des Arbeitsprogramms. Auch diese dritte Stufe läuft noch.

---

1 ABl. L 230 vom 19.8.1991, S. 1. Richtlinie zuletzt geändert durch die Richtlinie 2004/99/EG der Kommission (ABl. L 309 vom 6.10.2004, S. 6).

2 ABl. L 366 vom 15.12.1992, S. 10. Verordnung zuletzt geändert durch die Verordnung (EG) Nr. 2266/2000 (ABl. L 259 vom 13.10.2000, S. 27).

3 ABl. L 55 vom 29.2.2000, S. 25. Verordnung zuletzt geändert durch die Verordnung (EG) Nr. 1044/2003 (ABl. L 151 vom 19.6.2003, S. 32).

4 ABl. L 224 vom 21.8.2002, S. 23. Verordnung zuletzt geändert durch die Verordnung (EG) Nr. 1744/2004 (ABl. L 311 vom 8.10.2004, S. 23).

(5) Die Verordnung (EG) Nr. 1112/2002 der Kommission vom 20. Juni 2002 mit Durchführungsbestimmungen für die vierte Stufe des Arbeitsprogramms gemäß Artikel 8 Absatz 2 der Richtlinie 91/414/EWG des Rates[5] betrifft die vierte Stufe des Arbeitsprogramms, die ebenfalls noch nicht abgeschlossen ist. Hersteller, die die Aufnahme von unter diese Stufe fallenden Wirkstoffen in Anhang I der Richtlinie 91/414/EWG unterstützen wollen, haben sich verpflichtet, alle erforderlichen Informationen zu liefern.

(6) Nach dem Beitritt der Tschechischen Republik, Estlands, Zyperns, Lettlands, Litauens, Ungarns, Maltas, Polens, Sloweniens und der Slowakei muss Herstellern in diesen neuen Mitgliedstaaten die Möglichkeit eingeräumt werden, für alle unter die vierte Stufe des Arbeitsprogramms fallenden Wirkstoffe ihr Interesse an der Teilnahme an dieser vierten Stufe zu bekunden. Darüber hinaus empfiehlt es sich, mit der Überprüfung von Wirkstoffen zu beginnen, die sich vor dem 1. Mai 2004 in einem neuen Mitgliedstaat auf dem Markt befanden und die in die erste bis vierte Stufe des Arbeitsprogramms nicht einbezogen sind.

(7) Die in dieser Verordnung festgelegten Verfahrensvorschriften sollten Verfahren und Aktionen nicht beeinträchtigen, die im Rahmen anderer Gemeinschaftsvorschriften und insbesondere im Rahmen der Richtlinie 79/117/EWG des Rates vom 21. Dezember 1978 über das Verbot des Inverkehrbringens und der Anwendung von Pflanzenschutzmitteln, die bestimmte Wirkstoffe enthalten[6], durchgeführt werden sollen, wenn der Kommission zur Kenntnis gebrachte Informationen zeigen, dass die Anforderungen der genannten Richtlinie möglicherweise erfüllt sind.

(8) Mit der Verordnung (EG) Nr. 178/2002 des Europäischen Parlaments und des Rates vom 28. Januar 2002 zur Festlegung der allgemeinen Grundsätze und Anforderungen des Lebensmittel-rechts, zur Errichtung der Europäischen Behörde für Lebensmittelsicherheit und zur Festlegung von Verfahren zur Lebensmittelsicherheit[7] wurde die Europäische Behörde für Lebensmittelsicherheit (EBLS) ins Leben gerufen, um sicherzustellen, dass die Gemeinschaft Zugang zu dem erstklassigen, unabhängigen und verlässlichen wissenschaftlich-technischen Fachwissen hat, das sie benötigt, um mit entsprechenden Rechtsvorschriften über die Sicherheit von Lebens- und Futtermitteln ein hohes Gesundheitsschutzniveau gewährleisten zu können. Daher empfiehlt es sich, der EBLS bei dem Arbeitsprogramm für Wirkstoffe eine aktive Rolle einzuräumen.

(9) Es sollten die Beziehungen zwischen Herstellern, Mitgliedstaaten, Kommission und EBLS sowie deren jeweilige Verpflichtungen für die Durchführung des Arbeitsprogramms festgelegt werden, wobei den Erfahrungen, die während der ersten und zweiten Stufe des Arbeitsprogramms erzielt wurden, dem Ziel

5 ABl. L 168 vom 27.6.2002, S. 14.

6 ABl. L 33 vom 8.2.1979, S. 36. Richtlinie zuletzt geändert durch die Verordnung (EG) Nr. 850/2004 (ABl. L 158 vom 30.4.2004, S. 7).

7 ABl. L 31 vom 1.2.2002, S. 1. Verordnung geändert durch die Verordnung (EG) Nr. 1642/2003 (ABl. L 245 vom 29.9.2003, S. 4).

der Trennung zwischen Risikobewertung und Risikomanagement und dem Erfordernis einer möglichst effizienten Arbeitsplanung Rechnung zu tragen ist.

(10) Für den Erfolg des Arbeitsprogramms ist eine enge Zusammenarbeit zwischen Herstellern, Mitgliedstaaten, Kommission und EBLS und die genaue Einhaltung der festgesetzten Fristen unerlässlich. Feste Fristen sollten für alle Phasen der vierten Stufe des Programms festgesetzt werden, damit seine Durchführung innerhalb eines akzeptablen Zeitraums gewährleistet ist. Für bestimmte Wirkstoffe, bei denen weniger Unterlagen erforderlich sind, ist eine kurze Frist für die Übermittlung der Unterlagen angemessen, damit innerhalb der für den Abschluss des Überprüfungsprogramms vorgesehenen Gesamtfrist weitere Informationen mitgeteilt werden können.

(11) Um Doppelarbeiten und insbesondere Versuche mit Wirbeltieren zu vermeiden, sollten Hersteller angeregt werden, gemeinsame Unterlagen einzureichen.

(12) Hinsichtlich der zu übermittelnden Informationen muss festgelegt werden, in welchem Format und innerhalb welcher Fristen Hersteller diese Informationen mitteilen müssen und welche Verpflichtungen sie den nationalen Behörden und der EBLS gegenüber haben. Viele der unter die vierte Stufe des Arbeitsprogramms fallenden Wirkstoffe werden in kleinen Mengen für spezielle Verwendungszwecke hergestellt. Einige sind von Bedeutung für ökologische oder andere extensive Bewirtschaftungssysteme mit geringem Mittelaufwand und dürften unter dem Gesichtspunkt des Verbraucher- und Umweltschutzes ein niedriges Risiko darstellen.

(13) In ihrem Bericht an den Rat und das Europäische Parlament – Bewertung der Wirkstoffe in Pflanzenschutzmitteln (gemäß Artikel 8 Absatz 2 der Richtlinie 91/414/EWG über das Inverkehr-bringen von Pflanzenschutzmitteln)[8] hat die Kommission auf das Erfordernis zur Festlegung besonderer Maßnahmen für wenig gefährliche Verbindungen hingewiesen.

(14) Auf dieser Stufe des Arbeitsprogramms muss anders vorgegangen werden, um das Risiko, dass zahlreiche Wirkstoffe allein aus wirtschaftlichen Gründen vom Markt genommen werden, zu mindern. Für bestimmte Wirkstoffgruppen ist es daher angezeigt, für die zu übermittelnden Unterlagen ein anderes Format und andere Anforderungen festzulegen als sie für Wirkstoffe auf den drei vorangegangenen Stufen des Arbeitsprogramms gelten.

(15) Im Interesse der Kohärenz von Gemeinschaftsvorschriften sollten die in dieser Verordnung vorgesehenen Maßnahmen mit den Maßnahmen im Rahmen der Richtlinie 98/8/EG des Europäischen Parlaments und des Rates vom 16. Februar 1998 über das Inverkehrbringen von Biozid-Produkten[9] in Einklang stehen.

(16) Die Antragstellung und Übermittlung von Unterlagen sollte keine Vorbedingung dafür sein, nach Aufnahme des Wirkstoffs in Anhang I der Richtlinie

---

8 KOM(2001) 444 endg.

9 ABl. L 123 vom 24.4.1998, S. 1. Richtlinie geändert durch die Verordnung (EG) Nr. 1882/2003 (ABl. L 284 vom 31.10.2003, S. 1).

91/414/EWG die Möglichkeit in Anspruch nehmen zu können, Pflanzenschutzmittel auf der Grundlage von Artikel 13 der Richtlinie 91/414/EWG auf den Markt zu bringen. Personen, die keinen Antrag gestellt haben, sollten sich daher auf allen Stufen des Bewertungsprozesses über mögliche zusätzliche Anforderungen informieren können, die für die weitere Vermarktung von Pflanzenschutzmitteln gelten, die einen Wirkstoff enthalten, der einer Bewertung unterzogen wird.

(17) Um sicherzustellen, dass alle maßgeblichen Informationen über potenzielle Schadwirkungen eines Wirkstoffs oder seiner Rückstände berücksichtigt werden, sollten bei den Bewertungen auch technische oder wissenschaftliche Informationen geprüft werden, die beliebige Personen innerhalb der vorgegebenen Fristen übermitteln.

(18) Bricht die Zusammenarbeit mit den Antragstellern ab, so kann die weitere Bewertung unmöglich mit Erfolg weitergeführt und sollte deshalb beendet werden, es sei denn, diese Aufgabe wird von einem Mitgliedstaat übernommen.

(19) Die Bewertungsarbeiten sollten auf die zuständigen Behörden der Mitgliedstaaten verteilt werden. In diesem Sinne ist für jeden Wirkstoff ein Bericht erstattender Mitgliedstaat zu ernennen. Der Bericht erstattende Mitgliedstaat beurteilt gegebenenfalls die Vollständigkeitskontrolle des Antragstellers und prüft und bewertet die übermittelten Informationen. Er übermittelt seine Bewertungsergebnisse an die EBLS und richtet an die Kommission eine Empfehlung zu der Entscheidung, die für den entsprechenden Wirkstoff getroffen werden sollte. Für bestimmte Wirkstoffgruppen empfiehlt es sich, dass der Bericht erstattende Mitgliedstaat eng mit anderen Bericht erstattenden Mitgliedstaaten für diese Gruppe zusammenarbeitet. Für jede Gruppe sollte zur Koordinierung dieser Zusammenarbeit ein Hauptberichterstatter ernannt werden.

(20) Bericht erstattende Mitgliedstaaten sollten die Entwürfe ihrer Bewertungsberichte über Bewertungen von Wirkstoffen an die EBLS weiterleiten. Diese Entwürfe werden von der EBLS überprüft und diskutiert, bevor sie an die Kommission übermittelt werden.

(21) Bei offenkundiger Unausgewogenheit der Zuständigkeiten der Mitgliedstaaten in ihrer Funktion als Berichterstatter für die Bewertungs- und Beurteilungsarbeiten sollte die Möglichkeit gegeben sein, den für einen bestimmten Wirkstoff ursprünglich als Berichterstatter ernannten Mitgliedstaat durch einen anderen Mitgliedstaat zu ersetzen.

(22) Damit genügend Mittel für die Finanzierung dieser Stufe des Arbeitsprogramms zur Verfügung stehen, sollten die Mitgliedstaaten für die Bearbeitung und Prüfung von Unterlagen und Entwürfen von Bewertungsberichten eine Gebühr erheben können.

(23) Die EBLS wurde zu den vorgeschlagenen Maßnahmen gehört.

(24) Die in dieser Verordnung vorgesehenen Maßnahmen entsprechen der Stellungnahme des Ständigen Ausschusses für die Lebens-mittelkette und Tiergesundheit –

HAT FOLGENDE VERORDNUNG ERLASSEN:

Kapitel I
Gegenstand und Geltungsbereich, Definitionen und zuständige Behörden der Mitgliedstaaten

Artikel 1 Gegenstand und Geltungsbereich

(1) Diese Verordnung enthält

a) weitere Durchführungsvorschriften für die vierte Stufe des Arbeitsprogramms gemäß Artikel 8 Absatz 2 Unterabsatz 2 der Richtlinie 91/414/EWG (im Folgenden „Arbeitsprogramm“ genannt) für die weitere Bewertung von Wirkstoffen, für die gemäß der Verordnung (EG) Nr. 1112/2002 Anträge gestellt wurden;

b) Vorschriften für Wirkstoffe, die sich vor dem 1. Mai 2004 in der Tschechischen Republik, Estland, Zypern, Lettland, Litauen, Ungarn, Malta, Polen, Slowenien und der Slowakei auf dem Markt befanden, die nicht unter die Stufen 1 bis 3 des Arbeitsprogramms fielen und die nicht Gegenstand der Verordnung (EG) Nr. 1112/2002 sind.

(2) Artikel 6 Absätze 2 und 3 sowie Artikel 6 Absatz 4 Unterabsatz 2 der Richtlinie 91/414/EWG gelten nicht für die in Anhang I dieser Verordnung aufgelisteten Wirkstoffe, solange die in dieser Verordnung vorgesehenen Verfahren für diese Stoffe nicht abgeschlossen sind.

(3) Diese Verordnung gilt unbeschadet der

a) Überprüfungen, die Mitgliedstaaten insbesondere zur Erneuerung der Zulassung von Wirkstoffen in Anhang I dieser Verordnung gemäß Artikel 4 Absatz 4 der Richtlinie 91/414/EWG durchführen;

b) Überprüfungen, die die Kommission gemäß Artikel 5 Absatz 5 der Richtlinie 91/414/EWG durchführt;

c) Bewertungen im Rahmen der Richtlinie 79/117/EWG.

Artikel 2 Definitionen

Zum Zweck dieser Verordnung gelten die Definitionen gemäß Artikel 2 der Richtlinie 91/414/EWG und Artikel 2 der Verordnung (EG) Nr. 1112/2002.

Es gelten ferner folgende Definitionen:

a) „Antragsteller“: jede natürliche oder juristische Person, die einen Antrag gestellt hat

i) gemäß der Verordnung (EG) Nr. 1112/2002, wie in Anhang II dieser Verordnung aufgelistet, oder

ii) gemäß Artikel 4 dieser Verordnung;

b) „Bericht erstattender Mitgliedstaat“: der Bericht erstattende Mitgliedstaat für einen in Anhang I aufgelisteten Wirkstoff;

c) „Zusammenfassung der Unterlagen": Unterlagen mit den Angaben gemäß Artikel 10 Absatz 2, soweit Zusammenfassungen der in diesem Absatz genannten Untersuchungs- und Studienergebnisse gegeben werden;

d) „vollständige Unterlagen": Unterlagen mit den Angaben gemäß Artikel 10 Absatz 3, soweit die Ergebnisse der in der Zusammenfassung der Unterlagen genannten Untersuchungs- und Studienberichte vollständig angegeben sind.

Artikel 3 Zuständige Behörde der Mitgliedstaaten

(1) Die Mitgliedstaaten benennen jeweils (eine) Behörde(en), die für die Umsetzung der Verpflichtungen der Mitgliedstaaten im Sinne dieser Verordnung zuständig ist (sind).

(2) Die nationalen Behörden gemäß Anhang III koordinieren und sichern die notwendigen Kontakte mit Antragstellern, anderen Mitgliedstaaten, der Kommission und der Europäischen Behörde für Lebensmittelsicherheit (EBLS) im Sinne dieser Verordnung.

Die Mitgliedstaaten teilen der Kommission, der EBLS und den benannten nationalen Koordinierungsbehörden der anderen Mitgliedstaaten alle die nationale Koordinierungsbehörde betreffenden Einzelheiten und Änderungen mit.

Kapitel II
Anträge von Herstellern in neuen Mitgliedstaaten auf Aufnahme von Wirkstoffen

Artikel 4 Anträge von Herstellern in neuen Mitgliedstaaten

(1) Hersteller in einem neuen Mitgliedstaat gemäß Artikel 1 Absatz 1 Buchstabe b) dieser Verordnung, die die Aufnahme eines in Anhang I dieser Verordnung aufgelisteten Wirkstoffs in Anhang I der Richtlinie 91/414/EWG beantragen möchten, übermitteln die in Anhang V dieser Verordnung vorgesehenen Angaben spätestens drei Monate ab dem Tag des Inkrafttretens dieser Verordnung an die Kommission, an andere Antragsteller für diesen Wirkstoff und an den Bericht erstattenden Mitgliedstaat.

(2) Hersteller, die einen Antrag gemäß Absatz 1 stellen, erfüllen die in dieser Verordnung für den betreffenden Wirkstoff festgelegten Verpflichtungen für Hersteller bzw. Antragsteller.

(3) Hat ein Hersteller in einem neuen Mitgliedstaat keinen Antrag gemäß Absatz 1 für einen in Anhang I dieser Verordnung aufgelisteten Wirkstoff eingereicht, so kann er nur zusammen mit einem oder mehreren Antragstellern für den Wirkstoff, zu denen auch ein Mitgliedstaat zählt, der einen Antrag gemäß Absatz 4 dieses Artikel gestellt hat, am Arbeitsprogramm teilnehmen.

(4) Ist für einen der in Anhang I dieser Verordnung aufgelisteten Wirkstoffe kein Antrag eingegangen, so kann ein neuer Mitgliedstaat sein Interesse an der Unterstützung der Aufnahme des betreffenden Wirkstoffs in Anhang I der Richtlinie 91/414/EWG und dem Bericht erstattenden Mitgliedstaat durch Stellung eines entsprechenden Antrags bekunden.

Dieser Antrag muss so schnell wie möglich, spätestens jedoch innerhalb von drei Monaten ab dem Tag gestellt werden, an dem die Kommission den Mitgliedstaaten mitgeteilt hat, dass für den betreffenden Wirkstoff kein Antrag eingereicht wurde.

Mitgliedstaaten, die einen solchen Antrag stellen, gelten alsdann als Hersteller zum Zwecke der Bewertung des betreffenden Wirkstoffs.

(5) Die Kommission beschließt gemäß Artikel 8 Absatz 2 Unterabsatz 4 der Richtlinie 91/414/EWG, in Anhang I dieser Verordnung aufgelistete Wirkstoffe, für die kein Antrag im Sinne von Absatz 1 bzw. 4 dieses Artikels gestellt wurde, nicht in Anhang I der genannten Richtlinie aufzunehmen. In dem Beschluss sind die Gründe für die Nichtaufnahme anzugeben.

Die Mitgliedstaaten widerrufen Zulassungen für Pflanzenschutzmittel, die die betreffenden Wirkstoffe enthalten, innerhalb der in dem genannten Beschluss festgesetzten Frist.

Kapitel III
Bedingungen für die Übermittlung von Unterlagen für Wirkstoffe und Übermittlung von Angaben durch Dritte

Artikel 5 Übermittlung von Unterlagen mehrerer Antragsteller

(1) Gibt es für einen in Anhang I aufgelisteten Wirkstoff mehrere Antragsteller, so treffen diese alle erforderlichen Vorkehrungen, um die Unterlagen für diesen Wirkstoff gemeinsam zu übermitteln.

Werden die Unterlagen nicht von allen Antragstellern übermittelt, so ist anzugeben, welche Vorkehrungen getroffen wurden und warum sich bestimmte Antragsteller an der gemeinsamen Übermittlung von Unterlagen nicht beteiligen haben.

(2) Bei Wirkstoffen, für die es mehrere Antragsteller gibt, sollte für jede Studie mit Versuchen an Wirbeltieren angegeben werden, welche Vorkehrungen zur Vermeidung von Doppelversuchen getroffen wurden, gegebenenfalls unter Angabe der Gründe, warum der Doppelversuch notwendig war.

Artikel 6 Übermittlung von Unterlagen an den Bericht erstattenden Mitgliedstaat

(1) Der Antragsteller übermittelt dem Bericht erstattenden Mitgliedstaat die Unterlagen für den betreffenden Wirkstoff (im Folgenden „Unterlagen“ genannt).

(2) Die Unterlagen umfassen

a) eine Kopie des Antrags sowie im Fall eines Sammelantrags im Sinne von Artikel 5 Absatz 1 Folgendes:

i) eine Kopie der Anträge, die gemäß Artikel 4 bzw. 5 der Verordnung (EG) Nr. 1112/2002 oder gemäß Artikel 4 dieser Verordnung gestellt wurden;

ii) den Namen der Person, die von den Herstellern als für den Sammelantrag verantwortlich erklärt wurde und die während des Verfahrens als Kontaktperson fungiert;

b) eine begrenzte Reihe repräsentativer Anwendungen des Wirkstoffs, für die die Angaben in den vom Antragsteller eingereichten Unterlagen nachweisen müssen, dass für eine oder mehrere Präparate die Kriterien gemäß Artikel 5 der Richtlinie 91/414/EWG für die Aufnahme des Wirkstoffs in Anhang I der Richtlinie erfüllt werden können.

(3) Verlangt der Bericht erstattende Mitgliedstaat gemäß Artikel 20 Absatz 2, dass die aktualisierte Zusammenfassung der Unterlagen bzw. die aktualisierten vollständigen Unterlagen oder Teile davon übermittelt werden, so übermittelt der Antragsteller diese Unterlagen spätestens einen Monat ab dem Tag, an dem er diese Aufforderung erhalten hat.

Artikel 7 Unterlagen für Wirkstoffe, für die Anträge im Rahmen der Richtlinie 98/8/EG gestellt werden

Wurde für einen Wirkstoff ein Antrag im Rahmen der Richtlinie 98/8/ EG gestellt, so kann der Antragsteller abweichend von den Artikeln 5 und 6 Folgendes übermitteln:

a) eine Kopie der Unterlagen, die im Rahmen der Richtlinie 98/8/EG eingereicht wurden;

b) etwaige zusätzliche Informationen im Sinne der Anhänge II und III der Richtlinie 91/414/EWG, die zur Begründung der Aufnahme des Wirkstoffs in Anhang I der genannten Richtlinie erforderlich sind, wobei auf Anwendungen hinzuweisen ist, die in den Geltungsbereich der genannten Richtlinie fallen.

Artikel 8 Unterlagen für Wirkstoffe, für die Anträge im Rahmen der Verordnung (EG) Nr. 1490/2002 gestellt werden

Wurden für einen Wirkstoff Unterlagen im Rahmen der Verordnung (EG) Nr. 1490/2002 übermittelt, so kann die die Unterlagen einreichende Person zusammen mit den im Rahmen dieser Verordnung eingereichten weiteren Unterlagen Folgendes angeben:

a) einen Hinweis auf die im Rahmen der Verordnung (EG) Nr. 1490/2002 eingereichten Unterlagen;

b) etwaige zusätzliche Informationen im Sinne der Anhänge II und III der Richtlinie 91/414/EWG, die zur Begründung der Aufnahme des Wirkstoffs in Anhang I der genannten Richtlinie erforderlich sind, wobei auf Anwendungen hinzuweisen ist, die in den Geltungsbereich dieser Verordnung fallen.

Artikel 9 Besondere Bedingungen für die Übermittlung von Unterlagen für Wirkstoffe, die in Anhang I Teil A aufgelistet sind

(1) Betreffen die Unterlagen einen Wirkstoff gemäß Anhang I Teil A, so übermittelt der Antragsteller zusätzlich zu den Informationen gemäß Artikel 5 und Artikel 6 Absatz 2 folgende Angaben über den Wirkstoff und (gegebenenfalls) das Pflanzenschutzmittel:

a) alle verfügbaren Informationen über etwaige Gesundheitsrisiken für Mensch und Tier sowie Umweltrisiken, einschließlich Informationen aus der Fachliteratur, mit Angabe der durchsuchten Datenbanken und der eingegebenen Suchbegriffe;

b) vorliegende Bewertungsberichte aus beliebigen OECD-Ländern;

c) für laufende Untersuchungen und noch nicht ganz abgeschlossene Studien: Informationen über diese Untersuchungen und Studien, einschließlich ihres voraussichtlichen Abschlusstermins.

(2) Die Unterlagen umfassen die einzelnen Untersuchungs- und Studienberichte mit allen Informationen gemäß Absatz 1.

(3) Soweit sie als Bericht erstattende Mitgliedstaaten fungieren und Kopien gemäß Artikel 20 Absatz 2 erhalten, legen diese Mitgliedstaaten fest, wie viele Kopien der Antragsunterlagen vom Antragsteller einzureichen sind.

Das Format der Unterlagen richtet sich nach den Empfehlungen, die nach dem Verfahren von Artikel 19 der Richtlinie 91/414/EWG diesbezüglich gemacht werden.

Artikel 10 Besondere Bedingungen für die Übermittlung von Unterlagen für Wirkstoffe, die in Anhang I Teile B bis G aufgelistet sind

(1) Betreffen die Unterlagen einen Wirkstoff gemäß Anhang I Teile B bis G, so übermittelt der Antragsteller die Unterlagen und eine Zusammenfassung der Unterlagen.

(2) Der bzw. die Antragsteller fügen den zusammengefassten Unterlagen Folgendes bei:

a) die Informationen gemäß Artikel 5 und Artikel 6 Absatz 2 dieser Verordnung;

b) für jeden Punkt von Anhang II (Teil A bzw. Teil B) der Richtlinie 91/414/EWG und für jeden Punkt von Anhang III (Teil A bzw. Teil B) der Richtlinie: die Zusammenfassungen und Ergebnisse von Untersuchungen und Studien sowie den Namen der Person oder des Instituts, die (das) die genannten Untersuchungen und Studien durchgeführt hat;

c) eine vom Antragsteller auszufüllende Prüfliste zum Nachweis, dass die Unterlagen im Sinne von Artikel 18 dieser Verordnung vollständig sind.

Die Untersuchungen und Studien gemäß Absatz 2 Buchstabe b) dieses Artikels müssen maßgeblich sein für die Bewertung der in Artikel 5 der Richtlinie 91/414/EWG festgelegten Kriterien für eines oder mehrere der Präparate für die vorgesehenen Anwendungen, wobei die Tatsache zu berücksichtigen ist, dass fehlende Informationen in den Unterlagen gemäß Anhang II der Richtlinie 91/414/EWG, die sich aus der begrenzten Reihe der vorgeschlagenen repräsentativen Anwendungen des Wirkstoffs ergeben, zu Beschränkungen bei der Aufnahme in Anhang I der genannten Richtlinie führen können.

(3) Die vollständigen Unterlagen enthalten die einzelnen Untersuchungs- und Studienberichte über alle Angaben gemäß Buchstabe b) sowie Absatz 2 Unterabsatz 2.

(4) Die Mitgliedstaaten legen die Zahl der Kopien und das Format der Zusammenfassung und der vollständigen Unterlagen fest, die von den Antragstellern einzureichen sind.

Dabei tragen sie den Empfehlungen Rechnung, die nach dem Verfahren gemäß Artikel 19 der Richtlinie 91/414/EWG diesbezüglich gemacht wurden.

Artikel 11 Angaben von Dritten

Natürliche oder juristische Personen, die dem Bericht erstattenden Mitgliedstaat maßgebliche Informationen zukommen lassen möchten, die zur Bewertung eines in Anhang I aufgelisteten Wirkstoffs beitragen könnten, insbesondere hinsichtlich potenzieller Schadwirkungen dieses Stoffes oder seiner Rückstände auf die Gesundheit von Mensch und Tier und die Umwelt, übermitteln diese Informationen innerhalb der in Artikel 12 vorgegebenen Frist.

Informationen dieser Art werden an den Bericht erstattenden Mitgliedstaat und die EBLS übermittelt. Soweit der Bericht erstattende Mitgliedstaat dies verlangt, übermittelt die betreffende natürliche oder juristische Person die genannten Informationen spätestens einen Monat ab dem Tag, an dem sie diese Aufforderung erhalten hat, auch an die anderen Mitgliedstaaten.

Artikel 12 Fristen für die Übermittlung von Unterlagen

Der bzw. die Antragsteller übermitteln dem zuständigen Bericht erstattenden Mitgliedstaat die Unterlagen bis spätestens

a) 30. Juni 2005 für die in Anhang I Teil A aufgelisteten Wirkstoffe,

b) 30. November 2005 für die in Anhang I Teile B bis G aufgelisteten Wirkstoffe.

Artikel 13 Nichtübermittlung von Unterlagen

(1) Werden die Unterlagen oder Teile davon vom Antragsteller nicht innerhalb der Frist gemäß Artikel 12 übermittelt, so unterrichtet der Bericht erstattende Mitgliedstaat die Kommission und die EBLS innerhalb von zwei Monaten nach dem Tag des Ablaufs der Frist und unter Angabe der von den Antragstellern angegebenen Gründe für die Verzögerung entsprechend.

(2) Auf der Grundlage der vom Bericht erstattenden Mitgliedstaat übermittelten Informationen gemäß Absatz 1 entscheidet die Kommission, ob der Antragsteller hinreichend nachgewiesen hat, dass die Verzögerung auf höhere Gewalt zurückzuführen war.

In diesem Fall setzt sie nach dem Verfahren von Artikel 19 der Richtlinie 91/414/EWG eine neue Frist für die Einreichung der Unterlagen fest, wobei die einschlägigen Kriterien der Artikel 5, 6, 9 und 10 dieser Verordnung erfüllt sein müssen.

(3) Die Kommission entscheidet gemäß Artikel 8 Absatz 2 Unterabsatz 4 der Richtlinie 91/414/EWG, Wirkstoffe, für die innerhalb der Frist gemäß Artikel 12 dieser Verordnung oder gemäß Absatz 2 Unterabsatz 2 dieses Artikels keine Unterlagen eingereicht wurden, nicht in Anhang I der genannten Richtlinie aufzunehmen. In der Entscheidung sind die Gründe für die Nichtaufnahme zu nennen.

Die Mitgliedstaaten widerrufen Zulassungen von Pflanzenschutzmitteln, die solche Wirkstoffe enthalten, innerhalb des in der Entscheidung vorgeschriebenen Zeitraums.

Artikel 14 Ersetzung oder Zurückziehen eines Antragstellers

(1) Beschließt ein Antragsteller, nicht länger am Arbeitsprogramm für einen Wirkstoff teilzunehmen, so teilt er dies dem Bericht erstattenden Mitgliedstaat, der

Kommission, der EBLS und den anderen Antragstellern für den betreffenden Stoff unter Angabe seiner Gründe unverzüglich mit.

Beendet ein Antragsteller seine Teilnahme oder kommt er seinen in dieser Verordnung festgelegten Verpflichtungen nicht nach, so werden die Verfahren der Artikel 15 bis 24 für seine Unterlagen ausgesetzt.

(2) Kommt ein Antragsteller mit einem anderen Hersteller überein, ihn im weiteren Verlauf des Arbeitsprogramms im Rahmen dieser Verordnung zu ersetzen, so teilen der Antragsteller und der betreffende andere Hersteller dies dem Bericht erstattenden Mitgliedstaat, der Kommission und der EBLS in einer gemeinsamen Erklärung mit, in der festgelegt wird, dass der andere Hersteller die dem ursprünglichen Antragsteller obliegenden Pflichten gemäß den Artikeln 4, 5, 6, 9, 10, 12 und 24 übernimmt. Sie sorgen dafür, dass andere Antragsteller für den betreffenden Wirkstoff gleichzeitig unterrichtet werden.

Der andere Hersteller haftet in diesem Fall gemeinsam mit dem ursprünglichen Antragsteller für eventuell noch ausstehende Gebühren in Zusammenhang mit dessen Antrag, die im Rahmen der von den Mitgliedstaaten gemäß Artikel 30 eingeführten Regelung fällig wurden.

(3) Beenden alle Antragsteller für einen betreffenden Wirkstoff ihre Teilnahme am Arbeitsprogramm, so kann ein Mitgliedstaat beschließen, für den weiteren Verlauf des Arbeitsprogramms als Antragsteller zu fungieren.

Mitgliedstaaten, die als Antragsteller fungieren möchten, teilen dies dem Bericht erstattenden Mitgliedstaat, der Kommission und der EBLS spätestens einen Monat ab dem Tag mit, an dem sie davon unterrichtet wurden, dass alle Antragsteller beschlossen haben, ihre Teilnahme am Arbeitsprogramm zu beenden, und ersetzen alsdann den ursprünglichen Antragsteller, indem sie dessen Pflichten gemäß den Artikeln 4, 5, 6, 9, 10, 12 und 24 erfüllen.

(4) Alle übermittelten Informationen bleiben dem Bericht erstattenden Mitgliedstaat, der Kommission und der EBLS weiterhin zugänglich.

Kapitel IV
Prüfung von Unterlagen

Artikel 15 Allgemeine Bedingungen für die Prüfung von Antragsunterlagen

(1) Unbeschadet des Artikels 18 prüft der Bericht erstattende Mitgliedstaat alle bei ihm eingehenden Unterlagen.

(2) Unbeschadet des Artikels 7 der Richtlinie 91/414/EWG ist die Übermittlung neuer Studien an den Bericht erstattenden Mitgliedstaat nur für die Studien gemäß Artikel 9 Absatz 1 Buchstabe c) dieser Verordnung zulässig.

Der Bericht erstattende Mitgliedstaat kann jedoch einen Antragsteller auffordern, weitere Angaben zu übermitteln, wenn sie zur Erläuterung der Unterlagen notwendig sind. In diesem Fall setzt er den Termin fest, bis zu dem diese Angaben vorliegen müssen. Dieser Termin berührt in keiner Weise die Frist für die Übermittlung gemäß Artikel 21 Absatz 1 bzw. Artikel 22 Absatz 1 des Entwurfs des Bewertungsberichts des Bericht erstattenden Mitgliedstaats an die EBSL.

(3) Der Bericht erstattende Mitgliedstaat kann von Beginn der Prüfung an

a) Sachverständige der EBLS zu Rate ziehen;

b) für die Prüfung zusätzliche technische oder wissenschaftliche Informationen von anderen Mitgliedstaaten anfordern.

(4) Antragsteller können sich in besonderen Fragen vom Bericht erstattenden Mitgliedstaat beraten lassen.

Artikel 16 Zusammenarbeit zwischen Mitgliedstaaten

(1) Bericht erstattende Mitgliedstaaten arbeiten bei Bewertungen innerhalb einzelner Wirkstoffgruppen gemäß Anhang I zusammen und koordinieren diese Zusammenarbeit auf wirksame und effiziente Weise.

(2) Der Bericht erstattende Mitgliedstaat, der innerhalb der einzelnen Wirkstoffgruppen gemäß Anhang I als Hauptberichterstatter ausgewiesen wurde, übernimmt bei der Koordinierung der Zusammenarbeit und Beratung von Antragstellern die federführende Rolle, soweit Fragen betroffen sind, die für die anderen Mitgliedstaaten von allgemeinem Interesse sind.

Artikel 17 Besondere Bedingung für die Bewertung von in Anhang I Teil A aufgeführte Wirkstoffe

Der Bericht erstattende Mitgliedstaat prüft, wann immer möglich und soweit die Frist für die Übermittlung des Entwurfs seines Bewertungsberichts gemäß Artikel 21 Absatz 1 nicht beeinflusst wird, zusätzliche Informationen im Sinne von Artikel 9 Absatz 1 Buchstabe c), die vom Antragsteller übermittelt werden.

Artikel 18 Vollständigkeitsprüfung der Unterlagen für in Anhang I Teile B bis G aufgeführte Wirkstoffe

(1) Der Bericht erstattende Mitgliedstaat prüft die von Antragstellern übermittelten Prüflisten gemäß Artikel 10 Absatz 2 Buchstabe c).

(2) Der Bericht erstattende Mitgliedstaat erstattet der Kommission spätestens drei Monate nach Erhalt aller Unterlagen für einen Wirkstoff Bericht über deren Vollständigkeit.

(3) Wirkstoffe, für die eine oder mehrere der übermittelten Unterlagen als vollständig anerkannt wurden, werden vom Bericht erstattenden Mitgliedstaat gemäß den Artikeln 15 und 19 bewertet, sofern die Kommission dem Bericht erstattenden Mitgliedstaat nicht innerhalb von zwei Monaten ab dem Tag des Eingangs des Vollständigkeitsberichts mitteilt, dass sie die Unterlagen nicht als vollständig anerkennt.

(4) Im Fall von Wirkstoffen, bei denen ein Bericht erstattender Mitgliedstaat oder die Kommission der Auffassung sind, dass die Unterlagen nicht im Sinne der Artikel 5, 6 und 10 vollständig sind, übermittelt die Kommission innerhalb von drei Monaten ab dem Tag des Eingangs des Vollständigkeitsberichts des Bericht erstattenden Mitgliedstaats diesen Bericht an den Ständigen Ausschuss für die Lebensmittelkette und Tiergesundheit.

Über die Vollständigkeit von Unterlagen im Sinne der Artikel 5, 6 und 10 wird nach dem Verfahren von Artikel 19 der Richtlinie 91/414/EWG entschieden.

(5) Die Kommission entscheidet gemäß Artikel 8 Absatz 2 Unterabsatz 4 der Richtlinie 91/414/EWG, Wirkstoffe, für die innerhalb der Frist gemäß Artikel 12 dieser Verordnung oder Artikel 13 Absatz 2 Unterabsatz 2 keine vollständigen Unterlagen eingereicht wurden, nicht in Anhang I der genannten Richtlinie aufzunehmen.

Artikel 19 Besondere Bedingungen für die Prüfung von Unterlagen für in Anhang I Teile B bis G aufgeführte Wirkstoffe

(1) Soweit Wirkstoffe, die gemäß Anhang I Teil D dieser Verordnung aufgeführt sind, im Rahmen der Richtlinie 98/8/EG bewertet wurden, sind diese Bewertungen gegebenenfalls auch für die Zwecke dieser Verordnung zu berücksichtigen.

(2) Soweit Wirkstoffe im Rahmen einer früheren Stufe des Arbeitsprogramms gemäß Artikel 8 Absatz 2 der Richtlinie 91/414/EWG bewertet wurden, sind diese Bewertungen gegebenenfalls auch für die Zwecke dieser Verordnung zu berücksichtigen.

(3) Der Bericht erstattende Mitgliedstaat bewertet nur dann Wirkstoffe und erstattet Bericht über sie, wenn wenigstens bei einem Satz Unterlagen gewährleistet ist, dass sie im Sinne der Artikel 5, 6 und 10 vollständig sind. Bei Unterlagen für ein und denselben Wirkstoff, die nicht als vollständig anerkannt werden, überprüft der Bericht erstattende Mitgliedstaat lediglich, ob die Angaben über Identität und Verunreinigungen der Wirkstoffe in diesen Unterlagen den Angaben über Identität und Verunreinigungen dieser Wirkstoffe in Unterlagen vergleichbar sind, die als vollständig anerkannt wurden. Der Bericht erstattende Mitgliedstaat hält sein diesbezügliches Prüfergebnis im Entwurf seines Bewertungsberichts fest.

Der Bericht erstattende Mitgliedstaat berücksichtigt alle Informationen über potenzielle Schadwirkungen in anderen Unterlagen, die von Antragsteller oder Dritten gemäß Artikel 11 übermittelt wurden.

Artikel 20 Allgemeine Bedingungen für Entwürfe von Bewertungsberichten

(1) Entwürfe von Bewertungsberichten werden so weit wie möglich in dem nach dem Verfahren von Artikel 19 der Richtlinie 91/414/EWG empfohlenen Format übermittelt.

(2) Der Bericht erstattende Mitgliedstaat fordert Antragsteller auf, eine aktualisierte Zusammenfassung der Unterlagen zum selben Zeitpunkt, an dem der Entwurf des Bewertungsberichts des Bericht erstattenden Mitgliedstaat an die EBLS geschickt wird, den anderen Mitgliedstaaten und auf Verlangen auch der Kommission zuzusenden.

Die Mitgliedstaaten, die Kommission oder die EBLS können Antragsteller über den Bericht erstattenden Mitgliedstaat auffordern, ihnen auch eine aktualisierte Fassung der vollständigen Unterlagen oder von Teilen davon zuzusenden. Der Antragsteller übermittelt aktualisierte Fassungen vollständiger Unterlagen bis zu dem in der Aufforderung angegebenen Zeitpunkt.

Artikel 21 Besondere Bedingungen für Entwürfe von Bewertungsberichten und Empfehlungen an die Kommission zu den in Anhang I Teil A aufgeführten Wirkstoffen

(1) Der Bericht erstattende Mitgliedstaat übermittelt den Entwurf seines Bewertungsberichts so schnell wie möglich an die EBLS, spätestens jedoch 12 Monate ab dem Tag des Ablaufs der Frist gemäß Artikel 12 Buchstabe a).

(2) Der Bericht erstattende Mitgliedstaat verweist in dem Entwurf seines Bewertungsberichts auf jede Untersuchung oder Studie zu den einzelnen Punkten von Anhang II (Teil A bzw. Teil B) der Richtlinie 91/414/EWG und Anhang III (Teil A bzw. Teil B) der Richtlinie, die für die Beurteilung maßgeblich ist.

Dieser Verweis erfolgt in Form einer Liste von Untersuchungs- und Studienberichten, mit Angabe des Titels, des Autors/der Autoren, des Datums des jeweiligen Berichts und seiner Veröffentlichung, des Standards, nach dem die Untersuchung oder Studie durchgeführt wurde, des Namens des Zulassungsinhabers und etwaiger Datenschutzansprüche des Inhabers oder Antragstellers.

(3) Zum selben Zeitpunkt, an dem er den Entwurf seines Bewertungsberichts gemäß Absatz 1 an die EBLS übermittelt, legt der Bericht erstattende Mitgliedstaat der Kommission eine Empfehlung dahin gehend vor,

a) dass der betreffende Wirkstoff entweder in Anhang I der Richtlinie 91/414/EWG aufgenommen wird, gegebenenfalls mit Angabe der vorgeschlagenen Aufnahmebedingungen, wonach

i) die Frist für die Aufnahme festgelegt werden kann;

ii) festgelegt werden kann, ob Informationen erforderlich sind, ob solche zusätzlichen Informationen in die Untersuchungen und Studien gemäß Artikel 9 Absatz 1 Buchstabe c) dieser Verordnung aufgenommen werden, und wenn ja, in welchem möglichen Zeitrahmen;

oder

b) dass der betreffende Wirkstoff nicht in Anhang I der Richtlinie 91/414/EWG aufgenommen wird, mit Angabe der entsprechenden Gründe.

(4) Zusätzlich zu den vorgeschlagenen Aufnahmebedingungen gemäß Absatz 2 Buchstabe a) dieses Artikels kann der Bericht erstattende Mitgliedstaat angeben, ob er für die vorgeschlagene begrenzte Reihe repräsentativer Anwendungen des Wirkstoffs, wie sie in den Unterlagen angegeben sind, festgestellt hat, dass Informationen in den Unterlagen fehlen, die die Mitgliedstaaten möglicherweise als Bestätigungsinformationen verlangen können, wenn sie Zulassungen nach Artikel 4 der Richtlinie 91/414/EWG für Pflanzenschutzmittel, die den betreffenden Wirkstoff enthalten, erteilen.

Artikel 22 Besondere Bedingungen für Entwürfe von Bewertungsberichten und Empfehlungen an die Kommission zu den in Anhang I Teile B bis G aufgeführten Wirkstoffen

(1) Der Bericht erstattende Mitgliedstaat übermittelt den Entwurf seines Bewertungsberichts so schnell wie möglich an die EBLS, spätestens jedoch 12 Monate

ab dem Tag, an dem die Unterlagen gemäß Artikel 18 Absatz 2 als vollständig anerkannt wurden.

(2) Der Bericht erstattende Mitgliedstaat verweist in dem Entwurf seines Bewertungsberichts auf jede Untersuchung oder Studie zu den einzelnen Punkten von Anhang II (Teil A bzw. Teil B) der Richtlinie 91/414/EWG und Anhang III (Teil A bzw. Teil B) der Richtlinie, die für die Beurteilung maßgeblich ist.

Dieser Verweis erfolgt in Form einer Liste von Untersuchungs- und Studienberichten, mit Angabe des Titels, des Autors/der Autoren, des Datums des jeweiligen Berichts und seiner Veröffentlichung, des Standards, nach dem die Untersuchung oder Studie durchgeführt wurde, des Namens des Zulassungsinhabers und etwaiger Datenschutzansprüche des Inhabers oder Antragstellers.

(3) Zum selben Zeitpunkt, an dem er den Entwurf seines Bewertungsberichts gemäß Absatz 1 an die EBLS übermittelt, legt der Bericht erstattende Mitgliedstaat der Kommission eine Empfehlung dahin gehend vor,

a) dass der betreffende Wirkstoff entweder in Anhang I der Richtlinie 91/414/EWG aufgenommen wird, mit Angabe der entsprechenden Gründe,

b) oder dass der betreffende Wirkstoff nicht in Anhang I der Richtlinie 91/414/EWG aufgenommen wird, mit Angabe der entsprechenden Gründe.

Artikel 23 Ersetzung des Bericht erstattenden Mitgliedstaats

(1) Sobald klar wird, dass er die Fristen gemäß den Artikeln 21 Absatz 1 und Artikel 22 Absatz 1 für die Übermittlung des Entwurfs des Bewertungsberichts an die EBLS nicht einhalten kann, informiert der Bericht erstattende Mitgliedstaat umgehend die Kommission und die EBLS unter Angabe der Gründe für die Verzögerung.

(2) Es kann beschlossen werden, einen Bericht erstattenden Mitgliedstaat für einen bestimmten Wirkstoff durch einen anderen Mitgliedstaat zu ersetzen, wenn

a) im Zuge der Beurteilung und Bewertung gemäß den Artikeln 15, 16, 17 und 19 klar wird, dass die Verteilung der Zuständigkeiten und der Arbeiten, die von den Mitgliedstaaten in ihrer Funktion als Berichterstatter durchgeführt werden sollen oder bereits durchgeführt werden, unausgewogen ist oder

b) feststeht, dass ein Mitgliedstaat seinen Verpflichtungen im Rahmen dieser Verordnung unmöglich nachkommen kann.

Ersetzungen dieser Art werden nach dem Verfahren von Artikel 19 der Richtlinie 91/414/EWG beschlossen.

(3) Wurde beschlossen, einen Bericht erstattenden Mitgliedstaat zu ersetzen, so setzt der ursprüngliche Bericht erstattende Mitgliedstaat die betreffenden Antragsteller, nachdem der Beschluss gefasst wurden, umgehend davon in Kenntnis und übermittelt dem neu ernannten Bericht erstattenden Mitgliedstaat alle Korrespondenz und sämtliche Informationen, die er in seiner Funktion als Bericht erstattender Mitgliedstaat für den betreffenden Wirkstoff erhalten hat.

Der ursprüngliche Bericht erstattende Mitgliedstaat erstattet dem Antragsteller den Teil der Gebühr gemäß Artikel 30, die nicht verwendet wurde. Der neu ernannte Bericht erstattende Mitgliedstaat kann die Zahlung einer weiteren Gebühr gemäß Artikel 30 fordern.

Artikel 24 Erhalt des Entwurfs eines Bewertungsberichts und Zugang zu diesem

(1) Nach Erhalt der aktualisierten Zusammenfassung der Unterlagen und des Entwurfs eines Bewertungsberichts gemäß Artikel 21 Absatz 1 oder Artikel 22 Absatz 1 bescheinigt die EBLS dem Bericht erstattenden Mitgliedstaat innerhalb von 30 Tagen den Eingang des Berichts.

In Ausnahmefällen, wenn der Entwurf eines Bewertungsberichts die von der Kommission empfohlenen Anforderungen an das Format offensichtlich nicht erfüllt, kann die Kommission mit der EBLS und dem Bericht erstattenden Mitgliedstaat eine Frist für die Vorlage eines geänderten Berichts vereinbaren. Diese Frist darf zwei Monate nicht überschreiten.

(2) Die EBLS übermittelt den Entwurf eines Bewertungsberichts unverzüglich der Kommission, den übrigen Mitgliedstaaten und den Antragstellern, wobei sie eine Frist von höchstens zwei Monaten für die Vorlage von Kommentaren seitens dieser Mitgliedstaaten und der Antragsteller festlegt.

Sie sammelt die eingehenden Kommentare, einschließlich verfügbarer Kommentare der EBLS, und leitet diese an die Kommission, die Mitgliedstaaten und die Antragsteller weiter.

(3) Die EBLS macht allen Personen auf ausdrücklichen Antrag folgende Informationen zugänglich oder hält sie zur Verfügung:

a) den Entwurf eines Bewertungsberichts, mit Ausnahme der Teile, die gemäß Artikel 14 der Richtlinie 91/414/EWG vertraulich behandelt werden;

b) die Liste aller zur Bewertung im Hinblick auf eine mögliche Aufnahme des Wirkstoffs in Anhang I der genannten Richtlinie erforderlichen Daten in der Endfassung der EBLS, sofern diese eine solche Endfassung erstellt hat.

Artikel 24a Bewertung des Entwurfs eines Bewertungsberichts

Die Kommission prüft gemäß Artikel 24 Absatz 2 unverzüglich den Entwurf eines Bewertungsberichts und die Empfehlung des Bericht erstattenden Mitgliedstaats sowie die Kommentare der übrigen Mitgliedstaaten, der EBLS und der Antragsteller.

Artikel 24b Wirkstoffe mit eindeutigen Hinweisen darauf, dass sie keine schädlichen Auswirkungen haben

Gibt es eindeutige Hinweise darauf, dass keine schädliche Auswirkung des Wirkstoffs auf die menschliche Gesundheit, die Tiergesundheit oder das Grundwasser und auch sonst kein unannehmbarer Einfluss auf die Umwelt nach Anhang VI zu erwarten ist, so gelten die Bestimmungen des Artikels 25 Absatz 1 Buchstabe a und Absatz 2 Buchstabe a.

Artikel 24c Konsultation der EBLS

(1) Findet Artikel 24b keine Anwendung, so kann die Kommission jederzeit im Verlauf der Bewertung die EBLS ersuchen, eine Gegenprüfung des vollständigen Entwurfs eines Bewertungsberichts oder spezifischer Punkte, darunter

auch der Punkte im Zusammenhang mit den Kriterien gemäß Anhang VII, vorzunehmen. Die EBLS organisiert eine Anhörung von Sachverständigen der Mitgliedstaaten, einschließlich des Bericht erstattenden Mitgliedstaats.

Ersucht die Kommission die EBLS um eine umfassende Gegenprüfung, so legt die EBLS ihre Schlussfolgerung spätestens sechs Monate nach dem Ersuchen vor. Ersucht die Kommission nicht um eine umfassende Gegenprüfung, sondern lediglich um eine Schlussfolgerung zu spezifischen Punkten, so wird die Frist auf drei Monate verkürzt. Die Vorlage der Schlussfolgerungen erfolgt in jedem Fall spätestens am 30. September 2008.

(2) Ergeben sich bei der Gegenprüfung eindeutige Hinweise darauf, dass bei einem Wirkstoff schädliche Auswirkungen auf die menschliche Gesundheit, die Tiergesundheit oder das Grundwasser nach Anhang VII zu erwarten sind, so setzt die EBLS die Kommission hiervon in Kenntnis.

Die Kommission kann eine Entscheidung gemäß Artikel 24f treffen.

(3) Die Kommission und die EBLS vereinbaren einen Zeitplan für die Vorlage der Schlussfolgerungen, um die Arbeitsplanung zu erleichtern. Die Kommission und die EBLS einigen sich auf ein Format für die Vorlage der Schlussfolgerungen der EBLS.

Artikel 24d Vorlage zusätzlicher Informationen nach Übermittlung des Entwurfs eines Bewertungsberichts an die EBLS

(1) Unbeschadet des Artikels 7 der Richtlinie 91/414/EWG ist die Einreichung neuer Studien nicht zulässig.

(2) Erachtet die EBLS zusätzliche Informationen des Antragstellers als erforderlich, um einem Ersuchen der Kommission nach Artikel 24c nachkommen zu können, so fordert der Bericht erstattende Mitgliedstaat diese Informationen an. Solche Aufforderungen zur Vorlage von Informationen erfolgen ausdrücklich und in schriftlicher Form unter Setzung einer einmonatigen Frist. Dies betrifft nicht die Vorlage neuer Studien. Der Bericht erstattende Mitgliedstaat setzt die Kommission und die EBLS von solchen Informationsanforderungen schriftlich in Kenntnis.

Der Bericht erstattende Mitgliedstaat bewertet die vorgelegten Informationen innerhalb eines Monats nach deren Eingang und übermittelt seine Bewertung an die EBLS.

(3) Vom Antragsteller vorgelegte, jedoch nicht angeforderte Informationen oder Informationen, die nicht vor Ablauf der in Absatz 2 genannten Frist vorgelegt wurden, werden nicht berücksichtigt, es sei denn, es handelt sich dabei um Informationen nach Artikel 7 der Richtlinie 91/414/EWG.

Verweigert der Bericht erstattende Mitgliedstaat gemäß Absatz 1 oder Absatz 3 Unterabsatz 1 die Berücksichtigung von Studien oder Informationen, die vom Antragsteller vorgelegt wurden, so setzt er die Kommission und die EBLS hiervon unter Angabe der Gründe für die Weigerung in Kenntnis.

Artikel 24e Rücknahme durch den Antragsteller

Findet Artikel 24b keine Anwendung, so kann der Antragsteller seinen Antrag auf Aufnahme des Wirkstoffs in Anhang I der Richtlinie 91/414/ EWG innerhalb von zwei Monaten nach Erhalt des Entwurfs eines Bewertungsberichts gemäß Artikel 24 Absatz 2 zurücknehmen.

Artikel 24f Wirkstoff, bei dem es eindeutige Hinweise auf schädliche Auswirkungen gibt

Gibt es eindeutige Hinweise darauf, dass schädliche Auswirkungen des Wirkstoffs auf die menschliche Gesundheit, die Tiergesundheit oder das Grundwasser nach Anhang VII zu erwarten sind, trifft die Kommission eine Entscheidung über die Nichtaufnahme des Wirkstoffs in Anhang I der Richtlinie 91/414/EWG gemäß Artikel 25 Absatz 1 Buchstabe a und Absatz 2 Buchstabe b der vorliegenden Verordnung.

Kapitel V
Vorlage eines Richtlinien- oder Entscheidungsentwurfs für den betreffenden Wirkstoff und eines endgültigen Beurteilungsberichts

Artikel 25 Vorlage eines Richtlinien- oder Entscheidungsentwurfs

(1) Die Kommission legt dem Ausschuss den Entwurf eines Beurteilungsberichts vor, und zwar spätestens sechs Monate nach

a) Erhalt des Entwurfs eines Bewertungsberichts, wenn Artikel 24b oder Artikel 24f gilt;

b) Erhalt der Schlussfolgerung der EBLS, wenn Artikel 24c gilt;

c) Eingang der Antragsrücknahme in schriftlicher Form durch den Antragsteller, wenn Artikel 24e gilt.

(2) Zusammen mit dem Entwurf eines Beurteilungsberichts legt die Kommission dem Ausschuss Folgendes vor:

a) den Entwurf einer Richtlinie zur Aufnahme des Wirkstoffs in Anhang I der Richtlinie 91/414/EWG, gegebenenfalls unter Angabe der Bedingungen, einschließlich der Geltungsdauer dieser Aufnahme, oder

b) den an die Mitgliedstaaten gerichteten Entwurf einer Entscheidung, gemäß der sie die Zulassungen der Pflanzenschutzmittel, die den Wirkstoff enthalten, nach Artikel 8 Absatz 2 Unterabsatz 4 der Richtlinie 91/414/EWG innerhalb von sechs Monaten zurücknehmen müssen, was bedeutet, dass dieser Wirkstoff nicht in Anhang I der genannten Richtlinie aufgenommen wird. Dabei sind die Gründe für die Nichtaufnahme anzugeben.

Die Richtlinie oder Entscheidung wird gemäß dem Verfahren nach Artikel 19 Absatz 2 der Richtlinie 91/414/EWG angenommen.

(3) Abweichend von Absatz 2 Buchstabe b erfolgt im unter Absatz 1 Buchstabe c genannten Fall die Rücknahme der Zulassungen durch die Mitgliedstaaten bis spätestens 31. Dezember 2010, sofern die Kommission nicht – gegebenenfalls nach Konsultation der EBLS – zu dem Schluss gelangt ist, dass der Wirkstoff die Kriterien des Anhangs VII erfüllt.

Artikel 25a Stellungnahme der EBLS

Wird ein Wirkstoff gemäß Artikel 24b der vorliegenden Verordnung in Anhang I der Richtlinie 91/414/EWG aufgenommen, ersucht die Kommission die EBLS um Vorlage einer Stellungnahme zum Entwurf eines Beurteilungsberichts bis spätestens 31. Dezember 2010. Die Mitgliedstaaten und die Antragsteller arbeiten mit der EBLS und der Kommission zusammen.

Um die Arbeitsplanung zu erleichtern, einigen sich Kommission und EBLS auf einen Zeitplan für die Vorlage der Stellungnahme der EBLS zum Entwurf eines Beurteilungsberichts und auf das Format für die Vorlage der Stellungnahme.

Artikel 26 Endgültiger Beurteilungsbericht

Die Schlussfolgerungen des Ständigen Ausschusses für die Lebensmittel-kette und Tiergesundheit, ausgenommen diejenigen Teile, die sich auf gemäß Artikel 14 der Richtlinie 91/414/EWG auf vertrauliche Angaben in den Unterlagen beziehen, werden der Öffentlichkeit zugänglich gemacht.

Kapitel VI
Aussetzung von Fristen, Maßnahmen der Mitgliedstaaten und Zwischenberichte über den Stand der Arbeiten

Artikel 27 Aussetzung von Fristen

Schlägt die Kommission vor, einen der in Anhang I dieser Verordnung aufgelisteten Wirkstoffe durch einen Entwurf eines Rechtsakts des Rates auf der Grundlage von Artikel 6 Absatz 3 der Richtlinie 79/117/EWG gänzlich zu verbieten, so werden die in dieser Verordnung genannten Fristen ausgesetzt, bis der Rat über den Vorschlag entschieden hat.

Beschließt der Rat, den Anhang der Richtlinie 79/117/EWG zu ändern und den betreffenden Wirkstoff gänzlich zu verbieten, so wird das Verfahren dieser Verordnung für diesen Wirkstoff beendet.

Artikel 28 Maßnahmen der Mitgliedstaaten

Beabsichtigt ein Mitgliedstaat aufgrund von Informationen in den Unterlagen gemäß den Artikeln 5 bis 10 bzw. im Entwurf des Bewertungsberichts über einen Wirkstoff gemäß den Artikeln 19 bis 22, diesen Wirkstoff vom Markt zu nehmen oder die Anwendung eines Pflanzenschutzmittels, das diesen Wirkstoff enthält, drastisch einzuschränken, so setzt er die Kommission, die EBLS, die anderen Mitgliedstaaten und die Antragsteller unter Angaben von Gründen umgehend darüber in Kenntnis.

Artikel 29 Zwischenbericht über den Stand der Arbeiten

Die Mitgliedstaaten übermitteln Kommission und EBLS einen Bericht über den Stand der Bewertung der Wirkstoffe, für die sie zum Berichterstatter ernannt wurden. Dieser Bericht ist vorzulegen bis

a) 30. November 2005 bei Wirkstoffen, die in Anhang I Teil A aufgelistet sind;

b) 30. November 2006 bei Wirkstoffen, die in Anhang I Teil B bis G aufgelistet sind.

Kapitel VII
Gebühren und andere Abgaben

Artikel 30 Gebühren

(1) Für in Anhang I aufgelistete Wirkstoffe können die Mitgliedstaaten eine Regelung einführen, wonach Antragsteller für die administrative Bearbeitung und Bewertung von Unterlagen eine Gebühr oder Abgabe zahlen.

Das Einkommen aus diesen Gebühren oder Abgaben wird zur ausschließlichen Finanzierung der Kosten, die dem Bericht erstattenden Mitgliedstaat tatsächlich entstehen, oder zur Finanzierung allgemeiner Tätigkeiten der Mitgliedstaaten verwendet, die sich aus ihren Verpflichtungen gemäß den Artikeln 15 bis 24 ergeben.

(2) Die Mitgliedstaaten stellen sicher, dass die Gebühr oder Abgabe gemäß Absatz 1 auf transparente Weise so festgesetzt wird, dass sie die tatsächlichen Kosten der Prüfung und Bearbeitung von Unterlagen oder der allgemeinen Tätigkeiten der Mitgliedstaaten, die sich aus ihren Verpflichtungen gemäß den Artikeln 15 bis 24 ergeben, nicht überschreitet.

Zur Berechnung der Gesamtgebühr können die Mitgliedstaaten jedoch auf der Grundlage der durchschnittlichen Kosten eine Festgebührenskala erstellen.

(3) Die Gebühr oder Abgabe wird nach dem von den in Anhang IV aufgelisteten nationalen Behörden der einzelnen Mitgliedstaaten festzulegenden Verfahren gezahlt.

Artikel 31 Andere Steuern, Abgaben oder Gebühren

Artikel 30 gilt unbeschadet des Rechts der Mitgliedstaaten, in Einklang mit geltenden Gemeinschaftsvorschriften im Zusammenhang mit der Zulassung, dem Inverkehrbringen, der Anwendung und der Kontrolle von Wirkstoffen und Pflanzenschutzmitteln andere Steuern, Abgaben oder Gebühren als die in diesem Artikel vorgesehene Gebühr oder Abgabe beizubehalten oder einzuführen.

Kapitel VIII
Vorübergehende Maßnahmen und Schlußbestimmungen

Artikel 32 Vorübergehende Maßnahmen

Wurden zusätzliche technische Beweise dafür erbracht, dass weitere Anwendungen eines Wirkstoffs unerlässlich sind und keine akzeptablen Alternativen existieren, so kann die Kommission erforderlichenfalls und auf Fallbasis geeignete vorübergehende Maßnahmen im Sinne von Artikel 8 Absatz 2 Unterabsatz 3 der Richtlinie 91/414/EWG treffen.

Artikel 33 Inkrafttreten

Diese Verordnung tritt am siebten Tag nach ihrer Veröffentlichung im *Amtsblatt der Europäischen Union* in Kraft.

Anhang I
Liste der Wirkstoffe (Spalte A), der Bericht erstattenden Mitgliedstaaten (Spalte B) und der Antrag stellenden Hersteller (Kenncode) (Spalte C)[10]

Teil A

Gruppe 1

Hauptberichterstatter: Irland

Wirkstoff	Berichterstatter	Antragsteller
(A)	(B)	(C)
Essigsäure	Deutschland	PAB-SE PUN-DK TEM-DE
Aminosäuren/Gamma-Aminobuttersäure	Deutschland	AGR-ES
Ammoniumcarbonat	Irland	ABC-GB
Kaliumhydrogencarbonat	Irland	PPP-FR
Natriumhydrogencarbonat	Irland	CLM-NL SLY-FR
Casein	Tschechische Republik	
3-Phenyl-2-propenal (Zimtaldehyd)	Polen	
Ethoxyquin	Deutschland	XED-FR
Fettsäuren/Decansäure	Irland	PBI-GB
Fettsäuren/Fettsäuremethylester (CAS 85566-26-3)	Irland	OLE-BE
Fettsäuren/Kaliseife	Irland	FBL-DE IAB-ES NEU-DE
Fettsäuren/Kaliseife (CAS 7740-09-7)	Irland	DKI-NL
Fettsäuren/Kaliseife (CAS 10124-65-9)	Irland	ERO-IT
Fettsäuren/Kaliseife (CAS 13429-27-1, 2624-31-9, 593-29-3, 143-18-0, 3414-89-9, 38660-45-6, 18080-76-7)	Irland	DXN-DK
Fettsäuren/Kaliseife (CAS 18175-44-5, 143-18-0, 3414-89-9)	Irland	DXN-DK

10 Die Wirkstoffe, für die kein Antragsteller in Spalte C ausgewiesen ist, sind Wirkstoffe im Sinne von Artikel 1 Absatz 1 Buchstabe b) dieser Verordnung.

Wirkstoff (A)	Berichterstatter (B)	Antragsteller (C)
Fettsäuren/Kaliseife (CAS 61788-65-6)	Irland	TBE-ES
Fettsäuren/Kaliseife (CAS 61790-44-1)	Irland	VAL-IT
Fettsäuren/Kaliseife (CAS 61790-44-1, 70969-43-6)	Irland	STG-GB
Fettsäuren/Kaliseife (CAS 67701-09-1)	Irland	CRU-IT
Fettsäuren/Heptansäure	Irland	DKI-NL
Fettsäuren/Octansäure	Irland	PBI-GB
Fettsäuren/Oleinsäure	Irland	ALF-ES
Fettsäuren/Pelargonsäure	Irland	ERO-IT NEU-DE
Fettsäuren/Kaliumsalz – Decansäure (CAS 334-48-5)	Irland	NSC-GB
Fettsäuren/Kaliumsalz – Caprylsäure (CAS 124-07-2)	Irland	ADC-DE
Fettsäuren/Kaliumsalz – Laurinsäure (CAS 143-07-7)	Irland	NSC-GB
Fettsäuren/Kaliumsalz – Oleinsäure (CAS 112-80-1)	Irland	NSC-GB
Fettsäuren/Kaliumsalz – Oleinsäure (CAS 112-80-1, 1310-58-3)	Irland	BCS-DE
Fettsäuren/Kaliumsalz – Oleinsäure (CAS 142-18-0)	Irland	SBS-IT
Fettsäuren/Kaliumsalz – Oleinsäure (CAS 143-18-0)	Irland	VIO-GR STG-GB
Fettsäuren/Kaliumsalz – Pelargonsäure (CAS 112-05-0)	Irland	NSC-GB
Fettsäuren/Kaliumsalz – Tallöl-Fettsäure (CAS 61790-12-3)	Irland	ADC-DE
Fettsäuren/Tallöl-Fettsäuren (CAS 61790-12-3)	Irland	ACP-FR
Fettsäuren/Isobuttersäure	Polen	
Fettsäuren/Isovaleriansäure	Polen	
Fettsäuren/Laurinsäure	Irland	
Fettsäuren/Valeriansäure	Polen	
Fettsäuren/Kaliumsalz natürlicher Fettsäuren	Polen	
Ameisensäure	Deutschland	KIR-NL
Eisendiphosphat	Slowenien	
Milchalbumin	Tschechische Republik	
Harnstoff (siehe auch Gruppe 6.2)	Griechenland	FOC-GB OMX-GB
Propolis	Polen	

Gruppe 2

Gruppe 2.1

Hauptberichterstatter: Frankreich

Wirkstoff (A)	Berichterstatter (B)	Antragsteller (C)
1-Naphthylacetamid	Frankreich	ALF-ES AMV-GB CFP-FR GLO-BE GOB-IT HOC-GB HRM-BEs LUX-NL PRO-ES SHC-FR SPU-DE
1-Naphthylessigsäure	Frankreich	AIF-IT ALF-ES AMV-GB CFP-FR FIN-GB GLO-BE GOB-IT HOC-GB HRM-BE LUX-NL PRO-ES RHZ-NL SHC-FR VAL-IT
2-Naphthyloxyacetamid	Frankreich	BCS-FR
2-Naphthyloxyessigsäure	Frankreich	AIF-IT ASP-NL HAS-GR HOC-GB SHC-FR
6-Benzyladenin	Frankreich	ALF-ES CAL-FR FIN-GB GLO-BE GOB-IT HOC-GB HRM-BE NLI-AT SUM-FR VAL-IT

Wirkstoff (A)	Berichterstatter (B)	Antragsteller (C)
Azadirachtin	Deutschland	AGI-IT ALF-ES CAP-FR CRU-IT FBL-DE IAB-ES MAS-BE NDC-SE PBC-ES PRO-ES SIP-IT TRF-DE VAL-IT
Cis-Zeatin	Italien	VAL-IT
Folsäure	Frankreich	AMI-IT CHE-DK ISA-IT
Indolylessigsäure	Frankreich	ALF-ES GOB-IT RHZ-NL
Indolylbuttersäure	Frankreich	ALF-ES BCS-FR CRT-GB GOB-IT GTL-GB HOC-GB RHZ-NL
Gibberellinsäure	Ungarn	AIF-IT ALF-ES ALT-FR CEQ-ES FIN-GB GLO-BE HRM-BE NLI-AT PRO-ES SUM-FR VAL-IT
Gibberellin	Ungarn	ALF-ES FIN-GB GLO-BE GOB-IT HRM-BE NLI-AT SUM-FR
Nikotin	Vereinigtes Königreich	JAH-GB PBC-ES UPL-GB

Wirkstoff	Berichterstatter	Antragsteller
(A)	(B)	(C)
Pyrethrine	Italien	ALF-ES BRA-GB CAP-FR FBL-DE MGK-GB ORI-GB PBC-ES PBK-AT PYC-FR SAM-FR SBS-IT
Rotenon	Frankreich	FBL-DE IBT-IT SAP-FR SBS-IT SFS-FR

Gruppe 2.2

Hauptberichterstatter: Vereinigtes Königreich

Wirkstoff	Berichterstatter	Antragsteller
(A)	(B)	(C)
Citronellol (siehe auch Gruppe 6.1)	Vereinigtes Königreich	ACP-FR
Zitronenextrakt/Grapefruitextrakt	Vereinigtes Königreich	
Zitronenextrakt/Grapefruitkernextrakt (als Desinfektionsmittel)	Vereinigtes Königreich	BOB-DK
Puder aus Nadeln von Koniferen	Lettland	
Knoblauchextrakt (als Repellent)	Polen	ALF-ES-016 CRU-IT-005 ECY-GB-001 IAB-ES-001 PBC-ES-004 SBS-IT-003 SIP-IT-002 TRD-FR-001 VAL-IT-011
Knoblauchpulpe	Polen	
Equisetumextrakt	Lettland	
Lecithin	Italien	DUS-DE FBL-DE PBC-ES
Senfpulver	Lettland	

Wirkstoff (A)	Berichterstatter (B)	Antragsteller (C)
Pfeffer (als Repellent)	Vereinigtes Königreich	BOO-GB PBI-GB
Pflanzenöle/Citronellöl	Vereinigtes Königreich	BAR-GB PBI-GB
Pflanzenöle/Nelkenöl (als Repellent)	Vereinigtes Königreich	IAS-SE XED-FR
Pflanzenöle/Ätherische Öle (Eugenol) (als Repellent)	Schweden	DEN-NL DKI-NL
Pflanzenöle/Guajakholzbaumöl	Spanien	IAS-SE
Pflanzenöle/Knoblauchöl	Vereinigtes Königreich	DEN-NL GSO-GB
Pflanzenöle/Zitronengrasöl (als Repellent)	Vereinigtes Königreich	IAS-SE
Pflanzenöle/Olivenöl	Vereinigtes Königreich	DKI-NL
Pflanzenöle/Orangenöl (als Repellent)	Vereinigtes Königreich	GSO-GB
Pflanzenöle/Kiefernöl	Schweden	ACP-FR DKI-NL IBT-IT MIB-NL SPU-DE
Pflanzenöle/Rapsöl	Spanien	CEL-DE CRU-IT DKI-NL FBL-DE NEU-DE NOV-FR PBI-GB VIT-GB
Pflanzenöle/Sojaöl (als Repellent)	Schweden	DEN-NL DKI-NL PBC-ES
Pflanzenöle/Grüne-Minze Öl	Schweden	XED-FR
Pflanzenöle/Sonnenblumenöl	Spanien	DKI-NL PBI-GB TRD-FR
Pflanzenöle/Ylang-Ylang-Öl (als Repellent)	Schweden	IAS-SE
Quassia	Italien	AGE-IT CAP-FR FBL-DE TRF-DE ALF-ES

Wirkstoff	Berichterstatter	Antragsteller
(A)	(B)	(C)
Seealgenextrakt	Italien	ASU-DE LGO-FR OGT-IE VAL-IT
Seegras	Italien	ASF-IT OGT-IE VAL-IT ALF-ES ESA-NL BAL-IE AGC-FR
Extrakt von Roteiche, Stachelbirne, Gewürzsumach, Rotmangrove	Polen	
Extrakt von Menta piperita	Polen	
Teebaumextrakt	Lettland	

Gruppe 3

Hauptberichterstatter: Dänemark

Wirkstoff	Berichterstatter	Antragsteller
(A)	(B)	(C)
Chitosan	Dänemark	ALF-ES CLM-NL IDB-ES
Gelatine	Dänemark	MIB-NL
Hydrolysierte Proteine (siehe auch Gruppe 6.2)	Griechenland	SIC-IT

Gruppe 4

Hauptberichterstatter: Vereinigtes Königreich

Wirkstoff	Berichterstatter	Antragsteller
(A)	(B)	(C)
1-Decanol	Italien	CRO-GB OLE-BE JSC-GB
Aluminiumsulfat	Spanien	FER-GB GSO-GB
Calciumchlorid	Spanien	FBL-DE
Calciumhydroxid	Spanien	PZD-NL

Wirkstoff	Berichterstatter	Antragsteller
(A)	(B)	(C)
Kohlenmonoxid	Vereinigtes Königreich	
Kohlendioxid (als Insektizid/Desinfektionsmittel)	Vereinigtes Königreich	FBL-DE
EDTA und ihre Salze	Ungarn	DKI-NL
Fettalkohole/Aliphatische Alkohole	Italien	JSC-GB
Eisensulfat	Vereinigtes Königreich	BNG-IE HTO-GB KRO-DE MEL-NL
Kieselgur (Diatomeenerde)	Griechenland	ABP-DE AGL-GB AMU-DE DKI-NL FBL-DE
Schwefelkalk (Calciumpolysulfid)	Spanien	FBL-DE PLS-IT STI-IT
Paraffinöl	Griechenland	FBL-DE
Paraffinöl/(CAS 64741-88-4)	Griechenland	BPO-GB SUN-BE
Paraffinöl/(CAS 64741-89-5)	Griechenland	BPO-GB PET-PT SUN-BE SUN-BE XOM-FR
Paraffinöl/(CAS 64741-97-5)	Griechenland	BPO-GB
Paraffinöl/(CAS 64742-46-7)	Griechenland	TOT-FR TOT-FR TOT-FR
Paraffinöl/(CAS 64742-54-7)	Griechenland	CVX-BE
Paraffinöl/(CAS 64742-55-8/64742-54-7)	Griechenland	SAG-FR
Paraffinöl/(CAS 64742-55-8)	Griechenland	CPS-ES CVX-BE XOM-FR
Paraffinöl/(CAS 64742-65-0)	Griechenland	XOM-FR
Paraffinöl/(CAS 72623-86-0)	Griechenland	TOT-FR
Paraffinöl/(CAS 8012-95-1)	Griechenland	AVA-AT
Paraffinöl/(CAS 8042-47-5)	Griechenland	ASU-DE ECP-DE NEU-DE
Paraffinöl/(CAS 97862-82-3)	Griechenland	TOT-FR TOT-FR

Wirkstoff	Berichterstatter	Antragsteller
(A)	(B)	(C)
Petroleumöle	Spanien	FBL-DE
Petroleumöle/(CAS 64742-55-8/64742-57-7)	Spanien	GER-FR
Petroleumöle/(CAS 74869-22-0)	Spanien	CVX-BE RLE-ES
Petroleumöle/(CAS 92062-35-6)	Spanien	RML-IT
Kaliumpermanganat	Spanien	CNA-ES FBL-DE VAL-IT
Aluminiumsilikat (Kaolin)	Ungarn	PPP-FR
Natriumaluminiumsilikat (als Repellent)	Ungarn	FLU-DE
Schwefel	Frankreich	ACI-BE AGN-IT BAS-DE CER-FR CPS-ES FBL-DE GOM-ES HLA-GB JCA-ES NSC-GB PET-PT RAG-DE RLE-ES SAA-PT SML-GB STI-IT SYN-GB UPL-GB ZOL-IT
Schwefelsäure	Frankreich	NSA-GB
Calciumcarbonat	Spanien	

Gruppe 5

Hauptberichterstatter: Spanien

Wirkstoff	Berichterstatter	Antragsteller
(A)	(B)	(C)
2-Phenylphenol	Spanien	BCH-DE
Ethanol	Frankreich	CGL-GB
Ethylen	Vereinigtes Königreich	BRM-GB COL-FR

Gruppe 6

Gruppe 6.1

Hauptberichterstatter: Belgien

Wirkstoff	Berichterstatter	Antragsteller
(A)	(B)	(C)
Aluminiumammoniumsulfat	Portugal	SPL-GB
Ammoniumacetat	Portugal	LLC-AT
Anthrachinon	Belgien	TOM-FR
Knochenöl (als Repellent)	Belgien	BRI-GB FLU-DE IOI-DE ASU-DE
Calciumcarbid	Portugal	CFW-DE
Citronellol (als Repellent) (siehe auch Gruppe 2.2)	Vereinigtes Königreich	ASU-DE CAL-FR
Denatoniumbenzoat	Portugal	ASU-DE MFS-GB
Dodecylalkohol	Portugal	SEI-NL
Lanolin	Slowakei	
Methylnonylketon	Belgien	PGM-GB
Polymer aus Styrol und Acrylamid	Slowakei	
Repellent (Geruch) tierischen oder pflanzlichen Ursprungs/ Blutmehl	Belgien	GYL-SE
Repellent (Geruch) tierischen oder pflanzlichen Ursprungs/ Ätherische Öle	Belgien	BAR-GB
Trimethylaminhydrochlorid	Belgien	LLC-AT
Repellent (Geschmack) pflanzlichen oder tierischen Ursprungs/Extrakt aus Lebensmitteln/Phosphorsäure und Fischmehl	Belgien	
2-Hydroxyethylbutylsulfid	Polen	
Asphalte	Polen	

Gruppe 6.2

Hauptberichterstatter: Griechenland

Wirkstoff	Berichterstatter	Antragsteller
(A)	(B)	(C)
Daphne-Öl	Slowenien	FLU-DE
Hydrolysierte Proteine (als Lockmittel) (siehe auch Gruppe 3)	Griechenland	BIB-ES PHY-GR SIC-IT

Wirkstoff	Berichterstatter	Antragsteller
(A)	(B)	(C)
Kalkstein – pulverisiert	Österreich	
Olein	Ungarn	
Quartzsand	Österreich	ASU-DE AVA-AT DKI-NL FLU-DE
Repellent (Geruch) tierischen oder pflanzlichen Ursprungs/ Fettsäuren, Fischöl	Griechenland	ASU-DE
Repellent (Geruch) tierischen oder pflanzlichen Ursprungs/ Fischöl	Griechenland	FLU-DE
Repellent (Geruch) tierischen oder pflanzlichen Ursprungs/ Schafsfett	Griechenland	KWZ-AT
Repellent (Geruch) tierischen oder pflanzlichen Ursprungs/ Tallöl (CAS 8016-81-7)	Griechenland	FLU-DE
Repellent (Geruch) tierischen oder pflanzlichen Ursprungs/ Rohes Tallöl (CAS 93571-80-3)	Griechenland	ASU-DE
Repellent (Geruch) tierischen oder pflanzlichen Ursprungs/ Tallöl	Griechenland	
Harnstoff (siehe auch Gruppe 1)	Griechenland	PHY-GR
Chininhydrochlorid	Ungarn	

Teil B

Hauptberichterstatter: Österreich

Berichterstatter: Österreich

(Die Tschechische Republik, Polen und Italien werden als Bericht erstattende Mitgliedstaaten betrachtet, da sie verpflichtet sind, bei der Bewertung gemäß den Bestimmungen von Artikel 16 mit Österreich zusammen zu arbeiten.)

Wirkstoff	Berichterstatter	Antragsteller
(A)	(B)	(C)
(2E,13Z)-Octadecadien-1-yl-acetat		SEI-NL SEI-NL SEI-NL
(7E,9Z)-Dodecadienylacetat		BAS-DE CAL-FR ISA-IT LLC-AT RUS-GB SDQ-ES SEI-NL
(7E,9Z)-Dodecadienylacetat; (7E,9E)-Dodecadienylacetat		SHC-FR

Wirkstoff	Berichterstatter	Antragsteller
(A)	(B)	(C)
(7Z,11E)-Hexadecadien-1-yl-acetat		SEI-NL SEI-NL
(7Z,11Z)-Hexadecadien-1-yl-acetat; (7Z,11E)-Hexadecadien-1-yl-acetat ABC-GB LLC-AT		
(9Z,12E)-Tetradecadien-1-yl-acetat		RUS-GB
(E)-11-Tetradecenylacetat		SEI-NL
(E)-8-Dodecenylacetat		CAL-FR SEI-NL
(E,E)-8,10-Dodecadien-1-ol		BAS-DE CAL-FR ISA-IT LLC-AT RUS-GB SDQ-ES SEI-NL SHC-FR VIO-GR MAS-BE
(E/Z)-8-Dodecenylacetat		BAS-DE CAL-FR
(E/Z)-8-Dodecenylacetat; (Z)-8-Dodecenol		ISA-IT LLC-AT SDQ-ES
(E/Z)-9-Dodecenylacetat; (E/Z)-9-Dodecen-1-ol; (Z)-11-Tetradecen-1-yl-acetat		TRF-DE
(Z)-11-Hexadecen-1-ol		SEI-NL
(Z)-11-Hexadecen-1-yl-acetat		SEI-NL
(Z)-11-Hexadecenal		SEI-NL
(Z)-11-Hexadecenal; (Z)-11-Hexadecen-1-yl-acetat		LLC-AT
(Z)-11-Tetradecen-1-yl-acetat		BAS-DE SEI-NL
(Z)-13-Hexadecen-11-ynyl-acetat		SDQ-ES
(Z)-13-Octadecenal		SEI-NL
(Z)-7-Tetradecenal		SEI-NL
(Z)-8-Dodecenol		SEI-NL
(Z)-8-Dodecenylacetat		CAL-FR SDQ-ES SEI-NL
(Z)-8-Dodecenylacetat; Dodecan-1-yl-acetat		ISA-IT

Wirkstoff	Berichterstatter	Antragsteller
(A)	(B)	(C)
(Z)-9-Dodecenylacetat		BAS-DE LLC-AT SDQ-ES SEI-NL SHC-FR
(Z)-9-Dodecenylacetat ; Dodecan-1-yl-acetat		ISA-IT
(Z)-9-Hexadecenal		SEI-NL
(Z)-9-Hexadecenal; (Z)-11-Hexadecenal; (Z)-13-Octadecenal		RUS-GB SDQ-ES
(Z)-9-Tetradecenylacetat		SEI-NL
(Z,Z,Z,Z)-7,13,16,19-Docosatetraen-1-yl-isobutyrat		SHC-FR
1,4-Diaminobutan (Putrescin)	Österreich	LLC-AT
1-Tetradecanol		SEI-NL
2,6,6-Trimethylbicyclo[3.1.1]hept-2-en (alpha-Pinen)		SHC-FR
3,7,7-Trimethylbicyclo[4.1.0]hept-3-en (3-Caren)		
5-Decen-1-ol		BAS-DE SEI-NL
5-Decen-1-yl-acetat		BAS-DE SEI-NL
5-Decen-1-yl-acetat ; 5-Decen-1-ol		LLC-AT ISA-IT
(8E, 10E)-8,10-Dodecadien-1-yl-acetat		
Dodecan-1-yl-acetat		
(E)-9-Dodecen-1-yl-acetat		
(E)-8-Dodecen-1-yl-acetat		
2-Methyl-6-methylen-2,7-octadien-4-ol (Ipsdienol)		
4,6,6-Trimethyl-bicyclo[3.1.1]hept-3-en-ol, ((S)-cis-Verbenol)		
2-Ethyl-1,6-dioxaspiro[4,4]nonan (Chalcogran)		
(1R)-1,3,3-Trimethyl-4,6-dioxatricyclo[3.3.1.02,7]nonan (Lineatin)		
(E,Z)-8,10-Tetradecadienyl		
2-Ethyl-1,6-dioxaspiro[4,4]nonan		
2-Methoxypropan-1-ol		
2-Methoxypropan-2-ol		
2-Methyl-3-buten-2-ol		
(E)-2-Methyl-6-methylen-2,7-octadien-1-ol (Myrcenol)		
2-Methyl-6-methylen-7-octen-4-ol (Ipsenol)		
3-Methyl-3-buten-1-ol		

Wirkstoff (A)	Berichterstatter (B)	Antragsteller (C)
Methyl-p-hydroxybenzoat		
p-Hydroxybenzoesäure		
1-Methoxy-4-propenylbenzol (Anethol)		
1-Methyl-4-isopropylidenecyclohex-1-en (Terpinolen)		

Teil C

Leitende Berichterstatter: Niederlande, Schweden

Wirkstoff (A)	Berichterstatter (B)	Antragsteller (C)
Agrobacterium radiobacter K 84	Dänemark	
Bacillus sphaericus	Frankreich	SUM-FR
Bacillus subtilis Stamm IBE 711	Deutschland	
Bacillus thuringiensis aizawai	Italien	ISA-IT MAS-BE SIP-IT SUM-FR
Bacillus thuringiensis israelensis	Italien	SIP-IT SUM-FR
Bacillus thuringiensis kurstaki	Dänemark	ALF-ES ASU-DE IAB-ES MAS-BE PRO-ES SIP-IT SUM-FR IBT-IT ISA-IT
Bacillus thuringiensis tenebrionis	Italien	SUM-FR
Baculovirus GV	Deutschland	
Beauveria bassiana	Deutschland	AGI-IT AGR-ES CAL-FR MEU-GB
Beauveria brongniartii	Deutschland	CAL-FR
Cydia pomonella granulosis virus	Deutschland	MAS-BE CAL-FR PKA-DE SIP-IT
Metarhizium anisopliae	Niederlande	AGF-IT IBT-IT TAE-DE

Wirkstoff	Berichterstatter	Antragsteller
(A)	(B)	(C)
Neodiprion sertifer nuclear polyhedrosis virus	Finnland	VRA-FI
Phlebiopsis gigantea	Estland	FOC-GB VRA-FI
Pythium oligandrun	Schweden	
Streptomyces griseoviridis	Estland	VRA-FI
Trichoderma harzianum	Schweden	BBI-SE IAB-ES IBT-IT ISA-IT AGF-IT BOB-DK KBS-NL
Trichoderma polysporum	Schweden	BBI-SE
Trichoderma viride	Frankreich	AGB-IT ISA-IT
Verticillium dahliae	Niederlande	ARC-NL
Verticillium lecanii	Niederlande	KBS-NL

Teil D

Hauptberichterstatter: Deutschland

Wirkstoff	Berichterstatter	Antragsteller
(A)	(B)	(C)
Aluminiumphosphid	Deutschland	CAT-PT DET-DE
Brodifacoum	Italien	PEL-GB
Bromadiolon	Schweden	ABB-GB CAL-FR LIP-FR
Chloralose	Portugal	PHS-FR
Chlorphacinon	Spanien	CAL-FR CFW-DE FRU-DE LIP-FR
Difenacoum	Finnland	APT-GB CAL-FR SOX-GB
Magnesiumphosphid	Deutschland	DET-DE
Tricalciumphosphat	Deutschland	CHM-FR
Zinkphosphid	Deutschland	CFW-DE
Kohlenmonoxid	Italien	

Teil E

Wirkstoff	Berichterstatter	Antragsteller
(A)	(B)	(C)
Aluminiumphosphid	Deutschland	DET-DE UPL-GB
Magnesiumphosphid	Deutschland	DET-DE UPL-GB

Teil F

Hauptberichterstatter: Niederlande

Wirkstoff	Berichterstatter	Antragsteller
(A)	(B)	(C)
Didecyl-dimethylammoniumchlorid	Niederlande	LON-DE
Formaldehyd (als Desinfektionsmittel)	Niederlande	PSD-GB
Glutaraldehyd	Belgien	BAS-DE
HBTA (Hoch siedende Teersäuren) (als Desinfektionsmittel)	Irland	JEY-GB
Wasserstoffperoxid	Finnland	FBL-DE KIR-NL SPU-DE
Peressigsäure	Niederlande	SOL-GB
Phoxim	Finnland	BCS-DE
Natriumhypochlorit	Niederlande	SPU-DE
Natrium p-Toluolsulfonchloramid	Niederlande	PNP-NL

Teil G

Hauptberichterstatter: Polen

Wirkstoff	Berichterstatter	Antragsteller
(A)	(B)	(C)
2-Methoxy-5-nitrofenol Natriumsalz	Polen	
3(3-Benzyloxycarbonyl-methyl)-2-benzothiazolinon (Benzolinon)	Slowakei	
Cumylphenol	Polen	
Rückstände aus der Fettdestillation	Tschechische Republik	
Flufenzin	Ungarn	
Flumetsulam	Slowakei	
Ethandial (Glyoxal)	Polen	

Wirkstoff	Berichterstatter	Antragsteller
(A)	(B)	(C)
Hexamethylentetramin (Urotropin)	Slowakei	
Lactofen	Tschechische Republik	
Propisochlor	Ungarn	
2-Mercaptobenzothiazol	Polen	
Biohumus	Polen	
Jasmonatsäure	Ungarn	
N-phenylphthalaminsäure	Ungarn	
Kupferkomplex: 8-Hydroxychinolin mit Salicylsäure	Polen	
1,3,5-Tri-(2-hydroxyethyl)-hexa-hydro-s-triazin	Polen	

Anhang II
Liste der Kenncodes der Antragsteller, Namen und Anschriften

Kenncode	Name	Anschrift
ABB-GB	Activa/Babolna Bromadiolone Task Force	8 Cabbage Moor Great Shelford Cambridge CB2 5NB United Kingdom Tel. (44-1223) 84 04 89 Fax (44-1223) 84 04 89 hancock@chemregservs.co.uk
ABC-GB	AgriSense-BCS Ltd	Treforest Industrial Estate Pontypridd Mid Glamorgan CF37 5SU United Kingdom Tel. (44-1443) 84 11 55 Fax (44-1443) 84 11 52 mail@agrisense.demon.co.uk
ABP-DE	Agrinova GmbH	Hauptstraße 13 D-67283 Obrigheim/Mühlheim Tel.: (49) 6359 32 14 Fax: (49) 6359 32 14 agrinova@t-online.de
ACI-BE	Agriculture Chimie Industrie International	Avenue Albert 233 B-1190 Bruxelles Téléphone (32-2) 508 10 93 Télécopieur (32-2) 514 06 32 roland.levy@swing.be
ACP-FR	Action Pin	ZI de Cazalieu BP 30 F-40260 Castets des Landes Téléphone (33) 558 55 07 00 Télécopieur (33) 558 55 07 07 actionpin@action-pin.fr
ADC-DE	ADC Agricultural Development Consulting	Am Vilser Holz 17 D-27305 Bruchhausen-Vilsen Tel.: (49) 4252-27 81 Fax: (49) 4252-35 98 stratmannb@adc-eu.com
AGB-IT	Agribiotec srl	Via San Bernardo, 22 I-26100 Cremona Tel. (39) 0535 467 02 Fax (39) 0535 591 95 paolo.lameri@agribiotec.com
AGC-FR	Agrimer	BP 29 Prat Menan F-29880 Plouguerneau Téléphone (33) 298 04 54 11 Télécopieur (33) 298 04 55 15 fnicolas@agrimer.com

Kenncode	Name	Anschrift
AGE-IT	Agrivet S.a.s. di Martinelli Maurizio & C.	Via S. Giovanni, 6050 I-40024 Castel San Pietro (BO) Tel. (39) 051 94 91 19 Fax (39) 051 615 31 85 r.martinelli@bo.nettuno.it
AGF-IT	Agrifutur srl	Agrifutur srl Via Campagnole, 8 I-25020 Alfianello (Brescia) Tel. (39) 030 993 47 76 Fax (39) 030 993 47 77 rkm@numerica.it
AGI-IT	Agrimix s.r.l.	Viale Città d'Europa 681 I-00144 Roma Tel. (39) 06 529 62 21 Fax (39) 06 529 14 22 info@agrimix.com
AGL-GB	Agil Ltd	Hercules 2, Calleva Park Aldermaston Reading RG7 8DN United Kingdom Tel. (44-118) 981 33 33 Fax (44-118) 981 09 09 murray@agil.com
AGN-IT	Zolfindustria Srl	Via Cantarana, 17 I-27043 San Cipriano Po (PV) Tel. (39) 0385 24 17 00 Fax (39) 0385 24 17 05 agrindustria.srl@tin.it
AGR-ES	Agrichem, SA	Plaza de Castilla, 3, 14A E-28046 Madrid Tel. (34) 913 14 98 88 Fax (34) 913 14 98 87 info@agrichembio.com
AIF-IT	Aifar Agricola SRL	Registration Department Via Bazzano 12 I-16019 Ronco Scrivia (GE) Tel. (39) 010 935 02 67 Fax (39) 010 935 05 32 posta@aifar.it
ALF-ES	Alfarin Química SA	Ibiza 35, 5oC E-28009 Madrid Tel. (34) 915 74 87 07 Fax (34) 915 04 31 59 alfarin@asertel.es
ALT-FR	Alltech France	EU Regulatory Affairs Department 2-4 avenue du 6 juin 1944 F-95190 Goussainville Téléphone (33) 134 38 98 98 Télécopieur (33) 134 38 98 99 gbertin@alltech.com

Kenncode	Name	Anschrift
AMI-IT	Aminco Srl	Via Mandilli 14 I-12071 Bagnasco (Cn) Tel. (39) 0174 71 66 06 Fax (39) 0174 71 39 63 aminco@isiline.it
AMU-DE	Amu-Systeme	Büschem 13 D-53940 Hellenthal Tel.: (49) 2482 10 24 Fax: (49) 2482 70 89 amu-hellenthal@t-online.de
AMV-GB	Amvac Chemical UK LTD	Surrey Technology Centre 40 Occam Rd The Surrey Research Park Guildford GU2 7YG United Kingdom Tel. (44-1483) 29 57 80 Fax (44-1483) 28 57 81 amvacat@easynet.co.uk
APT-GB	Activa/PelGar Brodifacoum and Difenacoum task Force	8 Cabbage Moor Great Shelford Cambridge CB2 5NB United Kingdom Tel. (44-1223) 84 04 89 Fax (44-1223) 84 04 89 hancock@chemregservs.co.uk
ARC-NL	Arcadis PlanRealisatie B.V.	Tree Services Marowijne 80 NL-7333 PJ Apeldoorn Tel.: (31-55) 599 94 44 Fax: (31-55) 533 88 44 r.valk@arcadis.nl
ASF-IT	Asfaleia SRL.	Via Mameli, 6 I-06124 Perugia Tel. (39) 075 573 49 35 Fax (39) 017 82 25 26 32 postmaster@asfaleia.it
ASP-NL	Asepta B.V.	PO Box 33 Cyclotronweg 1 NL-2600 AA Delft Tel.: (31-15) 256 92 10 Fax: (31-15) 257 19 01 a.vandenende@asepta.nl
ASU-DE	Stähler Agrochemie GmbH & Co. KG	Stader Elbstraße D-21683 Stade Tel.: (49) 4141 92 040 Fax: (49) 4141 92 0410 staehler-agro@staehler.com
AVA-AT	Avenarius-Agro GmbH	Industriestraße 51 A-4600 Wels Tel.: (43) 7242-489-0 Fax: (43) 7242-489-5 d.stroh@avenarius-agro.at

Kenncode	Name	Anschrift
BAR-GB	Barrier Biotech Limited	36 Haverscroft Ind. Est. New Road Attleborough Norfolk NR17 1YE United Kingdom Tel. (44-1953) 45 63 63 Fax (44-1953) 45 55 94 nigelb@barrier-biotech.com
BAS-DE	BASF Aktiengesellschaft	APT/EQM – V 005 D-67056 Ludwigshafen Tel.: (49) 621 607 90 26 Fax: (49) 621 605 20 40 siegfried.kersten@basf-ag.de
BBI-SE	Binab Bio-Innovation AB	Florettgatan 5 S-254 67 Helsingborg Tfn (46-42) 16 37 04 Fax (46-42) 16 24 97 info@binab.se
BCH-DE	Bayer/Dow Task Force via Bayer AG, Bayer Chemicals	D-51368 Leverkusen Tel.: (49) 214 306 22 68 Fax: (49) 214 307 23 39 klaus.stroech.ks@bayerchemicals.com
BAL-IE	BioAtlantis Ltd	Baylands, Ballyard Tralee County Kerry Ireland Tel. (353-66) 71-28592 Fax (353-66) 711 98 02 jtostralee@eircom.net
BCP-GB	Biological Crop Protection Ltd	Occupation Road, Wye Ashford TN25 5EN United Kingdom Tel. (44-1233) 81 32 40 Fax (44-1233) 81 33 83 richardc@biological-crop-protection. co.uk
BCS-DE	Bayer CropScience AG	Alfred-Nobel-Straße 50 D-40789 Monheim am Rhein Tel.: (49) 2173 38 33 63 Fax: (49) 2173 38 49 27 norbert.hesse@bayercropscience.com
BCS-FR	Bayer CropScience SA	14-20 rue Pierre Baizet BP 9163 F-69263 Lyon Cedex 09 Téléphone (33) 472 85 25 25 Télécopieur (33) 472 85 30 82 martyn.griffiths@bayercropscience.com
BIB-ES	Bioibérica, SA	Polígono Industrial Mas Puigvert Ctra. N-II Km. 680,6 E-08389 Palafolls, Barcelona Tel. (34) 937 65 03 90 Fax (34) 937 65 01 02 ibartoli@bioiberica.com

Kenncode	Name	Anschrift
BNG-IE	Brown & Gillmer LTD.	Florence Lodge 199 Strand Road, Merrion Dublin 4 Ireland Tel. (353-1) 283 82 16 Fax (353-1) 269 58 62 bgfeeds@indigo.ie
BOB-DK	Borregaard BioPlant ApS	Helsingforsgade 27 B DK-8200 Århus N Tlf. (45) 86 78 69 88 Fax (45) 86 78 69 22 borregaard@bioplant.dk
BOO-GB	Bootman Chemical Safety Ltd.	Diss Business Centre Diss IP21 4HD United Kingdom Tel. (44-1379) 64 05 34 Fax (44-1379) 64 08 35 info@bootmanchem.com
BPO-GB	BP Global Special Products Ltd	Witan Gate House 500-600 Witan Gate Milton Keynes MK9 1ES United Kingdom Tel. (44-1908) 85 33 44 Fax (44-1908) 85 38 96 gspinfo@bp.com
BRA-GB	BRA-Europe	33 Khattoun Road Tooting Broadway London SW17 OJA United Kingdom Tel. (44-208) 378 05 17 Fax (44-208) 378 05 17 braeurope@aol.com
BRI-GB	Brimac Carbon Services	21 Dellingburn Street Greenock PA15 4TP United Kingdom Tel. (44-1475) 72 02 73 Fax (44-1475) 72 00 16 info@brimacservices.com
BRM-GB	BRM Agencies	Cheshire House 164 Main Road Goostrey CW4 8JP United Kingdom Tel. (44-1477) 54 40 52 Fax (44-1477) 53 71 70 brianmartin@cheshirehouse.co.uk
CAL-FR	Calliope SAS	Route d'Artix BP 80 F-64150 Noguères Téléphone (33) 559 60 92 92 Télécopieur (33) 559 60 92 19 fleconte@calliope-sa.com

Kenncode	Name	Anschrift
CAP-FR	Capiscol	160 route de la Valentine F-13011 Marseille Téléphone (33) 491 24 45 45 Télécopieur (33) 491 24 46 11 anne.coutelle@capiscol.com
CAT-PT	Cafum	Centro Agro Técnico de Fumigações Lda. Rua de Moçambique 159 A2 PT-3000 Coimbra Tel.: (351-239) 40 10 60 ou (351-239) 40 59 70 Fax: (351-239) 70 43 76 cafum@cafum.pt
CEL-DE	Scotts Celaflor GmbH	Konrad-Adenauer-Straße 30 D-55218 Ingelheim Tel.: (49) 6132 78 03-0 Fax: (49) 6132 20 67 otto.schweinsberg@scotts.com
CEQ-ES	Cequisa	Muntaner, 322, 1o E-08021 Barcelona Tel. (34) 932 40 29 10 Fax (34) 932 00 56 48 xavier@cequisa.com
CER-FR	Cerexagri SA	1 rue des Frères Lumière F-78373 Plaisir Téléphone (33) 130 81 73 00 Télecopieur (33) 130 81 72 50 mark.egsmose@cerexagri.com
CFP-FR	Nufarm SA	Département „Homologations et Règlementation“ 28 boulevard Camélinat F-92230 Gennevilliers Téléphone (33) 140 85 50 20 Télecopieur (33) 140 85 51 56 claude.chelle@fr.nufarm.com
CFW-DE	Chemische Fabrik Wülfel GmbH & Co. KG	Hildesheimer Straße 305 D-30519 Hannover Tel.: (49) 511 984 96-0 Fax: (49) 511 984 96-40 cfw@wuelfel.de
CGL-GB	Catalytic Generators UK Limited	Mariel T Monk 2 Priory Court Pilgrim Street London United Kingdom Tel. (44-207) 236 14 14 Fax (44-207) 329 87 87 london@merricks.co.uk
CHE-DK	Cheminova A/S	Registration Department P.O. Box 9 DK-7620 Lemvig Tel. (45) 96 90 96 90 Fax (45) 96 90 96 91 info@cheminova.dk

Kenncode	Name	Anschrift
CHM-FR	Chemimpex SA/Mauer	1817 Route de Tutegny F-01170 Cessy Téléphone (33) 450 41 48 60 amselian@aol.com
CLM-NL	CLM research and advice Plc	PO Box 10015 Amsterdamsestraatweg 877 NL-3505 AA Utrecht Tel.: (31-30) 244 13 01 Fax: (31-30) 244 13 18 clm@clm.nl
CNA-ES	Carus Nalon SL	Barrio Nalon s/n E-33100 Trubia/Oviedo Tel. (34) 985 78 55 13 Fax (34) 985 78 55 10 carus@carusnalon.com
COL-FR	Coleacp	5 rue de la Corderie CENTRA 342 F-94586 Rungis Cedex Téléphone (33) 141 80 02 10 Télécopieur (33) 141 80 02 19 coleacp@coleacp.org
CPS-ES	Cepsa	Av. Partenón, 12 Campo de las Naciones E-28042 Madrid Tel. (34) 913 37 96 69 Fax (34) 913 37 96 09 aranzazu.guzman@madrid.cepsa.es
CRO-GB	Crompton Europe Limited	Kennet House 4 Langley Quay, Langley Slough SL3 6EH United Kingdom Tel. (44-1753) 60 30 48 Fax (44-1753) 60 30 77 phil.pritchard@cromptoncorp.com
CRT-GB	Certis	1b Mills Way Boscombe Bown Business Park Amesbury SP4 7RX United Kingdom Tel. (44-1980) 67 65 00 Fax (44-1980) 62 65 55 certis@certiseurope.co.uk
CRU-IT	Cerrus sas	Via Papa Giovanni XXIII, 84 I-21040 Uboldo (VA) Tel. (39) 02 96 78 21 08 Fax (39) 02 96 78 29 01 cerrus@tiscalinet.it
PZD-NL	Plantenziektenkundige Dienst	PO Box 9102 NL-6700 HC Wageningen Tel.: (31-31) 749 69 11 Fax: (31-31) 742 17 01 p.jellema@pd.agro.nl

Kenncode	Name	Anschrift
CVX-BE	ChevronTexaco Technology Ghent	Technologiepark – Zwijnaarde 2 B-9052 Gent/Zwijnaarde Tel. (32) 9 240 71 11 Fax (32) 9 240 72 22 arickjl@chevrontexaco.com
DEN-NL	DeruNed bv	Marconistraat 10 NL-2665 JE Bleiswijk Tel.: (31-10) 522 15 14 Fax: (31-10) 522 02 50 deruned@deruned.nl
DET-DE	Detia Freyberg GmbH	Dr.-Werner-Freyberg-Straße 11 D-69514 Laudenbach Tel.: (49) 6201 708-0 Fax: (49) 6201 708-427 zulassung@detia-degesch.de
DKI-NL	Denka International B.V.	Hanzeweg 1 NL-3771 NG Barneveld Tel.: (31-34) 245 54 55 Fax: (31-34) 249 05 87 info@denka.nl
DUS-DE	Degussa Texturant Systems Deutschland GmbH & Co. KG	Ausschläger Elbdeich 62 D-20539 Hamburg Tel.: (49) 40 789 55-0 Fax: (49) 40 789 55 83 29 reception.hamburg@degussa.com
DXN-DK	Duxon ApS	Skovgaardsvænget 628 DK-8310 Tranbjerg J Tlf. (45) 96 23 91 00 Fax (45) 96 23 91 02 duxon@mail.tele.dk
ECP-DE	Elefant Chemische Produkte GmbH	Ringstraße 35–37 D-70736 Fellbach Tel.: (49) 711 58 00 33 Fax: (49) 711 58 00 35 elefant-gmbh@web.de
ECY-GB	ECOspray Ltd	Grange Farm Cockley Cley Road Hilborough Thetford IP26 5BT United Kingdom Tel. (44-176) 75 61 00 Fax (44-176) 75 63 13 enquiries@ecospray.com
ERO-IT	Euroagro s.r.l.	via Lazzaretti 5/A I-42100 Reggio Emilia Tel. (39) 0522 51 86 86 Fax (39) 0522 51 49 91 euroagro_italia@libero.it

Kenncode	Name	Anschrift
ESA-NL	ECOstyle BV	Vaart Noordzijde 2a NL-8426 AN Appelscha Tel.: (31-51) 643 21 22 Fax: (31-51) 643 31 13 info@ecostyle.nl
ESS-IT	Esseco SpA	Via San Cassiano 99 I-28069 Trecate (Novara) Tel. (39) 0321 790-1 Fax (39) 0321 790-215 chemsupport@esseco.it
FBL-DE	FiBL Berlin e.V.	Dr. K. Wilbois Rungestraße 29 D-10179 Berlin Tel.: (49) 6257 50 54 89 Fax: (49) 6257 50 54 98 klaus-peter.wilbois@fibl.de
FER-GB	Feralco (UK) Limited	Ditton Road Widnes WA8 0PH United Kingdom Tel. (44-151) 802 29 10 Fax (44-151) 802 29 99 barry.lilley@feralco.com
FIN-GB	Fine Agrochemicals Ltd	Hill End House Whittington Worcester WR5 2RQ United Kingdom Tel. (44-1905) 36 18 00 Fax (44-1905) 36 18 10 enquire@fine-agrochemicals.com
FLU-DE	Flügel GmbH	Westerhöfer Straße 45 D-37520 Osterode/Harz Tel.: (49) 5522 823 60 Fax: (49) 5522 843 26 info@fluegel-gmbh.de
FOC-GB	Forestry Commission	Forestry Commission Silvan House 231 Corstorphine Road Edinburgh EH12 7AT United Kingdom Tel. (44-131) 334 03 03 Fax (44-131) 334 30 47 james.dewar@forestry.gsi.gov.uk
FRB-BE	Mr. John Ivey	Les Clos des Coulerins F-74580 Viry Téléphone (33) 450 04 76 01 Télécopieur (33) 450 04 76 01 JIvey94819@aol.com
FRU-DE	Frunol Delizia GmbH	Dübener Straße 145 D-04509 Delitzsch Tel.: (49) 34202 65 30-0 Fax: (49) 34202 65 30-9 info@frunol-delicia.de

Kenncode	Name	Anschrift
GER-FR	Germicopa SAS	1 allée Loeiz-Herrieu F-29334 Quimper Cedex Téléphone (33) 298 10 01 00 Télécopieur (33) 298 10 01 42 jeanyves.abgrall@germicopa.fr
GLO-BE	Globachem NV	Leeuwerweg 138 B-3803 Sint-Truiden Tel. (32-1) 178 57 17 Fax (32-1) 168 15 65 globachem@globachem.com
GOB-IT	L. Gobbi s.r.l.	Registration Department Via Vallecalda 33 I-16013 Campo Ligure (GE) Tel. (39) 010 92 03 95 Fax (39) 010 92 14 00 info@lgobbi.it
GOM-ES	Gomensoro Química SA	Torneros, 14 Polígono Industrial Los Ángeles E-28906 Getafe, Madrid Tel. (34) 916 95 24 00 Fax (34) 916 82 36 99 gomenki@arrakis.es
GSO-GB	Growing Success Organics Limited	Hill Top Business Park Devizes Road Salisbury SP3 4UF United Kingdom Tel. (44-1722) 33 77 44 Fax (44-1722) 33 31 77 info@growingsucess.org.uk
GTL-GB	Growth Technology Ltd	Unit 66, Taunton Trading Estate Taunton TA2 6RX United Kingdom Tel. (44-1823) 32 52 91 Fax (44-1823) 32 54 87 info@growthtechnology.com
GYL-SE	Gyllebo Gödning AB	Vessmantorpsvägen 16 S-260 70 Ljungbyhed Tfn (46-435) 44 10 40 Fax (46-435) 44 10 40 gyllebo.plantskydd@telia.com
HAS-GR	House of Agriculture Spirou Aebe	Dr Dinos Chassapis, Assistant Professor in Chemistry 5, Markoni Str. GR-122 42 Athens Τηλ.: (30) 210-349 75 00 Φαξ: (30) 210-342 85 01 agrospir@spirou.gr

Kenncode	Name	Anschrift
HLA-GB	Headland Agrochemicals Ltd	Norfolk House Great Chesterford CB10 1PF United Kingdom Tel. (44-1799) 53 01 46 Fax (44-1799) 53 02 29 stephen.foote@headlandgroup.com
HOC-GB	Hockley International Limited	Hockley House 354 Park Lane Poynton Stockport SK12 1RL United Kingdom Tel. (44-1625) 87 85 90 Fax (44-1625) 87 72 85 mail@hockley.co.uk
HRM-BE	Hermoo Belgium NV	Zepperenweg 257 B-3800 Sint-Truiden Tel. (32-1) 168 68 66 Fax (32-1) 170 74 84 hermoo@hermoo.be
HTO-GB	Tioxide Europe Ltd	Haverton Hill Road Billingham TS23 1PS United Kingdom Tel. (44-1642) 37 03 00 Fax (44-1642) 37 02 90 greg_s_mcnulty@huntsman.com
IAB-ES	IAB, SL (Investigaciones y Aplicaciones Biotecnológicas, SL)	Ctra. Moncada-Náquera, km 1,7 E-46113 Moncada (Valencia) Tel. (34) 961 30 90 24 Fax (34) 961 30 92 42 iab@iabiotec.com
IAS-SE	Interagro Skog AB	Eliselund S-247 92 Södra Sandby Tfn (46-46) 532 00 Fax (46-46) 532 08 walde@interagroskog.se
IBT-IT	Intrachem Bio Italia Spa	Via XXV Aprile 44 I-24050 Grassobbio Bergamo Tel. (39) 035 33 53 13 Fax (39) 035 33 53 34 info@intrachem.it
IDB-ES	Idebio SL	Bell, 3 – Polígono El Montalvo E-37188 Carbajosa De La Sagrada Salamanca Tel. (34) 92 31 92 40 Fax (34) 92 31 92 39 idebio@helcom.es
IOI-DE	Imperial-Oel-Import Handelsgesellschaft mbH	Bergstraße 11 D-20095 Hamburg Tel.: (49) 4033 85 33-0 Fax: (49) 4033 85 33 85 info@imperial-oel-import.de

Kenncode	Name	Anschrift
ISA-IT	Isagro S.p.A.	Via Caldera 21 20153 Milano Tel. (39) 0240 90 11 Fax (39) 0240 90 12 87 agiambelli@isagro.it
JAH-GB	J A Humphrey Agriculture	189 Castleroe Road Coleraine BT51 3QT United Kingdom Tel. (44-28) 70 86 87 33 Fax (44-28) 70 86 87 35 rhumphrey@nicobrand.com
JCA-ES	Julio Cabrero y Cía, SL	Puerto De Requejada E-39312-Requejada (Cantabria) Tel. (34) 942 82 40 89 Fax (34) 942 82 50 57 julio.cabrero@juliocabrero.com
JEY-GB	Jeyes Ltd	Brunel Way Thetford IP24 1HF United Kingdom Tel. (44-1842) 75 45 67 Fax (44-1842) 75 76 83 nigel.cooper@jeyes.co.uk
JSC-GB	JSC International Ltd	Osborne House 20 Victoria Avenue Harrogate HG1 5QY United Kingdom Tel. (44-1423) 52 02 45 Fax (44-1423) 52 02 97 terry.tooby@jsci.co.uk
KBS-NL	Koppert Beheer BV	Department R&D Microbials and Regulatory Affairs Veilingweg 17/PO Box 155 NL-2650 AD Berkel en Rodenrijs Tel.: (31-10) 514 04 44 Fax: (31-10) 511 52 03 info@koppert.nl
KIR-NL	Kemira Chemicals B.V.	PO Box 1015 NL-3180 AA Rozenburg Tel.: (31-18) 128 25 40 Fax: (31-18) 128 25 36 dees_van.kruyssen@kemira.com
KRO-DE	Kronos International, INC.	Peschstraße 5 D-51373 Leverkusen Tel.: (49) 214 356-0 Fax: (49) 214 421 50 kronos.leverkusen@nli-usa.com
KWZ-AT	F. Joh. Kwizda GmbH	Sarea Saatguttechnik Freilingerstraße 44 A-4614 Marchtrenk Tel.: (43) 7243 535 26-0 Fax: (43) 7243 535 26-12 office@sarea.at

Kenncode	Name	Anschrift
LGO-FR	Laboratoires GOËMAR SA	ZAC La Madeleine Avenue Général-Patton F-35400 Saint-Malo Téléphone (33) 299 21 53 70 Télécopieur (33) 299 82 56 17 labo@goemar.com
LIP-FR	LiphaTech SA	201 rue Carnot F-94126 Fontenay-sous-Bois Téléphone (33) 143 94 55 50 Télécopieur (33) 148 77 44 31 ahoussin@merck.fr
LLC-AT	Consep GmbH	Furth 27 A-2013 Gollersdorf Tel.: (43) 2954 30244 Fax: (43) 2954 30245 wmaxwald@lander.es
LON-DE	Lonza GmbH	Morianstraße 32 D-42103 Wuppertal Tel.: (49) 202 245 38 33 Fax: (49) 202 245 38 30 gisbert.mehring@lonzagroup.com
LUX-NL	Luxan B.V.	Industrieweg 2 NL-6662 PA Elst Tel.: (31-48) 136 08 11 Fax: (31-48) 137 67 34 luxan@luxan.nl
MAK-BE	Makhteshim-Agan International Coordination Centre (MAICC)	Avenue Louise 283 B-1050 Bruxelles Téléphone (32-2) 646 86 06 Télécopieur (32-2) 646 91 52 steve.kozlen@maicc.be
MAS-BE	Mitsui AgriScience International SA/BV	Boulevard de la Woluwe 60 Woluwedal 60 B-1200 Brussel Tel.: (32-2) 331 38 94 Fax: (31-2) 331 38 60 thorez@certiseurope.fr
MEL-NL	Melchemie Holland B.V.	Postbus 143 NL-6800 AC Arnhem Tel.: (31-26) 445 12 51 Fax: (31-26) 442 50 93 info@melchemie.com
MEU-GB	Mycotech Europe LTD.	12 Lonsdale Gardens Tunbridge Wells TN1 1PA United Kingdom Tel. (44-1580) 88 20 59 Fax (44-1580) 88 20 57 fjr@agrilexuk.com

Kenncode	Name	Anschrift
MFS-GB	Macfarlan Smith Limited	Wheatfield Road Edinburgh EH11 2QA United Kingdom Tel. (44-131) 337 24 34 Fax (44-131) 337 98 13 melanie.jackson@macsmith.com
MGK-GB	MGK Europe Limited	21 Wilson Street London EC2M 2TD United Kingdom Tel. (44-207) 588 08 00 Fax (44-207) 588 05 55 glazer.barry@dorseylaw.com
MIB-NL	Micro Biomentor BV	PO Box 50 Middelbroekweg 67 2675 ZH Honselersdijk Tel.: (31-17) 462 67 63 Fax: (31-17) 461 40 76 info@microbiomentor.nl
NDC-SE	NIM Distribution Center AB	Stigbergsvägen 4 S-141 32 Huddinge Tfn (46-8) 740 26 30 Fax (46-8) 740 2618 info@bionim.com
NEU-DE	W. Neudorff GmbH KG	An der Mühle 3 D-31860 Emmerthal Tel.: (49) 5155 624-126 Fax: (49) 5155 60 10 wilhelmy@neudorff.de
NLI-AT	Nufarm GmbH & Co KG	Registration Department St.-Peter-Straße 25 A-4021 Linz Tel.: (43) 732 69 18-0 Fax: (43) 732 69 18-2004 eric.gibert@at.nufarm.com
NOV-FR	Novance SA	Venette BP 20609 F-60206 Compiègne Téléphone (33) 344 90 70 96 Télécopieur (33) 344 90 70 70 p.ravier@novance.com
NSA-GB	National Sulphuric Acid Association Limited	19 Newgate Street Chester CH1 1DE United Kingdom Tel. (44-1244) 32 22 00 Fax (44-1244) 34 51 55 tomfleet@nsaa.org.uk or pamlatham@nsaa.org.uk

Kenncode	Name	Anschrift
NSC-GB	Novigen Sciences Ltd	2D Hornbeam Park Oval Harrogate HG2 8RB United Kingdom Tel. (44-1423) 85 32 00 Fax (44-1423) 81 04 31 charris@novigensci.co.uk
OGT-IE	Oilean Glas Teoranta	Meenmore Dungloe County Donegal Ireland Tel. (353-75) 213 19 Fax (353-75) 218 07 smgo11@gofree.indigo.ie
OLE-BE	Oleon nv	Assenedestraat 2 B-9940 Ertvelde Tel.: (32-9) 341 10 11 Fax: (32-9) 341 10 00 info@oleon.com
OMX-GB	Omex Agriculture Ltd	Bardney Airfield Tupholme Lincoln LN3 5TP United Kingdom Tel. (44-1526) 39 60 00 Fax (44-1526) 39 60 01 enquire@omex.com
ORI-GB	Organic Insecticides	Parkwood, Maltmans Lane Gerrards Cross SL9 8RB United Kingdom Tel. (44-1494) 81 65 75 Fax (44-1494) 81 65 78
OSK-ES	Osku España, SL	Polígono Industrial El Zurdo, nave 13 Ctra. de la Estación E-Abarán, Murcia Tel. (34) 968 77 06 23 Fax (34) 968 77 06 12 oskuesp@oskuesp.e.telefonica.net
PAB-SE	Perstorp Specialty Chemicals AB	S-284 80 Perstorp Tfn (46-435) 380 00 Fax (46-435) 381 00 perstorp@perstorp.com
PBC-ES	Procesos Bioquímicos Claramunt-Forner, SL	Senda de les Deu, 11 E-46138 Rafelbunol, Valencia Tel. (34) 961 40 21 69 Fax (34) 961 40 21 69 ana.perez@acgbioconsulting.com
PBI-GB	pbi Home & Garden Ltd	Durhan House 214-224 High Street Waltham Cross EN8 7DP United Kingdom Tel. (44-1992) 78 42 00 Fax (44-1992) 78 49 50 teresa.jones@pbi.co.uk

Kenncode	Name	Anschrift
PBK-AT	Manfred Pfersich, Kenya Pyrethrum Information Centre	Kenya Pyrethrum Information Centre Haslaustraße 807 A-5411 Oberalm Tel.: (43) 6245 83 38 10 Fax: (43) 6245 823 56 manfred.pfersich@kenya-pyrethrum.com
PEL-GB	PelGar International Ltd.	Index House, Peak Centre Midhurst Rd Liphook GU30 7TN United Kingdom Tel. (44-1428) 72 22 50 Fax (44-1428) 72 28 11 info@pelgar.demon.co.uk
PET-PT	Petrogal, S.A.	Rua Tomás da Fonseca, Torre C PT-1600-209 Lisboa Tel.: (351-21) 724 26 08 Fax: (351-21) 724 29 53 luis.brito.soares@galpenergia.com
PGM-GB	Pet and Garden Manufacturing plc	Queens Rd. Sanquhar DG4 6DN United Kingdom Tel. (44-1223) 84 04 89 Fax (44-1223) 84 04 89 hancock@chemregservs.co.uk
PHS-FR	Physalys	3 rue de l'Arrivée – BP 215 F-75749 Paris Cedex 15 Téléphone (33) 143 21 70 62 Télécopieur (33) 143 21 70 63 ybassat@physalys.com
PHY-GR	Phytophyl N·G· Stavrakis	Averof 16 GR-104 33 Athens Τηλ.: (30) 22620 586 70 Φαξ: (30) 22620 587 35 nista@otenet.gr
PKA-DE	Probis GmbH & Andermatt Biocontrol Taskforce	Daimlerstraße 16/1 D-75446 Wiernheim Tel.: (49) 7044 91 42 21 Fax: (49) 7044 91 42 25 probis.knoch@t-online.de
PLS-IT	Polisenio srl.	Via S. Andrea 10 I-48022 Lugo (RA) Tel. (39) 0545 245 60 Fax (39) 0545 245 87 polisenio@lamiarete.com
PNP-NL	PNP Holding bv	Nijverheidsplein 21 G NL-3771 MR Barneveld Tel.: (31-34) 240 47 60 Fax: (31-34) 240 47 67 info@axcentive.com

Kenncode	Name	Anschrift
PPP-FR	Plant Protection Projects	Le Pont Neuf Route de Gordes F-84220 Cabriéres d'Avignon Téléphone (33) 432 52 17 51 Télécopieur (33) 490 76 80 71 stephen.shires@wanadoo.fr
PRO-ES	Probelte, SA	Ctra. Madrid, km. 384,6 Polígono Industrial El Tiro E-30100 Espinardo (Murcia) Tel. (34) 968 30 72 50 Fax (34) 968 30 54 32 probelte@probelte.es
PSD-GB	Pesticides Safety Directorate	Mallard House, Kings Pool 3 Peasholme Green York YO1 7PX United Kingdom Tel. (44-1904) 64 05 00 Fax (44-1904) 45 57 33 Information@psd.defra.gsi.gov.uk
PUN-DK	Punya Innovations	Almevej 180 DK-3250 Gilleleje Tlf (45) 48 30 17 27 Fax (45) 48 30 22 27 punya@worldonline.dk
PYC-FR	Pyco SA	Route de Saint-Sever – Haut-Mauco BP 27 F-40001 Mont-de-Marsan Cedex Téléphone (33) 558 05 89 37 Télécopieur (33) 558 05 89 36 alain.dini@bayercropscience.com
RAG-DE	agrostulln GmbH	Werksweg 2 D-92551 Stulln Tel.: (49) 9435 39 32 27 Fax: (49) 9435 39 32 28 m.meier@agrostulln.de
RHZ-NL	Rhizopon B.V.	PO Box 110 NL-2394 ZG Hazerswoude Tel.: (31-71) 341 51 46 Fax: (31-71) 341 58 29 info@rhizopon.com
RLE-ES	Repsolypf Lubricantes y Especialidades	Orense, 34 E-28020 Madrid Tel. (34) 913 48 78 00 Fax (34) 913 23 70 32 msalinasg@repsolypf.com
RML-IT	R.A.M.OIL S.p.A.	Via Filichito 16/A Tavernanova di Casalnuovo I-80013 Napoli Tel. (39) 081 519 51 11 Fax (39) 081 842 10 79 info@ramoil.it

Kenncode	Name	Anschrift
RUS-GB	Russell Fine Chemicals Ltd	68 Third Avenue Deeside Industrial Park Deeside CH5 2LA United Kingdom Tel. (44-1244) 28 13 33 Fax (44-1244) 28 18 78 alzaidi@Russellipm.com
SAA-PT	Sapec Agro, S.A.	Rua Victor Cordon, 19 PT-1200-482 Lisboa Tel.: (351-21) 322 27 49 Fax: (351-21) 322 27 35 cesmeraldo@agro.sapec.pt
SAG-FR	JP Industrie	16 avenue des Chateaupieds F-92565 Rueil-Malmaison Téléphone (33) 155 47 96 60 Télécopieur (33) 155 47 96 69 service.client@jp-industrie.com
SAM-FR	Samabiol SA	La Grande Marine F-84800 Isle-sur-la-Sorgue Téléphone (33) 490 21 44 44 Télécopieur (33) 490 38 10 55 samabiol@samabiol.com
SAP-FR	Saphyr	ZI des Terriers F-06600 Antibes Téléphone (33) 493 74 73 13 Télécopieur (33) 493 74 82 30 saphyr@rotenone.com
SBS-IT	Serbios S.r.l.	VIA E.FERMI, 112 I-45021 Badia Polesine (RO) Tel. (39) 0425 59 06 22 Fax (39) 0425 59 08 76 info@serbios.it
SDQ-ES	Sociedad Española de Desarrollos Químicos, SA (SEDQ)	Avenida Diagonal, 352, entresuelo E-08013 Barcelona Tel. (34) 934 58 40 00 Fax (34) 934 58 40 07 jcastella@sedq.es
SEI-NL	Shin-Etsu International Europe BV	World Trade Center Amsterdam Strawinskylaan B-827 NL-1077 XX Amsterdam Tel.: (31-20) 662 13 59 Fax: (31-20) 664 90 00 shinint@attglobal.net
SFS-FR	Scotts France SAS	21 chemin de la Sauvegarde BP 92 F-69136 Écully Cedex Téléphone (33) 472 86 67 00 Télécopieur (33) 472 86 67 86 nicolas.le-brun-keris@scottsco.com

Kenncode	Name	Anschrift
SHC-FR	SiberHegner & Cie. (France) S.A.	1475 quai du Rhône – BP 266 F-01702 Miribel Cedex Téléphone (33) 478 55 78 73 Télécopieur (33) 478 55 78 87 thomas.steinmann@SiberHegner.com
SIC-IT	SICIT 2000 S.p.A.	Via Arzignano 80 I-36072 Chiampo (VI) Tel. (39) 0444 62 31 32 Fax (39) 0444 62 59 03 sicitspa@tin.it
SIP-IT	Sipcam SpA	Via Sempione 195 I-20016 Pero (Milano) Tel. (39) 02 35 37 84 00 Fax (39) 02 339 02 75 sipcam@sipcam.it
SLY-FR	Solvay SA	12 cours Albert 1er F-75383 Paris cedex 08 Téléphone (33) 140 75 80 00 Télécopieur (33) 142 89 12 57 frederik.degraeve@Solvay.com
SML-GB	M/s Sulphur Mills Limited	C/o Unity Garments Ltd Unity House, Fletcher Street Bolton BL36 N3 United Kingdom Tel. (44-1204) 49 73 78 Fax (44-1204) 49 73 78 sml@sulphurmills.com
SOL-GB	Solvay Interox Ltd	PO Box 7 Warrington WA4 6HB United Kingdom Tel. (44-1925) 64 35 12 Fax (44-1925) 65 58 56 tom.candy@solvay.com
SOX-GB	Sorex Limited	St Michael's Industrial Estate Widnes WA8 8TJ United Kingdom Tel. (44-151) 420-7151 Fax (44-151) 495-1163 rogers@sorex.com
SPL-GB	Sphere Laboratories (London) Ltd	The Yews Main Street Chilton OX11 0RZ United Kingdom Tel. (44-1235) 83 18 02 Fax (44-1235) 83 38 96 bobn@jrfint.demon.co.uk
SPU-DE	Spiess-Urania Chemicals GmbH	Heidenkampsweg 77 D-20097 Hamburg Tel.: (49) 4023 65 20 Fax: (49) 4023 65 22 80 mail@spiess-urania.com

Kenncode	Name	Anschrift
STG-GB	Stephenson Group Limited	PO Box 305 Listerhills Road Bradford BD7 1HY United Kingdom Tel. (44-1274) 72 38 11 Fax (44-1274) 37 01 08 ssc@stephensongroup.co.uk
STI-IT	S.T.I. – Solfotecnica Italiana S.p.A.	Via Evangelista Torricelli, 2 I-48010 Cotignola (RA) Tel. (39) 0545 99 24 55 Fax (39) 0545 90 82 87 aamenta@solfotecnica.com
SUM-FR	Valent BioSciences	Parc d'affaires de Crécy 2 rue Claude-Chappe F-69370 Saint-Didier-au-Mont-d'Or Téléphone (33) 478 64 32 60 Télécopieur (33) 478 47 70 05 denise.munday@valentbiosciences.ch
SUN-BE	Sun Oil Company Belgium NV	Ingberthoeveweg 4 B-2630 Aartselaar Tel.: (32-3) 458 12 30 Fax: (31-3) 458 14 78 info@sunoco.be
SYN-GB	Syngenta	European Regional Centre Surrey Research Park, Priestley Road Guildford GU2 7YH United Kingdom Tel. (44-1483) 26 02 40 Fax (44-1483) 26 00 19 simon.baker@syngenta.com
TAE-DE	Earth BioScience, Inc. (formerly Taensa, Inc.)	c/o Bayer AG Agricultural Centre Monheim D-51368 Leverkusen dhd@dhd-consulting.de
TBE-ES	Tratamientos Bio-Ecológicos, SA	Polígono Industrial Los Urreas, 31 E-30730 San Javier (Murcia) Tel. (34) 968 57 20 04 Fax (34) 968 19 22 51 trabe1@telefonica.net
TEM-DE	Temmen GmbH	Ankerstraße 74 D-65795 Hattersheim Tel.: (49) 6145 99 19-0 Fax: (49) 6145 99 19-19 temmen@aol.com
TOM-FR	Arysta Paris SAS	18 avenue de l'Opéra F-75001 Paris Téléphone (33) 142 96 14 56 Télécopieur (33) 142 97 52 91 oudar@par.tomen.co.uk

Kenncode	Name	Anschrift
TOT-FR	Total Solvants	51 esplanade du Général-de-Gaulle La Défense 10 F-92069 Paris-La Défense Téléphone (33) 141 35 59 83 Télécopieur (33) 141 35 51 34 christian.varescon@totalfinaelf.com
TRD-FR	La Toulousaine de Recherche et de Développement	Zone industrielle de Pompignal F-31190 Miremont Téléphone (33) 561 50 61 58 Télécopieur (33) 561 50 84 42 anne.paulhe@latoulousaine.fr
TRF-DE	Trifolio-M GmbH	Sonnenstraße 22 D-35633 Lahnau Tel.: (49) 6441 631 14 Fax: (49) 6441 646 50 info@trifolio-m.de
UPL-GB	United Phosphorus Ltd	Chadwick House Birchwood Park Warrington XWA3 6AE United Kingdom Tel. (44-1925) 85 90 09 Fax (44-1925) 85 19 51 julie@uplukreg.demon.co.uk
VAL-IT	Valagro S.p.A.	Zona Industriale I-66040 Piazzano di Atessa – Chieti Tel. (39) 0872 88 11 Fax (39) 0872 88 13 95 o.larocca@valagro.com
VIO-GR	Vioryl S.A.	36 Viltaniotis St. Kato Kifissia GR-145 64 Athens Τηλ.: (30) 210-807 46 03 Φαξ: (30) 210-807 46 81 vioryl@vioryl.gr
VIT-GB	Vitax Ltd	Owen Street Coalville LE67 3DE United Kingdom Tel. (44-530) 51 00 60 Fax (44-530) 51 02 99 tech@vitax.co.uk
VRA-FI	Verdera Oy	P.O. Box 330 Porkkalankatu 3 FI-00101 Helsinki Tel. (358) 10 86 15 11 Fax (358) 108 62 11 26 maiju.heith@kemira.com
XED-FR	Xeda International SA	2 ZA de la Crau F-13670 Saint-Andiol Téléphone (33) 490 90 23 23 Télécopieur (33) 490 90 23 20 xeda.int@wanadoo.fr

Kenncode	Name	Anschrift
XOM-FR	ExxonMobil	2 rue des Martinets F-92500 Rueil-Malmaison Téléphone (33) 147 10 60 00 Télécopieur (33) 147 10 66 03 olivier.traversaz@exxonmobil.com
ZOL-IT	Zolfital SpA	Via di S. Teresa 23 I-00198 Roma RM Tel. (39) 06 854 10 96 Fax (39) 06 854 31 49 zolfital@tin.it

Anhang III
Koordinierende Behörde in den Mitgliedstaaten

(weitere Details sind folgender Website zu entnehmen: http://www.europa.eu.int/comm/food/fs/ ph_ps/pro/index_en.htm)

ÖSTERREICH
Bundesamt für Ernährungssicherheit
Landwirtschaftliche Untersuchungen und Forschung Wien
Spargelfeldstraße 191
A-1220 Wien

BELGIEN
Service public fédéral Santé publique,
Sécurité de la Chaîne alimentaire et Alimentation
Direction-générale Animaux, Végétaux et Alimentation
Centre administratif de l'État, bâtiment Arcades
B-1010 Bruxelles

ZYPERN
Ministry of Agriculture,
Natural resources and Environment
Department of Agriculture
Loukis Akritas Ave.
1412 Lefkosia

TSCHECHISCHE REPUBLIK
State Phytosanitary Administration,
PPP Division
Zemědělská 1A
61300 Brno

DÄNEMARK
Ministry of Environment and Energy
Danish Environmental Protection Agency
Pesticide Division
Strandgade 29
DK-1401 Copenhagen K

ESTLAND
Estonian Plant Production Inspectorate
Plant Protection Department
Teaduse 2
75501 Saku
Harju Country
Estonia

FINNLAND
Plant Production Inspection Centre
Pesticide Division
P.O. BOX 42
FI-00501 Helsinki

FRANKREICH
Ministère de l'agriculture, de l'alimentation,
de la pêche et des affaires rurales
Sous direction de la qualité et de la protection
des végétaux Bureau de la réglementation
et de la mise sur le marché des intrans
251, rue de Vaugirard
F-75732 Paris Cedex 15

DEUTSCHLAND
Bundesamt für Verbraucherschutz und Lebensmittelsicherheit (BVL)
Abteilung 2, Pflanzenschutzmittel
Dienststelle Braunschweig
Messeweg 11–12
D-38104 Braunschweig

GRIECHENLAND
Hellenic Republic
Ministry of Agriculture
General Directorate of Plant Produce
Directorate of Plant Produce Protection
Department of Pesticides
3-4 Hippokratous Street
GR-10164 Athens

UNGARN
Central Service for Plant Protection and Soil conservation
Budaörsi út 141–145.
1118 Budapest

IRLAND
Pesticide Control Service
Department of Agriculture and Food
Abbotstown Laboratory Complex
Abbotstown, Castleknock
IRL-Dublin 15

ITALIEN
Ministero della Salute
Direzione Generale della Sanità Pubblica Veterinaria, degli Alimenti e della Nutrizione
Piazza G. Marconi, 25
I-00144 Roma

LETTLAND
State Plant Protection Service
Plant Protection Department
Republikas laukums 2,
Riga, LV-1981
Latvia

LITAUEN
State Plant Protection Service
Kalvarijų 62
09304 Vilnius
Lithuania

LUXEMBURG
Administration des Services Techniques de l'Agriculture
Service de la protection des Végétaux
Boîte postale 1904
16, route d'Esch
L-1019 Luxembourg

MALTA
Ministry for rural Affairs & The Environment
Plant Health Department
Plant Biotechnology Centre
Annibale Preca Street

NIEDERLANDE
College voor de Toelating van Bestrijdingsmiddelen
PO Box 217
NL-6700 AE Wageningen

POLEN
Ministerstwo Rolnictwa i Rozwoju Wsi
Departament Hodowli i Ochrony Roślin
ul. Wspólna 30
00-930 Warszawa

PORTUGAL
Direcção-Geral de Protecção das Culturas,
Quinta do Marquês
P-2780 Oeiras

SLOWAKEI
Ministry of Agriculture of the Slovak Republic,
Plant Commodities Department
Dobrovičova 12
81266 Bratislava

SLOWENIEN
Ministry of Agriculture, Forestry and Food,
Phytosanitary Administration Republic of Slovenia
6 Einspielerjeva,
SI-1000 Ljubljana

SPANIEN
Ministerio de Agricultura, Pesca y Alimentación
Dirección General de Agricultura
Subdirección General de Medios de Producción Agrícolas
Avda. Alfonso XII, 62
E-28014 Madrid

SCHWEDEN
The Swedish Chemicals Inspectorate, KemI
P.O. Box 2
SE-172 13 Sundbyberg

VEREINIGTES KÖNIGREICH
Pesticides Safety Directorate
Department for Environment, Food and Rural Affairs
Mallard House,
Kings Pool,
3 Peasholme Green,
York, YO1 7PX

Anhang IV
Organisationen in den Mitgliedstaaten, die weitere Auskünfte über die Zahlung der Gebühren gemäß Artikel 30 erteilen und an die solche Gebühren gezahlt werden müssen

ÖSTERREICH
Bundesamt für Ernährungssicherheit
Landwirtschaftliche Untersuchungen und Forschung Wien
Spargelfeldstraße 191
A-1220 Wien

BELGIEN
Fonds budgétaire des matières premières
et des produits Service public fédéral Santé publique,
Sécurité de la Chaîne alimentaire et Alimentation
Direction-générale Animaux,
Végétaux et Alimentation
Centre administratif de l'État, bâtiment Arcades
B-1010 Bruxelles

ZYPERN
Ministry of Agriculture,
Natural resources and Environment
Department of Agriculture
Loukis Akritas Ave.
1412 Lefkosia

TSCHECHISCHE REPUBLIK
State Phytosanitary Administration,
PPP Division
Zemědělská 1A
61300 Brno

DÄNEMARK
Ministry of Environment and Energy
Danish Environmental Protection Agency
Strandgade 29
DK-1401 Copenhagen K

ESTLAND
Estonian Plant Production Inspectorate
Plant Protection Department
Teaduse 2
75501 Saku
Harju Country
Estonia

FINNLAND
Plant Production Inspection Centre
Pesticide Division
PO BOX 42
FI-00501 Helsinki
Bank and account:
Nordea Bank
Account: 166030-101330
IBAN: FI3716603000101330
SWIFT: NDEAFIHH
FI-00501 Helsinki

FRANKREICH
Ministère de l'Agriculture et de la Pêche
Bureau de la Réglementation des Produits antiparasitaires –
251 rue de Vaugirard
F-75732 Paris Cedex 15

DEUTSCHLAND
Bundesamt für Verbraucherschutz und Lebensmittelsicherheit (BVL)
Abteilung 2, Pflanzenschutzmittel
Dienststelle Braunschweig
Messeweg 11–12
D-38104 Braunschweig

GRIECHENLAND
Hellenic Republic
Ministry of Agriculture
General Directorate of Plant Produce
Directorate of Plant Produce Protection
Department of Pesticides
3-4 Hippokratous Street
GR-10164 Athens

UNGARN
Central Service for Plant Protection and Soil conservation
Budaörsi út 141–145.
1118 Budapest

IRLAND
Pesticide Control Service
Department of Agriculture, Food and Rural Development
Abbotstown Laboratory Complex
Abbotstown, Castleknock
IRL-Dublin 15

ITALIEN
Tesoreria Provinciale dello Stato di Viterbo
N. di conto corrente postale n. 52744570
IBAN: IT 43
CIN: E
BIC: BPPIITRRXXX

ABI: 7601
CAB: 14500

LETTLAND
State Plant Protection Service
Plant Protection Department
Republikas laukums 2,
Riga, LV-1981
Latvia

LITAUEN
State Plant Protection Service
Kalvarijų 62
09304 Vilnius
Lithuania

LUXEMBURG
Administration des Services Techniques de l'Agriculture
Boîte postale 1904
L-1019 Luxembourg

MALTA
Ministry for rural Affairs & The Environment
Plant Health Department
Plant Biotechnology Centre
Annibale Preca Street

NIEDERLANDE
College voor de Toelating van Bestrijdingsmiddelen
PO Box 217
NL-6700 AE Wageningen

POLEN
Ministerstwo Rolnictwa i Rozwoju Wsi
Departament Hodowli i Ochrony Roślin
ul. Wspólna 30
00-930 Warszawa

PORTUGAL
Direcção-Geral de Protecção das Culturas,
Quinta do Marquês,
P-2780 OEIRAS
Número de conta: 003505840003800793097
Banco: Caixa Geral de Depósitos

SLOWAKEI
Ministry of Agriculture of the Slovak Republic,
Plant Commodities Department
Dobrovičova 12
81266 Bratislava

SLOWENIEN
Ministry of Agriculture, Forestry and Food,
Phytosanitary Administration Republic of Slovenia

6 Einspielerjeva,
SI-1000 Ljubljana

SPANIEN
Ministerio de Agricultura, Pesca y Alimentación
Dirección General de Agricultura
Subdirección General de Medios de Producción Agrícolas
Avda. Alfonso XII, 62
E-28014 Madrid

SCHWEDEN
The Swedish Chemicals Inspectorate, KemI
P.O. Box 2
SE-172 13 Sundbyberg
National Giro Account: 4465054 – 7

VEREINIGTES KÖNIGREICH
Pesticides Safety Directorate
Department for Environment, Food and Rural Affairs
Mallard House,
Kings Pool,
3 Peasholme Green,
York, YO1 7PX

Anhang V
Von Erzeugern in den neuen Mitgliedstaaten zu übermittelnde Angaben

Die Übermittlung muss auf Papier und per E-Mail erfolgen. Folgende Angaben sollten in der Mitteilung enthalten sein:

1. Angaben zur Identifizierung des Antragstellers

1.1 Erzeuger des Wirkstoffs gemäß Artikel 2 Buchstabe b) der Verordnung (EG) Nr. 1112/2002 (Name, Anschrift, einschließlich Standort des Betriebs)

1.2 Name und Anschrift des Herstellers gemäß Artikel 2 Buchstabe a) der Verordnung (EG) Nr. 1112/2002 einschließlich des Namens der (natürlichen) Person, die für den Antrag und die weiteren sich aus dieser Verordnung ergebenden Verpflichtungen verantwortlich ist

1.2.1 a) Telefonnummer
b) Telefaxnummer
c) E-Mail-Adresse

1.2.2 a) Kontaktperson
b) Weitere Kontaktperson

2. Angaben zur Erleichterung der Identifizierung des Wirkstoffs

2.1 Gegebenenfalls von der ISO vorgeschlagener oder angenommener „common name" sowie gegebenenfalls Angabe der vom Hersteller produzierten Varianten wie Salze, Ester oder Amine. Bei Mikroorganismen Angabe der Art und gegebenenfalls der Unterart

2.2 Chemische Bezeichnung (IUPAC- und CAS-Nomenklatur) (falls angebracht)

2.3 CAS-CIPAC- und EWG-Nummern (falls vorhanden)

2.4 Summen- und Strukturformeln, molekulare Masse (falls angebracht)

2.5 Weitere Angaben, von denen angenommen wird, dass sie die Identifizierung erleichtern, beispielsweise Herstellungs- oder Extraktionsverfahren oder Ursprung der Stoffe, aus denen die Substanz hergestellt wird

2.6 (Gegebenenfalls) Gehalt an reinem Wirkstoff in g/kg bzw. g/l

3. Weitere Auskünfte

3.1 Für jeden Mitgliedstaat eine Liste der Kulturen/Anwendungen, für die Pflanzenschutzmittel, die den Wirkstoff enthalten, derzeit zugelassen sind oder verwendet werden

4. Verpflichtungen

Der Antragsteller verpflichtet sich, der koordinierenden Behörde des als Berichterstatter benannten Mitgliedstaats die Unterlagen innerhalb der Frist gemäß Artikel 12 der Verordnung (EG) Nr. 2229/2004 zu übermitteln.

Der Antragsteller erklärt, dass ihm bekannt ist, dass bei Einreichung der vollständigen Unterlagen von dem Mitgliedstaat eine Gebühr erhoben wird.

Der Antragsteller versichert, dass die obigen Angaben richtig sind und der Wahrheit entsprechen.

Der Antragsteller erklärt, dass er nötigenfalls die Ermächtigung des Herstellers beifügt, für die Zwecke dieser Verordnung als dessen alleiniger Vertreter innerhalb der Gemeinschaft zu handeln.

Unterschrift (des Handlungsbevollmächtigten des unter Punkt 1.1 genannten Unternehmens)

Anhang VI
Kriterien für eindeutige Hinweise auf Unschädlichkeit

Ein Wirkstoff entspricht dann der Anforderung gemäß Artikel 24b – d.h., es gibt eindeutige Hinweise darauf, dass der Wirkstoff keine schädlichen Auswirkungen auf die menschliche Gesundheit, die Tiergesundheit oder das Grundwasser und auch sonst keinen unannehmbaren Einfluss auf die Umwelt hat –, wenn alle unter den Nummern 1 und 2 aufgeführten Kriterien erfüllt sind.

1. Der Wirkstoff erfüllt die nachstehenden Kriterien:
   a) Er ist nicht eingestuft oder vorgeschlagen für eine Einstufung als C (krebserzeugend), M (erbgutverändernd), R (fortpflanzungsgefährdend) in Kategorie 1, 2 oder 3 gemäß der Richtlinie 67/548/EWG;
   b) eine ADI (annehmbare Tagesdosis), eine AOEL (annehmbare Anwenderexposition) und eine ARfD (akute Referenzdosis) wurden entweder nicht beantragt oder können, falls erforderlich, auf der Basis des üblichen Extrapolationsfaktors 100 festgesetzt werden;
   c) es wird nicht davon ausgegangen, dass der Wirkstoff die Kriterien eines persistenten organischen Schadstoffs gemäß der Verordnung (EG) Nr. 850/2004 des Europäischen Parlaments und des Rates[11] erfüllen könnte;
   d) es wird nicht davon ausgegangen, dass der Wirkstoff die Kriterien gemäß Anhang XIII der Verordnung (EG) Nr. 1907/2006 des Europäischen Parlaments und des Rates[12] erfüllen könnte.
2. Mindestens eine der beantragten repräsentativen Anwendungen des Wirkstoffs erfüllt alle nachstehenden Kriterien:
   a) Die Anwenderexposition ist kleiner oder gleich 75 % der AOEL in Modellszenarios, die für die vorgesehene Anwendung als relevant erachtet werden, die sich für die beantragte Anwendung eignen und bei denen als persönliche Schutzausrüstung höchstens Handschuhe verwendet werden;
   b) die Exposition umstehender Personen und des Betriebspersonals ist kleiner oder gleich 75 % der AOEL in Modellszenarios, die für die vorgesehene Anwendung als relevant erachtet werden, die sich für die beantragte Anwendung eignen und bei denen keine persönliche Schutzausrüstung verwendet wird;
   c) die Verbraucherexposition ist bei allen in der EU verfügbaren Nahrungsmitteln kleiner oder gleich 75 % der ADI oder der ARfD (falls ein solcher Wert erforderlich ist), basierend auf den für den Wirkstoff vorgeschlagenen Rückstandshöchstgehalten (ohne Anwendung spezieller Variablen);
   d) in mindestens der Hälfte der für die vorgesehene Anwendung als relevant erachteten Szenarios bzw. in relevanten Lysimeter-/Felduntersuchungen

---

11 ABl. L 158 vom 30.4.2004, S. 7. Berichtigung im ABl. L 229 vom 29.6.2004, S. 5.

12 ABl. L 396 vom 30.12.2006, S. 1. Berichtigung im ABl. L 136 vom 29.5.2007, S. 3.

liegt die Versickerung ins Grundwasser bei einem Wert unter 0,1 µg/l, und zwar sowohl für den Ausgangsstoff als auch für seine Metaboliten;

e) die Pufferzonen zum Zweck des Umweltschutzes erstrecken sich ohne zusätzliche Risikominimierungsmaßnahmen (z. B. Anti-Drift-Düsen) auf maximal 30 m;

f) Die Gefährdung von Nichtzielorganismen ist, basierend auf der Anwendung von Standardvariablen, annehmbar.

Anhang VII
Kriterien für eindeutige Hinweise auf Schädlichkeit

Ein Wirkstoff entspricht dann der Anforderung gemäß Artikel 24f – d. h., es gibt auf der Grundlage der verfügbaren Daten, die nach den Bestimmungen des Artikels 24d bewertet worden sind, eindeutige Hinweise darauf, dass der Wirkstoff schädliche Auswirkungen auf die menschliche Gesundheit, die Tiergesundheit oder das Grundwasser hat –, wenn entweder das Kriterium nach Nummer 1 oder eines der Kriterien nach Nummer 2 erfüllt ist.

1. Die verfügbaren Daten über den Wirkstoff reichen für die Festsetzung einer ADI, ARfD oder AOEL nicht aus, und solche Werte werden für eine Bewertung der Gefährdung von Verbrauchern und Betriebspersonal benötigt.
2. Jede beantragte repräsentative Anwendung erfüllt mindestens eines der nachstehenden Kriterien:
   a) Die Exposition des Betriebspersonals ist größer als 100 % der AOEL in allen Modellszenarios, bei denen eine persönliche Schutzausrüstung/ein Atemschutzgerät verwendet wird, die sich für die beantragte Anwendung eignen und bei denen die tatsächlichen Expositionsdaten – soweit verfügbar – auch belegen, dass die AOEL bei bestimmungsgemäßer Anwendung überschritten wird;
   b) die Exposition umstehender Personen und des Betriebspersonals ist größer als 100 % der AOEL in Modellszenarios, die sich für die beantragte Anwendung eignen und bei denen die tatsächlichen Expositionsdaten – soweit verfügbar – belegen, dass die AOEL für diese Personengruppen bei bestimmungsgemäßer Anwendung überschritten wird;
   c) die Verbraucherexposition ist bei mindestens einem der in der EU verfügbaren Nahrungsmittel größer als 100 % der ADI oder der ARfD (falls ein solcher Wert erforderlich ist), basierend auf den für den Wirkstoff vorgeschlagenen Rückstandshöchstgehalten;
   d) in allen Modellszenarios liegt die Versickerung ins Grundwasser – entweder für den Ausgangsstoff oder für die relevanten Metaboliten – bei einem Wert von 0,1 µg/l oder darüber.

Verordnung (EG) Nr. 1095/2007 der Kommission

vom 20. September 2007

zur Änderung der Verordnung (EG) Nr. 1490/2002 mit weiteren Durchführungsbestimmungen für die dritte Stufe des Arbeitsprogramms gemäß Artikel 8 Absatz 2 der Richtlinie 91/414/EWG des Rates und zur Änderung der Verordnung (EG) Nr. 2229/2004 mit weiteren Durchführungsbestimmungen für die vierte Stufe des Arbeitsprogramms gemäß Artikel 8 Absatz 2 der Richtlinie 91/414/EWG des Rates

ABl. L 246 vom 21.9.2007, S. 19

DIE KOMMISSION DER EUROPÄISCHEN GEMEINSCHAFTEN –

gestützt auf den Vertrag zur Gründung der Europäischen Gemeinschaft,

gestützt auf die Richtlinie 91/414/EWG des Rates vom 15. Juli 1991 über das Inverkehrbringen von Pflanzenschutzmitteln[1], insbesondere auf Artikel 8 Absatz 2,

in Erwägung nachstehender Gründe:

(1) Gemäß Artikel 8 Absatz 2 der Richtlinie 91/414/EWG führt die Kommission ein Arbeitsprogramm zur schrittweisen Prüfung der Wirkstoffe durch, die zwei Jahre nach dem Zeitpunkt der Bekanntgabe dieser Richtlinie im Handel sind. Das Programm befindet sich derzeit noch in der Durchführung.

(2) Die Vorgaben für die zweite und dritte Stufe des Arbeitsprogramms finden sich in der Verordnung (EG) Nr. 451/2000 der Kommission vom 28. Februar 2000 mit Durchführungsbestimmungen für die zweite und dritte Stufe des Arbeitsprogramms gemäß Artikel 8 Absatz 2 der Richtlinie 91/414/EWG des Rates[2] sowie in der Verordnung (EG) Nr. 1490/2002 der Kommission vom 14. August 2002 mit weiteren Durchführungsbestimmungen für die dritte Stufe des Arbeitsprogramms gemäß Artikel 8 Absatz 2 der Richtlinie 91/414/EWG des Rates und zur Änderung der Verordnung (EG) Nr. 451/2000[3]. Die vierte Stufe des Programms ist festgelegt in der Verordnung (EG) Nr. 2229/2004 der Kommission vom 3. Dezember 2004 mit weiteren Durchführungsbestimmungen für die vierte Stufe des Arbeitsprogramms gemäß Artikel 8 Absatz 2 der Richtlinie 91/414/EWG des Rates[4].

---

1 ABl. L 230 vom 19.8.1991, S. 1. Richtlinie zuletzt geändert durch die Richtlinie 2007/52/EG der Kommission (ABl. L 214 vom 17.8.2007, S. 3).

2 ABl. L 55 vom 29.2.2000, S. 25. Verordnung zuletzt geändert durch die Verordnung (EG) Nr. 1044/2003 (ABl. L 151 vom 19.6.2003, S. 32).

3 ABl. L 224 vom 21.8.2002, S. 23. Verordnung zuletzt geändert durch die Verordnung (EG) Nr. 1744/2004 (ABl. L 311 vom 8.10.2004, S. 23).

4 ABl. L 379 vom 24.12.2004, S. 13. Verordnung geändert durch die Verordnung (EG) Nr. 647/2007 (ABl. L 151 vom 13.6.2007, S. 26).

(3) Mehrere Wirkstoffe in der dritten und vierten Stufe befinden sich noch in der Bewertungsphase. Eine Beschleunigung des Prüfungsprozesses erscheint erforderlich. Abhängig davon, ob ein Wirkstoff derzeit bereits einer Gegenprüfung unterzogen wird, sollten hinsichtlich bestimmter Verfahrensaspekte unterschiedliche Bestimmungen gelten.

(4) Zur Beschleunigung des Prüfungsprozesses sollten der Arbeitsablauf bei der Gegenprüfung und die Beziehungen zwischen Antragstellern, Mitgliedstaaten, der Europäischen Behörde für Lebensmittelsicherheit (EBLS) und der Kommission sowie die Verpflichtungen aller beteiligten Parteien zur Durchführung des Programms angepasst werden, wobei der Grad der Sicherheit von Gesundheit und Umwelt nicht beeinträchtigt werden darf.

(5) Die Ressourcen der EBLS sollten in effizienter Weise genutzt werden. Gibt es eindeutige Hinweise darauf, dass der fragliche Wirkstoff die Anforderungen gemäß Artikel 5 Absatz 1 der Richtlinie 91/414/EWG erfüllt und insbesondere keine schädlichen Auswirkungen auf die menschliche Gesundheit oder die Tiergesundheit oder das Grundwasser und auch sonst keinen unannehmbaren Einfluss auf die Umwelt hat, so sollte dieser Wirkstoff in Anhang I der genannten Richtlinie aufgenommen wer den. In derart eindeutigen Fällen wäre vor der Aufnahme des Wirkstoffs in Anhang I kein detailliertes wissenschaftliches Gutachten der EBLS erforderlich. Allerdings sollte die EBLS zu einem späteren Zeitpunkt ihre Stellungnahme zu diesen Wirkstoffen abgeben, insbesondere, um bei der Anwendung der einheitlichen Grundsätze für die Bewertung von Zulassungen durch die Mitgliedstaaten einen harmonisierten Ansatz zu gewährleisten. Gibt es hingegen eindeutige Hinweise darauf, dass ein Wirkstoff schädliche Auswirkungen hat, so braucht die Kommission diese eindeutige Sachlage nicht bestätigen zu lassen, weshalb sie die Möglichkeit haben sollte, über die Nichtaufnahme des Wirkstoffs in Anhang I ohne Konsultation der EBLS zu entscheiden.

(6) Die EBLS sollte sich auf Fälle konzentrieren, in denen die verbleibenden Zweifel ausgeräumt werden müssen, bevor eine Entscheidung über die Aufnahme des Wirkstoffs getroffen werden kann.

(7) Um die Verfahren weiter zu beschleunigen, sollte es in Fällen, in denen solche Zweifel noch bestehen und die Antragsteller zur Rücknahme ihres Antrags auf Aufnahme des Wirkstoffs bereit sind, möglich sein, eine längere Wartezeit zu gewähren. Dieses Verfahren sollte nur in Fällen angewandt werden, in denen es keine eindeutigen Hinweise darauf gibt, dass der Wirkstoff schädliche Auswirkungen auf die menschliche Gesundheit oder die Tiergesundheit oder das Grundwasser oder einen sonstigen unannehmbaren Einfluss auf die Umwelt hat.

(8) Zur Ermittlung der Fälle, in denen die Unschädlichkeit bzw. Schädlichkeit eines Wirkstoffs eindeutig nachweis bar ist, sollten geeignete Kriterien festgelegt werden.

(9) Um die Einhaltung der Bewertungsfristen und die Gleichbehandlung aller Antragsteller zu gewährleisten, sehen die derzeitigen Rechtsvorschriften vor, dass Antragsteller nach einem bestimmten Bewertungsstadium – von wenigen Ausnahmen abgesehen – keine neuen Studien mehr vorlegen dürfen.

Dieses allgemeine Prinzip sollte beibehalten werden, doch ist es angezeigt, festzulegen, wann Antragsteller neue Informationen, bei denen es sich nicht um Studien handelt, vorlegen dürfen.

(10) Die Verordnung (EG) Nr. 1490/2002 und die Verordnung (EG) Nr. 2229/2004 sollten daher entsprechend geändert werden.

(11) Die in dieser Verordnung vorgesehenen Maßnahmen entsprechen der Stellungnahme des Ständigen Ausschusses für die Lebensmittelkette und Tiergesundheit –

HAT FOLGENDE VERORDNUNG ERLASSEN:

Artikel 1 Änderungen der Verordnung (EG) Nr. 1490/2002

Die Verordnung (EG) Nr. 1490/2002 wird wie folgt geändert:

1. Die Artikel 11 und 12 erhalten folgende Fassung:

„Artikel 11 Erhalt des Entwurfs eines Bewertungsberichts und Zugang zu diesem

(1) Nach Erhalt der aktualisierten Zusammenfassung der Unterlagen und des Entwurfs eines Bewertungsberichts gemäß Artikel 10 Absatz 1 bescheinigt die EBLS dem Bericht erstattenden Mitgliedstaat innerhalb von 30 Tagen den Ein gang des Berichts.

In Ausnahmefällen, wenn der Entwurf eines Bewertungsberichts die von der Kommission empfohlenen Anforderungen an das Format offensichtlich nicht erfüllt, kann die Kommission mit der EBLS und dem Bericht erstattenden Mitgliedstaat eine Frist für die Vorlage eines geänderten Berichts verein baren. Diese Frist darf zwei Monate nicht überschreiten.

(2) Die EBLS übermittelt den Entwurf eines Bewertungsberichts unverzüglich der Kommission, den übrigen Mitgliedstaaten und den Antragstellern, wobei sie eine Frist von höchstens zwei Monaten für die Vorlage von Kommentaren seitens dieser Mitgliedstaaten und der Antragsteller festlegt.

Sie sammelt die eingehenden Kommentare, einschließlich verfügbarer Kommentare der EBLS, und leitet diese an die Kommission, die Mitgliedstaaten und die Antragsteller weiter.

(3) Die EBLS macht allen Personen auf ausdrücklichen Antrag folgende Informationen zugänglich oder hält sie zur Verfügung:

a) den Entwurf eines Bewertungsberichts, mit Ausnahme der Teile, die gemäß Artikel 14 der Richtlinie 91/414/EWG vertraulich behandelt werden;

b) die Liste aller zur Bewertung im Hinblick auf eine mögliche Aufnahme des Wirkstoffs in Anhang I der genannten Richtlinie erforderlichen Daten in der Endfassung der EBLS, sofern diese eine solche Endfassung erstellt hat.

Artikel 11a Prüfung des Entwurfs eines Bewertungsberichts

Die Kommission prüft gemäß Artikel 11 Absatz 2 unverzüglich den Entwurf eines Bewertungsberichts und die Empfehlung des Bericht erstattenden Mitgliedstaats sowie die Kommentare der übrigen Mitgliedstaaten, der EBLS und der Antragsteller.

Artikel 11b Wirkstoffe mit eindeutigen Hinweisen darauf, dass sie keine schädlichen Auswirkungen haben

Gibt es eindeutige Hinweise darauf, dass keine schädliche Auswirkung des Wirkstoffs auf die menschliche Gesundheit, die Tiergesundheit oder das Grundwasser und auch sonst kein unannehmbarer Einfluss auf die Umwelt nach Anhang V zu erwarten ist, so gelten die Bestimmungen des Artikels 12 Absatz 1 Buchstabe a und Absatz 2 Buchstabe a.

Artikel 11c Konsultation der EBLS

(1) Findet Artikel 11b keine Anwendung, so kann die Kommission jederzeit im Verlauf der Bewertung die EBLS ersuchen, eine Gegenprüfung des vollständigen Entwurfs eines Bewertungsberichts oder spezifischer Punkte, darunter auch der Punkte im Zusammenhang mit den Kriterien gemäß Anhang VI, vorzunehmen. Die EBLS organisiert eine Anhörung von Sachverständigen der Mitgliedstaaten, ein schließlich des Bericht erstattenden Mitgliedstaats.

Ersucht die Kommission die EBLS um eine umfassende Gegenprüfung, so legt die EBLS ihre Schlussfolgerung spätestens sechs Monate nach dem Ersuchen vor. Ersucht die Kommission nicht um eine umfassende Gegenprüfung, sondern lediglich um eine Schlussfolgerung zu spezifischen Punkten, so wird die Frist auf drei Monate verkürzt. Die Vorlage der Schlussfolgerungen erfolgt in jedem Fall spätestens am 30. September 2008.

(2) Ergeben sich bei der Gegenprüfung eindeutige Hin weise darauf, dass bei einem Wirkstoff schädliche Auswirkungen auf die menschliche Gesundheit, die Tiergesundheit oder das Grundwasser nach Anhang VI zu erwarten sind, so setzt die EBLS die Kommission hiervon in Kenntnis.

Die Kommission kann eine Entscheidung gemäß Artikel 11f treffen.

(3) Die Kommission und die EBLS vereinbaren einen Zeit plan für die Vorlage der Schlussfolgerungen, um die Arbeitsplanung zu erleichtern. Die Kommission und die EBLS einigen sich auf ein Format für die Vorlage der Schlussfolgerun gen der EBLS.

Artikel 11d Vorlage zusätzlicher Informationen nach Übermittlung des Entwurfs eines Bewertungsberichts an die EBLS

(1) Unbeschadet des Artikels 7 der Richtlinie 91/414/EWG ist die Einreichung neuer Studien nicht zulässig.

(2) Erachtet die EBLS zusätzliche Informationen des Antragstellers als erforderlich, um einem Ersuchen der Kommission nach Artikel 11c nachkommen zu können, so fordert der Bericht erstattende Mitgliedstaat diese Informationen an. Solche Aufforderungen zur Vorlage von Informationen erfolgen ausdrücklich und in schriftlicher Form unter Setzung einer einmonatigen Frist. Dies betrifft nicht die Vorlage neuer Studien. Der Bericht erstattende Mitgliedstaat setzt die

Kommission und die EBLS von solchen Informationsanforderungen schriftlich in Kenntnis.

Der Bericht erstattende Mitgliedstaat bewertet die vorgelegten Informationen innerhalb eines Monats nach deren Eingang und übermittelt seine Bewertung an die EBLS.

(3) Vom Antragsteller vorgelegte, jedoch nicht angeforderte Informationen oder Informationen, die nicht vor Ab lauf der in Absatz 2 genannten Frist vorgelegt wurden, wer den nicht berücksichtigt, es sei denn, es handelt sich dabei um Informationen nach Artikel 7 der Richtlinie 91/414/EWG.

Verweigert der Bericht erstattende Mitgliedstaat gemäß Absatz 1 oder Absatz 3 Unterabsatz 1 die Berücksichtigung von Studien oder Informationen, die vom Antragsteller vor gelegt wurden, so setzt er die Kommission und die EBLS hiervon unter Angabe der Gründe für die Weigerung in Kenntnis.

Artikel 11e Rücknahme durch den Antragsteller

Findet Artikel 11b keine Anwendung, so kann der Antragsteller seinen Antrag auf Aufnahme des Wirkstoffs in Anhang I der Richtlinie 91/414/EWG innerhalb von zwei Monaten nach Erhalt des Entwurfs eines Bewertungsberichts gemäß Artikel 11 Absatz 2 zurücknehmen.

Artikel 11f Wirkstoff, bei dem es eindeutige Hinweise auf schädliche Auswirkungen gibt

Gibt es eindeutige Hinweise darauf, dass schädliche Auswirkungen des Wirkstoffs auf die menschliche Gesundheit, die Tiergesundheit oder das Grundwasser nach Anhang VI zu erwarten sind, trifft die Kommission eine Entscheidung über die Nichtaufnahme des Wirkstoffs in Anhang I der Richtlinie 91/414/EWG gemäß Artikel 12 Absatz 1 Buchstabe a und Absatz 2 Buchstabe b der vorliegenden Verordnung.

Artikel 12 Vorlage eines Richtlinien- oder Entscheidungsentwurfs

(1) Die Kommission legt dem Ausschuss den Entwurf eines Prüfberichts vor, und zwar spätestens sechs Monate nach

a) Erhalt des Entwurfs eines Bewertungsberichts, wenn Artikel 11b oder Artikel 11f gilt;

b) Erhalt der Schlussfolgerung der EBLS, wenn Artikel 11c gilt;

c) Eingang der Antragsrücknahme in schriftlicher Form durch den Antragsteller, wenn Artikel 11e gilt.

(2) Zusammen mit dem Entwurf eines Prüfberichts legt die Kommission dem Ausschuss Folgendes vor:

a) den Entwurf einer Richtlinie zur Aufnahme des Wirkstoffs in Anhang I der Richtlinie 91/414/EWG, gegebenenfalls unter Angabe der Bedingungen, einschließlich der Geltungsdauer dieser Aufnahme, oder

b) den an die Mitgliedstaaten gerichteten Entwurf einer Entscheidung, gemäß der sie die Zulassungen der Pflanzenschutzmittel, die den Wirkstoff enthalten, nach Artikel 8 Absatz 2 Unterabsatz 4 der Richtlinie 91/414/EWG innerhalb von sechs Monaten zurücknehmen müssen, was bedeutet, dass dieser Wirkstoff nicht in Anhang I der genannten Richtlinie aufgenommen wird. Dabei sind die Gründe für die Nichtaufnahme anzugeben.

Die Richtlinie oder Entscheidung wird gemäß dem Verfahren nach Artikel 19 Absatz 2 der Richtlinie 91/414/EWG angenommen.

(3) Abweichend von Absatz 2 Buchstabe b erfolgt im unter Absatz 1 Buchstabe c genannten Fall die Rücknahme der Zulassungen durch die Mitgliedstaaten bis spätestens

31. Dezember 2010, sofern die Kommission nicht – gegebenenfalls nach Konsultation der EBLS – zu dem Schluss gelangt ist, dass der Wirkstoff die Kriterien des Anhangs VI erfüllt.

Artikel 12a Stellungnahme der EBLS

Wird ein Wirkstoff gemäß Artikel 11b der vorliegenden Verordnung in Anhang I der Richtlinie 91/414/EWG aufgenommen, ersucht die Kommission die EBLS um Vorlage einer Stellungnahme zum Entwurf eines Prüfberichts bis spätestens 31. Dezember 2010. Die Mitgliedstaaten und die Antragsteller arbeiten mit der EBLS und der Kommission zusammen.

Um die Arbeitsplanung zu erleichtern, einigen sich Kommission und EBLS auf einen Zeitplan für die Vorlage der Stellungnahme der EBLS zum Entwurf eines Prüfberichts und auf das Format für die Vorlage der Stellungnahme."

2. **Die Anhänge der Verordnung (EG) Nr. 1490/2002 werden gemäß Anhang I der vorliegenden Verordnung geändert.**

Artikel 2 Änderungen der Verordnung (EG) Nr. 2229/2004

Die Verordnung (EG) Nr. 2229/2004 wird wie folgt geändert:

1. **Die Artikel 24 und 25 erhalten folgende Fassung:**

„Artikel 24 Erhalt des Entwurfs eines Bewertungsberichts und Zugang zu diesem

(1) Nach Erhalt der aktualisierten Zusammenfassung der Unterlagen und des Entwurfs eines Bewertungsberichts gemäß Artikel 21 Absatz 1 oder Artikel 22 Absatz 1 bescheinigt die EBLS dem Bericht erstattenden Mitgliedstaat inner halb von 30 Tagen den Eingang des Berichts.

In Ausnahmefällen, wenn der Entwurf eines Bewertungsberichts die von der Kommission empfohlenen Anforderungen an das Format offensichtlich nicht erfüllt, kann die Kommission mit der EBLS und dem Bericht erstattenden Mitgliedstaat eine Frist für die Vorlage eines geänderten Berichts verein baren. Diese Frist darf zwei Monate nicht überschreiten.

(2) Die EBLS übermittelt den Entwurf eines Bewertungsberichts unverzüglich der Kommission, den übrigen Mitgliedstaaten und den Antragstellern, wobei sie eine Frist von höchstens zwei Monaten für die Vorlage von Kommentaren seitens dieser Mitgliedstaaten und der Antragsteller festlegt.

Sie sammelt die eingehenden Kommentare, einschließlich verfügbarer Kommentare der EBLS, und leitet diese an die Kommission, die Mitgliedstaaten und die Antragsteller weiter.

(3) Die EBLS macht allen Personen auf ausdrücklichen Antrag folgende Informationen zugänglich oder hält sie zur Verfügung:

a) den Entwurf eines Bewertungsberichts, mit Ausnahme der Teile, die gemäß Artikel 14 der Richtlinie 91/414/EWG vertraulich behandelt werden;

b) die Liste aller zur Bewertung im Hinblick auf eine mögliche Aufnahme des Wirkstoffs in Anhang I der genannten Richtlinie erforderlichen Daten in der Endfassung der EBLS, sofern diese eine solche Endfassung erstellt hat.

Artikel 24a Bewertung des Entwurfs eines Bewertungsberichts

Die Kommission prüft gemäß Artikel 24 Absatz 2 unverzüglich den Entwurf eines Bewertungsberichts und die Empfehlung des Bericht erstattenden Mitgliedstaats sowie die Kommentare der übrigen Mitgliedstaaten, der EBLS und der Antragsteller.

Artikel 24b Wirkstoffe mit eindeutigen Hinweisen darauf, dass sie keine schädlichen Auswirkungen haben

Gibt es eindeutige Hinweise darauf, dass keine schädliche Auswirkung des Wirkstoffs auf die menschliche Gesundheit, die Tiergesundheit oder das Grundwasser und auch sonst kein unannehmbarer Einfluss auf die Umwelt nach Anhang VI zu erwarten ist, so gelten die Bestimmungen des Artikels 25 Absatz 1 Buchstabe a und Absatz 2 Buchstabe a.

Artikel 24c Konsultation der EBLS

(1) Findet Artikel 24b keine Anwendung, so kann die Kommission jederzeit im Verlauf der Bewertung die EBLS ersuchen, eine Gegenprüfung des vollständigen Entwurfs eines Bewertungsberichts oder spezifischer Punkte, darunter auch der Punkte im Zusammenhang mit den Kriterien gemäß Anhang VII, vorzunehmen. Die EBLS organisiert eine Anhörung von Sachverständigen der Mitgliedstaaten, ein schließlich des Bericht erstattenden Mitgliedstaats.

Ersucht die Kommission die EBLS um eine umfassende Gegenprüfung, so legt die EBLS ihre Schlussfolgerung spätestens sechs Monate nach dem Ersuchen vor. Ersucht die Kommission nicht um eine umfassende Gegenprüfung, sondern lediglich um eine Schlussfolgerung zu spezifischen Punkten, so wird die Frist auf drei Monate verkürzt. Die Vorlage der Schlussfolgerungen erfolgt in jedem Fall spätestens am 30. September 2008.

(2) Ergeben sich bei der Gegenprüfung eindeutige Hinweise darauf, dass bei einem Wirkstoff schädliche Auswirkungen auf die menschliche Gesundheit, die Tiergesundheit oder das Grundwasser nach Anhang VII zu erwarten sind, so setzt die EBLS die Kommission hiervon in Kenntnis.

Die Kommission kann eine Entscheidung gemäß Artikel 24f treffen.

(3) Die Kommission und die EBLS vereinbaren einen Zeit plan für die Vorlage der Schlussfolgerungen, um die Arbeitsplanung zu erleichtern. Die Kommission und die EBLS einigen sich auf ein Format für die Vorlage der Schlussfolgerun gen der EBLS.

Artikel 24d Vorlage zusätzlicher Informationen nach Übermittlung des Entwurfs eines Bewertungsberichts an die EBLS

(1) Unbeschadet des Artikels 7 der Richtlinie 91/414/EWG ist die Einreichung neuer Studien nicht zulässig.

(2) Erachtet die EBLS zusätzliche Informationen des Antragstellers als erforderlich, um einem Ersuchen der Kommission nach Artikel 24c nachkommen zu können, so fordert der Bericht erstattende Mitgliedstaat diese Informationen an. Solche Aufforderungen zur Vorlage von Informationen erfolgen ausdrücklich und in schriftlicher Form unter Setzung einer einmonatigen Frist. Dies betrifft nicht die Vorlage neuer Studien. Der Bericht erstattende Mitgliedstaat setzt die Kommission und die EBLS von solchen Informationsanforderungen schriftlich in Kenntnis.

Der Bericht erstattende Mitgliedstaat bewertet die vorgelegten Informationen innerhalb eines Monats nach deren Eingang und übermittelt seine Bewertung an die EBLS.

(3) Vom Antragsteller vorgelegte, jedoch nicht angeforderte Informationen oder Informationen, die nicht vor Ab lauf der in Absatz 2 genannten Frist vorgelegt wurden, wer den nicht berücksichtigt, es sei denn, es handelt sich da bei um Informationen nach Artikel 7 der Richtlinie 91/414/EWG.

Verweigert der Bericht erstattende Mitgliedstaat gemäß Absatz 1 oder Absatz 3 Unterabsatz 1 die Berücksichtigung von Studien oder Informationen, die vom Antragsteller vor gelegt wurden, so setzt er die Kommission und die EBLS hiervon unter Angabe der Gründe für die Weigerung in Kenntnis.

Artikel 24e Rücknahme durch den Antragsteller

Findet Artikel 24b keine Anwendung, so kann der Antragsteller seinen Antrag auf Aufnahme des Wirkstoffs in Anhang I der Richtlinie 91/414/EWG innerhalb von zwei Monaten nach Erhalt des Entwurfs eines Bewertungsberichts gemäß Artikel 24 Absatz 2 zurücknehmen.

Artikel 24f Wirkstoff, bei dem es eindeutige Hinweise auf schädliche Auswirkungen gibt

Gibt es eindeutige Hinweise darauf, dass schädliche Auswirkungen des Wirkstoffs auf die menschliche Gesundheit, die Tiergesundheit oder das Grundwasser nach Anhang VII zu erwarten sind, trifft die Kommission eine Entscheidung über die Nichtaufnahme des Wirkstoffs in Anhang I der Richtlinie 91/414/EWG gemäß Artikel 25 Absatz 1 Buchstabe a und Absatz 2 Buchstabe b der vorliegenden Verordnung.

Artikel 25 Vorlage eines Richtlinien- oder Entscheidungsentwurfs

(1) Die Kommission legt dem Ausschuss den Entwurf eines Beurteilungsberichts vor, und zwar spätestens sechs Monate nach

a) Erhalt des Entwurfs eines Bewertungsberichts, wenn Artikel 24b oder Artikel 24f gilt;

b) Erhalt der Schlussfolgerung der EBLS, wenn Artikel 24c gilt;

c) Eingang der Antragsrücknahme in schriftlicher Form durch den Antragsteller, wenn Artikel 24e gilt.

(2) Zusammen mit dem Entwurf eines Beurteilungsberichts legt die Kommission dem Ausschuss Folgendes vor:

a) den Entwurf einer Richtlinie zur Aufnahme des Wirkstoffs in Anhang I der Richtlinie 91/414/EWG, gegebenenfalls unter Angabe der Bedingungen, einschließlich der Geltungsdauer dieser Aufnahme, oder

b) den an die Mitgliedstaaten gerichteten Entwurf einer Entscheidung, gemäß der sie die Zulassungen der Pflanzenschutzmittel, die den Wirkstoff enthalten, nach Artikel 8 Absatz 2 Unterabsatz 4 der Richtlinie 91/414/EWG innerhalb von sechs Monaten zurücknehmen müssen, was bedeutet, dass dieser Wirkstoff nicht in Anhang I der genannten Richtlinie aufgenommen wird. Dabei sind die Gründe für die Nichtaufnahme anzugeben.

Die Richtlinie oder Entscheidung wird gemäß dem Verfahren nach Artikel 19 Absatz 2 der Richtlinie 91/414/EWG angenommen.

(3) Abweichend von Absatz 2 Buchstabe b erfolgt im unter Absatz 1 Buchstabe c genannten Fall die Rücknahme der Zulassungen durch die Mitgliedstaaten bis spätestens 31. Dezember 2010, sofern die Kommission nicht – gegebenenfalls nach Konsultation der EBLS – zu dem Schluss gelangt ist, dass der Wirkstoff die Kriterien des Anhangs VII erfüllt.

Artikel 25a Stellungnahme der EBLS

Wird ein Wirkstoff gemäß Artikel 24b der vorliegenden Verordnung in Anhang I der Richtlinie 91/414/EWG aufgenommen, ersucht die Kommission die EBLS um Vorlage einer Stellungnahme zum Entwurf eines Beurteilungsberichts bis spätestens 31. Dezember 2010. Die Mitgliedstaaten und die Antragsteller arbeiten mit der EBLS und der Kommission zusammen.

Um die Arbeitsplanung zu erleichtern, einigen sich Kommission und EBLS auf einen Zeitplan für die Vorlage der Stellungnahme der EBLS zum Entwurf eines Beurteilungsberichts und auf das Format für die Vorlage der Stellungnahme."

2. Die Anhänge der Verordnung (EG) Nr. 2229/2004 werden gemäß Anhang II der vorliegenden Verordnung geändert.

Artikel 3 Übergangsbestimmungen für die Verordnung (EG) Nr. 1490/2002

(1) Für Wirkstoffe, zu denen bei Inkrafttreten der vorliegen den Verordnung die EBLS der Kommission ihre Schlussfolgerungen bereits vorgelegt hat, gilt weiterhin die Verordnung (EG) Nr. 1490/2002 in der Fassung, die sie vor der Änderung durch die vorliegende Verordnung hatte.

(2) Für Wirkstoffe, zu denen bei Inkrafttreten der vorliegen den Verordnung der Entwurf eines Bewertungsberichts des Bericht erstattenden Mitgliedstaats bereits an die EBLS übermittelt worden ist, diese jedoch der Kommission ihre Schlussfolgerun gen noch nicht vorgelegt hat, gilt abweichend von Artikel 11e der Verordnung (EG) Nr. 1490/2002 der Artikel 12 Absatz 3 der genannten Verordnung, wenn die beiden folgenden Bedingungen erfüllt sind:

a) Artikel 11b findet keine Anwendung, und es liegt einer der nachstehend genannten Fälle vor:
   i) Es ist nicht zu erwarten, dass der Wirkstoff die Kriterien in Anhang VI der genannten Verordnung erfüllt;
   ii) im Rahmen der Konsultation durch die Kommission ist die EBLS zu der Schlussfolgerung gelangt, dass der Wirkstoff die Kriterien in Anhang VI der genannten Verordnung nicht erfüllt; und
b) der Antragsteller informiert die Kommission innerhalb von zwei Monaten nach Inkrafttreten der vorliegenden Verordnung über die Rücknahme seines Antrags auf Aufnahme des Wirkstoffs in Anhang I der Richtlinie 91/414/EWG.

Artikel 4 Übergangsbestimmungen für die Verordnung (EG) Nr. 2229/2004

Für Wirkstoffe, zu denen bei Inkrafttreten der vorliegenden Verordnung der Entwurf eines Bewertungsberichts des Bericht er stattenden Mitgliedstaats bereits an die EBLS übermittelt worden ist, diese jedoch der Kommission ihre Schlussfolgerungen noch nicht vorgelegt hat, gilt abweichend von Artikel 24e der Verordnung (EG) Nr. 2229/2004 der Artikel 25 Absatz 3 der genannten Verordnung, wenn die beiden folgenden Bedingungen erfüllt sind:

a) Artikel 24b findet keine Anwendung, und es liegt einer der nachstehend genannten Fälle vor:
   i) Es ist nicht zu erwarten, dass der Wirkstoff die Kriterien in Anhang VII der genannten Verordnung erfüllt;
   ii) im Rahmen der Konsultation durch die Kommission ist die EBLS zu der Schlussfolgerung gelangt, dass der Wirkstoff die Kriterien in Anhang VII der genannten Verordnung nicht erfüllt; und
b) der Antragsteller informiert die Kommission innerhalb von zwei Monaten nach Inkrafttreten der vorliegenden Verordnung über die Rücknahme seines Antrags auf Aufnahme des Wirkstoffs in Anhang I der Richtlinie 91/414/EWG.

Artikel 5

Diese Verordnung tritt am siebten Tag nach ihrer Veröffentlichung im *Amtsblatt der Europäischen Union* in Kraft.

Anhang I
Änderungen der Anhänge der Verordnung (EG) Nr. 1490/2002

Nach Anhang IV der Verordnung (EG) Nr. 1490/2002 werden folgende Anhänge als Anhang V und Anhang VI hinzugefügt:

„Anhang V
Kriterien für eindeutige Hinweise auf Unschädlichkeit

Ein Wirkstoff entspricht dann der Anforderung gemäß Artikel 11b – d. h., es gibt eindeutige Hinweise darauf, dass der Wirkstoff keine schädlichen Auswirkungen auf die menschliche Gesundheit, die Tiergesundheit oder das Grundwasser und auch sonst keinen unannehmbaren Einfluss auf die Umwelt hat –, wenn alle unter den Nummern 1 und 2 aufgeführten Kriterien erfüllt sind.

1. Der Wirkstoff erfüllt die nachstehenden Kriterien:
   a) Er ist nicht eingestuft oder vorgeschlagen für eine Einstufung als C (krebserzeugend), M (erbgutverändernd), R (fortpflanzungsgefährdend) in Kategorie 1, 2 oder 3 gemäß der Richtlinie 67/548/EWG;
   b) eine ADI (annehmbare Tagesdosis), eine AOEL (annehmbare Anwenderexposition) und eine ARfD (akute Referenzdosis) wurden entweder nicht beantragt oder können, falls erforderlich, auf der Basis des üblichen Extrapolationsfaktors 100 festgesetzt werden;
   c) es wird nicht davon ausgegangen, dass der Wirkstoff die Kriterien eines persistenten organischen Schadstoffs gemäß der Verordnung (EG) Nr. 850/2004 des Europäischen Parlaments und des Rates[5] erfüllen könnte;
   d) es wird nicht davon ausgegangen, dass der Wirkstoff die Kriterien gemäß Anhang XIII der Verordnung (EG) Nr. 1907/2006 des Europäischen Parlaments und des Rates[6] erfüllen könnte.
2. Mindestens eine der beantragten repräsentativen Anwendungen des Wirkstoffs erfüllt alle nachstehenden Kriterien:
   a) Die Anwenderexposition ist kleiner oder gleich 75 % der AOEL in Modellszenarios, die für die vorgesehene Anwendung als relevant erachtet werden, die sich für die beantragte Anwendung eignen und bei denen als persönliche Schutzausrüstung höchstens Handschuhe verwendet werden;
   b) die Exposition umstehender Personen und des Betriebspersonals ist kleiner oder gleich 75 % der AOEL in Modellszenarios, die für die vorgesehene Anwendung als relevant erachtet werden, die sich für die beantragte Anwendung eignen und bei denen keine persönliche Schutzausrüstung verwendet wird;

5 ABl. L 158 vom 30.4.2004, S. 7. Berichtigung im ABl. L 229 vom 29.6.2004, S. 5.

6 ABl. L 396 vom 30.12.2006, S. 1. Berichtigung im ABl. L 136 vom 29.5.2007, S. 3.

c) die Verbraucherexposition ist bei allen in der EU verfügbaren Nahrungsmitteln kleiner oder gleich 75 % der ADI oder der ARfD (falls ein solcher Wert erforderlich ist), basierend auf den für den Wirkstoff vorgeschlagenen Rückstandshöchstgehalten (ohne Anwendung spezieller Variablen);

d) in mindestens der Hälfte der für die vorgesehene Anwendung als relevant erachteten Szenarios bzw. in relevanten Lysimeter-/Felduntersuchungen liegt die Versickerung ins Grundwasser bei einem Wert unter 0,1 µg/l, und zwar sowohl für den Ausgangsstoff als auch für seine Metaboliten;

e) die Pufferzonen zum Zweck des Umweltschutzes erstrecken sich ohne zusätzliche Risikominimierungsmaßnahmen (z. B. Anti-Drift-Düsen) auf maximal 30 m;

f) Die Gefährdung von Nichtzielorganismen ist, basierend auf der Anwendung von Standardvariablen, annehmbar.

Anhang VI
Kriterien für eindeutige Hinweise auf Schädlichkeit

Ein Wirkstoff entspricht dann der Anforderung gemäß Artikel 11f – d. h., es gibt auf der Grundlage der verfügbaren Daten, die nach den Bestimmungen des Artikels 11d bewertet worden sind, eindeutige Hinweise darauf, dass der Wirkstoff schädliche Auswirkungen auf die menschliche Gesundheit, die Tiergesundheit oder das Grundwasser hat –, wenn entweder das Kriterium nach Nummer 1 oder eines der Kriterien nach Nummer 2 erfüllt ist.

1. Die verfügbaren Daten über den Wirkstoff reichen für die Festsetzung einer ADI, ARfD oder AOEL nicht aus, und solche Werte werden für eine Bewertung der Gefährdung von Verbrauchern und Betriebspersonal benötigt.
2. Jede beantragte repräsentative Anwendung erfüllt mindestens eines der nachstehenden Kriterien:

   a) Die Exposition des Betriebspersonals ist größer als 100 % der AOEL in allen Modellszenarios, bei denen eine persönliche Schutzausrüstung/ein Atemschutzgerät verwendet wird, die sich für die beantragte Anwendung eignen und bei denen die tatsächlichen Expositionsdaten – soweit verfügbar – auch belegen, dass die AOEL bei bestimmungsgemäßer Anwendung überschritten wird;

   b) die Exposition umstehender Personen und des Betriebspersonals ist größer als 100 % der AOEL in Modellszenarios, die sich für die beantragte Anwendung eignen und bei denen die tatsächlichen Expositionsdaten – soweit verfügbar – belegen, dass die AOEL für diese Personengruppen bei bestimmungsgemäßer Anwendung überschritten wird;

   c) die Verbraucherexposition ist bei mindestens einem der in der EU verfügbaren Nahrungsmittel größer als 100 % der ADI oder der ARfD (falls ein solcher Wert erforderlich ist), basierend auf den für den Wirkstoff vorgeschlagenen Rückstandshöchstgehalten;

   d) in allen Modellszenarios liegt die Versickerung ins Grundwasser – entweder für den Ausgangsstoff oder für die relevanten Metaboliten – bei einem Wert von 0,1 µg/l oder darüber."

Anhang II
Änderungen der Anhänge der Verordnung (EG) Nr. 2229/2004

Nach Anhang V der Verordnung (EG) Nr. 2229/2004 werden folgende Anhänge als Anhang VI und Anhang VII hinzugefügt:

„Anhang VI
Kriterien für eindeutige Hinweise auf Unschädlichkeit

Ein Wirkstoff entspricht dann der Anforderung gemäß Artikel 24b – d.h., es gibt eindeutige Hinweise darauf, dass der Wirkstoff keine schädlichen Auswirkungen auf die menschliche Gesundheit, die Tiergesundheit oder das Grundwasser und auch sonst keinen unannehmbaren Einfluss auf die Umwelt hat –, wenn alle unter den Nummern 1 und 2 aufgeführten Kriterien erfüllt sind.

1. Der Wirkstoff erfüllt die nachstehenden Kriterien:
   a) Er ist nicht eingestuft oder vorgeschlagen für eine Einstufung als C (krebserzeugend), M (erbgutverändernd), R (fortpflanzungsgefährdend) in Kategorie 1, 2 oder 3 gemäß der Richtlinie 67/548/EWG;
   b) eine ADI (annehmbare Tagesdosis), eine AOEL (annehmbare Anwenderexposition) und eine ARfD (akute Referenzdosis) wurden entweder nicht beantragt oder können, falls erforderlich, auf der Basis des üblichen Extrapolationsfaktors 100 festgesetzt werden;
   c) es wird nicht davon ausgegangen, dass der Wirkstoff die Kriterien eines persistenten organischen Schadstoffs gemäß der Verordnung (EG) Nr. 850/2004 des Europäischen Parlaments und des Rates[7] erfüllen könnte;
   d) es wird nicht davon ausgegangen, dass der Wirkstoff die Kriterien gemäß Anhang XIII der Verordnung (EG) Nr. 1907/2006 des Europäischen Parlaments und des Rates[8] erfüllen könnte.
2. Mindestens eine der beantragten repräsentativen Anwendungen des Wirkstoffs erfüllt alle nachstehenden Kriterien:
   a) Die Anwenderexposition ist kleiner oder gleich 75 % der AOEL in Modellszenarios, die für die vorgesehene Anwendung als relevant erachtet werden, die sich für die beantragte Anwendung eignen und bei denen als persönliche Schutzausrüstung höchstens Handschuhe verwendet werden;
   b) die Exposition umstehender Personen und des Betriebspersonals ist kleiner oder gleich 75 % der AOEL in Modellszenarios, die für die vorgesehene Anwendung als relevant erachtet werden, die sich für die beantragte Anwendung eignen und bei denen keine persönliche Schutzausrüstung verwendet wird;

7 ABl. L 158 vom 30.4.2004, S. 7. Berichtigung im ABl. L 229 vom 29.6.2004, S. 5.

8 ABl. L 396 vom 30.12.2006, S. 1. Berichtigung im ABl. L 136 vom 29.5.2007, S. 3.

c) die Verbraucherexposition ist bei allen in der EU verfügbaren Nahrungsmitteln kleiner oder gleich 75 % der ADI oder der ARfD (falls ein solcher Wert erforderlich ist), basierend auf den für den Wirkstoff vorgeschlagenen Rückstandshöchstgehalten (ohne Anwendung spezieller Variablen);

d) in mindestens der Hälfte der für die vorgesehene Anwendung als relevant erachteten Szenarios bzw. in relevanten Lysimeter-/Felduntersuchungen liegt die Versickerung ins Grundwasser bei einem Wert unter 0,1 µg/l, und zwar sowohl für den Ausgangsstoff als auch für seine Metaboliten;

e) die Pufferzonen zum Zweck des Umweltschutzes erstrecken sich ohne zusätzliche Risikominimierungsmaßnahmen (z. B. Anti-Drift-Düsen) auf maximal 30 m;

f) Die Gefährdung von Nichtzielorganismen ist, basierend auf der Anwendung von Standardvariablen, annehmbar.

Anhang VII
Kriterien für eindeutige Hinweise auf Schädlichkeit

Ein Wirkstoff entspricht dann der Anforderung gemäß Artikel 24f – d. h., es gibt auf der Grundlage der verfügbaren Daten, die nach den Bestimmungen des Artikels 24d bewertet worden sind, eindeutige Hinweise darauf, dass der Wirkstoff schädliche Auswirkungen auf die menschliche Gesundheit, die Tiergesundheit oder das Grundwasser hat –, wenn entweder das Kriterium nach Nummer 1 oder eines der Kriterien nach Nummer 2 erfüllt ist.

1. Die verfügbaren Daten über den Wirkstoff reichen für die Festsetzung einer ADI, ARfD oder AOEL nicht aus, und solche Werte werden für eine Bewertung der Gefährdung von Verbrauchern und Betriebspersonal benötigt.
2. Jede beantragte repräsentative Anwendung erfüllt mindestens eines der nachstehenden Kriterien:

   a) Die Exposition des Betriebspersonals ist größer als 100 % der AOEL in allen Modellszenarios, bei denen eine persönliche Schutzausrüstung/ein Atemschutzgerät verwendet wird, die sich für die beantragte Anwendung eignen und bei denen die tatsächlichen Expositionsdaten – soweit verfügbar – auch belegen, dass die AOEL bei bestimmungsgemäßer Anwendung überschritten wird;

   b) die Exposition umstehender Personen und des Betriebspersonals ist größer als 100 % der AOEL in Modellszenarios, die sich für die beantragte Anwendung eignen und bei denen die tatsächlichen Expositionsdaten – soweit verfügbar – belegen, dass die AOEL für diese Personengruppen bei bestimmungsgemäßer Anwendung überschritten wird;

c) die Verbraucherexposition ist bei mindestens einem der in der EU verfügbaren Nahrungsmittel größer als 100 % der ADI oder der ARfD (falls ein solcher Wert erforderlich ist), basierend auf den für den Wirkstoff vorgeschlagenen Rückstandshöchstgehalten;

   d) in allen Modellszenarios liegt die Versickerung ins Grundwasser – entweder für den Ausgangsstoff oder für die relevanten Metaboliten – bei einem Wert von 0,1 µg/l oder darüber.“

Verordnung (EG) Nr. 33/2008 der Kommission

vom 17. Januar 2008

mit Durchführungsbestimmungen zur Richtlinie 91/414/EWG des Rates in Bezug auf ein reguläres und ein beschleunigtes Verfahren für die Bewertung von Wirkstoffen im Rahmen des in Artikel 8 Absatz 2 dieser Richtlinie genannten Arbeitsprogramms, die nicht in Anhang I dieser Richtlinie aufgenommen wurden

DIE KOMMISSION DER EUROPÄISCHEN GEMEINSCHAFTEN –

gestützt auf den Vertrag zur Gründung der Europäischen Gemeinschaft,

gestützt auf die Richtlinie 91/414/EWG des Rates vom 15. Juli 1991 über das Inverkehrbringen von Pflanzenschutzmitteln[1], insbesondere auf Artikel 6 Absatz 5,

in Erwägung nachstehender Gründe:

(1) Gemäß Artikel 8 Absatz 2 der Richtlinie 91/414/EWG führt die Kommission ein Arbeitsprogramm zur schritt-weisen Prüfung der Wirkstoffe durch, die zwei Jahre nach dem Zeitpunkt der Bekanntgabe dieser Richtlinie im Handel sind. Dieses Programm wurde in vier Stufen unter teilt, deren letzte gemäß der Entscheidung 2003/565/EG der Kommission vom 25. Juli 2003 zur Verlängerung des Zeitraums gemäß Artikel 8 Absatz 2 der Richtlinie 91/414/EWG des Rates[2] am 31. Dezember 2008 abläuft.

(2) Die erste Stufe dieses Programms wurde mit der Verordnung (EWG) Nr. 3600/92 der Kommission vom 11. Dezember 1992 mit Durchführungsbestimmungen für die erste Stufe des Arbeitsprogramms gemäß Artikel 8 Absatz 2 der Richtlinie 91/414/EWG des Rates über das Inverkehrbringen von Pflanzenschutzmitteln[3] festgelegt. Die zweite und dritte Stufe des Programms wurde mit der Verordnung (EG) Nr. 451/2000 der Kommission vom 28. Februar 2000 mit Durchführungsbestimmungen für die zweite und dritte Stufe des Arbeitsprogramms gemäß Artikel 8 Absatz 2 der Richtlinie 91/414/EWG des Rates[4] und der Verordnung (EG) Nr. 1490/2002 der Kommission[5] geregelt. Die vierte Stufe des Programms ist festgelegt in der Verordnung (EG) Nr. 2229/2004 der Kommission vom 3. Dezember 2004 mit weiteren Durchführungsbestimmungen für die vierte Stufe des Arbeitsprogramms gemäß Artikel 8 Absatz 2 der Richtlinie 91/414/EWG des Rates[6].

---

1 ABl. L 230 vom 19.8.1991, S. 1. Richtlinie zuletzt geändert durch die Richtlinie 2007/50/EG (ABl. L 202 vom 3.8.2007, S. 15).

2 ABl. L 192 vom 31.7.2003, S. 40.

3 ABl. L 366 vom 15.12.1992, S. 10. Verordnung zuletzt geändert durch die Verordnung (EG) Nr. 2266/2000 (ABl. L 259 vom 13.7.2000, S. 27).

4 ABl. L 55 vom 29.2.2000, S. 25. Verordnung zuletzt geändert durch die Verordnung (EG) Nr. 1044/2003 (ABl. L 151 vom 19.6.2003, S. 32).

5 ABl. L 224 vom 21.8.2002, S. 23. Verordnung zuletzt geändert durch die Verordnung (EG) Nr. 1095/2007 (ABl. L 246 vom 21.9.2007, S. 19).

6 ABl. L 379 vom 24.12.2004, S. 13. Verordnung zuletzt geändert durch die Verordnung (EG) Nr. 1095/2007.

(3) Für die Aufnahme von Wirkstoffen in Anhang I der Richtlinie 91/414/EWG, die in der ersten, zweiten, dritten und vierten Stufe des Arbeitsprogramms gemäß Artikel 8 Absatz 2 der genannten Richtlinie geprüft wurden, sind detaillierte Vorschriften für die Wiedereinreichung von Anträgen erforderlich, um Doppelarbeit zu vermeiden und einen hohen Sicherheitsstandard und eine rasche Entscheidung sicherzustellen. Außerdem sind die Beziehungen zwischen Antragstellern, Mitgliedstaaten, der Europäischen Behörde für Lebensmittelsicherheit (der „Behörde") und der Kommission sowie die Pflichten aller Beteiligten bei der Anwendung des Verfahrens festzulegen.

(4) Für die Stoffe der ersten Stufe wurden die Dossiers 1995 und 1996 vorgelegt. Die Behörde nahm kein Peer-Review vor. Angesichts des Alters der ursprünglichen Dossiers und des Wandels im wissenschaftlichen Kenntnisstand, der auch in Leitfäden der Kommission zum Ausdruck kommt, sollte für diese Stoffe ein vollständiges und aktualisiertes Dossier angefordert werden, und die Behörde sollte grundsätzlich ein Peer-Review durchführen. Gleiches sollte im Prinzip für die Stoffe der Stufen 2, 3 und 4 des Arbeitsprogramms gelten, jedoch könnte in Fällen, in denen der Entwurf eines Bewertungsberichts erstellt und ein Antrag innerhalb einer annehmbaren Frist nach der Entscheidung, den Stoff nicht in Anhang I der Richtlinie 91/414/EWG aufzunehmen, gestellt wurde, ein beschleunigtes Verfahren angewandt werden.

(5) Für Stoffe der zweiten Stufe galten strenge Fristen, daher musste auf der Grundlage der verfügbaren Informationen nach einem Peer-Review durch die Behörde entschieden werden. In einigen Fällen wurden Aspekte festgestellt, die dazu führten, dass ein Stoff nicht in Anhang I der Richtlinie 91/414/EWG aufgenommen wurde. Für diese Stoffe wurden die ursprünglichen Dossiers spätestens im April 2002 vorgelegt. Die Behörde führte zwischen 2003 und 2006 Peer-Reviews durch, daher sind diese Dossiers auf dem neuesten Stand. In einigen dieser Fälle ist ggf. nur eine begrenzte Zahl von Studien notwendig, um ein voll ständiges Dossier für einen erneuten Antrag im Hinblick auf eine mögliche Aufnahme in Anhang I auf der Grundlage derselben oder eingeschränkterer vorgesehener Anwendungen zu erstellen. Es ist angemessen, ein beschleunigtes Verfahren für eine erneute Beantragung und das Peer-Review in Fällen vorzusehen, in denen das Dossier erst kürzlich zusammengestellt und diskutiert wurde. Das Gleiche gilt für Stoffe der dritten und vierten Stufe des Arbeitsprogramms, für die die Verfahren zuletzt durch die Verordnung (EG) Nr. 1095/2007 geändert wurden.

(6) Zusätzliche Daten sollten nur berücksichtigt werden, wenn sie innerhalb der festgelegten Fristen vorgelegt wer den.

(7) Die Möglichkeit, jederzeit einen neuen Antrag für den selben Stoff zu stellen, sollte vorgesehen werden.

(8) Die in dieser Verordnung vorgesehenen Maßnahmen entsprechen der Stellungnahme des Ständigen Ausschusses für die Lebensmittelkette und Tiergesundheit –

HAT FOLGENDE VERORDNUNG ERLASSEN:

Kapitel I
Anwendungsbereich und Begriffsbestimmungen

Artikel 1 Anwendungsbereich

Mit der vorliegenden Verordnung werden detaillierte Regeln für die Vorlage und Bewertung von Anträgen auf Aufnahme von Wirkstoffen in Anhang I der Richtlinie 91/414/EWG festgelegt, die von der Kommission im Rahmen des in Artikel 8 Absatz 2 der genannten Richtlinie vorgesehenen Arbeitsprogramms bewertet, aber bis zu den unter den Buchstaben a, b und c fest gelegten Daten nicht in Anhang I der genannten Richtlinie auf genommen wurden:

a) für Stoffe der ersten Stufe bis zum 31. Dezember 2006 bzw. im Falle von Metalaxyl bis zum 30. Juni 2010;

b) für Stoffe der zweiten Stufe bis zum 30. September 2007;

c) für Stoffe der dritten und vierten Stufe bis zum 31. Dezember 2008.

Artikel 2 Begriffsbestimmungen

Im Sinne dieser Verordnung bezeichnet der Ausdruck

a) „Antragsteller" die Person, die den Wirkstoff selbst herstellt oder die eine andere Partei oder Person mit der Herstellung beauftragt, welche vom Hersteller zum Zweck der Einhaltung dieser Verordnung als sein einziger Vertreter benannt wird;

b) „Ausschuss" den in Artikel 19 der Richtlinie 91/414/EWG genannten Ständigen Ausschuss für die Lebensmittelkette und Tiergesundheit;

c) „Stoffe der ersten Stufe" die Wirkstoffe, die in Anhang I der Verordnung (EWG) Nr. 3600/92 aufgeführt sind;

d) „Stoffe der zweiten Stufe" die Wirkstoffe, die in Anhang I der Verordnung (EG) Nr. 451/2000 aufgeführt sind;

e) „Stoffe der dritten Stufe" die Wirkstoffe, die in Anhang I der Verordnung (EG) Nr. 1490/2002 aufgeführt sind;

f) „Stoffe der vierten Stufe" die Wirkstoffe, die in Anhang I der Verordnung (EG) Nr. 2229/2004 aufgeführt sind.

Kapitel II
Reguläres Verfahren

Artikel 3 Antrag

(1) Ein Antragsteller, der die Aufnahme eines Wirkstoffs gemäß Artikel 1 in Anhang I der Richtlinie 91/414/EWG anstrebt, stellt bei einem Mitgliedstaat (nachfolgend „berichterstattender Mitgliedstaat" genannt) in Übereinstimmung mit Artikel 4 einen Antrag auf Zulassung dieses Wirkstoffs, zusammen mit einem vollständigen und einem kurzgefassten Dossier; dabei ist nach zuweisen, dass der Wirkstoff die Zulassungskriterien gemäß Artikel 5 der genannten Richtlinie erfüllt. Es obliegt dem Antragsteller, nachzuweisen, dass diese Anforderungen erfüllt sind.

(2) Bei der Einreichung seines Antrags kann der Antragsteller gemäß Artikel 14 der Richtlinie 91/414/EWG darum ersuchen, dass bestimmte Teile des Dossiers gemäß Absatz 1 dieses Artikels vertraulich behandelt werden. Er erläutert für jedes Dokument bzw. für jeden Teil eines Dokuments, warum eine vertrauliche Behandlung erforderlich ist.

Gleichzeitig meldet er Datenschutzansprüche gemäß Artikel 13 der Richtlinie 91/414/EWG an.

Der Antragsteller legt die vertraulich zu behandelnden Information getrennt vor.

Artikel 4 Dossiers

(1) Die Kurzfassung des Dossiers umfasst:

a) Daten bezüglich einer oder mehrerer repräsentativer Anwendungen für mindestens ein Pflanzenschutzmittel, das den Wirkstoff enthält, als Nachweis der Erfüllung der Anforderungen des Artikels 5 der Richtlinie 91/414/EWG;

b) für jeden einzelnen Punkt der in Anhang II der Richtlinie 91/414/EWG genannten Datenanforderungen die Zusammenfassungen und Ergebnisse von Versuchen und Studien, den Namen ihres Besitzers und der Person oder Einrichtung, die die Versuche und Studien durchgeführt hat;

c) für jeden einzelnen Punkt der in Anhang III der Richtlinie 91/414/EWG genannten Datenanforderungen die Zusammenfassungen und Ergebnisse von Versuchen und Studien, den Namen ihres Besitzers und der Person oder Einrichtung, die die Versuche und Studien durchgeführt hat, soweit diese relevant sind für die Bewertung der in Artikel 5 dieser Richtlinie genannten Anforderungen, unter Berücksichtigung der Tatsache, dass fehlende Daten in dem gemäß Anhang II oder Anhang III vorzulegenden Dossier, die aus der vorgeschlagenen begrenzten Bandbreite repräsentativer Anwendungen des Wirkstoffs resultieren, zu Einschränkungen bei der Aufnahme in Anhang I führen können;

d) eine Checkliste, aus der hervorgeht, dass das in Absatz 2 geforderte Dossier vollständig ist;

e) eine Begründung, warum die vorgelegten Versuchs- und Studienberichte notwendig sind für die erste Aufnahme des Wirkstoffs;

f) eine Bewertung aller vorgelegten Informationen.

(2) Das vollständige Dossier enthält den Volltext der einzelnen Versuchs- und Studienberichte bezüglich aller unter Absatz 1 Buchstaben b und c genannten Informationen.

Artikel 5 Vollständigkeitsprüfung des Dossiers

(1) Innerhalb von 30 Tagen nach Eingang des Antrags prüft der berichterstattende Mitgliedstaat anhand der Checkliste in Artikel 4 Absatz 1 Buchstabe d, ob die mit dem Antrag vorgelegten Dossiers alle Unterlagen enthalten, die in Artikel 4 vor geschrieben sind.

(2) Fehlen ein oder mehrere der in Artikel 4 vorgesehenen Unterlagen, informiert der Mitgliedstaat den Antragsteller und legt eine Frist für ihre Vorlage fest. Diese Frist darf sechs Monate nicht überschreiten.

(3) Hat der Antragsteller nach Ablauf der in Absatz 2 genannten Frist die fehlenden Unterlagen nicht vorgelegt, teilt der berichterstattende Mitgliedstaat dies dem Antragsteller, der Kommission und den anderen Mitgliedstaaten mit. Kommt die Kommission, nachdem sie dem Antragsteller Gelegenheit zur Stellungnahme gegeben hat, zu dem Schluss, dass der Antragsteller die fehlenden Unterlagen nicht vorgelegt hat, erlässt sie eine Entscheidung, dass der betreffende Wirkstoff nicht in Anhang I der Richtlinie 91/414/EWG aufgenommen wird. Mit dieser Entscheidung wird die Bewertung des betreffenden Wirkstoffs gemäß der vorliegenden Verordnung beendet.

(4) Ein neuer Antrag für denselben Stoff kann jederzeit ein gereicht werden.

(5) Enthalten die mit dem Antrag vorgelegten Dossiers alle in Artikel 3 vorgesehenen Unterlagen, informiert der berichterstattende Mitgliedstaat den Antragsteller, die Kommission, die anderen Mitgliedstaaten und die Behörde über die Vollständigkeit des Antrags.

Artikel 6 Veröffentlichung der Informationen

Bei Anträgen, deren Vollständigkeit festgestellt wurde, veröffentlicht die Kommission die folgenden Informationen:

a) Name des Wirkstoffs;

b) Datum der Antragstellung;

c) Name und Anschrift des Antragstellers;

d) berichterstattender Mitgliedstaat.

Artikel 7 Angaben von Dritten

(1) Jede Person oder jeder Mitgliedstaat, die bzw. der dem berichterstattenden Mitgliedstaat Informationen übermitteln möchte, die zur Bewertung beitragen könnten, insbesondere hinsichtlich potenziell gefährlicher Wirkungen des Wirkstoffs oder seiner Rückstände auf die Gesundheit von Mensch und Tier oder auf die Umwelt, muss dies, unbeschadet des Artikels 7 der Richtlinie 91/414/EWG, spätestens neunzig Tage nach Veröffentlichung der in Artikel 6 genannten Informationen tun.

(2) Der berichterstattende Mitgliedstaat leitet unverzüglich alle ihm übermittelten Informationen an die Behörde und den Antragsteller weiter.

(3) Der Antragsteller kann seine Stellungnahme zu den vor gelegten Informationen dem berichterstattenden Mitgliedstaat und der Behörde innerhalb von höchstens sechzig Tagen ab dem Zeitpunkt übermitteln, zu dem er sie erhält.

Artikel 8 Bewertung durch den berichterstattenden Mitgliedstaat

(1) Innerhalb von zwölf Monaten nach dem Datum des Antrags gemäß Artikel 3 Absatz 1 erstellt der berichterstattende Mitgliedstaat einen Bericht (nachstehend „Entwurf des Bewertungsberichts"), in dem er bewertet, ob der Wirkstoff

die Anforderungen des Artikels 5 der Richtlinie 91/414/EWG voraus sichtlich erfüllt, und übermittelt diesen Bericht an die Kommission mit Kopie an die Behörde. Gleichzeitig informiert er den Antragsteller, dass der Entwurf des Bewertungsberichts vorgelegt wurde, und fordert ihn auf, das aktualisierte Dossier unverzüglich der Behörde, den Mitgliedstaaten und der Kommission zu übermitteln.

(2) Der berichterstattende Mitgliedstaat kann die Behörde konsultieren.

(3) Benötigt der berichterstattende Mitgliedstaat zusätzliche Informationen, so setzt er eine Frist fest, innerhalb derer der Antragsteller diese Informationen vorzulegen hat. In diesem Fall wird der Zeitraum von zwölf Monaten um die vom berichterstattenden Mitgliedstaat eingeräumte zusätzliche Frist verlängert. Die zusätzliche Frist darf nicht länger als sechs Monate sein und endet in dem Moment, in dem die zusätzlichen Informationen beim berichterstattenden Mitgliedstaat eingehen. Der Mitgliedstaat informiert die Kommission und die Behörde entsprechend. In seiner Bewertung berücksichtigt der berichterstattende Mitgliedstaat nur die innerhalb der gewährten Frist vorgelegten Informationen.

(4) Hat der Antragsteller nach Ablauf der in Absatz 3 genannten Frist die fehlenden Unterlagen nicht vorgelegt, teilt der berichterstattende Mitgliedstaat dies dem Antragsteller, der Kommission und den anderen Mitgliedstaaten mit. Kommt die Kommission, nachdem sie dem Antragsteller Gelegenheit zur Stellungnahme gegeben hat, zu dem Schluss, dass der Antragsteller die fehlenden Unterlagen, die notwendig sind, um festzustellen, ob der Stoff die Anforderungen nach Artikel 5 der Richtlinie 91/414/EWG erfüllt, nicht vorgelegt hat, erlässt sie eine Entscheidung, dass der betreffende Wirkstoff nicht in Anhang I der Richtlinie 91/414/EWG aufgenommen wird. Die Bewertung des Wirkstoffs gemäß der vorliegenden Verordnung endet damit.

(5) Ein neuer Antrag für denselben Stoff kann jederzeit ein gereicht werden.

Artikel 9 Erhalt des Entwurfs eines Bewertungsberichts und Zugang zu diesem

Nach Erhalt des Dossiers gemäß Artikel 8 Absatz 1 leitet die Behörde den vom berichterstattenden Mitgliedstaat übermittelten Entwurf des Bewertungsberichts an den Antragsteller, die anderen Mitgliedstaaten und die Kommission weiter.

Sie macht den Bericht der Öffentlichkeit zugänglich, räumt dem Antragsteller jedoch zuvor eine Frist von zwei Wochen ein, innerhalb der er beantragen kann, dass bestimmte Teile des Entwurfs des Bewertungsberichts vertraulich behandelt werden.

Die Behörde gewährt eine Frist von neunzig Tagen für die Übermittlung schriftlicher Stellungnahmen seitens der Mitgliedstaaten und des Antragstellers.

Gegebenenfalls organisiert die Behörde ein Peer-Review unter Einbeziehung von Experten aus den Mitgliedstaaten.

Artikel 10 Schlussfolgerung der Behörde

(1) Die Behörde nimmt innerhalb von neunzig Tagen nach Abschluss der in Artikel 9 Absatz 3 dieser Verordnung vorgesehenen Frist eine Schlussfolgerung dazu an, ob der Wirkstoff voraussichtlich die Anforderungen des Artikels 5 der

Richtlinie 91/414/EWG erfüllt, und übermittelt diese dem Antragsteller, den Mitgliedstaaten und der Kommission.

Gegebenenfalls geht die Behörde in ihrer Schlussfolgerung auf die im Entwurf des Bewertungsberichts genannten Optionen zur Risikominderung in Bezug auf die beabsichtigten Anwendungen ein.

(2) Benötigt die Behörde zusätzliche Informationen, legt sie in Absprache mit dem berichterstattenden Mitgliedstaat eine Frist von höchstens neunzig Tagen fest, in der der Antragsteller diese zusätzlichen Informationen der Behörde und dem berichterstattenden Mitgliedstaat vorzulegen hat. In diesem Fall verlängert sich die in Absatz 1 vorgesehene Frist von neunzig Tagen um die von der Behörde gewährte zusätzliche Frist. Sie teilt dies der Kommission und den Mitgliedstaaten mit. In ihrer Schlussfolgerung berücksichtigt die Behörde nur die innerhalb der gewährten Frist vorgelegten Informationen.

(3) Der berichterstattende Mitgliedstaat bewertet die zusätzlichen Informationen und leitet sie unverzüglich, spätestens aber sechzig Tage nach Erhalt dieser Informationen, an die Behörde weiter.

(4) Die Kommission und die Behörde vereinbaren einen Zeit plan für die Vorlage der Schlussfolgerungen, um die Arbeitsplanung zu erleichtern. Die Kommission und die Behörde einigen sich auf ein Format für die Vorlage der Schlussfolgerungen der Behörde.

Artikel 11 Vorlage eines Richtlinien- oder Entscheidungsentwurfs

(1) Unbeschadet eines Vorschlags, den sie gegebenenfalls im Hinblick auf die Änderung des Anhangs der Richtlinie 79/117/EWG des Rates[7] vorlegt, unterbreitet die Kommission spätestens sechs Monate nach Erhalt der Schlussfolgerung der Behörde bzw. der Information, dass der Antragsteller die fehlen den Unterlagen für das Dossier nicht vorgelegt hat, dem Ausschuss den Entwurf eines Beurteilungsberichts, der auf der Sitzung des Ausschusses in eine endgültige Form gebracht wird.

Der Antragsteller erhält Gelegenheit, innerhalb einer von der Kommission festgesetzten Frist zum Beurteilungsbericht Stellung zu nehmen.

(2) Auf der Grundlage des in Absatz 1 vorgesehenen Beurteilungsberichts erlässt die Kommission unter Berücksichtigung jeglicher Stellungnahmen des Antragstellers innerhalb der von der Kommission gemäß Absatz 1 gesetzten Frist eine Richtlinie oder Entscheidung in Übereinstimmung mit dem Verfahren gemäß Artikel 19 Absatz 2 der Richtlinie 91/414/EWG, sofern:

a) ein Wirkstoff vorbehaltlich, soweit zutreffend, bestimmter Bedingungen und Einschränkungen, in Anhang I der Richtlinie 91/414/EWG aufgenommen wird;

b) ein Wirkstoff nicht in Anhang I der genannten Richtlinie aufgenommen wird.

(3) Mit der Entscheidung nach Absatz 2 Buchstabe b wird die Bewertung des betreffenden Wirkstoffs gemäß der vorliegenden Verordnung beendet.

---

7 ABl. L 33 vom 8.2.1979, S. 36.

Artikel 12 Zugang zum Beurteilungsbericht

Der endgültige Beurteilungsbericht, ausgenommen diejenigen Teile, die sich auf gemäß Artikel 14 der Richtlinie 91/414/EWG als vertraulich geltende Angaben in den Unter lagen beziehen, wird der Öffentlichkeit zugänglich gemacht.

Kapitel III
Beschleunigtes Verfahren

Artikel 13 Bedingungen für die Anwendung des beschleunigten Verfahrens

Sofern ein Stoff der zweiten, dritten oder vierten Stufe Gegen stand einer Entscheidung zur Nichtaufnahme in Übereinstimmung mit Artikel 6 Absatz 1 der Richtlinie 91/414/EWG war und der Entwurf eines Bewertungsberichts erstellt wurde, kann jede Person, die als Antragsteller an dem Verfahren beteiligt war, das zu der Entscheidung geführt hat, oder jede andere Person, die den ursprünglichen Antragsteller mit dessen Zustimmung für die Zwecke dieser Verordnung ersetzt, einen Antrag nach Maßgabe des beschleunigten Verfahrens gemäß der Artikel 14 bis 19 dieser Verordnung stellen. Ein solcher Antrag ist für Stoffe der dritten und vierten Stufe innerhalb von sechs Monaten ab dem Datum der Veröffentlichung der Entscheidung über die Nichtaufnahme und für Stoffe der zweiten Stufe innerhalb von sechs Monaten ab dem Datum des Inkrafttretens dieser Verordnung zu stellen.

Artikel 14 Antrag

(1) Der Antrag gemäß Artikel 13 ist dem Mitgliedstaat vor zulegen, der in dem Bewertungsverfahren, das zu der Entscheidung über die Nichtaufnahme führte, als Berichterstatter aufgetreten ist, es sei denn, ein anderer Mitgliedstaat informiert die Kommission, dass er bereit ist, die Bewertung in Absprache mit dem ursprünglichen berichterstattenden Mitgliedstaat durchzuführen.

(2) Bei der Vorlage seines Antrags kann der Antragsteller gemäß Artikel 14 der Richtlinie 91/414/EWG darum ersuchen, dass bestimmte Teile der zusätzlichen Daten gemäß Artikel 15 Absatz 2 vertraulich behandelt werden. Er erläutert für jedes Dokument bzw. für jeden Teil eines Dokuments, warum eine vertrauliche Behandlung erforderlich ist.

Der Antragsteller legt die vertraulich zu behandelnden Informationen getrennt vor.

Gleichzeitig meldet er etwaige Datenschutzansprüche gemäß Artikel 13 der Richtlinie 91/414/EWG an.

Artikel 15 Inhaltliche und verfahrenstechnische Anforderungen

(1) Folgende inhaltliche Anforderungen gelten:

a) Die Spezifikation des Wirkstoffs ist identisch mit derjenigen des Wirkstoffs, der Gegenstand der Entscheidung über die Nichtaufnahme war. Änderungen sind nur insoweit zulässig, als sie angesichts der Gründe für die Entscheidung über die Nichtaufnahme notwendig sind, um die Aufnahme des Stoffs in Anhang I der Richtlinie 91/414/EWG zu ermöglichen.

b) Die vorgesehenen Anwendungen sind identisch mit denen, die Gegenstand der Entscheidung über die Nichtaufnahme waren. Änderungen sind nur insoweit zulässig, als sie angesichts der Gründe für die Entscheidung über die Nichtaufnahme notwendig sind, um die Aufnahme des Stoffs in den Anhang I der Richtlinie 91/414/EWG zu ermöglichen.

c) Es obliegt dem Antragsteller, nachzuweisen, dass die Anforderungen in Artikel 5 der Richtlinie 91/414/EWG erfüllt sind.

(2) Mit dem Antrag legt der Antragsteller vor:

a) die zusätzlichen Daten, die notwendig sind, um auf die spezifischen Aspekte einzugehen, die zu der Entscheidung über die Nichtaufnahme führten;

b) alle zusätzlichen Daten, die den aktuellen wissenschaftlichen und technischen Kenntnisstand widerspiegeln, insbesondere Entwicklungen des wissenschaftlichen und technischen Kenntnisstandes seit Vorlage der Daten, die zu der Entscheidung über die Nichtaufnahme führten;

c) ergänzende Unterlagen zum ursprünglichen Dossier, soweit angebracht;

d) eine Checkliste, aus der hervorgeht, dass das Dossier voll ständig ist und welche Daten neu sind.

Artikel 16 Veröffentlichung von Informationen

Bei Anträgen, deren Vollständigkeit festgestellt wurde, veröffentlicht die Kommission die folgenden Informationen:

a) Name des Wirkstoffs; b) Datum der Antragstellung;

c) Name und Anschrift des Antragstellers;

d) berichterstattender Mitgliedstaat.

Artikel 17 Angaben von Dritten

(1) Jede Person oder jeder Mitgliedstaat, die bzw. der dem berichterstattenden Mitgliedstaat Informationen übermitteln möchte, die zur Bewertung beitragen könnten, insbesondere hinsichtlich potenziell gefährlicher Wirkungen des Wirkstoffs oder seiner Rückstände auf die Gesundheit von Mensch und Tier oder auf die Umwelt, muss dies, unbeschadet des Artikels 7 der Richtlinie 91/414/EWG, spätestens neunzig Tage nach Veröffentlichung der in Artikel 16 genannten Informationen tun.

(2) Der berichterstattende Mitgliedstaat leitet unverzüglich alle ihm übermittelten Informationen an die Behörde und den Antragsteller weiter.

(3) Der Antragsteller kann seine Stellungnahme zu den vor gelegten Informationen dem berichterstattenden Mitgliedstaat und der Behörde innerhalb von höchstens sechzig Tagen ab dem Zeitpunkt übermitteln, zu dem er sie erhält.

Artikel 18 Bewertung durch den berichterstattenden Mitgliedstaat

(1) Die in Artikel 15 Absatz 2 genannten Daten werden von dem in Artikel 14 Absatz 1 genannten berichterstattenden Mitgliedstaat bewertet, es sei denn, dieser einigt sich mit einem anderen Mitgliedstaat darauf, dass letzterer als

Berichterstatter auftritt. Der Antragsteller, die Kommission, die Behörde und die anderen Mitgliedstaaten werden über diese Einigung informiert.

(2) Innerhalb von sechs Monaten nach Vorlage des Antrags übermittelt der berichterstattende Mitgliedstaat der Behörde und der Kommission eine Bewertung der zusätzlichen Daten in einem nachstehend „Zusatzbericht" genannten Bericht, der den aktuellen wissenschaftlichen und technischen Kenntnisstand und ggf. Informationen aus dem ursprünglichen Dossier wiedergibt, wobei von Dritten vorgelegte Informationen über potenziell gefährliche Wirkungen und Stellungnahmen des Antragstellers gemäß Artikel 17 Absatz 3 berücksichtigt werden. In dem Zusatzbericht wird bewertet, ob der Wirkstoff die Anforderungen des Artikels 5 der Richtlinie 91/414/EWG voraussichtlich erfüllt. Gleichzeitig informiert der berichterstattende Mitgliedstaat den Antragsteller, dass der Zusatzbericht vorgelegt wurde, und fordert ihn auf, das aktualisierte Dossier unverzüglich der Behörde, den Mitgliedstaaten und der Kommission zu übermitteln.

Der berichterstattende Mitgliedstaat kann die Behörde konsultieren.

(3) Benötigt der berichterstattende Mitgliedstaat zusätzliche Informationen, bei denen es nicht um die Vorlage neuer Studien geht, so setzt er eine Frist fest, innerhalb der der Antragsteller diese Informationen vorzulegen hat. In diesem Fall wird der in Absatz 2 genannte Zeitraum von sechs Monaten um die vom berichterstattenden Mitgliedstaat eingeräumte zusätzliche Frist verlängert. Die zusätzliche Frist darf nicht länger als neunzig Tage sein und endet in dem Moment, in dem die zusätzlichen Informationen beim berichterstattenden Mitgliedstaat eingehen. Der Mitgliedstaat informiert die Kommission und die Behörde entsprechend. In seiner Bewertung berücksichtigt der berichterstattende Mitgliedstaat nur die innerhalb der gewährten Frist vor gelegten Informationen.

Artikel 19 Zugang zum Zusatzbericht

(1) Nach Erhalt des Zusatzberichts übermittelt die Behörde diesen unverzüglich den anderen Mitgliedstaaten und dem Antragsteller zur Stellungnahme. Diese Stellungnahmen sind der Behörde innerhalb von 30 Tagen nach Eingang des Zusatzberichts zu übermitteln. Die Behörde stellt die Stellungnahmen zusammen und leitet sie an die Kommission weiter.

(2) Die Behörde stellt den Zusatzbericht auf Anfrage zur Verfügung bzw. hält ihn für jedermann zur Einsichtnahme bereit,mit Ausnahme derjenigen Unterlagen, die in Übereinstimmung mit Artikel 14 der Richtlinie 91/414/EWG als vertraulich akzeptiert wurden.

Artikel 20 Bewertung

(1) Die Kommission analysiert den Zusatzbericht und, soweit relevant, auch den Entwurf des Bewertungsberichts gemäß Artikel 13 sowie die Empfehlung des berichterstattenden Mitgliedstaates und die Stellungnahmen innerhalb von 30 Tagen nach Eingang der von der Behörde übermittelten Zusammenstellung der Stellungnahmen.

Die Kommission kann die Behörde konsultieren. Diese Konsultation kann gegebenenfalls das Ersuchen einschließen, ein Peer-Review unter Einbeziehung von Experten aus den Mitgliedstaaten zu organisieren.

(2) Konsultiert die Kommission die Behörde zu Stoffen der zweiten Stufe, legt letztere ihre Schlussfolgerung spätestens neunzig Tage nach Eingang der Aufforderung seitens der Kommission vor. Bei Stoffen der Stufen drei und vier legt die Behörde ihre Schlussfolgerung spätestens sechs Monate nach der Aufforderung vor.

Benötigt die Behörde in Bezug auf Stoffe der dritten und vierten Stufe zusätzliche Informationen, bei denen es nicht um die Vorlage neuer Studien geht, so setzt sie eine Frist von höchstens neunzig Tagen fest, innerhalb der der Antragsteller diese Informationen der Behörde und dem berichterstattenden Mitgliedstaat vorzulegen hat. In diesem Fall verlängert sich die im vor stehenden Unterabsatz vorgesehene Frist von sechs Monaten um die von der Behörde gewährte zusätzliche Frist.

Der berichterstattende Mitgliedstaat bewertet die zusätzlichen Informationen und leitet sie unverzüglich, spätestens aber sechzig Tage nach Erhalt dieser Informationen, an die Behörde weiter.

(3) Die Kommission und die Behörde vereinbaren einen Zeit plan für die Vorlage der Schlussfolgerungen, um die Arbeitsplanung zu erleichtern. Die Kommission und die Behörde einigen sich auf ein Format für die Vorlage der Schlussfolgerungen der Behörde.

Artikel 21 Vorlage eines Richtlinien- oder Entscheidungsentwurfs

(1) Unbeschadet eines Vorschlags, den sie gegebenenfalls im Hinblick auf die Änderung des Anhangs der Richtlinie 79/117/EWG vorlegt, unterbreitet die Kommission spätestens sechs Monate nach Erhalt der in Artikel 20 Absatz 1 erster Unterabsatz genannten Informationen, der Schlussfolgerung der Behörde oder der Information, dass der Antragsteller die fehlenden Unterlagen für das Dossier nicht vorgelegt hat, dem Ausschuss den Entwurf eines Beurteilungsberichts, der auf der Sitzung des Ausschusses in eine endgültige Form gebracht wird.

Der Antragsteller erhält Gelegenheit, innerhalb einer von der Kommission festgesetzten Frist zum Beurteilungsbericht Stellung zu nehmen.

(2) Auf der Grundlage des in Absatz 1 vorgesehenen Beurteilungsberichts, erlässt die Kommission unter Berücksichtigung jeglicher Stellungnahmen des Antragstellers innerhalb der von der Kommission gemäß Absatz 1 gesetzten Frist eine Richtlinie oder Entscheidung in Übereinstimmung mit dem Verfahren gemäß Artikel 19 Absatz 2 der Richtlinie 91/414/EWG, sofern:

a) ein Wirkstoff vorbehaltlich, soweit zutreffend, bestimmter Bedingungen und Einschränkungen, in den Anhang I der Richtlinie 91/414/EWG aufgenommen wird;

b) ein Wirkstoff nicht in Anhang I der genannten Richtlinie aufgenommen wird.

Artikel 22 Zugang zum Beurteilungsbericht

Der endgültige Beurteilungsbericht, ausgenommen diejenigen Teile, die sich auf gemäß Artikel 14 der Richtlinie 91/414/EWG als vertraulich geltende Angaben in den Unter lagen beziehen, wird der Öffentlichkeit zugänglich gemacht.

Kapitel IV
Allgemeine Vorschriften

Artikel 23 Gebühren

(1) Die Mitgliedstaaten führen eine Regelung ein, nach der die Antragsteller für die administrative Bearbeitung und die Bewertung der zusätzlichen Daten oder des entsprechenden Dossiers eine Gebühr oder ein Entgelt entrichten müssen.

(2) Die Mitgliedstaaten legen für die Bewertung eine spezifische Gebühr oder ein Entgelt fest.

(3) Zu diesem Zweck verfahren die Mitgliedstaaten wie folgt:

a) Sie fordern die Zahlung einer Gebühr oder eines Entgelts, die bzw. das so weit wie möglich für jede Vorlage zusätzlicher Daten oder Dossiers den Kosten für die verschiedenen Verfahrensschritte im Zusammenhang mit der Bewertung entspricht.

b) Sie stellen sicher, dass die Höhe der Gebühr bzw. des Entgelts auf transparente Weise und im Hinblick auf die tatsächlichen Kosten der Bewertung und der administrativen Bearbeitung zusätzlicher Daten oder Dossiers festgelegt wird. Die Mitgliedstaaten können jedoch für die Berechnung der Gesamtgebühr eine Skala mit festen Entgelten auf der Grundlage der durchschnittlichen Kosten erstellen.

c) Sie stellen sicher, dass die Gebühr oder das Entgelt gemäß den Anweisungen der Behörde in jedem Mitgliedstaat entgegengenommen und ausschließlich zur Finanzierung der Kosten verwendet wird, die dem berichterstattenden Mitgliedstaat im Zusammenhang mit der Bewertung und administrativen Bearbeitung der zusätzlichen Daten oder Dossiers bzw. der Finanzierung allgemeiner Maßnahmen im Zusammenhang mit der Erfüllung der Verpflichtungen als berichterstattender Mitgliedstaat entstehen.

Artikel 24 Andere Entgelte, Abgaben oder Gebühren

Artikel 23 gilt unbeschadet des Rechts der Mitgliedstaaten, in Übereinstimmung mit dem EG-Vertrag außer der Gebühr gemäß Artikel 23 im Zusammenhang mit der Zulassung, dem Inverkehrbringen, der Anwendung und der Kontrolle von Wirkstoffen und Pflanzenschutzmitteln andere Entgelte, Abgaben oder Gebühren beizubehalten oder einzuführen.

Artikel 25 Inkrafttreten

Diese Verordnung tritt am siebten Tag nach ihrer Veröffentlichung im *Amtsblatt der Europäischen Union* in Kraft.

Entscheidung der Kommission

vom 5. Dezember 2008

über die Nichtaufnahme bestimmter Wirkstoffe in Anhang I der Richtlinie 91/414/EWG des Rates und die Rücknahme der Zulassungen für Pflanzenschutzmittel mit diesen Wirkstoffen

Bekannt gegeben unter Aktenzeichen K(2008) 7637
(2008/934/EG)

DIE KOMMISSION DER EUROPÄISCHEN GEMEINSCHAFTEN –

gestützt auf den Vertrag zur Gründung der Europäischen Gemeinschaft,

gestützt auf die Richtlinie 91/414/EWG des Rates vom 15. Juli 1991 über das Inverkehrbringen von Pflanzenschutzmitteln[1], insbesondere auf Artikel 8 Absatz 2 Unterabsatz 4,

in Erwägung nachstehender Gründe:

(1) Gemäß Artikel 8 Absatz 2 der Richtlinie 91/414/EWG kann ein Mitgliedstaat während eines Zeitraums von zwölf Jahren ab der Bekanntgabe der genannten Richtlinie zulassen, dass Pflanzenschutzmittel in Verkehr gebracht werden, die nicht in Anhang I der genannten Richtlinie aufgeführte Wirkstoffe enthalten und zwei Jahre nach dem Zeitpunkt der Bekanntgabe der Richtlinie bereits im Handel sind; diese Stoffe werden nach und nach im Rahmen eines Arbeitsprogramms geprüft.

(2) Die Kommissionsverordnungen (EG) Nr. 451/2000[2] und (EG) Nr. 1490/2002[3] enthalten die Durchführungsbestimmungen für die dritte Stufe des Arbeitsprogramms gemäß Artikel 8 Absatz 2 der Richtlinie 91/414/EWG sowie eine Liste der Wirkstoffe, die im Hinblick auf ihre mögliche Aufnahme in Anhang I der Richtlinie 91/414/EWG bewertet werden sollen. Diese Liste umfasst die im Anhang der vorliegenden Entscheidung aufgeführten Wirkstoffe.

(3) Innerhalb von zwei Monaten nach Erhalt des Entwurfs eines Bewertungsberichts nahmen die betreffenden Antragsteller von sich aus gemäß Artikel 11e der Verordnung (EG) Nr. 1490/2002 ihren Antrag auf Aufnahme dieser Wirkstoffe zurück.

(4) Die Kommission hat die Entwürfe der Bewertungsberichte, die Empfehlungen der berichterstattenden Mitgliedstaaten sowie die Kommentare der übrigen Mitgliedstaaten geprüft und ist zu dem Schluss gelangt, dass die Artikel 11b und 11f keine Anwendung finden. Somit gilt Artikel 11e.

---

1 ABl. L 230 vom 19.8.1991, S. 1.

2 ABl. L 55 vom 29.2.2000, S. 25.

3 ABl. L 224 vom 21.8.2002, S. 23.

(5) Die im Anhang der vorliegenden Entscheidung aufgeführten Wirkstoffe sollten daher nicht in Anhang I der Richtlinie 91/414/EWG aufgenommen werden.

(6) Da die Nichtaufnahme dieser Wirkstoffe nicht auf dem Vorliegen eindeutiger Hinweise auf Schädlichkeit nach Anhang VI der Verordnung (EG) Nr. 1490/2002 basiert, sollten die Mitgliedstaaten die Möglichkeit haben, die Zulassungen gemäß Artikel 12 Absatz 3 der Verordnung (EG) Nr. 1490/2002 bis zum 31. Dezember 2010 aufrechtzuerhalten.

(7) Hat ein Mitgliedstaat eine Frist für die Beseitigung, die Lagerung, das Inverkehrbringen und die Verwendung vorhandener Lagervorräte von Pflanzenschutzmitteln mit den genannten Wirkstoffen eingeräumt, so sollte diese höchstens zwölf Monate betragen, damit die Lagervorräte noch in einer weiteren Vegetationsperiode verwendet werden können.

(8) Diese Entscheidung steht der Einreichung eines neuen Antrags gemäß Artikel 6 Absatz 2 der Richtlinie 91/414/EWG und gemäß der Verordnung (EG) Nr. 33/2008 der Kommission vom 17. Januar 2008 mit Durchführungsbestimmungen zur Richtlinie 91/414/EWG des Rates in Bezug auf ein reguläres und ein beschleunigtes Verfahren für die Bewertung von Wirkstoffen im Rahmen des in Artikel 8 Absatz 2 dieser Richtlinie genannten Arbeitsprogramms, die nicht in Anhang I dieser Richtlinie aufgenommen wurden[4], nach dem beschleunigten Verfahren gemäß den Artikeln 13 bis 22 der genannten Verordnung nicht entgegen.

(9) Dieses Verfahren ermöglicht es Antragstellern, deren Wirkstoff aufgrund ihrer Rücknahme des Antrags nicht aufgenommen wurde, einen neuen Antrag zu stellen und dabei nur die zusätzlichen Daten vorzulegen, die notwendig sind, um auf die spezifischen Aspekte einzugehen, die zu der Entscheidung über die Nichtaufnahme geführt haben. Der Antragsteller hat den Entwurf eines Bewertungsberichts, in dem diese Informationen aufgeführt werden, erhalten.

(10) Die in dieser Entscheidung vorgesehenen Maßnahmen entsprechen der Stellungnahme des Ständigen Ausschusses für die Lebensmittelkette und Tiergesundheit –

HAT FOLGENDE ENTSCHEIDUNG ERLASSEN:

4 ABl. L 15 vom 18.1.2008, S. 5.

Artikel 1

Die im Anhang der vorliegenden Entscheidung aufgeführten Stoffe werden nicht als Wirkstoffe in Anhang I der Richtlinie 91/414/EWG aufgenommen.

Artikel 2

Die Mitgliedstaaten nehmen die Zulassungen für Pflanzenschutzmittel, die einen oder mehrere der im Anhang aufgeführten Stoffe enthalten, bis spätestens 31. Dezember 2010 zurück.

Artikel 3

Jede von den Mitgliedstaaten gemäß Artikel 4 Absatz 6 der Richtlinie 91/414/EWG eingeräumte Frist endet spätestens am 31. Dezember 2011.

Artikel 4

Diese Entscheidung ist an die Mitgliedstaaten gerichtet.

Anhang
Liste der Wirkstoffe gemäß Artikel 1

Wirkstoff	Übermittlung des Entwurfs eines Bewertungsberichts an den Antragsteller am
Acetochlor	14. Dezember 2005
Acrinathrin	8. Oktober 2007
Asulam	28. Juli 2006
Bitertanol	23. März 2006
Bupirimat	7. August 2007
Carbetamid	31. August 2006
Carboxin	28. Juli 2006
Chlorpikrin	19. April 2006
Clethodim	19. April 2006
Cycloxydim	28. Februar 2007
Cyproconazol	15. September 2006
Dazomet	8. Oktober 2007
Diclofop-methyl	10. September 2007
Diethofencarb	24. Oktober 2007
Dithianon	5. Februar 2007
Dodin	29. März 2007
Ethalfluralin	4. Oktober 2007
Etridiazol	7. August 2007
Fenazaquin	23. Juni 2006
Fenbuconazol	12. Mai 2006
Fenbutatinoxid	20. April 2007
Fenoxycarb	4. Oktober 2007
Fluazifop-P	10. September 2007
Flufenoxuron	8. November 2007
Fluometuron	31. August 2007
Fluquinconazol	22. Dezember 2005
Flurochloridon	27. Oktober 2006
Flutriafol	9. November 2006
Guazatin	8. November 2007
Hexythiazox	18. Mai 2006
Hymexazol	8. Oktober 2007
Isoxaben	9. November 2006
Metaldehyd	1. September 2006

Wirkstoff	Übermittlung des Entwurfs eines Bewertungsberichts an den Antragsteller am
Metosulam	8. Oktober 2007
Myclobutanil	29. März 2006
Oryzalin	4. Oktober 2007
Oxyfluorfen	4. Oktober 2007
Paclobutrazol	7. Dezember 2006
Pencycuron	1. Juni 2006
Prochloraz	18. Juni 2007
Propargit	8. Oktober 2007
Pyridaben	7. August 2007
Quinmerac	6. Juli 2007
Sintofen	8. November 2007
Tau-Fluvalinat	18. Juni 2007
Tebufenozid	9. Juni 2006
Tefluthrin	4. Mai 2007
Terbuthylazin	8. Oktober 2007
Thiobencarb	21. Juli 2006

Entscheidung der Kommission

vom 8. Dezember 2008

über die Nichtaufnahme bestimmter Wirkstoffe in Anhang I der Richtlinie 91/414/EWG des Rates und den Widerruf der Zulassungen für Pflanzenschutzmittel mit diesen Wirkstoffen

Bekannt gegeben unter Aktenzeichen K(2008) 7803
(2008/941/EG)

DIE KOMMISSION DER EUROPÄISCHEN GEMEINSCHAFTEN –

gestützt auf den Vertrag zur Gründung der Europäischen Gemeinschaft,

gestützt auf die Richtlinie 91/414/EWG des Rates vom 15. Juli 1991 über das Inverkehrbringen von Pflanzenschutzmitteln[1], insbesondere auf Artikel 8 Absatz 2 Unterabsatz 4,

in Erwägung nachstehender Gründe:

(1) Gemäß Artikel 8 Absatz 2 der Richtlinie 91/414/EWG kann ein Mitgliedstaat während eines Zeitraums von zwölf Jahren ab der Bekanntgabe der genannten Richtlinie zulassen, dass Pflanzenschutzmittel in Verkehr gebracht werden, die nicht in Anhang I der genannten Richtlinie aufgeführte Wirkstoffe enthalten und zwei Jahre nach dem Zeitpunkt der Bekanntgabe der Richtlinie bereits im Handel sind; diese Stoffe werden nach und nach im Rahmen eines Arbeitsprogramms geprüft.

(2) Mit den Verordnungen (EG) Nr. 1112/2002[2] und (EG) Nr. 2229/2004[3] der Kommission mit Durchführungsbestimmungen für die vierte Stufe des Arbeitsprogramms gemäß Artikel 8 Absatz 2 der Richtlinie 91/414/EWG wurde die Liste der Wirkstoffe festgelegt, die im Hinblick auf ihre mögliche Aufnahme in Anhang I der Richtlinie 91/414/EWG bewertet werden sollen. Diese Liste enthält die im Anhang zur vorliegenden Entscheidung aufgeführten Wirkstoffe.

(3) Innerhalb von zwei Monaten nach Erhalt des Entwurfs des Bewertungsberichts haben die betreffenden Antragsteller gemäß Artikel 24e der Verordnung (EG) Nr. 2229/2004 ihren Antrag auf Aufnahme dieser Wirkstoffe freiwillig zurückgenommen.

(4) Die Kommission hat die Entwürfe der Bewertungsberichte, die Empfehlungen der berichterstattenden Mitgliedstaaten und die Kommentare der übrigen Mitgliedstaaten geprüft und ist zu der Schlussfolgerung gekommen, dass Artikel 24b und 24f keine Anwendung finden. Folglich ist Artikel 24e anzuwenden.

---

1 ABl. L 230 vom 19.8.1991, S. 1.

2 ABl. L 168 vom 27.6.2002, S. 14.

3 ABl. L 379 vom 24.12.2004, S. 13.

(5) Die Wirkstoffe im Anhang der vorliegenden Entscheidung sollten daher nicht in Anhang I der Richtlinie 91/414/EWG aufgenommen werden.

(6) Da die Nichtaufnahme dieser Stoffe nicht aufgrund eindeutiger Hinweise auf Schädlichkeit gemäß Anhang VII der Verordnung (EG) Nr. 2229/2004 erfolgte, sollte den Mitgliedstaaten die Möglichkeit eingeräumt werden, die Zulassungen bis zum 31. Dezember 2010 gemäß Artikel 25 Absatz 3 der Verordnung (EG) Nr. 2229/2004 aufrechtzuerhalten.

(7) Wird von den Mitgliedstaaten eine Frist für die Beseitigung, die Lagerung, das Inverkehrbringen und die Verwendung bestehender Lagervorräte von Pflanzenschutzmitteln eingeräumt, die die aufgelisteten Stoffe enthalten, so darf sie nicht mehr als zwölf Monate betragen, damit die Verwendung der Lagervorräte auf eine weitere Vegetationsperiode begrenzt ist.

(8) Diese Entscheidung steht der Einreichung eines neuen Antrags gemäß Artikel 6 Absatz 2 der Richtlinie 91/414/EWG und gemäß der Verordnung (EG) Nr. 33/2008 der Kommission vom 17. Januar 2008 mit Durchführungsbestimmungen zur Richtlinie 91/414/EWG des Rates in Bezug auf ein reguläres und ein beschleunigtes Verfahren für die Bewertung von Wirkstoffen im Rahmen des in Artikel 8 Absatz 2 dieser Richtlinie genannten Arbeitsprogramms, die nicht in Anhang I dieser Richtlinie aufgenommen wurden[4], im beschleunigten Verfahren nach Artikel 13 bis 22 dieser Verordnung nicht entgegen.

(9) Artikel 13 bis 22 der Verordnung (EG) Nr. 33/2008 sehen ein beschleunigtes Verfahren für einen solchen neuen Antrag vor. Durch dieses Verfahren können Antragsteller, deren Stoff aufgrund ihrer Rücknahme nicht aufgenommen wurde, einen neuen Antrag im beschleunigten Verfahren gemäß der Verordnung (EG) Nr. 33/2008 stellen. Bei Einreichung eines neuen Antrags nach diesem Verfahren müssen die Antragsteller lediglich die zusätzlichen Daten vorlegen, die zur Klärung der spezifischen Aspekte erforderlich sind, bei denen im Zuge der Risikobewertung der Bedarf an weiteren Informationen festgestellt wurde. Der Antragsteller hat den Entwurf des Bewertungsberichts erhalten, in dem auf diese Daten hingewiesen wird.

(10) Die in dieser Entscheidung vorgesehenen Maßnahmen entsprechen der Stellungnahme des Ständigen Ausschusses für die Lebensmittelkette und Tiergesundheit –

HAT FOLGENDE ENTSCHEIDUNG ERLASSEN:

4 ABl. L 15 vom 18.1.2008, S. 5.

Artikel 1

Die Stoffe im Anhang der vorliegenden Entscheidung werden nicht in Anhang I der Richtlinie 91/414/EWG als Wirkstoffe aufgenommen.

Artikel 2

Die Mitgliedstaaten widerrufen bis spätestens 31. Dezember 2010 die Zulassungen für Pflanzenschutzmittel, die einen oder mehrere der im Anhang aufgeführten Stoffe enthalten.

Artikel 3

Jede von den Mitgliedstaaten gemäß Artikel 4 Absatz 6 der Richtlinie 91/414/EWG eingeräumte Frist endet spätestens am

31. Dezember 2011.

Artikel 4

Diese Entscheidung ist an die Mitgliedstaaten gerichtet.

Anhang
Liste der Wirkstoffe gemäß Artikel 1

Wirkstoff	Datum, zu dem der Entwurf des Bewertungsberichts dem Antragsteller übermittelt wurde
1-Decanol	7. April 2008
6-Benzyladenin	25. Februar 2008
Aluminiumsulfat	31. März 2008
Azadirachtin	18. Februar 2008
Bromadiolon	11. Juli 2008
Ethoxyquin	13. März 2008
Fettalkohole	3. April 2008
Indolylessigsäure	13. März 2008
Indolylbuttersäure	13. März 2008
Schwefelkalk	31. März 2008
Naphthylessigsäure	3. März 2008
1-Naphthylacetamid	3. März 2008
Propisochlor	16. Mai 2008
Quassia	17. März 2008
Zinkphosphid	11. Juli 2008

Richtlinie 2009/127/EG des Europäischen Parlaments und des Rates

vom 21. Oktober 2009

zur Änderung der Richtlinie 2006/42/EG betreffend Maschinen zur Ausbringung von Pestiziden

DAS EUROPÄISCHE PARLAMENT UND DER RAT DER EUROPÄISCHEN UNION –

gestützt auf den Vertrag zur Gründung der Europäischen Gemeinschaft, insbesondere auf Artikel 95,

auf Vorschlag der Kommission,

nach Stellungnahme des Europäischen Wirtschafts- und Sozialausschusses[1],

gemäß dem Verfahren des Artikels 251 des Vertrags[2],

in Erwägung nachstehender Gründe:

(1) Es wird allgemein anerkannt, dass der Einsatz von Pestiziden Gefahren für Umwelt und menschliche Gesundheit mit sich bringt. In ihrer Mitteilung „Hin zu einer thematischen Strategie zur nachhaltigen Nutzung von Pestiziden" vom 12. Juli 2006 legt die Kommission eine Strategie zur Verringerung der mit der Verwendung von Pestiziden verbundenen Risiken für die menschliche Gesundheit und die Umwelt dar. Außerdem haben das Europäische Parlament und der Rat die Richtlinie 2009/128/EG vom 21 Oktober 2009 über einen Aktionsrahmen der Gemeinschaft für die nachhaltige Verwendung von Pestiziden („die Rahmenrichtlinie")[3] angenommen.

(2) Konstruktion, Bau und Wartung von Maschinen zur Ausbringung von Pestiziden spielen bei der Verringerung der nachteiligen Auswirkungen von Pflanzenschutzmitteln auf die menschliche Gesundheit und die Umwelt eine beträchtliche Rolle. Für bereits in gewerblichem Gebrauch befindliche Maschinen zur Ausbringung von Pestiziden werden mit der Rahmenrichtlinie Vorschriften für Kontrolle und Wartung eingeführt.

(3) Die Rahmenrichtlinie gilt für Pestizide, die Pflanzenschutzmittel sind. Es ist daher angemessen, den Anwendungsbereich der vorliegenden Richtlinie auf Maschinen zur Ausbringung von Pestiziden, die Pflanzenschutzmittel sind, zu beschränken. Da jedoch davon ausgegangen wird, dass der Anwendungsbereich der Rahmenrichtlinie auf Biozid-Produkte ausgedehnt werden soll, sollte die Kommission bis zum 31. Dezember 2012 die Ausweitung des Anwendungsbereichs der dem Umweltschutz dienenden Vorschriften auf Maschinen zur Ausbringung von Biozid-Produkten prüfen.

---

1 ABl. C 182 vom 4.8.2009, S. 44.

2 Stellungnahme des Europäischen Parlaments vom 22. April 2009 (noch nicht im Amtsblatt veröffentlicht) und Beschluss des Rates vom 24. September 2009.

3 ABl. L 309 vom 24.11.2009, S. 71

(4) Der Schutz der Gesundheit und Sicherheit von Personen und gegebenenfalls von Haustieren und Sachen ist bereits durch die Richtlinie 2006/42/EG des Europäischen Parlaments und des Rates vom 17. Mai 2006 über Maschinen[4] geregelt. Es ist somit angezeigt, wesentliche, dem Umweltschutz dienende Vorschriften für Konstruktion und Bau neuer Maschinen zur Ausbringung von Pestiziden in die Richtlinie 2006/42/EG aufzunehmen, wobei sicherzustellen ist, dass diese im Einklang mit den Vorschriften der Rahmenrichtlinie über Wartung und Kontrolle stehen.

(5) Zu diesem Zweck ist es außerdem erforderlich, in die Richtlinie 2006/42/EG einen Hinweis auf den Umweltschutz einzufügen und dieses Ziel auf die Maschinenarten und die Risiken zu beschränken, für die es spezielle Umweltschutzanforderungen gibt.

(6) Zu den Maschinen zur Ausbringung von Pestiziden gehören selbstfahrende, gezogene, auf einem Fahrzeug angebrachte, aufgesattelte und in Luftfahrzeugen angebrachte sowie ortsfeste Maschinen, die zur Anwendung von Pestiziden sowohl für den gewerblichen als auch den nicht gewerblichen Gebrauch bestimmt sind. Außerdem gehören dazu tragbare Maschinen und handgehaltene Maschinen, die jeweils motorisch oder durch menschliche Kraft angetrieben werden und mit einer Druckkammer ausgestattet sind.

(7) Diese Richtlinie ist auf die grundlegenden Anforderungen beschränkt, die Maschinen zur Ausbringung von Pestiziden erfüllen müssen, damit sie in Verkehr gebracht und/oder in Betrieb genommen werden können; für die Entwicklung der harmonisierten Normen mit ausführlichen Spezifikationen für die verschiedenen Kategorien von Maschinen zur Ausbringung von Pestiziden, anhand derer die Hersteller diese Anforderungen erfüllen können, sind die europäischen Normungsorganisationen zuständig.

(8) Es ist entscheidend, dass alle betroffenen Parteien, einschließlich Industrie, Landwirte und Umweltschutzorganisationen, gleichermaßen in die Erstellung solcher harmonisierten Normen einbezogen werden, damit sichergestellt ist, dass sie auf der Grundlage eines klaren Konsenses aller Interessengruppen angenommen werden.

(9) Die Richtlinie 2006/42/EG sollte daher entsprechend geändert werden.

(10) Gemäß Nummer 34 der Interinstitutionellen Vereinbarung über bessere Rechtsetzung[5] sind die Mitgliedstaaten aufgefordert, für ihre eigenen Zwecke und im Interesse der Gemeinschaft eigene Tabellen aufzustellen, aus denen im Rahmen des Möglichen die Entsprechungen zwischen dieser Richtlinie und den Umsetzungsmaßnahmen zu entnehmen sind, und diese zu veröffentlichen.

(11) Sind die verfügbaren wissenschaftlichen Belege nicht ausreichend, um eine präzise Risikobeurteilung zu ermöglichen, so sollten die Mitgliedstaaten, wenn sie Maßnahmen im Rahmen dieser Richtlinie ergreifen, das Vorsorgeprinzip anwenden, das ein Grundsatz des Gemeinschaftsrechts ist, der

4 ABl. L 157 vom 9.6.2006, S. 24.

5 ABl. C 321 vom 31.12.2003, S. 1.

unter anderem in der Mitteilung der Kommission vom 2. Februar 2000 erläutert wird; gleichzeitig sollten die anderen in der Richtlinie 2006/42/EG enthaltenen Vorschriften und Grundsätze wie der freie Warenverkehr und die Konformitätsvermutung gebührend berücksichtigt werden –

HABEN FOLGENDE RICHTLINIE ERLASSEN:

Artikel 1 Änderungen der Richtlinie 2006/42/EG

Die Richtlinie 2006/42/EG wird wie folgt geändert:

1. Dem Artikel 2 Absatz 2 wird folgender Buchstabe angefügt:

   „m) ‚grundlegende Sicherheits- und Gesundheitsschutzanforderungen' verbindliche Vorschriften für die Konstruktion und den Bau von unter diese Richtlinie fallenden Produkten, um ein hohes Maß an Sicherheit und Gesundheitsschutz von Personen und gegebenenfalls von Haustieren und Sachen und, soweit anwendbar, an Schutz der Umwelt zu gewährleisten.

   Die grundlegenden Sicherheits- und Gesundheitsschutzanforderungen sind in Anhang I angegeben. Die grundlegenden Sicherheits- und Gesundheitsschutzanforderungen hinsichtlich des Schutzes der Umwelt sind nur auf die in Abschnitt 2.4 dieses Anhangs genannten Maschinen anwendbar.";

2. Artikel 4 Absatz 1 erhält folgende Fassung:

   „(1) Die Mitgliedstaaten treffen alle erforderlichen Maßnahmen, um sicherzustellen, dass Maschinen nur in Verkehr gebracht und/oder in Betrieb genommen werden dürfen, wenn sie den für sie geltenden Bestimmungen dieser Richtlinie entsprechen und wenn sie bei ordnungsgemäßer Installation und Wartung und bei bestimmungsgemäßer oder vernünftigerweise vorhersehbarer Verwendung die Sicherheit und Gesundheit von Personen und gegebenenfalls von Haustieren und Sachen und, soweit anwendbar, die Umwelt nicht gefährden.";

3. Artikel 9 Absatz 3 Unterabsatz 1 erhält folgende Fassung:

   „In den in Absatz 1 genannten Fällen konsultiert die Kommission die Mitgliedstaaten und andere interessierte Parteien, wobei sie angibt, welche Maßnahmen sie zu ergreifen beabsichtigt, um auf Gemeinschaftsebene ein hohes Maß an Sicherheit und Gesundheitsschutz von Personen und gegebenenfalls von Haustieren und Sachen und, soweit anwendbar, an Schutz der Umwelt zu gewährleisten.";

4. Artikel 11 Absatz 1 erhält folgende Fassung:

   „(1) Stellt ein Mitgliedstaat fest, dass eine von dieser Richtlinie erfasste und mit der CE-Kennzeichnung versehene Maschine, der die EG-Konformitätserklärung beigefügt ist, bei bestimmungsgemäßer oder vernünftigerweise vorhersehbarer Verwendung die Sicherheit oder Gesundheit von Personen oder gegebenenfalls von Haustieren oder Sachen oder, soweit anwendbar, die Umwelt zu gefährden droht, so trifft er alle zweckdienlichen Maßnahmen, um diese Maschine aus dem Verkehr zu ziehen, ihr Inverkehrbringen und/oder die Inbetriebnahme dieser Maschine zu untersagen oder den freien Verkehr hierfür einzuschränken.";

5. Anhang I wird wie folgt geändert:

   a) Abschnitt „Allgemeine Grundsätze" Nummer 4 erhält folgende Fassung:

„4. Dieser Anhang ist in mehrere Teile gegliedert. Der erste Teil hat einen allgemeinen Anwendungsbereich und gilt für alle Arten von Maschinen. Die weiteren Teile beziehen sich auf bestimmte spezifische Gefährdungen. Dieser Anhang ist jedoch stets in seiner Gesamtheit durchzusehen, um sicher zu gehen, dass alle jeweils relevanten grundlegenden Anforderungen erfüllt werden. Bei der Konstruktion einer Maschine sind in Abhängigkeit von den Ergebnissen der Risikobeurteilung gemäß Nummer 1 dieser Allgemeinen Grundsätze die Anforderungen des allgemeinen Teils und die Anforderungen eines oder mehrerer der anderen Teile zu berücksichtigen. Die grundlegenden Sicherheits- und Gesundheitsschutzanforderungen hinsichtlich des Schutzes der Umwelt sind nur auf die in Abschnitt 2.4 genannten Maschinen anwendbar.“;

b) Kapitel 2 wird wie folgt geändert:

i) Absatz 1 erhält folgende Fassung:

„Nahrungsmittelmaschinen, Maschinen für kosmetische oder pharmazeutische Erzeugnisse, handgehaltene und/oder handgeführte Maschinen, tragbare Befestigungsgeräte und andere Schussgeräte sowie Maschinen zur Bearbeitung von Holz und von Werkstoffen mit ähnlichen physikalischen Eigenschaften sowie Maschinen zur Ausbringung von Pestiziden müssen alle in diesem Kapitel genannten grundlegenden Sicherheits- und Gesundheitsschutzanforderungen erfüllen (siehe Allgemeine Grundsätze, Nummer 4).“;

ii) Folgender Abschnitt wird angefügt:

„2.4. MASCHINEN ZUR AUSBRINGUNG VON PESTIZIDEN

2.4.1. **Begriffsbestimmung**

‚Maschinen zur Ausbringung von Pestiziden‘: Maschinen, die speziell zur Ausbringung von Pflanzenschutzmitteln im Sinne des Artikels 2 Absatz 1 der Verordnung (EG) Nr. 1107/2009 des Europäischen Parlaments und des Rates vom 21. Oktober 2009 über das Inverkehrbringen von Pflanzenschutzmitteln(*) bestimmt sind.

2.4.2. **Allgemeines**

Der Hersteller einer Maschine zur Ausbringung von Pestiziden oder sein Bevollmächtigter hat sicher zu stellen, dass im Einklang mit dem Verfahren der Risikobeurteilung und Risikominderung gemäß den Allgemeinen Grundsätzen Nummer 1 eine Beurteilung der Risiken einer unbeabsichtigten Exposition der Umwelt gegenüber Pestiziden vorgenommen wird.

Maschinen zur Ausbringung von Pestiziden sind unter Berücksichtigung der Ergebnisse der in Absatz 1 genannten Risikobeurteilung so zu konstruieren und zu bauen, dass sie ohne unbeabsichtigte Exposition der Umwelt gegenüber Pestiziden betrieben, eingerichtet und gewartet werden können.

Undichtigkeiten sind stets zu verhüten.

2.4.3. **Bedienung und Überwachung**

Es muss möglich sein, die Ausbringung der Pestizide von den Bedienungsplätzen aus einfach und präzise zu steuern, zu überwachen und sofort abzubrechen.

2.4.4. **Füllung und Entleerung**

Die Maschine ist so zu konstruieren und zu bauen, dass das präzise Füllen mit der erforderlichen Pestizidmenge erleichtert und das einfache und vollständige Entleeren gewährleistet wird und dabei das Verschütten von Pestiziden vermieden und die Kontamination der Entnahmestellen für Wasser verhindert wird.

2.4.5. **Ausbringung von Pestiziden**

2.4.5.1. **Ausbringungsrate**

Die Maschine muss mit Vorrichtungen zur einfachen, präzisen und zuverlässigen Einstellung der Ausbringungsrate ausgestattet sein.

2.4.5.2. **Verteilung, Anlagerung und Abdrift von Pestiziden**

Die Maschine ist so zu konstruieren und zu bauen, dass sichergestellt ist, dass das Pestizid auf den Zielflächen angelagert wird, unbeabsichtigte Freisetzungen auf anderen Flächen möglichst gering gehalten werden und die Abdrift von Pestiziden in die Umgebung vermieden wird. Wo dies angemessen ist, muss eine gleichmäßige Verteilung und homogene Anlagerung des Pestizids sichergestellt sein.

2.4.5.3. **Prüfungen**

Um festzustellen, ob die entsprechenden Teile der Maschine die unter 2.4.5.1 und 2.4.5.2 genannten Anforderungen erfüllen, hat der Hersteller oder sein Bevollmächtigter für jeden Maschinentyp die entsprechenden Prüfungen durchzuführen oder durchführen zu lassen.

2.4.5.4. **Unbeabsichtigte Freisetzungen während und nach der Abschaltung**

Die Maschine ist so zu konstruieren und zu bauen, dass unbeabsichtigte Freisetzungen von Pestiziden während und nach der Abschaltung der Ausbringungsfunktion vermieden werden.

2.4.6. **Wartung**

2.4.6.1. **Reinigung**

Die Maschine ist so zu konstruieren und zu bauen, dass sie einfach und gründlich gereinigt werden kann, ohne dass dabei die Umwelt kontaminiert wird.

2.4.6.2. **Instandhaltung**

Die Maschine ist so zu konstruieren und zu bauen, dass der Austausch verschlissener Teile ungehindert möglich ist, ohne dass dabei die Umwelt kontaminiert wird.

2.4.7. **Kontrollen**

Es muss möglich sein, die erforderlichen Messinstrumente einfach an die Maschine anzuschließen, um das ordnungsgemäße Funktionieren der Maschine zu überprüfen.

2.4.8. **Kennzeichnung von Düsen, Sieben und Filtern**

Düsen, Siebe und Filter sind so zu kennzeichnen, dass ihr Typ und ihre Größe klar erkennbar sind.

2.4.9. **Angabe des verwendeten Pestizids**

Wo dies angemessen ist, muss die Maschine mit einer besonderen Vorrichtung versehen sein, an der das Bedienungspersonal die Bezeichnung des verwendeten Pestizids anbringen kann.

2.4.10. **Betriebsanleitung**

Die Betriebsanleitung muss folgende Angaben enthalten:

a) die Vorkehrungen, die beim Mischen, Einfüllen, Anwenden, Entleeren, Reinigen, Warten und Transport zu treffen sind, um die Kontamination der Umwelt zu vermeiden;

b) ausführliche Bedingungen für die Verwendung in den verschiedenen vorgesehenen Betriebsumgebungen, einschließlich der dazugehörigen notwendigen Vorbereitung und Einstellung, durch die die Anlagerung des Pestizids auf den Zielflächen bei gleichzeitiger Minimierung der unbeabsichtigten Freisetzungen auf anderen Flächen, die Verhinderung der Abdrift in die Umgebung und, wo dies angemessen ist, die gleichmäßige Verteilung und homogene Anlagerung des Pestizids sichergestellt wird;

c) die Bandbreite der Typen und Größen der Düsen, Siebe und Filter, mit denen die Maschine betrieben werden kann;

d) in Bezug auf Verschleißteile, die Auswirkungen auf den ordnungsgemäßen Betrieb der Maschine haben, wie Düsen, Siebe und Filter, Angaben dazu, in welchen Abständen sie zu überprüfen sind, und die Kriterien und das Verfahren für ihren Austausch;

e) Spezifikation der Kalibrierung, täglichen Wartung, Vorbereitung für das Überwintern und anderer Überprüfungen, die zur Gewährleistung des ordnungsgemäßen Funktionierens der Maschine erforderlich sind;

f) Arten von Pestiziden, die Fehlfunktionen der Maschine hervorrufen können;

g) einen Hinweis darauf, dass das Bedienungspersonal stets die Bezeichnung des gerade verwendeten Pestizids in der unter Nummer 2.4.9. genannten besonderen Vorrichtung aktualisieren sollte;

h) Anschluss und Verwendung von Spezialausrüstungen und Zubehörteilen und die Vorkehrungen, die zu treffen sind;

i) einen Hinweis darauf, dass die Maschine nationalen Vorschriften für eine regelmäßige Überprüfung durch bezeichnete Stellen, wie in der Richtlinie 2009/128/EG des Europäischen Parlaments und des Rates vom 21. Oktober 2009 über einen Aktionsrahmen der Gemeinschaft für die nachhaltige Verwendung von Pestiziden(**) vorgesehen, unterliegen kann;

j) die Merkmale der Maschine, die zur Gewährleistung ihres ordnungsgemäßen Betriebs überprüft werden müssen;

k) eine Anleitung für den Anschluss der erforderlichen Messinstrumente.

(*) ABl. L 309 vom 24.11.2009, S. 1.
(**) ABl. L 309 vom 24.11.2009, S. 71."

Artikel 2 Umsetzung

(1) Die Mitgliedstaaten erlassen und veröffentlichen die Vorschriften, die erforderlich sind, um dieser Richtlinie spätestens am 15. Juni 2011 nachzukommen. Sie setzen die Kommission unverzüglich davon in Kenntnis.

Sie wenden diese Vorschriften ab dem 15. Dezember 2011 an.

Wenn die Mitgliedstaaten diese Vorschriften erlassen, nehmen sie in den Vorschriften selbst oder durch einen Hinweis bei der amtlichen Veröffentlichung auf diese Richtlinie Bezug. Die Mitgliedstaaten regeln die Einzelheiten der Bezugnahme.

(2) Die Mitgliedstaaten teilen der Kommission den Wortlaut der innerstaatlichen Vorschriften mit, die sie auf dem unter diese Richtlinie fallenden Gebiet erlassen.

Artikel 3 Inkrafttreten

Diese Richtlinie tritt am zwanzigsten Tag nach ihrer Veröffentlichung im Amtsblatt der Europäischen Union in Kraft.

Artikel 4 Adressaten

Diese Richtlinie ist an die Mitgliedstaaten gerichtet.

Verordnung (EG) Nr. 1185/2009 des Europäischen Parlaments und des Rates

vom 25. November 2009

über Statistiken zu Pestiziden

ABl. L 324 vom 10.12.2009, S. 1

DAS EUROPÄISCHE PARLAMENT UND DER RAT DER EUROPÄISCHEN UNION –

gestützt auf den Vertrag zur Gründung der Europäischen Gemeinschaft, insbesondere auf Artikel 285 Absatz 1,

auf Vorschlag der Kommission,

nach Stellungnahme des Europäischen Wirtschafts- und Sozialausschusses[1]

nach Anhörung des Ausschusses der Regionen,

gemäß dem Verfahren des Artikels 251 des Vertrags, aufgrund des vom Vermittlungsausschuss am 10. November 2009 gebilligten gemeinsamen Entwurfs[2]

in Erwägung nachstehender Gründe:

(1) In dem Beschluss Nr. 1600/2002/EG des Europäischen Parlaments und des Rates vom 22. Juli 2002 über das Sechste Umweltaktionsprogramm der Europäischen Gemeinschaft[3] wurde festgestellt, dass die Auswirkungen von Pestiziden – insbesondere von Pestiziden, die in der Landwirtschaft verwendet werden – auf die menschliche Gesundheit und die Umwelt weiter verringert werden müssen. In dem Beschluss wird die Notwendigkeit einer nachhaltigeren Verwendung von Pestiziden unterstrichen und insgesamt eine mit dem erforderlichen Schutz von Kulturpflanzen zu vereinbarende deutliche Verringerung der Risiken und der Verwendung von Pestiziden gefordert.

(2) In ihrer Mitteilung an den Rat, das Europäische Parlament und den Europäischen Wirtschafts- und Sozialausschuss mit dem Titel „Hin zu einer thematischen Strategie zur nachhaltigen Nutzung von Pestiziden" hat die Kommission festgestellt, dass detaillierte, harmonisierte und aktuelle statistische Daten über Verkäufe und Verwendung von Pestiziden auf Gemeinschaftsebene notwendig sind. Diese Statistiken werden zur Bewertung der politischen Maßnahmen der Europäischen Union im Bereich nachhaltige Entwicklung und zur Berechnung einschlägiger Indikatoren für die von der Pestizidverwendung ausgehenden Risiken für Gesundheit und Umwelt benötigt.

---

1 ABl. C 256 vom 27.10.2007, S. 86.

2 Stellungnahme des Europäischen Parlaments vom 12. März 2008 (ABl. C 66 E vom 20.3.2009, S. 98), Gemeinsamer Standpunkt desRates vom 20. November 2008 (ABl. C 38 E vom 17.2.2009, S. 1), Standpunkt des Europäischen Parlaments vom 24. April 2009 (nochnicht im Amtsblatt veröffentlicht), Beschluss des Rates vom16. November 2009 und legislative Entschließung des Europäischen Parlaments vom 24. November 2009.

3 ABl. L 242 vom 10.9.2002, S. 1.

(3) Harmonisierte und vergleichbare Gemeinschaftsstatistiken über Verkäufe und Verwendung von Pestiziden sind von entscheidender Bedeutung für die Ausarbeitung und Überwachung von Rechtsvorschriften und politischen Maßnahmen der Gemeinschaft im Rahmen der Thematischen Strategie zur nachhaltigen Verwendung von Pestiziden.

(4) Da sich die Folgen der Richtlinie 98/8/EG des Europäischen Parlaments und des Rates vom 16. Februar 1998 über das Inverkehrbringen von Biozid-Produkten[4] erst bemerkbar machen werden, wenn die erste Beurteilung der in Biozid-Produkten verwendeten Wirkstoffe abgeschlossen ist, verfügen derzeit weder die Kommission noch die Mehrzahl der Mitgliedstaaten über ausreichende Kenntnisse bzw. Erfahrungen, um weitere Maßnahmen in Bezug auf Biozide vorzuschlagen. Der Anwendungsbereich dieser Verordnung sollte daher auf Pestizide, die Pflanzenschutzmittel im Sinne der Verordnung (EG) Nr. 1107/2009 des Europäischen Parlaments und des Rates vom 21. Oktober 2009 über das Inverkehrbringen von Pflanzenschutzmitteln[5] sind, beschränkt werden, zu denen bereits umfassende Erfahrungen mit der Datenerhebung vorliegen.

(5) Aufgrund der Ergebnisse der Bewertung der Richtlinie 98/8/EG und einer Folgenabschätzung ist davon auszugehen, dass der Anwendungsbereich dieser Verordnung auf Biozidprodukte ausgedehnt wird.

(6) Die langjährigen Erfahrungen der Kommission im Bereich der Erhebung von Daten über Verkäufe und Verwendung von Pestiziden haben gezeigt, dass harmonisierte Verfahren erforderlich sind, um auf Gemeinschaftsebene sowohl in der Phase des Inverkehrbringens als auch bei den Anwendern statistische Daten zu erheben. Ferner müssen die statistischen Daten nach Wirkstoffen untergliedert werden, wenn das in der Thematischen Strategie zur nachhaltigen Verwendung von Pestiziden aufgeführte Ziel, nämlich die Berechnung genauer Risikoindikatoren, erreicht werden soll.

(7) Von den verschiedenen Alternativen für die Datenerhebung, die in der Folgenabschätzung für die Thematische Strategie zur nachhaltigen Verwendung von Pestiziden geprüft wurden, wurde die obligatorische Datenerhebung als die beste Option empfohlen, da sie eine rasche und kosteneffiziente Erfassung genauer und zuverlässiger Daten über das Inverkehrbringen und die Verwendung von Pestiziden ermöglicht.

(8) Bezugsrahmen für diese Verordnung ist die Verordnung (EG) Nr. 223/2009 des Europäischen Parlaments und des Rates vom 11. März 2009 über europäische Statistiken[6]; zu den in dieser Verordnung festgelegten Anforderungen zählen insbesondere berufliche Unabhängigkeit, Unparteilichkeit, Objektivität, Zuverlässigkeit, Kostenwirksamkeit und statistische Geheimhaltung.

(9) Die Übermittlung von Daten, die unter die statistische Geheimhaltungspflicht fallen, erfolgt gemäß der Verordnung (EG) Nr. 223/2009. Die im Einklang

4 ABl. L 123 vom 24.4.1998, S. 1.

5 ABl. L 309 vom 24.11.2009, S. 1

6 ABl. L 87 vom 31.3.2009, S. 164.

mit dieser Verordnung getroffenen Maßnahmen stellen den physischen und logischen Schutz der vertraulichen Daten sicher und gewährleisten, dass es bei der Erstellung und Verbreitung der Gemeinschaftsstatistiken nicht zu einer unrechtmäßigen Offenlegung oder einer Verwendung für nichtstatistische Zwecke kommt.

(10) Die Veröffentlichung und Verbreitung der aufgrund dieser Verordnung erfassten Daten unterliegt der Verordnung (EG) Nr. 223/2009. Die gemäß der Verordnung (EG) Nr. 223/2009 ergriffenen Maßnahmen gewährleisten den physischen und logischen Schutz der vertraulichen Daten und verhindern eine unrechtmäßige Offenlegung und eine nichtstatistische Verwendung bei der Erstellung und Verbreitung der Gemeinschaftsstatistiken.

(11) Die aufgrund der Richtlinie 2009/128/EG des Europäischen Parlaments und des Rates vom 21. Oktober 2009 über einen Aktionsrahmen der Gemeinschaft für die nachhaltige Verwendung von Pestiziden[7] und der Verordnung (EG) Nr. 1107/2009 zu übermittelnden Daten über das Inverkehrbringen und die Verwendung von Pestiziden sollten gemäß den einschlägigen Bestimmungen der genannten Richtlinie und der Verordnung bewertet werden.

(12) Diese Verordnung sollte die Richtlinie 2003/4/EG des Europäischen Parlaments und des Rates vom 28. Januar 2003 über den Zugang der Öffentlichkeit zu Umweltinformationen[8] sowie die Verordnung (EG) Nr. 1367/2006 des Europäischen Parlaments und des Rates vom 6. September 2006 über die Anwendung der Bestimmungen des Übereinkommens von Århus über den Zugang zu Informationen, die Öffentlichkeitsbeteiligung an Entscheidungsverfahren und den Zugang zu Gerichten in Umweltangelegenheiten auf Organe und Einrichtungen der Gemeinschaft[9] unberührt lassen.

(13) Um vergleichbare Ergebnisse sicherzustellen, sollten die Statistiken über Pestizide gemäß den Anhängen dieser Verordnung mit der spezifizierten Untergliederung in geeigneter Form und innerhalb einer festgesetzten Frist nach Ablauf des Bezugsjahres erstellt werden.

(14) Die zur Durchführung dieser Verordnung erforderlichen Maßnahmen sollten gemäß dem Beschluss 1999/468/EG des Rates vom 28. Juni 1999 zur Festlegung der Modalitäten für die Ausübung der der Kommission übertragenen Durchführungsbefugnisse[10] erlassen werden.

(15) Insbesondere sollte die Kommission die Befugnis erhalten, den Begriff „behandelte Fläche“ zu definieren und Anhang III anzupassen. Da es sich hierbei um Maßnahmen von allgemeiner Tragweite handelt, die eine Änderung nicht wesentlicher Bestimmungen dieser Verordnung, auch durch Ergänzung um neue nicht wesentliche Bestimmungen, bewirken, sind diese Maßnahmen nach dem Regelungsverfahren mit Kontrolle des Artikels 5a des Beschlusses 1999/468/EG zu erlassen.

---

7 ABl. L 309 vom 24.11.2009, S. 71.

8 ABl. L 41 vom 14.2.2003, S. 26.

9 ABl. L 264 vom 25.9.2006, S. 13.

10 ABl. L 184 vom 17.7.1999, S. 23.

(16) Da das Ziel dieser Verordnung, nämlich die Schaffung eines gemeinsamen statistischen Rahmens für die systematische Erstellung von Gemeinschaftsstatistiken über das Inverkehrbringen und die Verwendung von Pestiziden, auf Ebene der Mitgliedstaaten nicht ausreichend erreicht werden kann und daher besser auf Gemeinschaftsebene zu verwirklichen ist, kann die Gemeinschaft im Einklang mit dem in Artikel 5 des Vertrags niedergelegten Subsidiaritätsprinzip tätig werden. Entsprechend dem in demselben Artikel genannten Grundsatz der Verhältnismäßigkeit geht diese Verordnung nicht über das zur Erreichung dieses Ziels erforderliche Maß hinaus.

(17) Der durch den Beschluss 89/382/EWG, Euratom des Rates[11] eingesetzte Ausschuss für das Statistische Programm ist gehört worden –

HABEN FOLGENDE VERORDNUNG ERLASSEN:

Artikel 1 Gegenstand, Anwendungsbereich und Ziele

(1) Mit dieser Verordnung wird ein gemeinsamer Rahmen für die systematische Erstellung von Gemeinschaftsstatistiken über das Inverkehrbringen und die Verwendung von solchen Pestiziden, die Pflanzenschutzmittel im Sinne von Artikel 2 Buchstabe a Ziffer i sind, geschaffen.

(2) Gegenstand der Statistiken sind:

- die jährlichen Mengen an Pestiziden, die gemäß Anhang I in Verkehr gebracht werden,
- die jährlichen Mengen an gemäß Anhang II verwendeten Pestiziden.

(3) Die Statistiken dienen zusammen mit anderen relevanten Daten insbesondere den Zwecken der Artikel 4 und 15 der Richtlinie 2009/128/EG.

Artikel 2 Begriffsbestimmungen

Im Sinne dieser Verordnung bezeichnet der Ausdruck

a) „Pestizide"
   i) Pflanzenschutzmittel im Sinne von Artikel 2 Absatz 1 der Verordnung (EG) Nr 1107/2009;
   ii) Biozidprodukte im Sinne von Artikel 2 Absatz 1 der Richtlinie 98/8/EG.

b) „Stoffe" Stoffe im Sinne von Artikel 3 Nummer 2 der Verordnung (EG) Nr. 1107/2009, einschließlich der Wirkstoffe, Safener und Synergisten;

c) „Wirkstoffe" Wirkstoffe im Sinne von Artikel 2 Absatz 2 der Verordnung (EG) Nr. 1107/2009;

d) „Safener" Safener im Sinne von Artikel 2 Absatz 3 Buchstabe a der Verordnung (EG) Nr. 1107/2009;

e) „Synergisten" Synergisten im Sinne von Artikel 2 Absatz 3 Buchstabe b der Verordnung (EG) Nr. 1107/2009;

---

11 ABl. L 181 vom 28.6.1989, S. 47.

f) „Inverkehrbringen“ das Inverkehrbringen im Sinne von Artikel 3 Nummer 9 der Verordnung (EG) Nr. 1107/2009;

g) „Inhaber einer Zulassung“ den Inhaber einer Zulassung im Sinne von Artikel 3 Nummer 24 der Verordnung (EG) Nr. 1107/2009;

h) „landwirtschaftliche Verwendung“ jede Art der Anwendung eines Pflanzenschutzmittels, die in direktem oder indirektem Zusammenhang mit der Produktion pflanzlicher Erzeugnisse im Rahmen der Wirtschaftstätigkeit eines landwirtschaftlichen Betriebs steht;

i) „beruflicher Verwender“ den beruflichen Verwender im Sinne von Artikel 3 Nummer 1 der Richtlinie 2009/128/EG;

j) „landwirtschaftlicher Betrieb“ den „landwirtschaftlichen Betrieb“ im Sinne der Verordnung (EG) Nr. 1166/2008 des Europäischen Parlaments und des Rates vom 19. November 2008 über die Betriebsstrukturerhebungen und die Erhebung über landwirtschaftliche Produktionsmethoden[12].

Artikel 3 Erhebung, Übermittlung und Verarbeitung der Daten

(1) Die Mitgliedstaaten erheben die Daten, die für die in Anhang I aufgeführten Merkmale erforderlich sind, auf jährlicher Basis sowie die Daten, die für die in Anhang II aufgeführten Merkmale erforderlich sind, in Fünfjahreszeiträumen mit folgenden Mitteln:

- Erhebungen,
- Informationen betreffend das Inverkehrbringen und die Verwendung von Pestiziden unter besonderer Berücksichtigung der Verpflichtungen nach Artikel 67 der Verordnung (EG) Nr. 1107/2009,
- administrative Quellen oder
- Kombination aus diesen Mitteln einschließlich statistischer Schätzverfahren auf der Grundlage von Sachverständigengutachten oder Modellen.

(2) Die Mitgliedstaaten übermitteln der Kommission (Eurostat) die statistischen Ergebnisse einschließlich vertraulicher Daten nach den Zeitplänen und mit der Periodizität, die in den Anhängen I und II festgelegt sind. Die Daten werden nach der Klassifikation in Anhang III vorgelegt.

(3) Die Mitgliedstaaten übermitteln die Daten in elektronischer Form in dem geeigneten technischen Format, das die Kommission (Eurostat) nach dem in Artikel 6 Absatz 2 genannten Regelungsverfahren festlegt.

(4) Aus Gründen der Vertraulichkeit aggregiert die Kommission (Eurostat) die Daten vor ihrer Veröffentlichung nach den chemischen Produktklassen oder -kategorien gemäß Anhang III und berücksichtigt dabei in gebührender Weise den Schutz vertraulicher Daten auf der Ebene der einzelnen Mitgliedstaaten. Nach Artikel 20 der Verordnung (EG) Nr. 223/2009 werden vertrauliche Daten von den einzelstaatlichen Stellen und der Kommission (Eurostat) ausschließlich für statistische Zwecke verwendet.

---

12 ABl. L 321 vom 1.12.2008, S. 14.

Artikel 4 Qualitätsbewertung

(1) Für die Zwecke dieser Verordnung gelten die in Artikel 12 Absatz 1 der Verordnung (EG) Nr. 223/2009 genannten Qualitätskriterien.

(2) Die Mitgliedstaaten übermitteln der Kommission (Eurostat) Berichte über die Qualität der übermittelten Daten gemäß den Anhängen I und II. Die Kommission (Eurostat) bewertet die Qualität der übermittelten Daten.

Artikel 5 Durchführungsmaßnahmen

(1) Das geeignete technische Format für die Übermittlung von Daten wird nach dem in Artikel 6 Absatz 2 genannten Regelungsverfahren festgelegt.

Nötigenfalls kann die Kommission die Anforderungen an die zu übermittelnden Qualitätsberichte gemäß Abschnitt 6 der Anhänge I und II ändern. Diese Maßnahmen zur Änderung nicht wesentlicher Bestimmungen dieser Verordnung durch Ergänzung werden nach dem in Artikel 6 Absatz 3 genannten Regelungsverfahren mit Kontrolle erlassen.

(2) Die Kommission legt für den in Anhang II Abschnitt 2 genannten Begriff „behandelte Fläche" eine Begriffsbestimmung fest. Diese Maßnahme zur Änderung nicht wesentlicher Bestimmungen dieser Verordnung durch Ergänzung wird nach dem in Artikel 6 Absatz 3 genannten Regelungsverfahren mit Kontrolle erlassen.

(3) Die Kommission aktualisiert regelmäßig und zumindest alle fünf Jahre die Liste der betroffenen Stoffe und deren Klassifikation in Produktkategorien und Chemikalienklassen gemäß Anhang III. Diese Maßnahmen zur Änderung nicht wesentlicher Bestimmungen dieser Verordnung werden nach dem in Artikel 6 Absatz 3 genannten Regelungsverfahren mit Kontrolle erlassen.

Artikel 6 Ausschussverfahren

(1) Die Kommission wird durch den Ausschuss für das Europäische Statistische System unterstützt, der durch Artikel 7 der Verordnung (EG) Nr. 223/2009 eingesetzt wurde.

(2) Wird auf diesen Absatz Bezug genommen, so gelten die Artikel 5 und 7 des Beschlusses 1999/468/EG unter Beachtung von dessen Artikel 8.

Der Zeitraum nach Artikel 5 Absatz 6 des Beschlusses 1999/468/EG wird auf drei Monate festgesetzt.

(3) Wird auf diesen Absatz Bezug genommen, so gelten Artikel 5a Absätze 1 bis 4 und Artikel 7 des Beschlusses 1999/468/EG unter Beachtung von dessen Artikel 8.

Artikel 7 Berichterstattung

Die Kommission legt dem Europäischen Parlament und dem Rat alle fünf Jahre einen Bericht über die Durchführung der Verordnung vor. In diesem Bericht werden insbesondere die Qualität der übermittelten Daten gemäß Artikel 4, die Datenerfassungsmethoden, der Aufwand für die Unternehmen, landwirtschaftlichen Betriebe und einzelstaatlichen Verwaltungen sowie der Nutzen der Statistiken im Rahmen der

Thematischen Strategie zur nachhaltigen Verwendung von Pestiziden insbesondere im Hinblick auf die in Artikel 1 vorgegebenen Ziele beurteilt. Der Bericht enthält gegebenenfalls Vorschläge für eine weitere Verbesserung der Qualität der Daten und der Datenerfassungsmethoden und verbessert dadurch den Erfassungsgrad und die Vergleichbarkeit der Daten und verringert den Aufwand für die Unternehmen, landwirtschaftlichen Betriebe und einzelstaatlichen Verwaltungen.

Der erste Bericht wird bis zum 31. Dezember 2016 vorgelegt.

Artikel 8 Inkrafttreten

Diese Verordnung tritt am zwanzigsten Tag nach ihrer Veröffentlichung im *Amtsblatt der Europäischen Union* in Kraft.

Anhang I
Statistiken über das Inverkehrbringen von Pestiziden

Abschnitt 1
Erfassungsbereich

Die Statistiken erfassen die in Anhang III aufgeführten Stoffe, die in Pestiziden enthalten sind, welche in den einzelnen Mitgliedstaaten in Verkehr gebracht werden. Insbesondere ist darauf zu achten, dass Doppelerfassungen im Falle einer Produktumgestaltung oder der Übertragung einer Zulassung zwischen Zulassungsinhabern vermieden werden.

Abschnitt 2
Variablen

Es wird die Menge jedes in Anhang III aufgeführten Stoffes in jedem Mitgliedstaat erfasst, der in Pestiziden, die in Verkehr gebracht werden, enthalten ist.

Abschnitt 3
Meldeeinheit

Die Daten sind in Kilogramm anzugeben.

Abschnitt 4
Bezugszeitraum

Bezugszeitraum ist das Kalenderjahr.

Abschnitt 5
Erster Bezugszeitraum, Periodizität und Übermittlung von Ergebnissen

1. Der erste Bezugszeitraum ist das zweite Kalenderjahr nach dem 30. December 2009.
2. Nach dem ersten Bezugszeitraum liefern die Mitgliedstaaten Daten für jedes Kalenderjahr. Sie veröffentlichen diese Daten – insbesondere im Internet – gemäß den in der Verordnung (EG) Nr. 223/2009 enthaltenen Bestimmungen über den Schutz vertraulicher Statistiken, um der Öffentlichkeit Informationen bereitzustellen.

3. Die Daten werden innerhalb von zwölf Monaten nach Ablauf des Bezugsjahres an die Kommission (Eurostat) übermittelt.

Abschnitt 6
Qualitätsbericht

Die Mitgliedstaaten übermitteln der Kommission (Eurostat) einen Qualitätsbericht gemäß Artikel 4, aus dem Folgendes hervorgeht:

- das für die Datenerhebung verwendete Verfahren,
- die gemäß dem verwendeten Erhebungsverfahren relevanten Qualitätsaspekte,
- eine Beschreibung der verwendeten Schätzungen, Aggregate und Ausschlussverfahren.

Der Bericht wird innerhalb von 15 Monaten nach Ablauf des Bezugsjahres an die Kommission (Eurostat) übermittelt.

Anhang II
Statistiken über die landwirtschaftliche Verwendung von Pestiziden

Abschnitt 1
Erfassungsbereich

1. Die Statistiken erfassen die in Anhang III aufgeführten Stoffe, die in Pestiziden enthalten sind, die in den einzelnen Mitgliedstaaten für jede einzelne ausgewählte Kulturpflanze verwendet werden.
2. Jeder Mitgliedstaat trifft die Auswahl der Kulturpflanzen, die während des Fünfjahreszeitraums gemäß Abschnitt 5 erfasst werden. Die Auswahl ist so zu treffen, dass sie repräsentativ für die in dem betreffenden Mitgliedstaat angebauten Kulturpflanzen und verwendeten Stoffe ist.

   Bei der Auswahl der Kulturpflanzen werden diejenigen Kulturpflanzen berücksichtigt, die die größte Relevanz für die nationalen Aktionspläne gemäß Artikel 4 der Richtlinie 2009/128/EG haben.

Abschnitt 2
Variablen

Für jede ausgewählte Kulturpflanze werden die folgenden Variablen erfasst:

a) die Menge jedes in Anhang III aufgeführten Stoffes, der in Pestiziden enthalten ist, die für die betreffende Kulturpflanze verwendet werden, und

b) die mit den einzelnen Stoffen behandelte Fläche.

Abschnitt 3
Meldeeinheiten

1. Die Stoffmengen sind in Kilogramm anzugeben.
2. Die behandelten Flächen sind in Hektar anzugeben.

Abschnitt 4
Bezugszeitraum

1. Bezugszeitraum ist grundsätzlich ein Zeitraum von maximal zwölf Monaten, der alle Pflanzenschutzmaßnahmen in direktem oder indirektem Bezug zu der betreffenden Kulturpflanze abdeckt.
2. Als Bezugszeitraum gilt das Jahr des Erntebeginns.

Abschnitt 5
Erster Bezugszeitraum, Periodizität und Übermittlung von Ergebnissen

1. Für jeden Fünfjahreszeitraum erstellen die Mitgliedstaaten Statistiken über den Einsatz von Pestiziden für jede ausgewählte Kulturpflanze innerhalb eines Bezugszeitraums gemäß Abschnitt 4.
2. Die Mitgliedstaaten können den Bezugszeitraum innerhalb des Fünfjahreszeitraums frei wählen. Für jede ausgewählte Kulturpflanze kann ein anderer Bezugszeitraum gewählt werden.
3. Der erste Fünfjahreszeitraum beginnt mit dem ersten Kalenderjahr nach dem 30. Dezember 2009.
4. Die Mitgliedstaaten liefern Daten für jeden Fünfjahreszeitraum.
5. Die Daten werden innerhalb von zwölf Monaten nach Ablauf jedes Fünfjahreszeitraums an die Kommission (Eurostat) übermittelt und – insbesondere im Internet – gemäß den in der Verordnung (EG) Nr. 223/2009 enthaltenen Bestimmungen über den Schutz vertraulicher Statistiken veröffentlicht, um der Öffentlichkeit Informationen bereitzustellen.

Abschnitt 6
Qualitätsbericht

Zusammen mit den Ergebnissen übermitteln die Mitgliedstaaten der Kommission (Eurostat) einen Qualitätsbericht gemäß Artikel 4, aus dem Folgendes hervorgeht:

- das für die Stichprobenerhebung verwendete Verfahren,
- das für die Datenerhebung verwendete Verfahren,
- eine Schätzung der relativen Bedeutung der erfassten Kulturpflanzen bezogen auf die Gesamtmenge der verwendeten Pestizide,
- die gemäß dem verwendeten Erhebungsverfahren relevanten Qualitätsaspekte,
- ein Vergleich zwischen den Daten über die während des Fünfjahreszeitraums verwendeten Pestizide und den Daten über die Pestizide, die während der entsprechenden fünf Jahre in Verkehr gebracht wurden,
- eine im Rahmen der Pilotstudien der Kommission (Eurostat) erstellte Kurzbeschreibung der kommerziellen Verwendungszwecke von Pestiziden außerhalb der Landwirtschaft.

Anhang III
Harmonisierte Klassifikation der Stoffe

Hauptgruppen	Code	Chemikalienklasse	Stoffe – Freiname	Cas RN[1]	Cipac[2]
Produkt-kategorien			Freinamen-Nomenklatur		
Fungizide und Bakterizide	F0				
Anorganische Fungizide	F1				
	F1.1	KUPFERVERBIN-DUNGEN	Alle Kupferverbindungen		44
	F1.1		BORDEAUXBRÜHE	8011-63-0	44
	F1.1		Kupferhydroxid	20427-59-2	44
	F1.1		Kupferoxychlorid	1332-40-7	44
	F1.1		DREIBASISCHES KUPFERSULFAT	1333-22-8	44
	F1.1		KUPFER(I)-OXID	1319-39-1	44
	F1.1		SONSTIGE KUPFERSALZE		44
	F1.2	ANORGANISCHER SCHWEFEL	SCHWEFEL	7704-34-9	18
	F1.3	SONSTIGE AN-ORGANISCHE FUNGIZIDE	SONSTIGE ANORGANI-SCHE FUNGIZIDE		
Von Carba-maten und Dithiocarba-maten abgelei-tete Fungizide	F2				
	F2.1	CARBANILAT-FUNGIZIDE	DIETHOFENCARB	87130-20-9	513
	F2.2	CARBAMAT-FUNGIZIDE	BENTHIAVALICARB	413615-35-7	744
	F2.2		IPROVALICARB	140923-17-7	620
	F2.2		PROPAMOCARB	24579-73-5	399
	F2.3	DITHIOCARBA-MATFUNGIZIDE	MANCOZEB	8018-01-7	34
	F2.3		MANEB	12427-38-2	61
	F2.3		METIRAM	9006-42-2	478
	F2.3		PROPINEB	12071-83-9	177
	F2.3		THIRAM	137-26-8	24
	F2.3		ZIRAM	137-30-4	31
Von Benzi-midazolen abgeleitete Fungizide	F3				
	F3.1	BENZIMIDAZOL-FUNGIZIDE	CARBENDAZIM	10605-21-7	263

Hauptgruppen	Code	Chemikalienklasse	Stoffe – Freiname	Cas RN[1]	Cipac[2]
Produkt-kategorien			Freinamen-Nomenklatur		
	F3.1		FUBERIDAZOL	3878-19-1	525
	F3.1		THIABENDAZOL	148-79-8	323
	F3.1		THIOPHANATMETHYL	23564-05-8	262
Von Imidazolen und Triazolen abgeleitete Fungizide	F4				
	F4.1	CONAZOL-FUNGIZIDE	BITERTANOL	55179-31-2	386
	F4.1		BROMUCONAZOL	116255-48-2	680
	F4.1		CYPROCONAZOL	94361-06-5	600
	F4.1		DIFENOCONAZOL	119446-68-3	687
	F4.1		DINICONAZOL	83657-24-3	690
	F4.1		EPOXICONAZOL	106325-08-0	609
	F4.1		ETRIDIAZOL	2593-15-9	518
	F4.1		FENBUCONAZOL	114369-43-6	694
	F4.1		FLUQUINCONAZOL	136426-54-5	474
	F4.1		FLUSILAZOL	85509-19-9	435
	F4.1		FLUTRIAFOL	76674-21-0	436
	F4.1		HEXACONAZOL	79983-71-4	465
	F4.1		IMAZALIL (ENILCONAZOL)	58594-72-2	335
	F4.1		METCONAZOL	125116-23-6	706
	F4.1		MYCLOBUTANIL	88671-89-0	442
	F4.1		PENCONAZOL	66246-88-6	446
	F4.1		PROPICONAZOL	60207-90-1	408
	F4.1		PROTHIOCONAZOL	178928-70-6	745
	F4.1		TEBUCONAZOL	107534-96-3	494
	F4.1		TETRACONAZOL	112281-77-3	726
	F4.1		TRIADIMENOL	55219-65-3	398
	F4.1		TRICYCLAZOL	41814-78-2	547
	F4.1		TRIFLUMIZOLE	99387-89-0	730
	F4.1		TRITICONAZOL	131983-72-7	652
	F4.2	IMIDAZOL-FUNGIZIDE	CYAZOFAMID	120116-88-3	653
	F4.2		FENAMIDON	161326-34-7	650
	F4.2		TRIAZOXID	72459-58-6	729

Hauptgruppen	Code	Chemikalienklasse	Stoffe – Freiname	Cas RN[1]	Cipac[2]
Produkt-kategorien			Freinamen-Nomenklatur		
Von Morpholinen abgeleitete Fungizide	F5				
	F5.1	MORPHOLIN-FUNGIZIDE	DIMETHOMORPH	110488-70-5	483
	F5.1		DODEMORPH	1593-77-7	300
	F5.1		FENPROPIMORPH	67564-91-4	427
Sonstige Fungizide	F6				
	F6.1	ALIPHATISCHE STICKSTOFF-FUNGIZIDE	CYMOXANIL	57966-95-7	419
	F6.1		DODIN	2439-10-3	101
	F6.1		GUAZATIN	108173-90-6	361
	F6.2	AMIDFUNGIZIDE	BENALAXYL	71626-11-4	416
	F6.2		BOSCALID	188425-85-6	673
	F6.2		FLUTOLANIL	66332-96-5	524
	F6.2		MEPRONIL	55814-41-0	533
	F6.2		METALAXYL	57837-19-1	365
	F6.2		METALAXYL-M	70630-17-0	580
	F6.2		PROCHLORAZ	67747-09-5	407
	F6.2		SILTHIOFAM	175217-20-6	635
	F6.2		TOLYLFLUANID	731-27-1	275
	F6.2		ZOXAMID	156052-68-5	640
	F6.3	ANILIDFUNGIZIDE	CARBOXIN	5234-68-4	273
	F6.3		FENHEXAMID	126833-17-8	603
	F6.4	ANTIBIOTISCH WIRKENDE FUNGIZIDE – BAKTERIZIDE	KASUGAMYCIN	6980-18-3	703
	F6.4		POLYOXINE	11113-80-7	710
	F6.4		STREPTOMYCIN	57-92-1	312
	F6.5	AROMATISCHE FUNGIZIDE	CHLOROTHALONIL	1897-45-6	288
	F6.5		DICLORAN	99-30-9	150
	F6.6	DICARBOXIMID-FUNGIZIDE	IPRODION	36734-19-7	278
	F6.6		PROCYMIDON	32809-16-8	383
	F6.7	DINITROANILIN-FUNGIZIDE	FLUAZINAM	79622-59-6	521
	F6.8	DINITROPHENOL-FUNGIZIDE	DINOCAP	39300-45-3	98

Hauptgruppen	Code	Chemikalienklasse	Stoffe – Freiname	Cas RN[(1)]	Cipac[(2)]
Produkt-kategorien			Freinamen-Nomenklatur		
	F6.9	ORGANOPHOS-PHOR-FUNGIZIDE	FOSETYL	15845-66-6	384
	F6.9		TOLCLOFOS-METHYL	57018-04-9	479
	F6.10	OXAZOL-FUNGIZIDE	HYMEXAZOL	10004-44-1	528
	F6.10		FAMOXADON	131807-57-3	594
	F6.10		VINCLOZOLIN	50471-44-8	280
	F6.11	PHENYLPYRROL-FUNGIZIDE	FLUDIOXONIL	131341-86-1	522
	F6.12	PHTHALIMID-FUNGIZIDE	CAPTAN	133-06-2	40
	F6.12		FOLPET	133-07-3	75
	F6.13	PYRIMIDIN-FUNGIZIDE	BUPIRIMAT	41483-43-6	261
	F6.13		CYPRODINIL	121552-61-2	511
	F6.13		FENARIMOL	60168-88-9	380
	F6.13		MEPANIPYRIM	110235-47-7	611
	F6.13		PYRIMETHANIL	53112-28-0	714
	F6.14	QUINOLIN-FUNGIZIDE	QUINOXYFEN	124495-18-7	566
	F6.14		8-HYDROXYQUINOLIN-SULFAT	134-31-6	677
	F6.15	QUINON-FUNGIZIDE	DITHIANON	3347-22-6	153
	F6.16	STROBILURIN-FUNGIZIDE	AZOXYSTROBIN	131860-33-8	571
	F6.16		DIMOXYSTROBIN	149961-52-4	739
	F6.16		FLUOXASTROBIN	361377-29-9	746
	F6.16		KRESOXIM-METHYL	143390-89-0	568
	F6.16		PICOXYSTROBIN	117428-22-5	628
	F6.16		PYRACLOSTROBIN	175013-18-0	657
	F6.16		TRIFLOXYSTROBIN	141517-21-7	617
	F6.17	HARNSTOFF-FUNGIZIDE	PENCYCURON	66063-05-6	402
	F6.18	NICHT ZUGEORD-NETE FUNGIZIDE	ACIBENZOLAR	126448-41-7	597
	F6.18		BENZOESÄURE	65-85-0	622
	F6.18		DICHLOROPHEN	97-23-4	325
	F6.18		FENPROPIDIN	67306-00-7	520
	F6.18		METRAFENON	220899-03-6	752
	F6.18		2-PHENYPHENOL	90-43-7	246
	F6.18		SPIROXAMIN	118134-30-8	572

Hauptgruppen	Code	Chemikalienklasse	Stoffe – Freiname	Cas RN[1]	Cipac[2]
Produkt-kategorien			Freinamen-Nomenklatur		
	F6.19	SONSTIGE FUNGIZIDE	SONSTIGE FUNGIZIDE		
Herbizide, Krautvertil-gungsmittel und Moosver-nichter	H0				
Von Phenoxy-Phytohormo-nen abgeleitete Herbizide	H1				
	H1.1	PHENOXY-HERBIZIDE	2,4-D	94-75-7	1
	H1.1		2,4-DB	94-82-6	83
	H1.1		DICHLORPROP-P	15165-67-0	476
	H1.1		MCPA	94-74-6	2
	H1.1		MCPB	94-81-5	50
	H1.1		MECOPROP	7085-19-0	51
	H1.1		MECOPROP-P	16484-77-8	475
Von Triazinen und Triazino-nen abgeleite-te Herbizide	H2				
	H2.1	METHYL-THIOTRIAZIN-HERBIZIDE	METHOPROTRYN	841-06-5	94
	H2.2	TRIAZIN-HERBIZIDE	SIMETRYN	1014-70-6	179
	H2.2		TERBUTHYLAZIN	5915-41-3	234
	H2.3	TRIAZINON-HERBIZIDE	METAMITRON	41394-05-2	381
	H2.3		METRIBUZIN	21087-64-9	283
Von Amiden und Aniliden abgeleitete Herbizide	H3				
	H3.1	AMID-HERBIZIDE	BEFLUBUTAMID	113614-08-7	662
	H3.1		DIMETHENAMID	87674-68-8	638
	H3.1		FLUPOXAM	119126-15-7	8158
	H3.1		ISOXABEN	82558-50-7	701
	H3.1		NAPROPAMID	15299-99-7	271
	H3.1		PETHOXAMID	106700-29-2	665
	H3.1		PROPYZAMID	23950-58-5	315
	H3.2	ANILID-HERBIZIDE	DIFLUFENICAN	83164-33-4	462

Hauptgruppen	Code	Chemikalienklasse	Stoffe – Freiname	Cas RN[1]	Cipac[2]
Produkt-kategorien			Freinamen-Nomenklatur		
	H3.2		FLORASULAM	145701-23-1	616
	H3.2		FLUFENACET	142459-58-3	588
	H3.2		METOSULAM	139528-85-1	707
	H3.2		METAZACHLOR	67129-08-2	411
	H3.2		PROPANIL	709-98-8	205
	H3.3	CHLOROACETANI-LID-HERBIZIDE	ACETOCHLOR	34256-82-1	496
	H3.3		ALACHLOR	15972-60-8	204
	H3.3		DIMETHACHLOR	50563-36-5	688
	H3.3		PRETILACHLOR	51218-49-6	711
	H3.3		PROPACHLOR	1918-16-7	176
	H3.3		S-METOLACHLOR	87392-12-9	607
Von Carbamaten und Biscarbamaten abgeleitete Herbizide	H4				
	H4.1	BISCARBAMAT-HERBIZIDE	CHLORPROPHAM	101-21-3	43
	H4.1		DESMEDIPHAM	13684-56-5	477
	H4.1		PHENMEDIPHAM	13684-63-4	77
	H4.2	CARBAMAT-HERBIZIDE	ASULAM	3337-71-1	240
	H4.2		CARBETAMID	16118-49-3	95
Von Dinitroanilinderivaten abgeleitete Herbizide	H5				
	H5.1	DINITROANILIN-HERBIZIDE	BENFLURALIN	1861-40-1	285
	H5.1		BUTRALIN	33629-47-9	504
	H5.1		ETHALFLURALIN	55283-68-6	516
	H5.1		ORYZALIN	19044-88-3	537
	H5.1		PENDIMETHALIN	40487-42-1	357
	H5.1		TRIFLURALIN	2582-09-8	183
Von Harnstoff-, Uracil- oder Sulfonylharnstoffderivaten abgeleitete Herbizide	H6				
	H6.1	SULFONYLHARN-STOFF-HERBIZIDE	AMIDOSULFURON	120923-37-7	515
	H6.1		AZIMSULFURON	120162-55-2	584

Hauptgruppen	Code	Chemikalienklasse	Stoffe – Freiname	Cas RN[1]	Cipac[2]
Produkt-kategorien			Freinamen-Nomenklatur		
	H6.1		BENSULFURON	99283-01-9	502
	H6.1		CHLORSULFURON	64902-72-3	391
	H6.1		CINOSULFURON	94593-91-6	507
	H6.1		ETHOXYSULFURON	126801-58-9	591
	H6.1		FLAZASULFURON	104040-78-0	595
	H6.1		FLUPYRSULFURON	150315-10-9	577
	H6.1		FORAMSULFURON	173159-57-4	659
	H6.1		IMAZOSULFURON	122548-33-8	590
	H6.1		IODOSULFURON	185119-76-0	634
	H6.1		MESOSULFURON	400852-66-6	663
	H6.1		METSULFURON	74223-64-6	441
	H6.1		NICOSULFURON	111991-09-4	709
	H6.1		OXASULFURON	144651-06-9	626
	H6.1		PRIMISULFURON	113036-87-6	712
	H6.1		PROSULFURON	94125-34-5	579
	H6.1		RIMSULFURON	122931-48-0	716
	H6.1		SULFOSULFURON	141776-32-1	601
	H6.1		THIFENSULFURON	79277-67-1	452
	H6.1		TRIASULFURON	82097-50-5	480
	H6.1		TRIBENURON	106040-48-6	546
	H6.1		TRIFLUSULFURON	135990-29-3	731
	H6.1		TRITOSULFURON	142469-14-5	735
	H6.2	URACIL-HERBIZIDE	LENACIL	2164-08-1	163
	H6.3	HARNSTOFF-HERBIZIDE	CHLORTOLURON	15545-48-9	217
	H6.3		DIURON	330-54-1	100
	H6.3		FLUOMETURON	2164-17-2	159
	H6.3		ISOPROTURON	34123-59-6	336
	H6.3		LINURON	330-55-2	76
	H6.3		METHABENZTHIA-ZURON	18691-97-9	201
	H6.3		METOBROMURON	3060-89-7	168
	H6.3		METOXURON	19937-59-8	219
Sonstige Her-bizide	H7				

Hauptgruppen	Code	Chemikalienklasse	Stoffe – Freiname	Cas RN[1]	Cipac[2]
Produkt-kategorien			Freinamen-Nomenklatur		
	H7.1	ARYLOXYPHEN-OXYPROPION-HERBIZIDE	CLODINAFOP	114420-56-3	683
	H7.1		CYHALOFOP	122008-85-9	596
	H7.1		DICLOFOP	40843-25-2	358
	H7.1		FENOXAPROP-P	113158-40-0	484
	H7.1		FLUAZIFOP-P-BUTYL	79241-46-6	395
	H7.1		HALOXYFOP	69806-34-4	438
	H7.1		HALOXYFOP-R	72619-32-0	526
	H7.1		PROPAQUIZAFOP	111479-05-1	713
	H7.1		QUIZALOFOP	76578-12-6	429
	H7.1		QUIZALOFOP-P	94051-08-8	641
	H7.2	BENZOFURAN-HERBIZIDE	ETHOFUMESAT	26225-79-6	233
	H7.3	BENZOESÄURE-HERBIZIDE	CHLORTHAL	2136-79-0	328
	H7.3		DICAMBA	1918-00-9	85
	H7.4	BIPYRIDYLIUM-HERBIZIDE	DIQUAT	85-00-7	55
	H7.4		PARAQUAT	4685-14-7	56
	H7.5	CYCLOHEXANDI-ON- HERBIZIDE	CLETHODIM	99129-21-2	508
	H7.5		CYCLOXYDIM	101205-02-1	510
	H7.5		TEPRALOXYDIM	149979-41-9	608
	H7.5		TRALKOXYDIM	87820-88-0	544
	H7.6	DIAZIN-HERBI-ZIDE	PYRIDAT	55512-33-9	447
	H7.7	DICARBOXIMID-HERBIZIDE	CINIDON-ETHYL	142891-20-1	598
	H7.7		FLUMIOXAZIN	103361-09-7	578
	H7.8	DIPHENYLETHER-HERBIZIDE	ACLONIFEN	74070-46-5	498
	H7.8		BIFENOX	42576-02-3	413
	H7.8		NITROFEN	1836-75-5	170
	H7.8		OXYFLUORFEN	42874-03-3	538
	H7.9	IMIDAZOLINON-HERBIZIDE	IMAZAMETHABENZ	100728-84-5	529
	H7.9		IMAZAMOX	114311-32-9	619
	H7.9		IMAZETHAPYR	81335-77-5	700
	H7.10	ANORGANISCHE HERBIZIDE	AMMONIUMSULFAMAT	7773-06-0	679
	H7.10		CHLORATE	7775-09-9	7

Hauptgruppen	Code	Chemikalienklasse	Stoffe – Freiname	Cas RN(1)	Cipac(2)
Produkt-kategorien			Freinamen-Nomenklatur		
	H7.11	ISOXAZOL-HERBIZIDE	ISOXAFLUTOL	141112-29-0	575
	H7.12	MORPHACTIN-HERBIZIDE	FLURENOL	467-69-6	304
	H7.13	NITRIL-HERBIZIDE	BROMOXYNIL	1689-84-5	87
	H7.13		DICHLOBENIL	1194-65-6	73
	H7.13		IOXYNIL	1689-83-4	86
	H7.14	ORGANOPHOS-PHOR- HERBIZIDE	GLUFOSINAT	51276-47-2	437
	H7.14		GLYPHOSAT	1071-83-6	284
	H7.15	PHENYLPYRAZOL-HERBIZIDE	PYRAFLUFEN	129630-19-9	605
	H7.16	PYRIDAZINON-HERBIZIDE	CHLORIDAZON	1698-60-8	111
	H7.16		FLURTAMON	96525-23-4	569
	H7.17	PYRIDINCARBOX-AMID- HERBIZIDE	PICOLINAFEN	137641-05-5	639
	H7.18	PYRIDINCARBO-XYL-HERBIZIDE	CLOPYRALID	1702-17-6	455
	H7.18		PICLORAM	1918-02-1	174
	H7.19	PYRIDYLOXY-ESSIGSÄURE-HERBIZIDE	FLUROXYPYR	69377-81-7	431
	H7.19		TRICLOPYR	55335-06-3	376
	H7.20	QUINOLIN-HERBIZIDE	QUINCLORAC	84087-01-4	493
	H7.20		QUINMERAC	90717-03-6	563
	H7.21	THIADIAZIN-HERBIZIDE	BENTAZON	25057-89-0	366
	H7.22	THIOCARBAMAT-HERBIZIDE	EPTC	759-94-4	155
	H7.22		MOLINAT	2212-67-1	235
	H7.22		PROSULFOCARB	52888-80-9	539
	H7.22		THIOBENCARB	28249-77-6	388
	H7.22		TRI-ALLAT	2303-17-5	97
	H7.23	TRIAZOL-HERBIZIDE	AMITROL	61-82-5	90
	H7.24	TRIAZOLINON-HERBIZIDE	CARFENTRAZON	128639-02-1	587
	H7.25	TRIAZOLON-HERBIZIDE	PROPOXYCARBAZON	145026-81-9	655
	H7.26	TRIKETON-HERBIZIDE	MESOTRION	104206-82-8	625
	H7.26		SULCOTRION	99105-77-8	723

Hauptgruppen	Code	Chemikalienklasse	Stoffe – Freiname	Cas RN[1]	Cipac[2]
Produkt-kategorien			Freinamen-Nomenklatur		
	H7.27	NICHT ZUGEORD-NETE HERBIZIDE	CLOMAZON	81777-89-1	509
	H7.27		FLUROCHLORIDON	61213-25-0	430
	H7.27		QUINOCLAMIN	2797-51-5	648
	H7.27		METHAZOL	20354-26-1	369
	H7.27		OXADIARGYL	39807-15-3	604
	H7.27		OXADIAZON	19666-30-9	213
	H7.27	SONSTIGE HERBI-ZIDE, KRAUTVER-TILGUNGSMITTEL UND MOOSVER-NICHTER	SONSTIGE HERBIZIDE, KRAUTVERTILGUNGS-MITTEL UND MOOS-VERNICHTER		
Insektizide und Acarizide	I0				
Von Pyrethroi-den abgeleite-te Insektizide	I1				
	I1.1	PYRETHROID-INSEKTIZIDE	ACRINATHRIN	101007-06-1	678
	I1.1		ALPHA-CYPERMETHRIN	67375-30-8	454
	I1.1		BETA-CYFLUTHRIN	68359-37-5	482
	I1.1		BETA-CYPERMETHRIN	65731-84-2	632
	I1.1		BIFENTHRIN	82657-04-3	415
	I1.1		CYFLUTHRIN	68359-37-5	385
	I1.1		CYPERMETHRIN	52315-07-8	332
	I1.1		DELTAMETHRIN	52918-63-5	333
	I1.1		ESFENVALERAT	66230-04-4	481
	I1.1		ETOFENPROX	80844-07-1	471
	I1.1		GAMMA-CYHALOTHRIN	76703-62-3	768
	I1.1		LAMBDA-CYHALOTHRIN	91465-08-6	463
	I1.1		TAU-FLUVALINAT	102851-06-9	432
	I1.1		TEFLUTHRIN	79538-32-2	451
	I1.1		ZETA-CYPERMETHRIN	52315-07-8	733
Von chlorier-ten Kohlen-wasserstoffen abgeleitete Insektizide	I2				
	I2.1	ORGANOCHLOR-INSEKTIZIDE	DICOFOL	115-32-2	123
	I2.1		TETRASUL	2227-13-6	114

Hauptgruppen	Code	Chemikalienklasse	Stoffe – Freiname	Cas RN[1]	Cipac[2]
Produkt-kategorien			Freinamen-Nomenklatur		
Von Carbamaten und Oximcarbamaten abgeleitete Insektizide	I3				
	I3.1	OXIMCARBAMAT-INSEKTIZIDE	METHOMYL	16752-77-5	264
	I3.1		OXAMYL	23135-22-0	342
	I3.2	CARBAMAT-INSEKTIZIDE	BENFURACARB	82560-54-1	501
	I3.2		CARBARYL	63-25-2	26
	I3.2		CARBOFURAN	1563-66-2	276
	I3.2		CARBOSULFAN	55285-14-8	417
	I3.2		FENOXYCARB	79127-80-3	425
	I3.2		FORMETANAT	22259-30-9	697
	I3.2		METHIOCARB	2032-65-7	165
	I3.2		PIRIMICARB	23103-98-2	231
Von organischen Phosphaten abgeleitete Insektizide	I4				
	I4.1	ORGANOPHOSPHOR-INSEKTIZIDE	AZINPHOS-METHYL	86-50-0	37
	I4.1		CADUSAFOS	95465-99-9	682
	I4.1		CHLORPYRIFOS	2921-88-2	221
	I4.1		CHLORPYRIFOS-METHYL	5589-13-0	486
	I4.1		COUMAPHOS	56-72-4	121
	I4.1		DIAZINON	333-41-5	15
	I4.1		DICHLORVOS	62-73-7	11
	I4.1		DIMETHOAT	60-51-5	59
	I4.1		ETHOPROPHOS	13194-48-4	218
	I4.1		FENAMIPHOS	22224-92-6	692
	I4.1		FENITROTHION	122-14-5	35
	I4.1		FOSTHIAZAT	98886-44-3	585
	I4.1		ISOFENPHOS	25311-71-1	412
	I4.1		MALATHION	121-75-5	12
	I4.1		METHAMIDOPHOS	10265-92-6	355
	I4.1		NALED	300-76-5	195
	I4.1		OXYDEMETON-METHYL	301-12-2	171
	I4.1		PHOSALON	2310-17-0	109
	I4.1		PHOSMET	732-11-6	318
	I4.1		PHOXIM	14816-18-3	364

Hauptgruppen	Code	Chemikalienklasse	Stoffe – Freiname	Cas RN[1]	Cipac[2]
Produkt-kategorien			Freinamen-Nomenklatur		
	I4.1		PIRIMIPHOS-METHYL	29232-93-7	239
	I4.1		TRICHLORFON	52-68-6	68
Von Biopro-dukten und Pflanzen abgeleitete Insektizide	I5				
	I5.1	BIOLOGISCHE INSEKTIZIDE	AZADIRACHTIN	11141-17-6	627
	I5.1		NICOTIN	54-11-5	8
	I5.1		PYRETHRINE	8003-34-7	32
	I5.1		ROTENON	83-79-4	671
Sonstige Insek-tizide	I6				
	I6.1	DURCH FERMENTIERUNG ERZEUGTE INSEKTIZIDE	ABAMECTIN	71751-41-2	495
	I6.1		MILBEMECTIN	51596-10-2 51 596-11-3	660
	I6.1		SPINOSAD	168316-95-8	636
	I6.3	BENZOYL-HARNSTOFF-INSEKTIZIDE	DIFLUBENZURON	35367-38-5	339
	I6.3		FLUFENOXURON	101463-69-8	470
	I6.3		HEXAFLUMURON	86479-06-3	698
	I6.3		LUFENURON	103055-07-8	704
	I6.3		NOVALURON	116714-46-6	672
	I6.3		TEFLUBENZURON	83121-18-0	450
	I6.3		TRIFLUMURON	64628-44-0	548
	I6.4	CARBAZAT-INSEKTIZIDE	BIFENAZAT	149877-41-8	736
	I6.5	DIAZYLHYDRA-ZIN-INSEKTIZIDE	METHOXYFENOZID	161050-58-4	656
	I6.5		TEBUFENOZID	112410-23-8	724
	I6.6	REGLER DES INSEKTENWACHS-TUMS	BUPROFEZIN	69327-76-0	681
	I6.6		CYROMAZIN	66215-27-8	420
	I6.6		HEXYTHIAZOX	78587-05-0	439
	I6.7	INSEKTENPHERO-MONE	(E, Z)-9-DODECENYL ACETAT	35148-19-7	422

Hauptgruppen	Code	Chemikalienklasse	Stoffe – Freiname	Cas RN[1]	Cipac[2]
Produkt-kategorien			Freinamen-Nomenklatur		
	I6.8	NITROGUANIDIN-INSEKTIZIDE	CLOTHIANIDIN	210880-92-5	738
	I6.8		THIAMETHOXAM	153719-23-4	637
	I6.9	ORGANOZINN-INSEKTIZIDE	AZOCYCLOTIN	41083-11-8	404
	I6.9		CYHEXATIN	13121-70-5	289
	I6.9		FENBUTATINOXID	13356-08-6	359
	I6.10	OXADIAZIN-INSEKTIZIDE	INDOXACARB	173584-44-6	612
	I6.11	PHENYLETHER-INSEKTIZIDE	PYRIPROXYFEN	95737-68-1	715
	I6.12	PYRAZOL (PHENYL-) -INSEKTIZIDE	FENPYROXIMAT	134098-61-6	695
	I6.12		FIPRONIL	120068-37-3	581
	I6.12	TEBUFENPYRAD	119168-77-3	725	
	I6.13	PYRIDIN-INSEKTIZIDE	PYMETROZIN	123312-89-0	593
	I6.14	PYRIDYLMETHY-LAMIN-INSEKTI-ZIDE	ACETAMIPRID	135410-20-7	649
	I6.14		IMIDACLOPRID	138261-41-3	582
	I6.14		THIACLOPRID	111988-49-9	631
	I6.15	SULFIT-ESTER-INSEKTIZIDE	PROPARGIT	2312-35-8	216
	I6.16	TETRAZIN-INSEKTIZIDE	CLOFENTEZIN	74115-24-5	418
	I6.17	TETRONSÄURE-INSEKTIZIDE	SPIRODICLOFEN	148477-71-8	737
	I6.18	(CARBAMOYL-) TRIAZOL-INSEKTIZIDE	TRIAZAMAT	112143-82-5	728
	I6.19	HARNSTOFF-INSEKTIZIDE	DIAFENTHIURON	80060-09-9	8097
	I6.20	NICHT ZUGEORD-NETE INSEKTIZIDE	ETOXAZOL	153233-91-1	623
	I6.20		FENAZAQUIN	120928-09-8	693
	I6.20		PYRIDABEN	96489-71-3	583
	I6.21	SONSTIGE INSEK-TIZIDE/ACARIZIDE	Sonstige Insektizide/Aca-rizide		
Molluskizide insgesamt:	M0				
Molluskizide	M1				

Hauptgruppen	Code	Chemikalienklasse	Stoffe – Freiname	Cas RN[1]	Cipac[2]
Produkt-kategorien			Freinamen-Nomenklatur		
	M1.1	CARBAMAT-MOLLUSKIZIDE	THIODICARB	59669-26-0	543
	M1.2	SONSTIGE MOLLUSKIZIDE	Eisen-III-PHOSPHAT	10045-86-0	629
	M1.2		METALDEHYD	108-62-3	62
	M1.2		Sonstige Molluskizide		
Pflanzen-wachstumsreg-ler insgesamt:	PGR0				
Physiologisch wirkende Pflanzen-wachstums-regler	PGR1				
	PGR1.1	PHYSIOLOGISCH WIRKENDE PFLANZEN-WACHSTUMS-REGLER	CHLORMEQUAT	999-81-5	143
	PGR1.1		CYCLANILID	113136-77-9	586
	PGR1.1		DAMINOZID	1596-84-5	330
	PGR1.1		DIMETHIPIN	55290-64-7	689
	PGR1.1		DIPHENYLAMIN	122-39-4	460
	PGR1.1		ETHEPHON	16672-87-0	373
	PGR1.1		ETHOXYQUIN	91-53-2	517
	PGR1.1		FLORCHLORFENURON	68157-60-8	633
	PGR1.1		FLURPRIMIDOL	56425-91-3	696
	PGR1.1		IMAZAQUIN	81335-37-7	699
	PGR1.1		MALONSÄURE-HYDRAZID	51542-52-0	310
	PGR1.1		MEPIQUAT	24307-26-4	440
	PGR1.1		1-METHYLCYCLOPROPEN	3100-04-7	767
	PGR1.1		PACLOBUTRAZOL	76738-62-0	445
	PGR1.1		PROHEXADIONCALCIUM	127277-53-6	567
	PGR1.1		NATRIUM-5-NITRO-GUAIACOLAT	67233-85-6	718
	PGR1.1		NATRIUM-O-NITRO-PHENOLAT	824-39-5	720
	PGR1.1		TRINEXAPAC-ETHYL	95266-40-3	8349
Keimungshem-mer	PGR2				
	PGR2.2	KEIMUNGS-HEMMER	CARVON	99-49-0	602
	PGR2.2		CHLORPROPHAM	101-21-3	43

Hauptgruppen	Code	Chemikalienklasse	Stoffe – Freiname	Cas RN[1]	Cipac[2]
Produkt-kategorien			Freinamen-Nomenklatur		
Sonstige Pflanzenwachstumsregler	PGR3				
	PGR3.1	SONSTIGE PFLANZENWACHSTUMS-REGLER	Sonstige Pflanzenwachstumsregler		
Sonstige Pflanzenschutzmittel insgesamt:	ZR0				
Mineralöle	ZR1				
	ZR1.1	MINERALÖL	MINERALÖLE	64742-55-8	29
Pflanzenöle	ZR2				
	ZR2.1	PFLANZENÖL	TEERÖLE	30	
Bodenentseuchungsmittel (einschließlich Nematizide)	ZR3				
	ZR3.1	METHYLBROMID	METHYLBROMID	74-83-9	128
	ZR3.2	SONSTIGE BODENENTSEU-CHUNGSMITTEL	CHLOROPICRIN	76-06-2	298
	ZR3.2		DAZOMET	533-74-4	146
	ZR3.2		1,3-DICHLOROPROPEN	542-75-6	675
	ZR3.2		METAMNATRIUM	137-42-8	20
	ZR3.2		SONSTIGE BODENENT-SEUCHUNGS-MITTEL		
Rodentizide	ZR4				
	ZR4.1	RODENTIZIDE	BRODIFACOUM	56073-10-0	370
	ZR4.1		BROMADIOLON	28772-56-7	371
	ZR4.1		CHLORALOS	15879-93-3	249
	ZR4.1		CHLOROPHACINON	3691-35-8	208
	ZR4.1		COUMATETRALYL	5836-29-3	189
	ZR4.1		DIFENACOUM	56073-07-5	514
	ZR4.1		DIFETHIALON	104653-34-1	549
	ZR4.1		FLOCOUMAFEN	90035-08-8	453
	ZR4.1		WARFARIN	81-81-2	70
	ZR4.1		SONSTIGE RODENTIZIDE		
Alle sonstigen Pflanzenschutzmittel	ZR5				
	ZR5.1	DESINFEKTIONS-MITTEL	SONSTIGE DESINFEKTIONSMITTEL		

Hauptgruppen	Code	Chemikalienklasse	Stoffe – Freiname	Cas RN[1]	Cipac[2]
Produkt-kategorien			Freinamen-Nomenklatur		
	ZR5.2	SONSTIGE PFLANZENSCHUTZMITTEL	SONSTIGE PFLANZENSCHUTZMITTEL.		

(1) Registernummern des Chemical Abstracts Service.

(2) Internationaler Ausschuss für die Analyse von Schädlingsbekämpfungsmitteln (Collaborative International Pesticides Analytical Council).

Gesetz zum Schutz der Kulturpflanzen (Pflanzenschutzgesetz – PflSchG)[1]

vom 14. Mai 1998

BGBl. I S. 971, 1527, 3512, zuletzt geändert durch Artikel 1
des Gesetzes vom 5. März 2008 (BGBl. I S. 284),
neugefasst durch Bek. v. 14.5.1998 I 971, 1527, 3512;
zuletzt geändert durch Art. 13 Gesetz v. 29.7.2009 I 2542

Inhaltsübersicht

1 Textnachweis ab: 1.1.1987, zur erstmaligen Anwendung d. § 20 Abs. 2 Nr. 8 vgl. § 45 Abs. 15. Maßgaben aufgrund des EinigVtr vgl. PflSchG 1986 Anhang EV. Amtliche Hinweise des Normgebers auf EG-Recht: Umsetzung der EWGRL 414/91 (CELEX Nr: 391L0414), EWGRL 71/93 (CELEX Nr: 393L0071), EGRL 37/94 (CELEX Nr: 394L0037), EGRL 79/94 (CELEX Nr: 394L0079), EGRL 35/95 (CELEX Nr: 395L0035), EGRL 36/95 (CELEX Nr: 395L0036), EGRL 12/96 (CELEX Nr: 396L0012), EGRL 46/96 (CELEX Nr: 396L0046), EGRL 68/96 (CELEX Nr: 396L0068), EGRL 3/97 (CELEX Nr: 397L0003), EGRL 57/97 (CELEX Nr: 397L0057). Beachtung der EWGRL 189/83 (CELEX Nr: 383L0189) vgl. G v. 14.5.1998 I 950.

Erster Abschnitt
Allgemeine Bestimmungen

§ 1 Zweck

Zweck dieses Gesetzes ist,

1. Pflanzen, insbesondere Kulturpflanzen, vor Schadorganismen und nichtparasitären Beeinträchtigungen zu schützen,
2. Pflanzenerzeugnisse vor Schadorganismen zu schützen,
3. *(weggefallen)*
4. Gefahren abzuwenden, die durch die Anwendung von Pflanzenschutzmitteln oder durch andere Maßnahmen des Pflanzenschutzes, insbesondere für die Gesundheit von Mensch und Tier und für den Naturhaushalt, entstehen können,
5. Rechtsakte der Europäischen Gemeinschaft im Bereich des Pflanzenschutzrechts durchzuführen.

§ 2 Begriffsbestimmungen

Im Sinne dieses Gesetzes sind

1. Pflanzenschutz:
   a) der Schutz von Pflanzen vor Schadorganismen und nichtparasitären Beeinträchtigungen,
   b) der Schutz der Pflanzenerzeugnisse vor Schadorganismen (Vorratsschutz) einschließlich der Verwendung und des Schutzes von Tieren, Pflanzen und Mikroorganismen, durch die Schadorganismen bekämpft werden können;
2. integrierter Pflanzenschutz:

   eine Kombination von Verfahren, bei denen unter vorrangiger Berücksichtigung biologischer, biotechnischer, pflanzenzüchterischer sowie anbau- und kulturtechnischer Maßnahmen die Anwendung chemischer Pflanzenschutzmittel auf das notwendige Maß beschränkt wird;
3. Pflanzen: lebende Pflanzen und lebende Teile von Pflanzen einschließlich der Früchte und Samen;
4. Pflanzenerzeugnisse: Erzeugnisse pflanzlichen Ursprungs, die nicht oder nur durch einfache Verfahren, wie Trocknen oder Zerkleinern, be- oder verarbeitet worden sind, ausgenommen verarbeitetes Holz;
5. Pflanzenarten:

   Pflanzenarten und Pflanzensorten sowie deren Zusammenfassungen und Unterteilungen;
6. Naturhaushalt:

   seine Bestandteile Boden, Wasser, Luft, Tier- und Pflanzenarten sowie das Wirkungsgefüge zwischen ihnen;
7. Schadorganismen:

   Tiere, Pflanzen und Mikroorganismen in allen Entwicklungsstadien, die Schäden an Pflanzen oder Pflanzenerzeugnissen verursachen können; Viren und ähnliche Krankheitserreger werden den Mikroorganismen, nicht durch Schadorganismen verursachte Krankheiten werden den Schadorganismen gleichgestellt;

8. Befallsgegenstände: Pflanzen, Pflanzenerzeugnisse oder sonstige Gegenstände, die Träger bestimmter Schadorganismen sind oder sein können;

8a. Einschleppung:

Verbringen oder Eindringen eines Schadorganismus in ein Gebiet, in dem dieser noch nicht vorkommt oder aber vorkommt und noch nicht weit verbreitet ist und das zu seiner Ansiedlung in diesem Gebiet führt;

8b. Verschleppung:

Verbringen eines Schadorganismus innerhalb eines Gebietes einschließlich seiner Ausbreitung;

9. Pflanzenschutzmittel:

Stoffe, die dazu bestimmt sind,

a) Pflanzen oder lebende Teile von Pflanzen und Pflanzenerzeugnisse vor Schadorganismen zu schützen,

b) Pflanzen oder lebende Teile von Pflanzen und Pflanzenerzeugnisse vor Tieren, Pflanzen oder Mikroorganismen zu schützen, die nicht Schadorganismen sind,

c) die Lebensvorgänge von Pflanzen zu beeinflussen, ohne ihrer Ernährung zu dienen (Wachstumsregler),

d) das Keimen von lebenden Teilen von Pflanzen und Pflanzenerzeugnissen zu hemmen,

ausgenommen sind Wasser, Düngemittel im Sinne des Düngemittelgesetzes und Pflanzenstärkungsmittel; als Pflanzenschutzmittel gelten auch Stoffe, die dazu bestimmt sind, Pflanzen abzutöten oder das Wachstum von Pflanzen zu hemmen oder zu verhindern, ohne daß diese Stoffe unter Buchstabe a oder c fallen;

9a. Wirkstoffe:

chemische Elemente oder deren Verbindungen, wie sie natürlich vorkommen oder zu gewerblichen Zwecken hergestellt werden, einschließlich der Verunreinigungen, mit Wirkung auf

a) Schadorganismen oder

b) Pflanzen oder Pflanzenerzeugnisse;

Mikroorganismen einschließlich Viren und ähnliche Organismen sowie ihre Bestandteile sind den chemischen Elementen gleichgestellt;

9b. Rückstände:

Stoffe in oder auf Pflanzen, Pflanzenerzeugnissen, eßbaren Erzeugnissen tierischer Herkunft oder anderweitig vorhandene Stoffe, deren Vorhandensein von der Anwendung der Pflanzenschutzmittel herrührt, einschließlich ihrer Metabolite, Abbau- oder Reaktionsprodukte;

10. Pflanzenstärkungsmittel:

Stoffe, die

a) ausschließlich dazu bestimmt sind, die Widerstandsfähigkeit von Pflanzen gegen Schadorganismen zu erhöhen,

b) dazu bestimmt sind, Pflanzen vor nichtparasitären Beeinträchtigungen zu schützen,

c) für die Anwendung an abgeschnittenen Zierpflanzen außer Anbaumaterial bestimmt sind;

11. Pflanzenschutzgeräte:

Geräte und Einrichtungen, die zum Ausbringen von Pflanzenschutzmitteln bestimmt sind;

12. Kultursubstrate:

Erden und andere Substrate in fester oder flüssiger Form, die Pflanzen als Wurzelraum dienen;

13. Inverkehrbringen:

das Anbieten, Vorrätighalten zur Abgabe, Feilhalten und jedes Abgeben an andere;

13a. Anwendungsgebiet:

bestimmte Pflanzen, Pflanzenarten oder Pflanzenerzeugnisse zusammen mit denjenigen Schadorganismen, gegen die die Pflanzen und Pflanzenerzeugnisse geschützt werden sollen, oder der sonstige Zweck, zu dem das Pflanzenschutzmittel angewandt werden soll;

14. Mitgliedstaat:

Mitgliedstaat der Europäischen Union;

15. Freilandflächen:

die nicht durch Gebäude oder Überdachungen ständig abgedeckten Flächen, unabhängig von ihrer Beschaffenheit oder Nutzung; dazu gehören auch Verkehrsflächen jeglicher Art wie Gleisanlagen, Straßen-, Wege-, Hof- und Betriebsflächen sowie sonstige durch Tiefbaumaßnahmen veränderte Landflächen.

Zweiter Abschnitt
Pflanzenschutz

§ 2a Durchführung des Pflanzenschutzes

(1) Pflanzenschutz darf nur nach guter fachlicher Praxis durchgeführt werden. Die gute fachliche Praxis dient insbesondere

1. der Gesunderhaltung und Qualitätssicherung von Pflanzen und Pflanzenerzeugnissen durch

   a) vorbeugende Maßnahmen,

   b) Verhütung der Einschleppung oder Verschleppung von Schadorganismen,

   c) Abwehr oder Bekämpfung von Schadorganismen und

2. der Abwehr von Gefahren, die durch die Anwendung, das Lagern und den sonstigen Umgang mit Pflanzenschutzmitteln oder durch andere Maßnahmen des Pflanzenschutzes, insbesondere für die Gesundheit von Mensch und Tier und für den Naturhaushalt, entstehen können.

Zur guten fachlichen Praxis gehört, daß die Grundsätze des integrierten Pflanzenschutzes und der Schutz des Grundwassers berücksichtigt werden.

(2) Das Bundesministerium für Ernährung, Landwirtschaft und Verbraucherschutz erstellt unter Beteiligung der Länder und unter Berücksichtigung des Standes der wissenschaftlichen Erkenntnisse sowie den Erfahrungen der Pflanzenschutzdienste und des Personenkreises, der Pflanzenschutzmaßnahmen durchführt, die Grundsätze für die Durchführung der guten fachlichen Praxis im Pflanzenschutz. Das Bundesministerium für Ernährung, Landwirtschaft und Verbraucherschutz gibt diese Grundsätze im Einvernehmen mit dem Bundesministerium für Umwelt, Naturschutz und Reaktorsicherheit im Bundesanzeiger bekannt.

§ 3 Pflanzenschutzmaßnahmen

(1) Das Bundesministerium für Ernährung, Landwirtschaft und Verbraucherschutz wird ermächtigt, soweit es zur Erfüllung der in § 1 genannten Zwecke erforderlich ist, durch Rechtsverordnung mit Zustimmung des Bundesrates

1. anzuordnen, das Auftreten oder den Verdacht des Auftretens von Schadorganismen, den Anbau oder das Vorkommen bestimmter Pflanzenarten, sonstige für das Auftreten oder Bekämpfen von Schadorganismen erhebliche Tatsachen oder die Anwendung bestimmter Pflanzenschutzmittel, Pflanzenschutzgeräte oder Verfahren des Pflanzenschutzes der zuständigen Behörde anzuzeigen;
2. Verfügungsberechtigte und Besitzer zu verpflichten, Befallsgegenstände, Grundstücke, Gebäude oder Räume auf das Auftreten von Schadorganismen zu überwachen, zu untersuchen oder untersuchen zu lassen;
3. Verfügungsberechtigte und Besitzer zu verpflichten, bestimmte Schadorganismen zu bekämpfen oder bekämpfen zu lassen, sowie bestimmte Pflanzenschutzmittel, Pflanzenschutzgeräte oder Verfahren hierfür vorzuschreiben oder zu verbieten;
4. *(weggefallen)*
5. anzuordnen, daß die zuständigen Behörden Pflanzen und Grundstücke auf das Auftreten bestimmter Schadorganismen überwachen und bestimmte Schadorganismen bekämpfen;
6. das Vernichten, Entseuchen oder Entwesen von Befallsgegenständen und das Entseuchen oder Entwesen des Bodens, von Kultursubstraten oder von Gebäuden oder Räumen anzuordnen sowie bestimmte Mittel, Geräte oder Verfahren hierfür vorzuschreiben oder zu verbieten;
7. die Verwendung bestimmter Kultursubstrate für die Anzucht oder den Anbau bestimmter Pflanzen vorzuschreiben oder zu verbieten;

8. die Nutzung befallener, befallsverdächtiger oder befallsgefährdeter Grundstücke zu beschränken sowie Vorschriften über die Sperre solcher Grundstücke zu erlassen;
9. die Verwendung nicht geeigneten Saat- oder Pflanzguts oder nicht geeigneter zur Veredlung bestimmter Pflanzenteile zu verbieten oder zu beschränken;
10. den Anbau bestimmter Pflanzenarten zu verbieten oder zu beschränken;
11. das Inverkehrbringen bestimmter Pflanzen, die für die Erzeugung von Pflanzen oder sonst zum Anbau bestimmt sind (Anbaumaterial),
    a) bei Befall oder Verdacht des Befalls mit bestimmten Schadorganismen zu verbieten oder zu beschränken,
    b) von dem Ergebnis einer Untersuchung auf Befall mit bestimmten Schadorganismen oder auf Resistenz gegen bestimmte Schadorganismen oder von einer Genehmigung abhängig zu machen;
12. anzuordnen, daß befallene, befallsverdächtige oder befallsgefährdete Grundstücke von bestimmten Pflanzen freizumachen oder freizuhalten sind;
13. das Befördern, das Inverkehrbringen und das Lagern bestimmter Schadorganismen und Befallsgegenstände zu verbieten, zu beschränken oder von einer Genehmigung oder Anzeige abhängig zu machen;
14. das Züchten und das Halten bestimmter Schadorganismen sowie das Arbeiten mit ihnen zu verbieten, zu beschränken oder von einer Genehmigung oder Anzeige abhängig zu machen;
15. anzuordnen, daß Grundstücke, Gebäude, Räume oder Behältnisse, die dem Lagern von Pflanzen oder Pflanzenerzeugnissen dienen, zu entseuchen, zu entwesen oder zu reinigen sind, und bestimmte Mittel, Geräte oder Verfahren hierfür vorzuschreiben oder zu verbieten;
16. Vorschriften zum Schutz von Tieren, Pflanzen oder Mikroorganismen
    a) vor ihrer Gefährdung durch Pflanzenschutzmittel, Pflanzenschutzgeräte oder sonstige Geräte und Einrichtungen, die im Pflanzenschutz benutzt werden, oder
    b) im Hinblick auf ihren Nutzen für die Bekämpfung von Schadorganismen zu erlassen;
17. Vorschriften über die Einfuhr, das Inverkehrbringen und die Verwendung von Tieren, Pflanzen oder Mikroorganismen zur Bekämpfung bestimmter Schadorganismen zu erlassen; dabei kann es die Einfuhr, das Inverkehrbringen und die Verwendung von Tieren, Pflanzen oder Mikroorganismen von einer Genehmigung abhängig machen sowie die Voraussetzungen und das Verfahren hierfür regeln.

(2) Rechtsverordnungen nach Absatz 1 Nr. 3, 6, 15, 16 und 17 bedürfen des Einvernehmens mit den Bundesministerien für Arbeit und Soziales und für Umwelt, Naturschutz und Reaktorsicherheit, soweit sie sich auf die Anwendung bestimmter Pflanzenschutzmittel oder anderer Stoffe beziehen.

(3) Die Landesregierungen werden ermächtigt,

1. Rechtsverordnungen nach Absatz 1 zu erlassen, soweit das Bundesministerium für Ernährung, Landwirtschaft und Verbraucherschutz von seiner Befugnis keinen Gebrauch macht,
2. durch Rechtsverordnung, soweit es zur Erfüllung der in § 1 genannten Zwecke erforderlich ist,
   a) in Gebieten, die für den Anbau bestimmter Pflanzenarten besonders geeignet sind, den Anbau bestimmter Pflanzenarten zu verbieten oder die Verwendung bestimmten Saat- oder Pflanzguts sowie bestimmte Anbaumethoden vorzuschreiben,
   b) vorzuschreiben, daß Pflanzen oder Pflanzenerzeugnisse nur in bestimmter Art und Weise gelagert werden dürfen.

Sie können durch Rechtsverordnung diese Befugnis auf andere Behörden übertragen und dabei bestimmen, daß diese ihre Befugnis durch Rechtsverordnung auf nachgeordnete oder ihrer Aufsicht unterstehende Behörden weiter übertragen können.

§ 4 Maßnahmen gegen die Ein- und Verschleppung von Schadorganismen

(1) Das Bundesministerium für Ernährung, Landwirtschaft und Verbraucherschutz wird ermächtigt, soweit es

1. zum Schutz gegen die Gefahr
   a) der Einschleppung von Schadorganismen in die Mitgliedstaaten,
   b) der Verschleppung von Schadorganismen innerhalb der Europäischen Gemeinschaft oder in ein Drittland oder
2. zum Schutz bestimmter Gebiete vor Schadorganismen und Befallsgegenständen

erforderlich ist, durch Rechtsverordnung mit Zustimmung des Bundesrates das Befördern, das Inverkehrbringen, die Einfuhr und die Ausfuhr von Schadorganismen und Befallsgegenständen zu verbieten oder zu beschränken. Es kann dabei insbesondere

1. das Befördern, das Inverkehrbringen, die Einfuhr und die Ausfuhr von Schadorganismen und Befallsgegenständen abhängig machen
   a) von einer Genehmigung oder Anzeige,
   b) von einer Untersuchung oder vom Nachweis einer durchgeführten Entseuchung, Entwesung oder anderen Behandlung,
   c) von der Begleitung durch bestimmte Bescheinigungen,
   d) von einer bestimmten Verpackung oder Kennzeichnung,
   e) von einer Zulassung oder Registrierung des Betriebs, der die Pflanzen erzeugt oder angebaut hat oder der die Pflanzen, Pflanzenerzeugnisse, Kultursubstrate oder andere Befallsgegenstände in den Verkehr bringt, einführt oder lagert;
2. Vorschriften erlassen über
   a) die Durchführung von Untersuchungen einschließlich der Probenahme,

b) die Beobachtung, Verwendung oder Behandlung einschließlich der Vernichtung der Befallsgegenstände,
c) die Verpflichtung zu Aufzeichnungen, insbesondere über durchgeführte Untersuchungen, über das Auftreten von Schadorganismen, über deren Bekämpfung sowie über den Verbleib von Befallsgegenständen,
d) Inhalt, Form und Ausstellung der Bescheinigungen nach Nummer 1 Buchstabe c,
e) die Schließung von Packungen und Behältnissen sowie die Verschlußsicherung,
f) die Aufbewahrung von Bescheinigungen und Aufzeichnungen sowie deren Vorlage bei der zuständigen Behörde,
g) die Voraussetzungen und das Verfahren für die Zulassung oder Registrierung der Betriebe nach Nummer 1 Buchstabe e einschließlich des Ruhens der Zulassung, von Beschränkungen für zugelassene oder registrierte Betriebe bei der Pflanzenerzeugung, beim Pflanzenanbau und beim Befördern, Inverkehrbringen oder Lagern von Befallsgegenständen sowie der Verarbeitung und Nutzung der in dem Verfahren erhobenen Daten,
h) die Voraussetzungen und das Verfahren für die Zulassung von Einrichtungen, die Pflanzen, Pflanzenerzeugnisse oder Kultursubstrate auf den Befall mit Schadorganismen untersuchen, einschließlich des Ruhens der Zulassung oder von Beschränkungen der Untersuchungstätigkeit sowie der Verarbeitung und Nutzung der in dem Verfahren erhobenen Daten.

(2) Das Bundesministerium für Ernährung, Landwirtschaft und Verbraucherschutz wird ermächtigt, durch Rechtsverordnung ohne Zustimmung des Bundesrates Vorschriften zu erlassen über das Verfahren und die Durchführung von Risikoanalysen durch die Biologische Bundesanstalt für Land- und Forstwirtschaft (Biologische Bundesanstalt) hinsichtlich der Gefahr der Einschleppung von Schadorganismen in die Europäische Gemeinschaft, der Verschleppung von Schadorganismen innerhalb der Europäischen Gemeinschaft oder der Einschleppung in ein Drittland sowie über die Ausstellung entsprechender Bescheinigungen über die durchgeführten Analysen und ihre Ergebnisse.

§ 4a Anordnungen der zuständigen Behörden

Die zuständige Behörde kann zur Bekämpfung von Schadorganismen oder zur Verhütung der Ein- oder Verschleppung von Schadorganismen Maßnahmen nach § 3 Abs. 1 und § 4 Abs. 1 Satz 1 in Verbindung mit Satz 2 Nr. 1 Buchstabe a bis d und Nr. 2 Buchstabe a bis f anordnen, soweit eine Regelung durch Rechtsverordnung nach § 3 Abs. 1 oder 3 oder § 4 Abs. 1 Satz 1 nicht getroffen ist oder eine durch Rechtsverordnung nach § 3 Abs. 1 oder 3 oder § 4 Abs. 1 Satz 1 getroffene Regelung nicht entgegensteht.

§ 5 Eilfälle

(1) Besteht Gefahr im Verzuge oder ist es zur unverzüglichen Durchführung von Rechtsakten der Europäischen Gemeinschaft erforderlich, so kann das Bundes-

ministerium für Ernährung, Landwirtschaft und Verbraucherschutz Rechtsverordnungen nach § 3 Abs. 1 und 2 und § 4 ohne Zustimmung des Bundesrates und ohne Einvernehmen mit anderen Bundesministern erlassen; sie treten spätestens sechs Monate nach ihrem Inkrafttreten außer Kraft. Ihre Geltungsdauer kann nur mit Zustimmung des Bundesrates verlängert werden.

(1a) Rechtsverordnungen nach Absatz 1 können abweichend von § 1 des Gesetzes über die Verkündung von Rechtsverordnungen auch im elektronischen Bundesanzeiger[2] verkündet werden. Auf Rechtsverordnungen, die im elektronischen Bundesanzeiger verkündet werden, ist unter Angabe der Stelle ihrer Veröffentlichung und des Tages ihres Inkrafttretens nachrichtlich im Bundesgesetzblatt hinzuweisen.

(2) Die zuständigen Behörden können bei Gefahr im Verzuge Maßnahmen nach § 3 Abs. 1 und § 4 Satz 1 in Verbindung mit Satz 2 Nr. 1 Buchstabe a bis d und Nr. 2 Buchstabe a bis f anordnen, soweit ein sofortiges Eingreifen erforderlich ist.

Dritter Abschnitt
Anwendung von Pflanzenschutzmitteln

§ 6 Allgemeines

(1) Bei der Anwendung von Pflanzenschutzmitteln ist nach guter fachlicher Praxis zu verfahren. Pflanzenschutzmittel dürfen nicht angewandt werden, soweit der Anwender damit rechnen muß, daß ihre Anwendung im Einzelfall schädliche Auswirkungen auf die Gesundheit von Mensch oder Tier oder auf Grundwasser oder sonstige erhebliche schädliche Auswirkungen, insbesondere auf den Naturhaushalt, hat. Bei der Anwendung von Pflanzenschutzmitteln ist es verboten,

1. wild lebenden Tieren der besonders geschützten Arten nachzustellen, sie zu fangen, zu verletzen oder zu töten oder ihre Entwicklungsformen aus der Natur zu entnehmen, zu beschädigen oder zu zerstören,
2. wild lebende Tiere der streng geschützten Arten und der europäischen Vogelarten während der Fortpflanzungs-, Aufzucht-, Mauser-, Überwinterungs- und Wanderungszeiten erheblich zu stören,
3. Fortpflanzungs- oder Ruhestätten der wild lebenden Tiere der besonders geschützten Arten aus der Natur zu entnehmen, zu beschädigen oder zu zerstören,
4. wild lebende Pflanzen der besonders geschützten Arten oder ihre Entwicklungsformen aus der Natur zu entnehmen, sie oder ihre Standorte zu beschädigen oder zu zerstören.

Eine erhebliche Störung im Sinne des Satzes 3 Nr. 2 liegt vor, wenn sich durch die Störung der Erhaltungszustand der lokalen Population einer Art verschlechtert. Die nach den Grundsätzen des § 2a durchgeführten Pflanzenschutzmaßnahmen verstoßen nicht gegen die in Satz 3 genannten Verbote. Soweit in Anhang IV

2 Amtlicher Hinweis: http://www.ebundesanzeiger.de

der Richtlinie 92/43/EWG des Rates vom 21. Mai 1992 zur Erhaltung der natürlichen Lebensräume sowie der wild lebenden Tiere und Pflanzen (ABl. EG Nr. L 206 S. 7) aufgeführte Arten oder europäische Vogelarten der Richtlinie 79/409/EWG des Rates vom 2. April 1979 über die Erhaltung der wild lebenden Vogelarten (ABl. EG Nr. L 59 S. 61) betroffen sind, gilt Satz 5 nur, soweit sich der Erhaltungszustand der lokalen Population einer Art in ihrem natürlichen Verbreitungsgebiet durch die Anwendung von Pflanzenschutzmitteln nicht verschlechtert. Die zuständige Behörde kann Maßnahmen anordnen, die zur Erfüllung der in den Sätzen 1 bis 3 genannten Anforderungen erforderlich sind.

(2) Pflanzenschutzmittel dürfen auf Freilandflächen nur angewandt werden, soweit diese landwirtschaftlich, forstwirtschaftlich oder gärtnerisch genutzt werden. Sie dürfen jedoch nicht in oder unmittelbar an oberirdischen Gewässern und Küstengewässern angewandt werden.

(3) Die zuständige Behörde kann

1. im Einzelfall über Absatz 1 Satz 5 und 6 hinaus weitere Ausnahmen von den Verboten nach Absatz 1 Satz 3
   a) zur Abwendung erheblicher land-, forst- oder sonstiger wirtschaftlicher Schäden,
   b) zum Schutz der heimischen Tier- und Pflanzenwelt,
   c) für Zwecke der Forschung, Lehre, Bildung oder Wiederansiedlung oder diesen Zwecken dienende Maßnahmen der Aufzucht oder der künstlichen Vermehrung,
   d) im Interesse der Gesundheit des Menschen, der öffentlichen Sicherheit, einschließlich der Landesverteidigung und des Schutzes der Zivilbevölkerung, oder der maßgeblich günstigen Auswirkungen auf die Umwelt oder
   e) aus anderen zwingenden Gründen des überwiegenden öffentlichen Interesses einschließlich solcher sozialer oder wirtschaftlicher Art

   genehmigen oder
2. Ausnahmen von Absatz 2 genehmigen, wenn der angestrebte Zweck vordringlich ist und mit zumutbarem Aufwand auf andere Art nicht erzielt werden kann und überwiegende öffentliche Interessen, insbesondere des Schutzes von Tier- und Pflanzenarten nicht entgegenstehen.

Eine Ausnahme nach Satz 1 Nr. 1 darf nur genehmigt werden, soweit zumutbare Alternativen nicht gegeben sind und sich der Erhaltungszustand der betroffenen Populationen der nach Absatz 1 Satz 3 geschützten Tier- und Pflanzenarten nicht verschlechtert, soweit nicht Artikel 16 Abs. 1 der Richtlinie 92/34/EWG strengere Anforderungen enthält.

(4) Wer einen landwirtschaftlichen, forstwirtschaftlichen oder gärtnerischen Betrieb oder eine Betriebsgemeinschaft leitet, ist verpflichtet, nach Maßgabe des Satzes 2 elektronisch oder schriftlich Aufzeichnungen über die im Betrieb angewandten Pflanzenschutzmittel zu führen. Mindestens sind der Name des Anwenders, die jeweilige Anwendungsfläche, das Anwendungsdatum, das verwendete Pflanzenschutzmittel, die Aufwandmenge sowie das Anwendungsgebiet

aufzuzeichnen. Die Aufzeichnungen sind für die Dauer von mindestens zwei Jahren, gerechnet ab dem Beginn des Jahres, das auf das Jahr des Entstehens der Aufzeichnung folgt, aufzubewahren. Die zuständige Behörde kann Einsicht in die Aufzeichnungen nehmen.

§ 6a Besondere Anwendungsvorschriften

(1) Pflanzenschutzmittel dürfen einzeln oder gemischt mit anderen nur angewandt werden, wenn sie zugelassen sind und nur

1. in den in der Zulassung festgesetzten und in der Gebrauchsanleitung angegebenen, in den nach § 18 Abs. 1 Satz 1 genehmigten und nach § 18a Abs. 4 bekanntgemachten oder in den nach § 18b Abs. 1 Satz 1 genehmigten Anwendungsgebieten und
2. entsprechend den in der Zulassung festgesetzten und in der Gebrauchsanleitung angegebenen oder nach § 18a Abs. 4 bekanntgemachten Anwendungsbestimmungen.

Sie dürfen im Haus- und Kleingartenbereich nur angewandt werden, wenn sie mit der Angabe „Anwendung im Haus- und Kleingartenbereich zulässig" gekennzeichnet sind.

(2) Für Pflanzenschutzmittel, deren Inverkehrbringen oder Einfuhr nach § 11 Abs. 2 Nr. 2 und 3 genehmigt worden ist, gilt Absatz 1 Satz 1 entsprechend.

(3) Abweichend von Absatz 1 Satz 1 dürfen Pflanzenschutzmittel,

1. deren Zulassung nach § 15c Abs. 1 Satz 1, § 16 Abs. 1 oder 2 Satz 1 oder § 16a Abs. 1 Nr. 1 oder
2. deren Feststellung der Verkehrsfähigkeit nach § 16e Abs. 1 Satz 1 bis 3 durch Zeitablauf

endet, noch bis zum Ablauf des zweiten auf das Ende der Zulassung oder der Feststellung der Verkehrsfähigkeit folgenden Jahres angewandt werden. Pflanzenschutzmittel, die aufgrund einer Vertriebserweiterung nach § 15d Abs. 1 Satz 1 in Verkehr gebracht wurden, dürfen noch angewandt werden, soweit das entsprechende zugelassene Pflanzenschutzmittel nach Satz 1 noch angewandt werden darf. Pflanzenschutzmittel, die einen Wirkstoff enthalten, der aufgrund eines Rechtsaktes der Europäischen Gemeinschaft nicht in Anhang I der Richtlinie 91/414/EWG des Rates vom 15. Juli 1991 über das Inverkehrbringen von Pflanzenschutzmitteln (ABl. EG Nr. L 230 S. 1) aufgenommen worden ist, dürfen noch bis zum Ablauf der in dem jeweiligen Rechtsakt genannten Frist für das Aufbrauchen von Lagerbeständen angewandt werden. Das Bundesamt für Verbraucherschutz und Lebensmittelsicherheit macht die Pflanzenschutzmittel nach Satz 3 und das jeweilige Ende der Aufbrauchfrist im Bundesanzeiger oder elektronischen Bundesanzeiger[3] bekannt.

(4) Absatz 1 Satz 1 gilt nicht für

1. Pflanzenschutzmittel, die zu Forschungs-, Untersuchungs- und Versuchszwecken (Versuchszwecke) angewandt werden,

---

3 Amtlicher Hinweis: http://www.ebundesanzeiger.de

2. Pflanzenschutzmittel, deren Anwendung nach § 3 Abs. 1 Nr. 3, 6 und 15 oder nach § 4 Satz 1 in Verbindung mit Satz 2 Nr. 2 Buchstabe b, jeweils in Verbindung mit § 5 Abs. 2, angeordnet worden ist,
3. Pflanzenschutzmittel, die für landwirtschaftliche, forstwirtschaftliche oder gärtnerische Zwecke zur Anwendung im eigenen Betrieb hergestellt werden, soweit dazu nicht Mittel verwandt werden, die Stoffe oder Zubereitungen enthalten, die zu gewerblichen Zwecken oder im Rahmen sonstiger wirtschaftlicher Unternehmungen in den Verkehr gebracht oder eingeführt worden sind, es sei denn, die Stoffe und Zubereitungen
   a) dürfen nach den Vorschriften der Europäischen Gemeinschaft bei der Erzeugung von Produkten aus ökologischem Anbau angewandt werden und
   b) sind in einer Liste des Bundesamtes für Verbraucherschutz und Lebensmittelsicherheit aufgeführt,
4. Mittel, die zur Bekämpfung pflanzlicher Mikroorganismen angewandt werden
   a) innerhalb geschlossener Räume oder Rohrsysteme in Betrieben und Anlagen, die einer gewerbe-, bergbau-, atom- oder gesundheitsrechtlichen Aufsicht unterliegen; dies gilt nicht für die Anwendung in Räumen, die der Erzeugung von Pflanzen oder dem Inverkehrbringen von Pflanzen oder Pflanzenerzeugnissen dienen,
   b) in Anlagen des sanitären Bereichs.

Das Bundesamt für Verbraucherschutz und Lebensmittelsicherheit nimmt Stoffe und Zubereitungen in die Liste nach Satz 1 Nr. 3 Buchstabe b auf, wenn keine Anhaltspunkte vorliegen, daß sie bei sachgerechter Anwendung oder als Folge einer solchen Anwendung schädliche Auswirkungen, insbesondere auf die Gesundheit von Mensch und Tier, das Grundwasser und den Naturhaushalt haben. Das Bundesamt für Verbraucherschutz und Lebensmittelsicherheit macht die Liste im Bundesanzeiger bekannt.

§ 7 Anwendungsverbote

(1) Das Bundesministerium für Ernährung, Landwirtschaft und Verbraucherschutz wird ermächtigt, soweit es zum Schutz der Gesundheit von Mensch und Tier oder zum Schutz vor Gefahren, insbesondere für den Naturhaushalt, erforderlich ist, im Einvernehmen mit den Bundesministerien für Wirtschaft und Technologie und für Arbeit und Soziales sowie im Falle der Nummer 1 auch mit dem Bundesministerium für Umwelt, Naturschutz und Reaktorsicherheit durch Rechtsverordnung mit Zustimmung des Bundesrates

1. die Anwendung
   a) bestimmter Pflanzenschutzmittel oder von Pflanzenschutzmitteln mit bestimmten Stoffen,
   b) von Pflanzenschutzmitteln unter Verwendung bestimmter Geräte oder Verfahren,
2. den Anbau bestimmter Pflanzenarten auf Grundstücken, deren Böden mit bestimmten Pflanzenschutzmitteln behandelt worden sind, sowie die Verwendung bestimmter dort gewonnener Pflanzen oder Pflanzenerzeugnisse,

3. das Abgeben von Pflanzenschutzmitteln, die unter eine Regelung nach Nummer 1 Buchstabe a fallen, an den Anwender,
4. das Inverkehrbringen, die Einfuhr oder die Verwendung von Saatgut, Pflanzgut oder Kultursubstraten, die bestimmte Pflanzenschutzmittel enthalten oder denen bestimmte Pflanzenschutzmittel anhaften,

zu verbieten, zu beschränken oder von einer Genehmigung oder Anzeige abhängig zu machen; dabei kann vorgesehen werden, daß die Genehmigung von dem Bundesamt für Verbraucherschutz und Lebensmittelsicherheit zu erteilen und die Anzeige ihm gegenüber zu erstatten ist. Pflanzenschutzmittel,

1. deren Anwendung wegen eines Bestehens aus einem bestimmten Stoff oder wegen des Enthaltens eines bestimmten Stoffes durch eine Verordnung nach Satz 1 vollständig verboten ist, oder
2. die einen Wirkstoff enthalten, der aufgrund eines Rechtsaktes der Europäischen Gemeinschaft nicht in Anhang I der Richtlinie 91/414/EWG aufgenommen worden ist und für die die Aufbrauchfrist gemäß § 6a Abs. 3 Satz 3 abgelaufen ist,

sind nach den Bestimmungen des Kreislaufwirtschafts- und Abfallgesetzes und der aufgrund des Kreislaufwirtschafts- und Abfallgesetzes erlassenen Rechtsverordnungen unverzüglich zu beseitigen.

(2) Soweit durch Rechtsverordnung nach Absatz 1 Nr. 1 die Anwendung von Pflanzenschutzmitteln beschränkt wird, können insbesondere Zweck, Art, Zeit, Ort und Verfahren der Anwendung des Pflanzenschutzmittels vorgeschrieben oder verboten sowie die aufzuwendende Menge und nach der Anwendung einzuhaltende Wartezeiten vorgeschrieben werden.

(3) Ein mit der Zulassung eines Pflanzenschutzmittels festgesetztes Anwendungsgebiet darf durch Rechtsverordnung nach Absatz 1 Nr. 1 nicht ausgeschlossen werden, es sei denn, daß zuvor die Zulassung unter Anordnung der sofortigen Vollziehbarkeit zurückgenommen oder widerrufen worden ist. Wird die Rücknahme oder der Widerruf der Zulassung unanfechtbar aufgehoben, so ist die Rechtsverordnung insoweit nicht mehr anzuwenden.

(4) Bei Gefahr im Verzuge kann das Bundesministerium für Ernährung, Landwirtschaft und Verbraucherschutz Rechtsverordnungen nach Absatz 1 ohne Zustimmung des Bundesrates und ohne Einvernehmen mit anderen Bundesministerien erlassen; sie treten spätestens sechs Monate nach ihrem Inkrafttreten außer Kraft. Ihre Geltungsdauer kann nur mit Zustimmung des Bundesrates verlängert werden.

(5) Die Landesregierungen werden ermächtigt, Rechtsverordnungen nach Absatz 1 Nr. 1 Buchstabe b zu erlassen, soweit das Bundesministerium für Ernährung, Landwirtschaft und Verbraucherschutz von seiner Befugnis keinen Gebrauch macht.

§ 8 Weitergehende Länderregelungen

Befugnisse der Länder,

1. Vorschriften zu erlassen, über

a) die Anwendung von Pflanzenschutzmitteln in Schutzgebieten nach wasserrechtlichen oder naturschutzrechtlichen Bestimmungen,

b) die Einzelheiten der Anwendung von Pflanzenschutzmitteln an oberirdischen Gewässern oder Küstengewässern oder

c) die Anwendung von Pflanzenschutzmitteln auf Freilandflächen, die nicht landwirtschaftlich, forstwirtschaftlich oder erwerbsgärtnerisch genutzt werden, oder

2. a) die Anwendung von Pflanzenschutzmitteln unter Verwendung bestimmter Geräte oder Verfahren oder

   b) den Anbau bestimmter Pflanzenarten auf Grundstücken, deren Böden mit bestimmten Pflanzenschutzmitteln behandelt worden sind, sowie die Verwendung bestimmter dort gewonnener Pflanzen oder Pflanzenerzeugnisse

zu verbieten, zu beschränken oder von einer Genehmigung oder Anzeige abhängig zu machen,

bleiben unberührt.

§ 9 Anzeige

Wer Pflanzenschutzmittel für andere – außer gelegentlicher Nachbarschaftshilfe – anwenden oder zu gewerblichen Zwecken oder im Rahmen sonstiger wirtschaftlicher Unternehmungen andere über die Anwendung von Pflanzenschutzmitteln beraten will, hat dies der für den Betriebssitz und der für den Ort der Tätigkeit zuständigen Behörde vor Aufnahme der Tätigkeit anzuzeigen. Die Landesregierungen werden ermächtigt, durch Rechtsverordnung die näheren Vorschriften über die Anzeige und das Anzeigeverfahren zu erlassen. Sie können durch Rechtsverordnung diese Befugnis auf oberste Landesbehörden übertragen.

§ 10 Persönliche Anforderungen

(1) Wer

1. Pflanzenschutzmittel in einem Betrieb
   a) der Landwirtschaft einschließlich des Gartenbaus oder der Forstwirtschaft oder
   b) zum Zwecke des Vorratsschutzes

   anwendet,
2. eine nach § 9 anzeigepflichtige Tätigkeit ausübt oder
3. Personen anleitet oder beaufsichtigt, die Pflanzenschutzmittel im Rahmen eines Ausbildungsverhältnisses anwenden, soweit dies zur Ausbildung gehört,

muß die dafür erforderliche Zuverlässigkeit und die dafür erforderlichen fachlichen Kenntnisse und Fertigkeiten haben und dadurch die Gewähr dafür bieten, daß durch die Anwendung von Pflanzenschutzmitteln keine vermeidbaren schädlichen Auswirkungen auf die Gesundheit von Mensch oder Tier oder keine sonstigen vermeidbaren schädlichen Auswirkungen, insbesondere auf den Naturhaushalt, auftreten.

(2) Die zuständige Behörde kann die in Absatz 1 bezeichneten Tätigkeiten ganz oder teilweise untersagen, wenn Tatsachen die Annahme rechtfertigen, daß derjenige, der diese Tätigkeiten ausübt, die dort genannten Voraussetzungen nicht erfüllt.

(3) Die erforderlichen fachlichen Kenntnisse und Fertigkeiten sind der zuständigen Behörde auf Verlangen nachzuweisen. Die Bundesregierung wird ermächtigt, durch Rechtsverordnung mit Zustimmung des Bundesrates nähere Vorschriften über Art und Umfang der erforderlichen fachlichen Kenntnisse und Fertigkeiten sowie über das Verfahren für deren Nachweis zu erlassen. Die Landesregierungen werden ermächtigt,

1. Rechtsverordnungen nach Satz 2 zu erlassen, soweit die Bundesregierung von ihrer Befugnis keinen Gebrauch macht,
2. durch Rechtsverordnung, soweit es zur Erfüllung der in § 1 genannten Zwecke erforderlich ist, den Anwendungsbereich des Absatzes 1 auf Personen auszudehnen, die Pflanzenschutzmittel auf Grundstücken anwenden, die im Besitz juristischer Personen des öffentlichen Rechts stehen.

Die Landesregierungen können diese Befugnis durch Rechtsverordnung auf andere Behörden übertragen.

§ 10a Anwendung zu Versuchszwecken

(1) Pflanzenschutzmittel dürfen zu Versuchszwecken nur angewandt werden, wenn die Anwendung keine schädlichen Auswirkungen auf die Gesundheit von Mensch und Tier oder auf Grundwasser sowie keine sonstigen schädlichen Auswirkungen, insbesondere auf den Naturhaushalt, erwarten läßt. Sie dürfen ferner nur angewandt werden, wenn der Anwender die dafür erforderlichen fachlichen Kenntnisse und Fertigkeiten nachgewiesen hat. Die erforderlichen Kenntnisse und Fertigkeiten sind der zuständigen Behörde durch Vorlage der durch Rechtsverordnung nach Absatz 3 vorgesehenen Bescheinigungen nachzuweisen. Im Einzelfall kann die zuständige Behörde abweichend von Satz 2 auf Antrag die Anwendung von Pflanzenschutzmitteln zu Versuchszwecken genehmigen, sofern dadurch keine schädlichen Auswirkungen auf die in Satz 1 genannten Schutzgüter zu erwarten sind. Die Sätze 2 und 3 gelten nicht für Versuche, die von dem Julius Kühn-Institut, Bundesforschungsinstitut für Kulturpflanzen (Julius Kühn-Institut), oder den nach § 34 zuständigen Behörden durchgeführt werden.

(2) Die zuständige Behörde kann die Anwendung von Pflanzenschutzmitteln zu Versuchszwecken ganz oder teilweise untersagen, wenn Tatsachen die Annahme rechtfertigen, daß derjenige, der Pflanzenschutzmittel zu Versuchszwecken anwendet, die erforderliche Zuverlässigkeit oder die erforderlichen fachlichen Kenntnisse und Fertigkeiten nicht besitzt.

(3) Das Bundesministerium für Ernährung, Landwirtschaft und Verbraucherschutz wird ermächtigt, im Einvernehmen mit den Bundesministerien für Arbeit und Soziales und für Umwelt, Naturschutz und Reaktorsicherheit durch Rechtsverordnung mit Zustimmung des Bundesrates Näheres über Art und Umfang der Anwendung von Pflanzenschutzmitteln zu Versuchszwecken und der erforderlichen fachlichen Kenntnisse und Fertigkeiten sowie das Verfahren für deren Nachweis zu regeln.

Vierter Abschnitt
Verkehr mit Pflanzenschutzmitteln

§ 11 Zulassungsbedürftigkeit

(1) Pflanzenschutzmittel dürfen in der Formulierung, in der die Abgabe an den Anwender vorgesehen ist, nur in den Verkehr gebracht oder eingeführt werden, wenn sie vom Bundesamt für Verbraucherschutz und Lebensmittelsicherheit zugelassen sind. Als zugelassen gilt auch ein Pflanzenschutzmittel, für das die Verkehrsfähigkeit nach § 16c festgestellt worden ist. Ein Pflanzenschutzmittel, das in keinem anderen Mitgliedstaat der Europäischen Union oder keinem Vertragsstaat des Abkommens über den Europäischen Wirtschaftsraum nach den Anforderungen der Richtlinie 91/414/EWG des Rates vom 15. Juli 1991 über das Inverkehrbringen von Pflanzenschutzmitteln (ABl. EG Nr. L 230 S. 1) in der jeweils geltenden Fassung zugelassen worden ist, gilt auch dann nicht als zugelassen, wenn es mit einem in Deutschland zugelassenen Mittel übereinstimmt. Eine Zulassung ist nicht erforderlich

1. für Pflanzenschutzmittel, die für die Ausfuhr bestimmt sind oder sich im Falle der Einfuhr in einem Freihafen oder als Zollgut unter zollamtlicher Überwachung befinden,
2. für Mittel, die zur Bekämpfung pflanzlicher Mikroorganismen
   a) innerhalb geschlossener Räume oder Rohrsysteme in Betrieben und Anlagen, die einer bergbau-, atom- oder gesundheitsrechtlichen Aufsicht unterliegen, oder
   b) in Anlagen des sanitären Bereichs

   bestimmt sind.

(2) Das Bundesamt für Verbraucherschutz und Lebensmittelsicherheit kann das Inverkehrbringen oder die Einfuhr nicht zugelassener Pflanzenschutzmittel genehmigen

1. für Versuchszwecke,
2. bei Gefahr im Verzuge für die Bekämpfung bestimmter Schadorganismen oder
3. zur Anwendung an Befallsgegenständen, die für die Ausfuhr bestimmt sind, sofern für diese im Bestimmungsland abweichende Anforderungen gelten,

für eine bestimmte Menge und für einen bestimmten Zeitraum, der in den Fällen der Nummern 2 und 3 jeweils 120 Tage nicht überschreiten darf. Dabei hat es die Anwendungsgebiete sowie die zum Schutz der Gesundheit von Mensch und Tier und die zum Schutz vor sonstigen schädlichen Auswirkungen, insbesondere auf den Naturhaushalt, erforderlichen Anwendungsbestimmungen, einschließlich solcher über die zur Anwendung berechtigten Personen, festzusetzen und die erforderlichen Auflagen zu erteilen. Die Genehmigung kann mit dem Vorbehalt des Widerrufs verbunden werden. Sie kann erneut erteilt werden. Im Falle des Satzes 1 Nr. 2 kann für ein zugelassenes Pflanzenschutzmittel eine Genehmigung auch für ein nicht mit der Zulassung festgesetztes oder nach § 18 oder § 18a genehmigtes Anwendungsgebiet erteilt werden. Abweichend von § 20 Abs. 2 können die erforderlichen Angaben für ein nach Satz 1, auch in Verbindung mit Satz 5, genehmigtes Anwendungsgebiet auch auf einer das Behältnis oder die Packung begleitenden Gebrauchsanleitung abgedruckt werden. Im Falle des Satzes 1 Nr. 3 wird die Genehmigung im Benehmen mit dem Bundesinstitut für Risikobewertung, dem Julius Kühn-Institut und dem Umweltbundesamt erteilt.

(3) Saatgut, Pflanzgut und Kultursubstrate, die Pflanzenschutzmittel enthalten oder denen Pflanzenschutzmittel anhaften, dürfen nur eingeführt oder in Verkehr gebracht werden, wenn

1. die Pflanzenschutzmittel in Deutschland zugelassen sind oder
2. die Pflanzenschutzmittel in einem anderen Mitgliedstaat oder einem Vertragsstaat des Abkommens über den Europäischen Wirtschaftsraum nach den Bestimmungen des Artikels 4 Abs. 1 Buchstabe b bis e der Richtlinie 91/414/EWG zugelassen sind.

Saatgut, Pflanzgut und Kultursubstrate, die Pflanzenschutzmittel enthalten oder denen Pflanzenschutzmittel anhaften, die in Deutschland zugelassen waren, dürfen noch in Verkehr gebracht werden, solange das entsprechende Pflanzenschutzmittel nach § 6a Abs. 3 noch angewendet werden darf.

§ 12 Zulassungsantrag

(1) Die Zulassung kann beantragen, wer das Pflanzenschutzmittel erstmalig in den Verkehr bringen oder einführen will.

(2) Wer in einem Mitgliedstaat weder Wohnsitz noch Niederlassung hat, kann die Zulassung nur beantragen, wenn er einen Vertreter mit Wohnsitz oder Geschäftsraum im Geltungsbereich dieses Gesetzes bestellt hat. Dieser ist im Zulassungsverfahren zur Vertretung befugt.

(3) Dem Antrag auf Zulassung sind die zur Prüfung der Zulassungsvoraussetzungen erforderlichen Angaben, Unterlagen und Proben beizufügen. Das Bundesministerium für Ernährung, Landwirtschaft und Verbraucherschutz wird ermächtigt, im Einvernehmen mit den Bundesministerien für Arbeit und Soziales und für Umwelt, Naturschutz und Reaktorsicherheit durch Rechtsverordnung mit Zustimmung des Bundesrates Inhalt und Umfang des Antrags sowie Art und Umfang der dem Antrag beizufügenden Angaben, Unterlagen und Proben unter Beachtung der von der Europäischen Gemeinschaft erlassenen Bestimmungen über das Inverkehrbringen von Pflanzenschutzmitteln zu regeln; es kann dabei bestimmte Versuchsanstellungen und ihre Durchführung einschließlich der zu verwendenden Analyseverfahren vorschreiben. Das Bundesamt für Verbraucherschutz und Lebensmittelsicherheit teilt dem Antragsteller unverzüglich schriftlich den Zeitpunkt mit, zu dem alle zur Bearbeitung des Zulassungsantrags nach Satz 1 und 2 und Absatz 4 erforderlichen Angaben, Unterlagen und Proben vorliegen.

(4) Soweit es zur unverzüglichen Durchführung von Rechtsakten der Europäischen Gemeinschaft erforderlich ist, kann das Bundesministerium für Verbraucherschutz, Ernährung und Landwirtschaft Rechtsverordnungen nach Absatz 3 Satz 2 ohne Zustimmung des Bundesrates und ohne Einvernehmen mit den anderen Bundesministerien erlassen; sie treten spätestens sechs Monate nach

ihrem Inkrafttreten außer Kraft. Ihre Geltungsdauer kann nur unter den Voraussetzungen des Absatzes 3 Satz 2 verlängert werden. § 5 Abs. 1a gilt entsprechend.

§ 13 Verwertung von Erkenntnissen aus Unterlagen Dritter

(1) Unterlagen, die Anträgen auf Grund des § 12 Abs. 3 beigefügt werden müssen, sind nicht erforderlich, soweit dem Bundesamt für Verbraucherschutz und Lebensmittelsicherheit ausreichende Erkenntnisse aus Unterlagen eines anderen Antragstellers (Vorantragsteller) vorliegen und, wenn

1. der Vorantragsteller deren Verwertung schriftlich zugestimmt hat oder
2. die erstmalige Zulassung des Pflanzenschutzmittels des Vorantragstellers, auf das sich die beabsichtigte Verwertung bezieht, in einem Mitgliedstaat länger als zehn Jahre zurückliegt.

Ist keiner der in dem Pflanzenschutzmittel enthaltenen Wirkstoffe in Anhang I der Richtlinie 91/414/EWG aufgenommen, so beginnt die Zehnjahresfrist nach Satz 1 Nr. 2 mit der erstmaligen nach dem 1. Juli 1998 erteilten Zulassung.

(2) Abweichend von Absatz 1 Satz 1 Nr. 2 beginnen die Zehnjahresfristen für Unterlagen, die dem Antrag zur Prüfung eines Wirkstoffs beizufügen sind, mit dessen erstmaliger Aufnahme in Anhang I der Richtlinie 91/414/EWG.

(3) Unterlagen, die dem Bundesamt für Verbraucherschutz und Lebensmittelsicherheit nach § 15a Abs. 1 und 2 zur Prüfung eines Wirkstoffs vorgelegt worden sind, dürfen zugunsten anderer Antragsteller oder Zulassungsinhaber (Dritter) nur nach schriftlicher Zustimmung desjenigen Vorantragstellers oder Zulassungsinhabers verwertet werden, der die Unterlagen vorgelegt hat. Satz 1 gilt nicht, wenn die in Artikel 13 Abs. 3 Buchstabe d der Richtlinie 91/414/EWG genannte Entscheidung der Kommission, bei der die Erkenntnisse aus diesen Unterlagen erstmalig berücksichtigt werden konnten, länger als fünf Jahre zurückliegt. Abweichend von Satz 2 dürfen Unterlagen nach § 15a Abs. 1 und 2 nur nach Ablauf der in Absatz 2 vorgesehenen Frist verwertet werden, wenn diese Frist für denselben Wirkstoff zu einem späteren Zeitpunkt als die Fünfjahresfrist nach Satz 2 endet.

§ 14 Verwertung von Erkenntnissen aus Versuchen mit Wirbeltieren

(1) Unterlagen, die Anträgen auf Grund des § 12 Abs. 3 beigefügt werden müssen, und die Versuche mit Wirbeltieren voraussetzen, sind nicht erforderlich, soweit dem Bundesamt für Verbraucherschutz und Lebensmittelsicherheit ausreichende Erkenntnisse aus Unterlagen eines Vorantragstellers vorliegen. In diesen Fällen teilt das Bundesamt für Verbraucherschutz und Lebensmittelsicherheit diesem und dem Antragsteller mit, welche Unterlagen eines Vorantragstellers es zugunsten des Antragstellers zu verwerten beabsichtigt, sowie jeweils Name und Anschrift des anderen. Satz 2 gilt nicht, wenn die erstmalige Zulassung des Pflanzenschutzmittels des Vorantragstellers, auf das sich die beabsichtigte Verwertung bezieht, in einem Mitgliedstaat länger als zehn Jahre zurückliegt. § 13 Abs. 1 Satz 2 und Abs. 2 gilt entsprechend.

(2) Der Vorantragsteller kann der Verwertung seiner Unterlagen im Falle des Absatzes 1 Satz 1 innerhalb einer Frist von drei Monaten nach Zugang der Mitteilung nach Absatz 1 Satz 2 widersprechen. Im Falle des Widerspruchs ist das Zulassungsverfahren für einem Zeitraum von fünf Jahren nach Stellung des Zulassungsantrags, längstens jedoch bis zum Ablauf von zehn Jahren nach der erstmaligen Zulassung des Pflanzenschutzmittels des Vorantragstellers in einem Mitgliedstaat, auszusetzen. Ist keiner der im Pflanzenschutzmittel enthaltenen Wirkstoffe in Anhang I der Richtlinie 91/414/EWG aufgenommen, so beginnt die Zehnjahresfrist nach Satz 2 mit dem in § 13 Abs. 1 Satz 2 genannten Zeitpunkt, im Falle des § 13 Abs. 2 mit der erstmaligen Aufnahme des Wirkstoffs in Anhang I der Richtlinie 91/414/EWG. Würde der Antragsteller für die Beibringung eigener Unterlagen einen kürzeren als den in Satz 2 oder 3 jeweils genannten Zeitraum benötigen, so ist das Zulassungsverfahren nur für diesen Zeitraum auszusetzen. Vor Aussetzung des Zulassungsverfahrens sind der Antragsteller und der Vorantragsteller zu hören.

(3) Wird das Pflanzenschutzmittel im Falle des Absatzes 2 vor Ablauf der sich aus § 13 Abs. 1 Satz 1, auch in Verbindung mit Satz 2, und Absatz 2 ergebenden Zehnjahresfristen unter Verwertung seiner Unterlagen zugelassen, so hat er gegen den Antragsteller Anspruch auf eine Vergütung in Höhe von 50 vom Hundert der vom Antragsteller durch die Verwertung ersparten Aufwendungen. Der Vorantragsteller kann dem Antragsteller das Inverkehrbringen des Pflanzenschutzmittels untersagen, solange dieser nicht die Vergütung gezahlt oder für sie in angemessener Höhe Sicherheit geleistet hat.

§ 14a Verwertung neuer Erkenntnisse aus Versuchen mit Wirbeltieren

(1) Unterlagen, die Versuche mit Wirbeltieren voraussetzen und dem Bundesamt für Verbraucherschutz und Lebensmittelsicherheit nach § 15a Abs. 1 und 2 zur Prüfung eines Wirkstoffs vorgelegt worden sind, dürfen zu Gunsten Dritter nur verwendet werden, wenn das Bundesamt für Verbraucherschutz und Lebensmittelsicherheit diesem und dem Vorantragsteller oder Zulassungsinhaber, der die Unterlagen vorgelegt hat, mitgeteilt hat, welche dieser Unterlagen es zu Gunsten des Dritten zu verwerten beabsichtigt, sowie jeweils Name und Anschrift des anderen. § 13 Abs. 3 Satz 2 und 3 gilt entsprechend.

(2) Der Vorantragsteller oder Zulassungsinhaber, der die Unterlagen vorgelegt hat, kann der Verwertung seiner Unterlagen nach Absatz 1 innerhalb einer Frist von drei Monaten nach Zugang der Mitteilung nach Absatz 1 Satz 1 widersprechen. Im Falle des Widerspruchs ist das Zulassungsverfahren für einen Zeitraum von fünf Jahren nach Stellung des Zulassungsantrags, längstens jedoch bis zum Ablauf des nach § 13 Abs. 3 Satz 3 vorgesehenen Zeitraums, auszusetzen. § 14 Abs. 2 Satz 4 und 5 gilt entsprechend.

(3) Wird das Pflanzenschutzmittel im Falle des Absatzes 2 vor Ablauf der sich aus § 13 Abs. 3 Satz 2 und 3 ergebenden Fristen unter Verwertung der Unterlagen des Vorantragstellers oder Zulassungsinhabers, der sie vorgelegt hat, zugelassen, so hat er gegen den Dritten, zu dessen Gunsten die Unterlagen verwertet worden sind, Anspruch auf eine Vergütung in Höhe von 50 vom Hundert der vom Dritten durch die Verwertung ersparten Aufwendungen. Der Vorantragsteller

oder Zulassungsinhaber, der die Unterlagen vorgelegt hat, kann dem Dritten das Inverkehrbringen des Pflanzenschutzmittels untersagen, solange dieser nicht die Vergütung gezahlt oder für sie in angemessener Höhe Sicherheit geleistet hat.

§ 14b Nachforderungen

Müssen zum Nachweis der Zulassungsvoraussetzungen für bereits zugelassene Pflanzenschutzmittel von mehreren Zulassungsinhabern inhaltlich gleiche Unterlagen, die Versuche mit Wirbeltieren voraussetzen, nach § 15a Abs. 1 nachgefordert werden, so teilt das Bundesamt für Verbraucherschutz und Lebensmittelsicherheit jedem Zulassungsinhaber mit, welche Unterlagen für die weitere Beurteilung erforderlich sind, sowie Name und Anschrift der übrigen beteiligten Zulassungsinhaber. Das Bundesamt für Verbraucherschutz und Lebensmittelsicherheit gibt den beteiligten Zulassungsinhabern Gelegenheit, sich innerhalb einer vom Bundesamt für Verbraucherschutz und Lebensmittelsicherheit zu bestimmenden Frist zu einigen, wer die Unterlagen vorlegt. Kommt eine Einigung nicht zustande, so entscheidet das Bundesamt für Verbraucherschutz und Lebensmittelsicherheit nach pflichtgemäßem Ermessen und unterrichtet hiervon unverzüglich alle Beteiligten. Diese sind, sofern sie nicht den Widerruf der Zulassung ihres Pflanzenschutzmittels beantragen, verpflichtet, sich jeweils mit einem der Zahl der beteiligten Zulassungsinhaber entsprechenden Bruchteil an den Aufwendungen für die Erstellung der Unterlagen zu beteiligen; sie haften als Gesamtschuldner. Die Sätze 1 bis 4 gelten entsprechend, wenn inhaltlich gleiche Unterlagen von mehreren Antragstellern in laufenden Zulassungsverfahren gefordert werden.

§ 15 Zulassung

(1) Das Bundesamt für Verbraucherschutz und Lebensmittelsicherheit läßt ein Pflanzenschutzmittel zu, wenn

1. der Antrag den auf Grund des § 12 Abs. 3 Satz 2 oder Abs. 4 oder den nach Absatz 5 festgesetzten Anforderungen entspricht,
2. die Wirkstoffe des Pflanzenschutzmittels in Anhang I der Richtlinie 91/414/EWG aufgeführt sind,

2a. für die in den beantragten Anwendungsgebieten genannten Pflanzen und Pflanzenerzeugnisse Rückstandshöchstgehalte

   a) nach der Verordnung (EG) Nr. 396/2005 des Europäischen Parlaments und des Rates vom 23. Februar 2005 über Höchstgehalte an Pestizidrückständen in oder auf Lebens- und Futtermitteln pflanzlichen oder tierischen Ursprungs und zur Änderung der Richtlinie 91/414/EWG des Rates (ABl. EU Nr. L 70 S. 1) in der jeweils geltenden Fassung oder
   b) in der Rückstands-Höchstmengenverordnung vom 1. September 1994 (BGBl. I S. 2229) in der jeweils geltenden Fassung

festgesetzt worden sind,

3. die Prüfung des Pflanzenschutzmittels ergibt, daß das Pflanzenschutzmittel nach dem Stande der wissenschaftlichen Erkenntnisse und der Technik bei

bestimmungsgemäßer und sachgerechter Anwendung oder als Folge einer solchen Anwendung

a) hinreichend wirksam ist,

b) keine nicht vertretbaren Auswirkungen auf die zu schützenden Pflanzen und Pflanzenerzeugnisse hat,

c) bei Wirbeltieren, zu deren Bekämpfung das Pflanzenschutzmittel vorgesehen ist, keine vermeidbaren Leiden oder Schmerzen verursacht,

d) keine schädlichen Auswirkungen auf die Gesundheit von Mensch und Tier und auf das Grundwasser hat und

e) keine sonstigen nicht vertretbaren Auswirkungen, insbesondere auf den Naturhaushalt sowie auf den Hormonhaushalt von Mensch und Tier, hat,

4. a) die Wirkstoffe und die für die Gesundheit oder den Naturhaushalt bedeutsamen Hilfsstoffe und Verunreinigungen des Pflanzenschutzmittels nach Art und Menge und

b) die bei bestimmungsgemäßer und sachgerechter Anwendung des Pflanzenschutzmittels entstehenden, für die Gesundheit von Mensch und Tier und für den Naturhaushalt bedeutsamen Rückstände

mit vertretbarem Aufwand zuverlässig bestimmt werden können und

5. das Pflanzenschutzmittel hinreichend lagerfähig ist.

Satz 1 Nr. 2a gilt nicht, soweit das Pflanzenschutzmittel nicht zur Anwendung an Pflanzen, die der Gewinnung von Lebensmitteln oder Futtermitteln dienen, vorgesehen ist.

(2) Das Bundesamt für Verbraucherschutz und Lebensmittelsicherheit entscheidet im Rahmen der Zulassung unter Beachtung der in Anhang I der Richtlinie 91/414/EWG festgesetzten Beschränkungen über

1. die Anwendungsgebiete des Pflanzenschutzmittels,
2. die zum Schutz der Gesundheit von Mensch und Tier und die zum Schutz vor sonstigen schädlichen Auswirkungen, insbesondere auf den Naturhaushalt, erforderlichen Anwendungsbestimmungen, einschließlich solcher über

   a) die Aufwandmenge,

   b) die Wartezeit,

   c) den zum Schutz von Gewässern erforderlichen Abstand bei der Anwendung und

   d) die zur Anwendung berechtigten Personen,

   und

3. die Eignung des Pflanzenschutzmittels für die Anwendung im Haus- und Kleingartenbereich, unter Berücksichtigung insbesondere der Eigenschaften der Wirkstoffe, der Dosierfähigkeit, der Anwendeform und der Verpackungsgröße.

(3) Das Bundesamt für Verbraucherschutz und Lebensmittelsicherheit entscheidet über das Vorliegen der Voraussetzungen, jeweils in Verbindung mit Absatz 2,

1. nach Absatz 1 im Benehmen mit dem Julius Kühn-Institut, soweit in den Nummern 2 und 3 nichts anderes bestimmt ist,
2. nach Absatz 1 Nr. 3 Buchstabe d und e und Nr. 4 Buchstabe b hinsichtlich der Gesundheit, im Falle des Absatzes 1 Nr. 3 Buchstabe e hinsichtlich der Vermeidung gesundheitlicher Schäden durch Belastung des Bodens, im Benehmen mit dem Bundesinstitut für Risikobewertung,
3. nach Absatz 1 Nr. 3 Buchstabe d und e hinsichtlich der Vermeidung von Schäden durch Belastung des Naturhaushaltes sowie durch Abfälle des Pflanzenschutzmittels im Einvernehmen mit dem Umweltbundesamt.

Die in Satz 1 Nr. 1 bis 3 genannten Behörden verbinden ihre Entscheidung mit einer schriftlichen Bewertung, die dem Bundesamt für Verbraucherschutz und Lebensmittelsicherheit vorzulegen ist. Die Entscheidung sowie die schriftlichen Bewertungen der in Satz 1 Nr. 1 bis 3 genannten Behörden sind dem Bundesamt für Verbraucherschutz und Lebensmittelsicherheit innerhalb einer Frist von sieben Monaten nach der Mitteilung nach § 12 Abs. 3 Satz 3 vorzulegen. Innerhalb einer Frist von zwölf Monaten nach der Mitteilung nach § 12 Abs. 3 Satz 3 ist über die Zulassung zu entscheiden. Werden Angaben, Unterlagen oder Proben nach Absatz 5 nachgefordert, ist der Ablauf der Frist nach Satz 4 bis zum Eingang der nachgeforderten Unterlagen, Angaben oder Proben beim Bundesamt für Verbraucherschutz und Lebensmittelsicherheit gehemmt. Werden die gemäß Absatz 5 nachgeforderten Unterlagen eingereicht, wird die Bearbeitung in dem Zeitpunkt fortgesetzt, in dem sich der Antrag zum Zeitpunkt der Hemmung befunden hat.

(4) Das Bundesamt für Verbraucherschutz und Lebensmittelsicherheit verbindet die Zulassung unter Beachtung der in Anhang I der Richtlinie 91/414/EWG festgesetzten Beschränkungen mit den Auflagen, die

1. für die sachgerechte Anwendung sowie
2. zum Schutz der Gesundheit von Mensch und Tier und zum Schutz vor sonstigen schädlichen Auswirkungen, insbesondere auf den Naturhaushalt,

erforderlich sind, soweit Regelungen nach Absatz 2 nicht getroffen werden. Ferner verbindet das Bundesamt für Verbraucherschutz und Lebensmittelsicherheit die Zulassung mit dem Vorbehalt der nachträglichen Aufnahme, Änderung oder Ergänzung von Auflagen.

(5) Das Bundesamt für Verbraucherschutz und Lebensmittelsicherheit kann vom Antragsteller während der Prüfung die Vorlage weiterer Angaben, Unterlagen und Proben verlangen, soweit dies zum Nachweis der Zulassungsvoraussetzungen erforderlich ist.

(6) Rechtsbehelfe gegen Auflagen nach Absatz 4 haben keine aufschiebende Wirkung.

(7) Das Bundesamt für Verbraucherschutz und Lebensmittelsicherheit kann, soweit dies für den in § 1 Nr. 4 aufgeführten Schutzzweck erforderlich ist, durch Auflagen anordnen, dass während der Dauer der Zulassung bestimmte Kenntnisse bei der Anwendung des Pflanzenschutzmittels gewonnen, gesammelt und ausgewertet und ihm die Ergebnisse innerhalb einer bestimmten Frist mitgeteilt

werden. Auf Verlangen sind ihm die entsprechenden Unterlagen und Proben vorzulegen.

§ 15a Neue Erkenntnisse

(1) Das Bundesamt für Verbraucherschutz und Lebensmittelsicherheit kann vom Zulassungsinhaber zum Nachweis des fortdauernden Vorliegens der Zulassungsvoraussetzungen Angaben, Unterlagen und Proben innerhalb bestimmter Fristen nachfordern, soweit neue Erkenntnisse eine Überprüfung der Zulassung erfordern.

(2) Der Antragsteller und der Zulassungsinhaber haben dem Bundesamt für Verbraucherschutz und Lebensmittelsicherheit

1. Änderungen gegenüber den im Zusammenhang mit der Antragstellung mitgeteilten Angaben und vorgelegten Unterlagen und
2. neue Erkenntnisse über Auswirkungen des Pflanzenschutzmittels auf die Gesundheit von Mensch und Tier sowie auf den Naturhaushalt

unverzüglich anzuzeigen. Der Anzeige sind die Angaben, Unterlagen und Proben beizufügen, aus denen sich die Änderungen oder die neuen Erkenntnisse ergeben.

(3) Das Bundesamt für Verbraucherschutz und Lebensmittelsicherheit kann den Zulassungsinhaber verpflichten, Angaben und Unterlagen nach den Absätzen 1 und 2 der Kommission der Europäischen Union und den zuständigen Behörden anderer Mitgliedstaaten innerhalb bestimmter Fristen vorzulegen und ihm die Vorlage anzuzeigen.

§ 15b Zulassung von in anderen Mitgliedstaaten zugelassenen Pflanzenschutzmitteln

(1) Das Bundesamt für Verbraucherschutz und Lebensmittelsicherheit läßt ein Pflanzenschutzmittel, das in einem anderen Mitgliedstaat entsprechend den Anforderungen des Artikels 4 der Richtlinie 91/414/EWG zugelassen ist, abweichend von § 15 zu, wenn

1. der Antrag und die Antragsunterlagen den nach Absatz 6 festgesetzten Anforderungen entsprechen,
2. die Wirkstoffe des Pflanzenschutzmittels in Anhang I der Richtlinie 91/414/EWG aufgeführt sind und
3. die für die Anwendung des Pflanzenschutzmittels im Inland bedeutsamen Verhältnisse, insbesondere hinsichtlich
   a) des Pflanzenschutzes sowie der sonstigen Belange der Landwirtschaft, einschließlich des Gartenbaus, und der Forstwirtschaft,
   b) der Auswirkungen auf die Gesundheit von Mensch und Tier und auf Grundwasser sowie
   c) der sonstigen Auswirkungen, insbesondere auf den Naturhaushalt,

denen des Mitgliedstaates entsprechen, in dem das Pflanzenschutzmittel zugelassen worden ist, und deshalb widerleglich angenommen werden kann, daß das Pflanzenschutzmittel den Voraussetzungen nach § 15 Abs. 1 Nr. 3 bis 5 genügt.

(2) Für Zulassungen nach Absatz 1 gilt § 15 Abs. 2 entsprechend. Im Rahmen der Entscheidung über die Anwendungsgebiete und Anwendungsbestimmungen sind, vorbehaltlich des Absatzes 3, die Anwendungsgebiete und Anwendungsbestimmungen festzusetzen, die denjenigen Bestimmungen entsprechen, die bei der Zulassung des Pflanzenschutzmittels in dem anderen Mitgliedstaat vorgesehen worden sind.

(3) Entsprechen die für die Anwendung des Pflanzenschutzmittels bedeutsamen Verhältnisse im Inland nicht vollständig denjenigen in dem Mitgliedstaat, in dem das Pflanzenschutzmittel zugelassen worden ist, kann das Bundesamt für Verbraucherschutz und Lebensmittelsicherheit, soweit es zum Ausgleich der Unterschiede der bedeutsamen Verhältnisse erforderlich ist, abweichend von Absatz 2 Satz 2 Anwendungsgebiete ausschließen oder einschränken oder andere Anwendungsbestimmungen festsetzen. Reichen die Einschränkungen oder Festsetzungen nach Satz 1 zum Ausgleich der Unterschiede der für die Anwendung des Pflanzenschutzmittels bedeutsamen Verhältnisse nicht aus, ist die Zulassung zu versagen.

(4) Das Bundesamt für Verbraucherschutz und Lebensmittelsicherheit entscheidet über das Vorliegen der Voraussetzungen, jeweils in Verbindung mit den Absätzen 2 und 3,

1. nach Absatz 1 Nr. 3 im Benehmen mit dem Julius Kühn-Institut, soweit in den Nummern 2 und 3 nichts anderes bestimmt ist,
2. nach Absatz 1 Nr. 3 Buchstabe b und c hinsichtlich der Auswirkungen auf die Gesundheit, im Falle des Absatzes 1 Nr. 3 Buchstabe c hinsichtlich der Vermeidung der Auswirkungen auf die Gesundheit durch Belastung des Bodens, im Benehmen mit dem Bundesinstitut für Risikobewertung,
3. nach Absatz 1 Nr. 3 Buchstabe b und c hinsichtlich der Auswirkungen durch Belastung des Naturhaushaltes sowie durch Abfälle des Pflanzenschutzmittels im Einvernehmen mit dem Umweltbundesamt.

§ 15 Abs. 3 Satz 2 bis 6 gilt entsprechend.

(5) Soweit Regelungen nach Absatz 2 nicht getroffen worden sind, hat das Bundesamt für Verbraucherschutz und Lebensmittelsicherheit die Zulassung mit den Auflagen zu verbinden, die denjenigen Bestimmungen entsprechen, die bei der Zulassung des Pflanzenschutzmittels in dem anderen Mitgliedstaat für die bestimmungsgemäße und sachgerechte Anwendung sowie zum Schutz der Gesundheit von Mensch und Tier und zum Schutz vor sonstigen schädlichen Auswirkungen, insbesondere auf den Naturhaushalt, vorgesehen worden sind. Absatz 3 gilt für Auflagen entsprechend. Das Bundesamt für Verbraucherschutz und Lebensmittelsicherheit verbindet die Zulassung mit dem Vorbehalt der nachträglichen Aufnahme, Änderung oder Ergänzung von Auflagen.

(6) Der Antragsteller hat durch geeignete Angaben und Unterlagen nachzuweisen, daß das Pflanzenschutzmittel in einem Mitgliedstaat zugelassen ist und die für die Anwendung des Pflanzenschutzmittels im Inland bedeutsamen Verhältnisse nach Absatz 1 Nr. 3 denen in diesem Mitgliedstaat entsprechen. Das Bundesministerium für Ernährung, Landwirtschaft und Verbraucherschutz wird ermächtigt, im Einvernehmen mit den Bundesministerien für Arbeit und Soziales und für Umwelt, Naturschutz und Reaktorsicherheit durch Rechtsverordnung mit

Zustimmung des Bundesrates Art und Umfang der Angaben und Unterlagen zu regeln.

(7) Soweit eine Entscheidung der Europäischen Gemeinschaft nach Artikel 10 Abs. 3 der Richtlinie 91/414/EWG die Zulassung eines Pflanzenschutzmittels, das in einem anderen Mitgliedstaat zugelassen ist, vorschreibt, läßt das Bundesamt für Verbraucherschutz und Lebensmittelsicherheit das Pflanzenschutzmittel im Rahmen des durch die Entscheidung vorgesehenen Umfangs zu.

(8) § 15 Abs. 5, 6 und 7 und § 15a gelten für Zulassungen nach den Absätzen 1 und 7 entsprechend.

§ 15c Zulassung vor Entscheidung der Europäischen Gemeinschaft

(1) Das Bundesamt für Verbraucherschutz und Lebensmittelsicherheit kann ein Pflanzenschutzmittel abweichend von § 15 Abs. 1 Nr. 2 bis 5 und Abs. 3 für einen Zeitraum von höchstens drei Jahren zulassen, wenn

1. das Pflanzenschutzmittel einen Wirkstoff enthält, über dessen Aufnahme in Anhang I der Richtlinie 91/414/EWG noch nicht entschieden worden ist und

2. keine Anhaltspunkte vorliegen, aus denen sich ergibt, daß

   a) das Pflanzenschutzmittel bei bestimmungsgemäßer und sachgerechter Anwendung oder als Folge einer solchen Anwendung

      aa) nicht hinreichend wirksam ist,

      bb) nicht vertretbare Auswirkungen auf Pflanzen und Pflanzenerzeugnisse hat,

      cc) bei Wirbeltieren, zu deren Bekämpfung das Pflanzenschutzmittel vorgesehen ist, vermeidbare Leiden oder Schmerzen verursacht,

      dd) schädliche Auswirkungen auf die Gesundheit von Mensch und Tier und auf das Grundwasser hat und

      ee) sonstige nicht vertretbare Auswirkungen, insbesondere auf den Naturhaushalt, hat,

   b) aa) die Wirkstoffe und die für die Gesundheit oder den Naturhaushalt bedeutsamen Hilfsstoffe und Verunreinigungen des Pflanzenschutzmittels nach Art und Menge und

      bb) die bei bestimmungsgemäßer und sachgerechter Anwendung des Pflanzenschutzmittels entstehenden, für die Gesundheit von Mensch und Tier und für den Naturhaushalt bedeutsamen Rückstände

   nicht mit vertretbarem Aufwand zuverlässig bestimmt werden können und

   c) das Pflanzenschutzmittel nicht hinreichend lagerfähig ist.

§ 15 Abs. 1 Nr. 1, Abs. 2 und 4 bis 7 und § 15a Abs. 2 und 3 gelten für Zulassungen nach Satz 1 entsprechend.

(2) Das Bundesamt für Verbraucherschutz und Lebensmittelsicherheit entscheidet über das Vorliegen der Voraussetzungen nach Absatz 1 in Verbindung mit

1. § 15 Abs. 1 und 2 im Benehmen mit dem Julius Kühn-Institut, soweit in den Nummern 2 und 3 nichts anderes bestimmt ist,
2. § 15 Abs. 1 Nr. 3 Buchstabe d und e und Nr. 4 Buchstabe b und Abs. 2 hinsichtlich der Gesundheit des Menschen, im Falle des § 15 Abs. 1 Nr. 3 Buchstabe e und Abs. 2 hinsichtlich der Vermeidung gesundheitlicher Schäden durch Belastung des Bodens, im Benehmen mit dem Bundesinstitut für Risikobewertung,
3. § 15 Abs. 1 Nr. 3 Buchstabe d und e und Abs. 2 hinsichtlich der Vermeidung von Schäden durch Belastung des Naturhaushaltes sowie durch Abfälle des Pflanzenschutzmittels im Einvernehmen mit dem Umweltbundesamt.

§ 15 Abs. 3 Satz 2 bis 6 gilt entsprechend.

(3) Das Bundesamt für Verbraucherschutz und Lebensmittelsicherheit kann die Zulassung nach Absatz 1 nach Maßgabe einer Entscheidung der Europäischen Gemeinschaft nach Artikel 8 Abs. 1 Satz 5 der Richtlinie 91/414/EWG auf Antrag bis zu dem Zeitpunkt verlängern, an dem die Entscheidung über die Zulassung des Pflanzenschutzmittels nach § 15 getroffen wird. Abweichend von Satz 1 kann eine nach Absatz 1 erteilte Zulassung auf Antrag des Zulassungsinhabers bis zu dem Zeitpunkt verlängert werden, zu dem die Entscheidung über die Zulassung des Pflanzenschutzmittels nach § 15 getroffen wird, wenn
   1. ein Antrag nach § 15 vor Ablaufen der Zulassung nach Absatz 1 gestellt worden ist und alle nach § 12 Abs. 3 und 4 erforderlichen Angaben, Unterlagen und Proben vorliegen und
   2. der Wirkstoff des jeweiligen Pflanzenschutzmittels zwischenzeitlich in Anhang I der Richtlinie 91/414/EWG aufgenommen worden ist.

§ 15d Inverkehrbringen von Pflanzenschutzmitteln unter abweichender Bezeichnung

(1) Ein Pflanzenschutzmittel, das in Deutschland zugelassen ist, darf auch von anderen als dem Zulassungsinhaber auf der Grundlage einer Vereinbarung mit diesem (Vertriebserweiterung) unter einer abweichenden Bezeichnung eingeführt oder in den Verkehr gebracht werden. Der Zulassungsinhaber hat den Abschluss der Vereinbarung unter Angabe des Namens, der Anschrift des Berechtigten und der abweichenden Bezeichnung, unter der das Pflanzenschutzmittel von dem Berechtigten in Verkehr gebracht werden soll, unverzüglich dem Bundesamt für Verbraucherschutz und Lebensmittelsicherheit mitzuteilen. Das Bundesamt für Verbraucherschutz und Lebensmittelsicherheit vergibt für das auf Grund einer Vertriebserweiterung in den Verkehr gebrachte Pflanzenschutzmittel eine Vertriebsnummer.

(2) Im Falle des Absatzes 1 darf das Pflanzenschutzmittel nur in Verkehr gebracht werden, wenn es
   1. mit
      a) der abweichenden Bezeichnung,
      b) Namen und Anschrift des Berechtigten,
      c) der Vertriebsnummer und

2. nach den Vorschriften des § 20 Abs. 1, 2 Nr. 4 bis 8 und Absatz 3, jeweils auch in Verbindung mit einer Rechtsverordnung nach Absatz 5,

gekennzeichnet ist.

(3) Das Bundesamt für Verbraucherschutz und Lebensmittelsicherheit macht die Pflanzenschutzmittel, die aufgrund einer Vertriebserweiterung eingeführt oder in den Verkehr gebracht werden, ihre Bezeichnung, den Namen des Berechtigten und den Namen und die Nummer des zugelassenen Pflanzenschutzmittels im Bundesanzeiger[4] oder im elektronischen Bundesanzeiger bekannt.

(4) Ein auf der Grundlage einer Vertriebserweiterung in den Verkehr gebrachtes Pflanzenschutzmittel darf nicht mehr eingeführt oder in den Verkehr gebracht werden, soweit die Zulassung des zugelassenen Pflanzenschutzmittels

1. auf Grund Anordnung nach § 16a Abs. 5 ruht oder
2. durch Rücknahme, Widerruf oder Zeitablauf beendet worden ist.

§ 16 Ende der Zulassung

(1) Zulassungen nach den §§ 15 und 15b enden zehn Jahre nach Ablauf des Jahres, in dem sie erteilt worden sind; sie können erneut erteilt werden. Im Einzelfall kann das Bundesamt für Verbraucherschutz und Lebensmittelsicherheit eine kürzere Zulassungsdauer festsetzen. Zulassungen nach § 15b Abs. 1 und 7 dürfen abweichend von Satz 1 nur bis zu dem Zeitpunkt erteilt werden, an dem die Zulassung in dem Mitgliedstaat endet, auf die sich der Antragsteller zur Begründung der Voraussetzungen nach § 15b Abs. 1 bezogen hat.

(2) Ist über einen Antrag auf erneute Zulassung nicht entschieden worden, bevor eine nach den §§ 15 und 15b erteilte Zulassung endet, so kann das Bundesamt für Verbraucherschutz und Lebensmittelsicherheit die Zulassung auf Antrag bis zu dem Zeitpunkt verlängern, an dem die Entscheidung über die erneute Zulassung getroffen wird. Eine Verlängerung der Zulassung setzt voraus, daß

1. die erneute Zulassung höchstens drei Jahre und spätestens ein Jahr vor Ablauf der Zulassung beantragt worden ist,
2. der Antrag auf erneute Zulassung den festgesetzten Anforderungen entspricht und
3. keine Anhaltspunkte vorliegen, aus denen sich ergibt, daß das Pflanzenschutzmittel die Voraussetzungen nach § 15 Abs. 1 Nr. 3 bis 5 nicht erfüllt.

§ 16a Widerruf, Rücknahme, Ruhen der Zulassung

(1) Zulassungen können außer in den Fällen des § 49 Abs. 2 Satz 1 des Verwaltungsverfahrensgesetzes widerrufen werden, wenn

1. der Inhaber der Zulassung es beantragt oder,
2. vorbehaltlich des Absatzes 2, eine der Voraussetzungen für die Zulassung nachträglich weggefallen ist.

---

4 Amtlicher Hinweis: http://www.ebundesanzeiger.de

(2) Zulassungen sind zu widerrufen, wenn eine der Voraussetzungen nach § 15 Abs. 1 Nr. 2 bis 5, § 15b Abs. 1 Nr. 2 und 3 oder § 15c Abs. 1 Nr. 2 nachträglich weggefallen ist.

(3) Zulassungen nach § 15c Abs. 1 sind zu widerrufen, wenn die Europäische Gemeinschaft entschieden hat, den im Pflanzenschutzmittel enthaltenen Wirkstoff nicht in Anhang I der Richtlinie 91/414/EWG aufzunehmen oder die Aufnahme des Wirkstoffs in Anhang I in der jeweils geltenden Fassung mit einer Beschränkung nach Artikel 5 Abs. 4 der Richtlinie 91/414/EWG versehen hat, die der Zulassung entgegensteht. In diesem Fall besteht kein Anspruch auf Ausgleich eines Vermögensnachteils.

(4) Zulassungen sind zurückzunehmen, wenn der Antragsteller die Zulassung

1. durch arglistige Täuschung, Drohung oder Bestechung oder
2. vorsätzlich oder grob fahrlässig durch Angaben, die in wesentlicher Beziehung unrichtig oder unvollständig waren,

erwirkt hat. Im übrigen bleibt § 48 des Verwaltungsverfahrensgesetzes unberührt.

(5) Das Bundesamt für Verbraucherschutz und Lebensmittelsicherheit kann, auch in den Fällen der Absätze 2 und 4, an Stelle der Rücknahme oder des Widerrufs bis zur Beseitigung der Rücknahme- oder Widerrufsgründe das Ruhen der Zulassung für einen bestimmten Zeitraum anordnen.

(6) In den Fällen des Absatzes 1 Nr. 2 und des Absatzes 2 gilt § 49 Abs. 6 des Verwaltungsverfahrensgesetzes entsprechend.

§ 16b Rückgabe von Pflanzenschutzmitteln

(1) Nach Beendigung der Zulassung eines Pflanzenschutzmittels ist dessen Rückgabe an

1. den Zulassungsinhaber,
2. den Einführer oder dessen Vertreter oder

an einen von diesen beauftragten Dritten zulässig.

(2) Die zuständige Behörde soll die Rückgabe anordnen, wenn das Bundesamt für Verbraucherschutz und Lebensmittelsicherheit die Zulassung zurückgenommen, widerrufen oder nach Ablauf der Zulassung festgestellt hat, daß die Voraussetzungen für eine Rücknahme oder einen Widerruf vorgelegen hätten. Der Zulassungsinhaber, der Einführer und dessen Vertreter sind im Falle des Satzes 1 zur unverzüglichen Annahme zurückgegebener Pflanzenschutzmittel verpflichtet.

(3) Im Falle der Rücknahme oder eines Widerrufs nach § 49 Abs. 2 Satz 1 Nr. 3 bis 5 des Verwaltungsverfahrensgesetzes oder nach § 16a Abs. 2 ist ferner die Rückgabe an einen Betrieb, der Pflanzenschutzmittel zu gewerblichen Zwecken in den Verkehr bringt, zulässig. Ordnet die zuständige Behörde in einem solchen Fall die Rückgabe an, so ist dieser Betrieb zur unverzüglichen Annahme zurückgegebener Pflanzenschutzmittel verpflichtet.

(4) Das Bundesministerium für Ernährung, Landwirtschaft und Verbraucherschutz wird ermächtigt, im Einvernehmen mit den Bundesministerien für Wirtschaft

und Technologie und für Umwelt, Naturschutz und Reaktorsicherheit durch Rechtsverordnung mit Zustimmung des Bundesrates nähere Einzelheiten der Rückgabe und der Rücknahme zu regeln und zu bestimmen, wer die Kosten für die Rückgabe oder die Rücknahme zu tragen hat.

(5) Das Bundesamt für Verbraucherschutz und Lebensmittelsicherheit teilt den zuständigen Behörden die Gründe für die Rücknahme, den Widerruf oder die Feststellung mit, daß die Voraussetzungen für eine Rücknahme oder einen Widerruf vorgelegen hätten.

§ 16c Verkehrsfähigkeit paralleleingeführter Pflanzenschutzmittel

(1) Ein Pflanzenschutzmittel, das in einem anderen Mitgliedstaat oder einem Vertragsstaat des Abkommens über den Europäischen Wirtschaftsraum zugelassen ist und mit einem in Deutschland zugelassenen Pflanzenschutzmittel übereinstimmt, darf nur eingeführt und in den Verkehr gebracht werden, wenn derjenige, der die Einfuhr oder das Inverkehrbringen vornehmen will, beim Bundesamt für Verbraucherschutz und Lebensmittelsicherheit vor dem erstmaligen Inverkehrbringen die Feststellung der Verkehrsfähigkeit beantragt und das Bundesamt diese festgestellt hat. § 12 Abs. 2 gilt entsprechend.

(2) Das Bundesamt für Verbraucherschutz und Lebensmittelsicherheit stellt die Verkehrsfähigkeit fest, wenn das paralleleinzuführende Pflanzenschutzmittel, verglichen mit dem entsprechenden zugelassenen Pflanzenschutzmittel (Referenzmittel),

1. die gleichen Wirkstoffe in vergleichbarer Menge mit entsprechendem Mindestreinheitsgrad und mit bestimmten Verunreinigungen gleicher Art und entsprechendem Höchstgehalt enthält und
2. mit dem Referenzmittel in Zusammensetzung und Beschaffenheit übereinstimmt.

Der Antragsteller hat mit dem Antrag nach Absatz 1 die zur Feststellung der Verkehrsfähigkeit erforderlichen Unterlagen, zu denen er Zugang hat oder deren Beschaffung ihm zugemutet werden kann, sowie die erforderlichen Proben nach Maßgabe der Rechtsverordnung nach Absatz 5 dem Bundesamt für Verbraucherschutz und Lebensmittelsicherheit zu übermitteln.

(3) Ist es zur Feststellung der Verkehrsfähigkeit erforderlich, kann das Bundesamt für Verbraucherschutz und Lebensmittelsicherheit die Vorlage einer Vergleichsuntersuchung des paralleleingeführten Pflanzenschutzmittels mit dem Referenzmittel durch ein nach Maßgabe einer Rechtsverordnung nach Absatz 5 geeignetes Labor oder durch eine vom Bundesamt für Verbraucherschutz und Lebensmittelsicherheit selbst durchgeführte kostenpflichtige Vergleichsuntersuchung verlangen. Das Bundesamt für Verbraucherschutz und Lebensmittelsicherheit kann mit der Durchführung der Analyse ein nach Maßgabe einer Rechtsverordnung nach Absatz 5 geeignetes Labor beauftragen.

(4) Über die festgestellte Verkehrsfähigkeit stellt das Bundesamt für Verbraucherschutz und Lebensmittelsicherheit dem Antragsteller eine Verkehrsfähigkeitsbescheinigung aus.

(5) Das Bundesministerium für Ernährung, Landwirtschaft und Verbraucherschutz wird ermächtigt, durch Rechtsverordnung, die nicht der Zustimmung des Bundesrates bedarf,

1. die Einzelheiten des Verfahrens, insbesondere Art und Umfang der einzureichenden Unterlagen und Proben, zu regeln,
2. die Kriterien der Verkehrsfähigkeit näher zu bestimmen sowie
3. die von den Laboren nach Absatz 3 einzuhaltenden Anforderungen festzulegen.

(6) Das Bundesamt für Verbraucherschutz und Lebensmittelsicherheit macht die Liste der Pflanzenschutzmittel, für die die Verkehrsfähigkeit festgestellt worden ist, sowie das jeweilige Referenzmittel im Bundesanzeiger bekannt.

§ 16d Kennzeichnung paralleleingeführter Pflanzenschutzmittel

(1) Ein paralleleingeführtes Pflanzenschutzmittel darf nur eingeführt oder in Verkehr gebracht werden, wenn es

1. mit
   a) seiner Bezeichnung,
   b) dem Namen und der Anschrift des Inhabers der Verkehrsfähigkeitsbescheinigung,
   c) der vom Bundesamt für Verbraucherschutz und Lebensmittelsicherheit mit der Verkehrsfähigkeitsbescheinigung erteilten Nummer und
2. nach den Vorschriften des § 20 Abs. 1, 2 Nr. 4 bis 7 und Abs. 3, jeweils auch in Verbindung mit einer Rechtsverordnung nach Abs. 5, gekennzeichnet ist.

(2) Die für das Referenzmittel festgesetzten oder nachträglich geänderten Anwendungsgebiete, Anwendungsbestimmungen und Auflagen gelten auch für das paralleleingeführte Pflanzenschutzmittel. Wird für das Referenzmittel eine Genehmigung nach § 18 erteilt, gilt diese auch für das paralleleingeführte Pflanzenschutzmittel.

§ 16e Ende der Verkehrsfähigkeit

(1) Die Feststellung der Verkehrsfähigkeit endet mit Zeitablauf, Widerruf oder Rücknahme der Zulassung des Referenzmittels. Satz 1 gilt nicht, soweit die Zulassung auf Antrag des Zulassungsinhabers widerrufen worden ist und keine Gründe für den Widerruf oder die Rücknahme der Zulassung nach § 16a vorliegen. Im Falle des Satzes 2 endet die Feststellung der Verkehrsfähigkeit ein Jahr nach dem Widerruf der Zulassung des Referenzmittels, spätestens aber zu dem Zeitpunkt, in dem die Zulassung des Referenzmittels durch Zeitablauf geendet hätte.

(2) Die Feststellung der Verkehrsfähigkeit ruht, wenn das Ruhen der Zulassung des Referenzmittels angeordnet ist.

§ 16f Pflichten des Inhabers der Verkehrsfähigkeitsbescheinigung

(1) Formulierungsänderungen des paralleleingeführten Pflanzenschutzmittels hat der Inhaber der Verkehrsfähigkeitsbescheinigung unverzüglich dem Bundesamt für Verbraucherschutz und Lebensmittelsicherheit mitzuteilen. Das Bundes-

amt für Verbraucherschutz und Lebensmittelsicherheit kann vom Inhaber der Verkehrsfähigkeitsbescheinigung zum Nachweis des fortdauernden Vorliegens der Voraussetzungen der Verkehrsfähigkeit innerhalb bestimmter Fristen, Proben des parallel einzuführenden Pflanzenschutzmittels sowie Unterlagen, zu denen er Zugang hat, oder deren Beschaffung ihm zugemutet werden kann, nachfordern, soweit neue Erkenntnisse eine Überprüfung der Verkehrsfähigkeit erfordern.

(2) Erfährt der Inhaber einer Verkehrsfähigkeitsbescheinigung von neuen Erkenntnissen über das von ihm in Verkehr gebrachte Pflanzenschutzmittel hinsichtlich der Auswirkungen des Pflanzenschutzmittels auf die Gesundheit von Mensch und Tier sowie den Naturhaushalt, ist er verpflichtet, dies unverzüglich dem Bundesamt für Verbraucherschutz und Lebensmittelsicherheit anzuzeigen. § 15a Abs. 2 Satz 2 gilt entsprechend.

§ 16g Rücknahme oder Widerruf der Feststellung der Verkehrsfähigkeit

(1) Die Feststellung der Verkehrsfähigkeit ist zurückzunehmen, wenn der Inhaber der Verkehrsfähigkeitsbescheinigung die Feststellung der Verkehrsfähigkeit

1. durch arglistige Täuschung, Drohung oder Bestechung,
2. vorsätzlich oder grob fahrlässig durch Angaben, die in wesentlicher Beziehung unrichtig oder unvollständig waren,

erwirkt hat. Im Übrigen bleibt § 48 des Verwaltungsverfahrensgesetzes unberührt.

(2) Die Feststellung der Verkehrsfähigkeit ist zu widerrufen, wenn der Inhaber der Verkehrsfähigkeitsbescheinigung

1. wiederholt gegen seine Pflichten aus § 16f verstoßen hat oder
2. eine erteilte Verkehrsfähigkeitsbescheinigung dazu missbraucht hat, ein anderes Pflanzenschutzmittel als das, für das die Verkehrsfähigkeitsbescheinigung erteilt wurde, einzuführen oder in Verkehr zu bringen.

In den Fällen des Satzes 1 Nr. 2 darf dem Inhaber der Verkehrsfähigkeitsbescheinigung vor Ablauf von zwei Jahren nach dem Widerruf keine neue Verkehrsfähigkeitsbescheinigung erteilt werden, soweit nicht im Einzelfall eine unbillige Härte gegeben wäre. Im Übrigen bleibt § 49 des Verwaltungsverfahrensgesetzes unberührt.

§ 17 Ermächtigung

(1) Das Bundesministerium für Ernährung, Landwirtschaft und Verbraucherschutz wird ermächtigt, im Einvernehmen mit den Bundesministerien für Wirtschaft und Technologie, für Arbeit und Soziales und für Umwelt, Naturschutz und Reaktorsicherheit durch Rechtsverordnung mit Zustimmung des Bundesrates

1. unter Beachtung der von der Europäischen Gemeinschaft erlassenen Bestimmungen über das Inverkehrbringen von Pflanzenschutzmitteln die näheren Einzelheiten über die Voraussetzungen einer Zulassung nach § 15 Abs. 1 Nr. 3 bis 5, § 15b Abs. 1 Nr. 3 oder § 15c Abs. 1 Nr. 2,

1a. zur Erfüllung der in § 1 genannten Zwecke nähere Einzelheiten zur Festlegung von Anwendungsbestimmungen nach § 15 Abs. 2, auch in Verbindung mit § 15b Abs. 2 und 3, § 15c Abs. 1 Satz 2 und § 18 Abs. 2 sowie deren Ausgestaltung und deren Berücksichtigung bei der Zulassung von Pflanzenschutzmitteln,

2. das Verfahren der Zulassung von Pflanzenschutzmitteln sowie,

3. soweit es zur Erfüllung der in § 1 genannten Zwecke erforderlich ist, die Voraussetzungen und das Verfahren der Anerkennung von Einrichtungen, die die Wirksamkeit von Pflanzenschutzmitteln zur Erstellung der Angaben und Unterlagen für die Zulassung von Pflanzenschutzmitteln untersuchen,

zu regeln.

(2) Das Bundesministerium für Ernährung, Landwirtschaft und Verbraucherschutz wird ermächtigt, soweit es zur Erfüllung der in § 1 genannten Zwecke erforderlich ist, im Einvernehmen mit dem Bundesministerium der Finanzen durch Rechtsverordnung ohne Zustimmung des Bundesrates vorzuschreiben, daß Pflanzenschutzmittel in oder aus Staaten, die nicht Mitgliedstaaten sind, nur über bestimmte Zollstellen eingeführt oder ausgeführt werden dürfen.

(3) Das Bundesamt für Verbraucherschutz und Lebensmittelsicherheit macht im Bundesanzeiger oder im elektronischen Bundesanzeiger[5] bekannt:

1. die Zulassung von Pflanzenschutzmitteln und zugleich den Zeitpunkt, an dem die Zulassung endet,

2. die Rücknahme, den Widerruf, die Rechtsgrundlage des jeweiligen Widerrufs oder das Ruhen der Zulassung und

3. Allgemeinverfügungen nach § 6a Abs. 3 Satz 2.

§ 18 Genehmigung

(1) Das Bundesamt für Verbraucherschutz und Lebensmittelsicherheit genehmigt auf Antrag die Anwendung eines zugelassenen Pflanzenschutzmittels in einem anderen als den mit der Zulassung festgesetzten Anwendungsgebieten, wenn

1. an der Anwendung ein öffentliches Interesse besteht,

2. die zum Nachweis der Genehmigungsvoraussetzungen nach Nummer 4 erforderlichen Angaben und Unterlagen vorgelegt worden sind,

3. Kenntnisse vorliegen, daß das Pflanzenschutzmittel in den beantragten Anwendungsgebieten wirkt und keine nicht vertretbaren Auswirkungen auf die zu schützenden Pflanzen und Pflanzenerzeugnisse hat,

4. die Prüfung ergibt, daß bei bestimmungsgemäßer und sachgerechter Anwendung oder als Folge einer solchen Anwendung die Anforderungen nach § 15 Abs. 1 Nr. 3 Buchstabe c bis e erfüllt werden und

5. die Anwendung vorgesehen ist

   a) an Pflanzen, die nur in geringfügigem Umfang angebaut werden oder deren Anbau von geringfügiger Bedeutung ist,

5 Amtlicher Hinweis: http://www.ebundesanzeiger.de

b) an Pflanzenerzeugnissen, deren Gewinnung von geringfügiger Bedeutung ist,

c) gegen Schadorganismen, die nur gelegentlich oder in bestimmten Gebieten erhebliche Schäden verursachen, oder

d) in anderen Fällen in lediglich geringfügiger Menge.

Unterlagen nach Satz 1 Nr. 2 sind nicht erforderlich, soweit dem Bundesamt für Verbraucherschutz und Lebensmittelsicherheit ausreichende Erkenntnisse für die Prüfung nach Satz 1 Nr. 4 vorliegen.

(2) Auf Genehmigungen nach Absatz 1 sind § 15 Abs. 2 Nr. 2, Abs. 4 und 6 und § 15a Abs. 2 Satz 1 anzuwenden.

(3) Das Bundesamt für Verbraucherschutz und Lebensmittelsicherheit entscheidet über das Vorliegen der Voraussetzungen nach Absatz 1 Satz 1 Nr. 4 in Verbindung mit

1. § 15 Abs. 1 Nr. 3 und Abs. 2 Nr. 2 im Benehmen mit dem Julius Kühn-Institut, soweit in den Nummern 2 und 3 nichts anderes bestimmt ist,

2. § 15 Abs. 1 Nr. 3 Buchstabe d und e und Abs. 2 Nr. 2 hinsichtlich der Gesundheit des Menschen, im Falle des § 15 Abs. 1 Nr. 3 Buchstabe e und Abs. 2 Nr. 2 hinsichtlich der Vermeidung gesundheitlicher Schäden durch Belastung des Bodens, im Benehmen mit dem Bundesinstitut für Risikobewertung,

3. § 15 Abs. 1 Nr. 3 Buchstabe d und e und Abs. 2 Nr. 2 hinsichtlich der Vermeidung von Schäden durch Belastung des Naturhaushaltes sowie durch Abfälle des Pflanzenschutzmittels im Einvernehmen mit dem Umweltbundesamt.

Die in Satz 1 Nr. 1 bis 3 genannten Behörden verbinden ihre Entscheidung mit einer schriftlichen Bewertung, die dem Bundesamt für Verbraucherschutz und Lebensmittelsicherheit vorzulegen ist.

(4) Die Genehmigung gilt nur

1. für die Dauer der Zulassung und soweit die Zulassung nicht ruht und

2. für die Anwendung in Betrieben der Landwirtschaft, einschließlich des Gartenbaus, und der Forstwirtschaft.

§ 6a Abs. 3 gilt entsprechend.

§ 18a Genehmigungsverfahren

(1) Die Genehmigung können, außer dem Zulassungsinhaber, beantragen:

1. derjenige, der Pflanzenschutzmittel zu gewerblichen Zwecken oder im Rahmen sonstiger wirtschaftlicher Unternehmungen in einem Betrieb der Landwirtschaft, einschließlich des Gartenbaus, oder der Forstwirtschaft anwendet,

2. juristische Personen, deren Mitglieder Personen nach Nummer 1 sind, oder

3. amtliche und wissenschaftliche Einrichtungen, die in den Bereichen Landwirtschaft, einschließlich des Gartenbaus, oder Forstwirtschaft tätig sind.

(2) Ist der Antragsteller nicht der Zulassungsinhaber, so ist vor der Entscheidung über die Genehmigung der Zulassungsinhaber zu hören. Wendet dieser gegen die Erteilung der Genehmigung ein, daß das Pflanzenschutzmittel in dem

beantragten Anwendungsgebiet nur unzureichend wirkt oder unvertretbare Schäden an den zu schützenden Pflanzen oder Pflanzenerzeugnissen verursacht, darf das Bundesamt für Verbraucherschutz und Lebensmittelsicherheit die Genehmigung nur erteilen, soweit die Einwände des Zulassungsinhabers nachweislich unbegründet sind.

(3) Das Bundesministerium für Ernährung, Landwirtschaft und Verbraucherschutz wird ermächtigt, im Einvernehmen mit den Bundesministerien für Wirtschaft und Technologie, für Arbeit und Soziales und für Umwelt, Naturschutz und Reaktorsicherheit durch Rechtsverordnung mit Zustimmung des Bundesrates das Genehmigungsverfahren, insbesondere Art und Umfang der Angaben und Unterlagen nach § 18 Abs. 1 Satz 1 Nr. 2, näher zu bestimmen.

(4) Das Bundesamt für Verbraucherschutz und Lebensmittelsicherheit macht die Genehmigung und deren Inhalt sowie die Rücknahme oder den Widerruf der Genehmigung im Bundesanzeiger bekannt.

§ 18b Genehmigung im Einzelfall

(1) Die zuständige Behörde kann auf Antrag im Einzelfall die Anwendung eines zugelassenen Pflanzenschutzmittels in einem anderen als den mit der Zulassung festgesetzten Anwendungsgebieten genehmigen, wenn

1. die Anwendung vorgesehen ist
   a) an Pflanzen, die nur in geringfügigem Umfang angebaut werden, oder
   b) gegen Schadorganismen, die nur in bestimmten Gebieten erhebliche Schäden verursachen,

   und
2. die vorgesehene Anwendung derjenigen in einem mit der Zulassung festgesetzten Anwendungsgebiet entspricht.

§ 18a Abs. 1 Nr. 1 und 2 gilt entsprechend.

(2) Eine Genehmigung nach Absatz 1 zum Zwecke der Anwendung des Pflanzenschutzmittels an Pflanzen und Pflanzenerzeugnissen, aus denen Lebensmittel gewonnen werden können, darf nur erteilt werden, wenn

1. für die bei bestimmungsgemäßer und sachgerechter Anwendung jeweils zu erwartenden Rückstände des Pflanzenschutzmittels in oder auf Lebensmitteln pflanzlicher Herkunft eine Höchstmenge nach der Rückstands-Höchstmengenverordnung oder der Verordnung (EG) Nr. 396/2005 festgesetzt worden ist, und
2. die aus diesen Pflanzen oder Pflanzenerzeugnissen gewonnenen Lebensmittel nur in geringfügigem Umfang zur täglichen durchschnittlichen Verzehrsmenge beitragen.

(3) Vor Erteilung der Genehmigung ist dem Bundesamt für Verbraucherschutz und Lebensmittelsicherheit Gelegenheit zur Stellungnahme zu geben.

(4) Die Genehmigung ist mit

1. den erforderlichen Auflagen zum Schutz der Gesundheit von Mensch und Tier und zum Schutz vor sonstigen schädlichen Auswirkungen, insbesondere auf den Naturhaushalt, sowie

2. dem Vorbehalt des Widerrufs

zu verbinden. Die Genehmigung ist zu befristen. § 18 Abs. 4 Satz 1 Nr. 1 gilt entsprechend.

(5) Die zuständigen Behörden unterrichten das Bundesamt für Verbraucherschutz und Lebensmittelsicherheit zum Ende eines jeden Vierteljahres über erteilte Genehmigungen und deren Anzahl und Inhalt durch Einstellen der Information in eine vom Bundesamt für diesen Zweck zur Verfügung gestellte, nicht öffentliche Datenbank. In entsprechender Weise unterrichten sie über die Rücknahme oder den Widerruf erteilter Genehmigungen. Genehmigungen, die vor dem 13. März 2008 erteilt worden und an diesem Tag noch wirksam sind, sind bis zum 31. Dezember 2007 dem Bundesamt für Verbraucherschutz und Lebensmittelsicherheit nach Maßgabe des Satzes 1 mitzuteilen.

§ 18c Geheimhaltung

(1) Angaben, die ein Betriebs- oder Geschäftsgeheimnis darstellen oder enthalten, dürfen von dem Bundesamt für Verbraucherschutz und Lebensmittelsicherheit nicht offenbart werden, soweit der Antragsteller oder der Zulassungsinhaber die Angaben als geheimhaltungsbedürftig kenntlich gemacht hat. Satz 1 gilt nicht, wenn das Bundesamt für Verbraucherschutz und Lebensmittelsicherheit unter Berücksichtigung des Geheimhaltungsinteresses der Beteiligten ein überwiegendes öffentliches Interesse an der Offenbarung feststellt. Die §§ 13 bis 14b bleiben unberührt.

(2) Nicht unter das Betriebs- und Geschäftsgeheimnis nach Absatz 1 fallen:

1. die Bezeichnung des Pflanzenschutzmittels sowie Name und Anschrift des Zulassungsinhabers,
2. die Angabe der Wirkstoffe nach Art und Menge,
3. die physikalisch-chemischen Angaben zum Pflanzenschutzmittel und zum Wirkstoff,
4. die Zusammenfassung der Ergebnisse der Untersuchungen und Versuche zur Wirksamkeit und zu den Auswirkungen auf die Gesundheit von Mensch und Tier sowie den sonstigen Auswirkungen, insbesondere auf den Naturhaushalt,
5. Angaben zu Vorsichtsmaßnahmen sowie Sofortmaßnahmen bei Unfällen,
6. Analyseverfahren zur Bestimmung der Wirkstoffe, Hilfsstoffe, Verunreinigungen und Rückstände nach § 15 Abs. 1 Nr. 4 und § 15c Abs. 1 Nr. 2 Buchstabe b,
7. Angaben über Verfahren zur sachgerechten Beseitigung oder Neutralisierung des Pflanzenschutzmittels, dessen Behältnis oder Verpackung sowie des Wirkstoffs.

(3) Antragsteller und Zulassungsinhaber haben dem Bundesamt für Verbraucherschutz und Lebensmittelsicherheit unverzüglich die von ihnen veranlaßte Veröffentlichung derjenigen Angaben und Unterlagen mitzuteilen, die sie zuvor nach Absatz 1 Satz 1 als geheimhaltungsbedürftig kenntlich gemacht haben.

§ 19 Meldepflicht

(1) Jährlich bis zum 31. März haben dem Bundesamt für Verbraucherschutz und Lebensmittelsicherheit für das vorangegangene Kalenderjahr zu melden

1. der Hersteller von Pflanzenschutzmitteln,
2. derjenige, der ein Pflanzenschutzmittel erstmals in den Verkehr gebracht hat, und
3. bei der Einfuhr von Pflanzenschutzmitteln derjenige, der die Ware in den freien Verkehr überführt oder überführen läßt,

Art und Menge der von ihm an Empfänger mit Wohnsitz oder Sitz im Inland abgegebenen oder ausgeführten Pflanzenschutzmittel und der jeweils in ihnen enthaltenen Wirkstoffe. Die Meldung hat für jedes Pflanzenschutzmittel getrennt und unter Angabe der Bezeichnung zu erfolgen. Die Sätze 1 und 2 finden keine Anwendung, soweit Pflanzenschutzmittel auf Grund einer Genehmigung nach § 11 Abs. 2 abgegeben werden.

(2) Das Bundesministerium für Ernährung, Landwirtschaft und Verbraucherschutz wird ermächtigt, im Einvernehmen mit den Bundesministerien für Wirtschaft und Technologie und für Umwelt, Naturschutz und Reaktorsicherheit durch Rechtsverordnung, die nicht der Zustimmung des Bundesrates bedarf, Näheres über Inhalt und Form der Meldungen zu regeln.

(3) Das Bundesamt für Verbraucherschutz und Lebensmittelsicherheit unterrichtet die zuständigen Behörden der Länder über die Ergebnisse der Meldungen.

§ 20 Kennzeichnung

(1) Die Vorschriften der §§ 13 bis 15 des Chemikaliengesetzes über die Kennzeichnung sind

1. auf das Inverkehrbringen von Pflanzenschutzmitteln, die keine Stoffe oder Zubereitungen im Sinne des § 3 Nr. 1 oder 4 des Chemikaliengesetzes sind,
2. auf das Inverkehrbringen von Pflanzenschutzmitteln durch Vertriebsunternehmer sowie
3. auf die Einfuhr von Pflanzenschutzmitteln

entsprechend anzuwenden.

(2) Pflanzenschutzmittel dürfen nur in den Verkehr gebracht oder eingeführt werden, wenn zusätzlich zu der Kennzeichnung nach den §§ 13 und 14 des Chemikaliengesetzes auf den Behältnissen und abgabefertigen Packungen in deutscher Sprache und in deutlich sichtbarer, leicht lesbarer Schrift unverwischbar angegeben sind:

1. die Bezeichnung des Pflanzenschutzmittels,
2. die Zulassungsnummer,
3. der Name und die Anschrift des Zulassungsinhabers und desjenigen, der das Pflanzenschutzmittel zur Abgabe an den Anwender verpackt und kennzeichnet, soweit dieser nicht der Zulassungsinhaber ist,
4. die Wirkstoffe nach Art und Menge,

5. das Verfallsdatum bei Pflanzenschutzmitteln mit längstens zweijähriger Haltbarkeit,
6. die Gebrauchsanleitung
   a) mit den nach § 15 Abs. 2, § 15b Abs. 2 und 3, auch in Verbindung mit § 15 Abs. 2, oder § 15c Abs. 1 Satz 2 in Verbindung mit § 15 Abs. 2 festgesetzten Anwendungsgebieten und Anwendungsbestimmungen,
   b) entsprechend den Auflagen nach § 15 Abs. 4 Satz 1, § 15b Abs. 5 Satz 1 und 2, auch in Verbindung mit Abs. 3, oder § 15c Abs. 1 Satz 2 in Verbindung mit § 15 Abs. 4 Satz 1,
   c) mit der Angabe „Anwendung im Haus- und Kleingartenbereich zulässig" soweit das Bundesamt für Verbraucherschutz und Lebensmittelsicherheit die Eignung nach § 15 Abs. 2 Nr. 3, auch in Verbindung mit § 15b Abs. 2 Satz 1 und § 15c Abs. 1 Satz 2, mit der Zulassung festgestellt hat,
7. nach § 3 Abs. 1 Nr. 3 und § 7 Abs. 1 Nr. 1 und 2 erlassene Verbote oder Beschränkungen,
8. das Herstellungsdatum.

(3) In die Gebrauchsanleitung sind die von der Zulassungsbehörde festgesetzten Anwendungsgebiete und Anwendungsbestimmungen unter der Überschrift „Von der Zulassungsbehörde festgesetzte Anwendungsgebiete und -bestimmungen" deutlich getrennt von den übrigen Angaben und Aufschriften aufzunehmen.

(3a) Die Absätze 1 und 2 gelten nicht hinsichtlich der Einfuhr eines Pflanzenschutzmittels durch den Hersteller oder Vertriebsunternehmer.

(4) Absatz 2 gilt nicht für Pflanzenschutzmittel, die für die Ausfuhr bestimmt sind oder sich im Falle der Einfuhr in einem Freihafen oder als Zollgut unter zollamtlicher Überwachung befinden.

(5) Das Bundesministerium für Ernährung, Landwirtschaft und Verbraucherschutz wird ermächtigt, im Einvernehmen mit den Bundesministerien für Arbeit und Soziales und für Umwelt, Naturschutz und Reaktorsicherheit durch Rechtsverordnung mit Zustimmung des Bundesrates

1. soweit es zur Erfüllung der in § 1 genannten Zwecke erforderlich ist,
   a) den Inhalt der Angaben nach Absatz 2 näher zu bestimmen,
   b) vorzuschreiben, daß zusätzlich zu den Angaben nach den Absätzen 1 bis 3 auf Behältnissen und abgabefertigen Packungen bestimmte weitere Angaben anzubringen sind und ihren Inhalt festzulegen,
   c) Art und Form der Kennzeichnung näher zu regeln,
   d) die Verwendung bestimmter Behältnisse, Packungen oder Verpackungsmaterialien vorzuschreiben sowie die Schließung der Behältnisse oder Packungen einschließlich der Verschlußsicherung zu regeln,
   e) für das Inverkehrbringen von Kultursubstraten, die Pflanzenschutzmittel enthalten oder denen Pflanzenschutzmittel anhaften, eine bestimmte Kennzeichnung vorzuschreiben;
2. soweit dadurch die in § 1 genannten Zwecke nicht beeinträchtigt werden vorzusehen, daß Angaben nach den Absätzen 1 bis 3 sowie Angaben, die

auf Grund einer Rechtsverordnung nach Nummer 1 Buchstabe a, b und e anzubringen sind, auf einer das Behältnis oder die Packung begleitenden Packungsbeilage enthalten sein können; in diesen Fällen ist auf den Behältnissen und abgabefertigen Packungen auf die Packungsbeilage hinzuweisen.

§ 21 Verbotene Angaben

Beim Inverkehrbringen von Pflanzenschutzmitteln zu gewerblichen Zwecken oder im Rahmen sonstiger wirtschaftlicher Unternehmungen oder in der Werbung für Pflanzenschutzmittel dürfen keine Angaben verwendet werden, die darauf hindeuten, daß diese Mittel in größerer Menge, in höherer Konzentration, zu anderer Zeit oder unter Einhaltung kürzerer Wartezeiten angewandt werden können, als sich aus der Gebrauchsanleitung oder einer im Bundesanzeiger nach § 18a Abs. 4 bekanntgemachten Genehmigung ergibt. Dies gilt nicht für Pflanzenschutzmittel, die für die Ausfuhr bestimmt sind.

§ 21a Anzeigepflicht

(1) Wer Pflanzenschutzmittel zu gewerblichen Zwecken oder im Rahmen sonstiger wirtschaftlicher Unternehmungen in den Verkehr bringen oder zu gewerblichen Zwecken einführen will, hat dies der für den Betriebssitz und den Ort der Tätigkeit, im Falle der Einfuhr der für den Betriebssitz oder die Niederlassung zuständigen Behörde vor Aufnahme der Tätigkeit anzuzeigen. Die Landesregierungen werden ermächtigt, durch Rechtsverordnung die näheren Vorschriften über die Anzeige und das Anzeigeverfahren zu erlassen. Sie können diese Befugnis durch Rechtsverordnung auf andere Behörden übertragen.

(2) Wer zu gewerblichen Zwecken oder im Rahmen sonstiger wirtschaftlicher Unternehmungen das Inverkehrbringen oder die Einfuhr von Pflanzenschutzmitteln im oder ins Inland vermittelt oder Hilfsleistungen für die Einfuhr von Pflanzenschutzmitteln anbietet, hat dies dem Bundesamt für Verbraucherschutz und Lebensmittelsicherheit vor Aufnahme der Tätigkeit anzuzeigen. Das Bundesministerium für Ernährung, Landwirtschaft und Verbraucherschutz wird ermächtigt, durch Rechtsverordnung ohne Zustimmung des Bundesrates die näheren Vorschriften über die Anzeige und das Anzeigeverfahren zu erlassen. Das Bundesamt für Verbraucherschutz und Lebensmittelsicherheit stellt die Liste der eingegangenen Anzeigen den nach Landesrecht zuständigen Behörden zur Erfüllung ihrer Aufgaben nach § 34 zur Verfügung.

§ 22 Abgabe

(1) Pflanzenschutzmittel dürfen nicht durch Automaten oder durch andere Formen der Selbstbedienung in den Verkehr gebracht werden. Die Vorschriften über die Abgabe gefährlicher Stoffe oder Zubereitungen, die auf Grund des § 17 Abs. 1 Nr. 1 Buchstabe a und c des Chemikaliengesetzes erlassen worden sind, gelten für die Abgabe von Pflanzenschutzmitteln entsprechend.

(2) Bei der Abgabe von Pflanzenschutzmitteln haben der Gewerbetreibende und derjenige, der für ihn Pflanzenschutzmittel abgibt, den Erwerber über die Anwendung des Pflanzenschutzmittels, insbesondere über Verbote und Beschränkungen, zu unterrichten.

(3) Das Feilhalten und die Abgabe von Pflanzenschutzmitteln im Einzel- oder Versandhandel ist von der zuständigen Behörde ganz oder teilweise zu untersagen, wenn Tatsachen die Annahme rechtfertigen, daß der Gewerbetreibende oder derjenige, der für ihn Pflanzenschutzmittel abgibt, nicht die erforderliche Zuverlässigkeit und die für eine sachgerechte Unterrichtung des Erwerbers über die Anwendung der Pflanzenschutzmittel und die damit verbundenen Gefahren erforderlichen fachlichen Kenntnisse hat.

(4) Die erforderlichen fachlichen Kenntnisse sind der zuständigen Behörde auf Verlangen nachzuweisen. § 10 Abs. 3 Satz 2 bis 4 gilt entsprechend.

§ 23 Ausfuhr

(1) Soweit nicht Regelungen in anderen Rechtsvorschriften getroffen worden sind, dürfen Pflanzenschutzmittel zu gewerblichen Zwecken oder im Rahmen sonstiger wirtschaftlicher Unternehmungen in andere als Mitgliedstaaten nur ausgeführt werden, wenn

1. auf den Behältnissen und abgabefertigen Packungen in deutlich sichtbarer, leicht lesbarer Schrift unverwischbar die Bezeichnung des Pflanzenschutzmittels, die Wirkstoffe nach Art und Menge und das Verfallsdatum bei Pflanzenschutzmitteln mit längstens zweijähriger Haltbarkeit angegeben sind und
2. den Behältnissen und abgabefertigen Packungen eine Gebrauchsanleitung mit Angaben über
   a) die bestimmungsgemäße und sachgerechte Anwendung,
   b) mögliche schädliche Auswirkungen auf die Gesundheit von Mensch und Tier sowie auf den Naturhaushalt,
   c) Vorsichtsmaßnahmen sowie Sofortmaßnahmen bei Unfällen,
   d) die sachgerechte Beseitigung oder Neutralisierung

   beigefügt ist.

Im übrigen sind bei der Ausfuhr internationale Vereinbarungen, insbesondere der Verhaltenskodex für das Inverkehrbringen und die Anwendung von Pflanzenschutz- und Schädlingsbekämpfungsmitteln der Ernährungs- und Landwirtschaftsorganisation der Vereinten Nationen, zu berücksichtigen.

(2) Für die Ausfuhr bestimmte Pflanzenschutzmittel, die

1. nicht nach den Vorschriften dieses Gesetzes zugelassen sind,
2. nicht nach § 20 Abs. 2 Nr. 2, 6 und 7 und Abs. 3 gekennzeichnet sind oder
3. mit Angaben nach § 21 versehen sind,

sind von den für die Anwendung innerhalb des Geltungsbereichs dieses Gesetzes bestimmten Pflanzenschutzmitteln getrennt zu halten und entsprechend kenntlich zu machen. Satz 1 Nr. 2 gilt entsprechend für Kultursubstrate, für die die Kennzeichnung in einer Rechtsverordnung nach § 20 Abs. 5 Nr. 1 Buchstabe e vorgeschrieben worden ist.

(3) Das Bundesministerium für Ernährung, Landwirtschaft und Verbraucherschutz wird ermächtigt, soweit dies

1. zur Durchführung von Rechtsakten der Europäischen Gemeinschaft oder
2. zur Abwehr erheblicher, auf andere Weise nicht zu behebender Gefahren für die Gesundheit von Mensch oder Tier oder sonstiger Gefahren, insbesondere für den Naturhaushalt,

erforderlich ist, im Einvernehmen mit den Bundesministerien für Wirtschaft und Technologie, für Arbeit und Soziales, für Umwelt, Naturschutz und Reaktorsicherheit und für wirtschaftliche Zusammenarbeit und Entwicklung durch Rechtsverordnung mit Zustimmung des Bundesrates die Ausfuhr bestimmter Pflanzenschutzmittel oder von Pflanzenschutzmitteln mit bestimmten Stoffen in Staaten außerhalb der Europäischen Gemeinschaft zu verbieten. § 5 Abs. 1 gilt entsprechend.

§ 23a Getrennte Lagerung

Lebensmittel oder Futtermittel, die für die Ausfuhr bestimmt sind und die mit Pflanzenschutzmitteln behandelt worden sind, deren Inverkehrbringen oder Einfuhr nach § 11 Abs. 2 Satz 1 Nr. 3 genehmigt worden ist, sind von den für das Inverkehrbringen im Inland bestimmten Lebensmitteln und Futtermitteln getrennt zu halten und entsprechend kenntlich zu machen.

Fünfter Abschnitt
Pflanzenschutzgeräte

§ 24 Inverkehrbringen, Einfuhr

Pflanzenschutzgeräte dürfen nur in den Verkehr gebracht oder eingeführt werden, wenn sie so beschaffen sind, daß ihre bestimmungsgemäße und sachgerechte Verwendung beim Ausbringen von Pflanzenschutzmitteln keine schädlichen Auswirkungen auf die Gesundheit von Mensch und Tier und auf Grundwasser sowie keine sonstigen schädlichen Auswirkungen, insbesondere auf den Naturhaushalt, hat, die nach dem Stande der Technik vermeidbar sind.

§ 25 Erklärung

(1) Vor dem erstmaligen Inverkehrbringen oder der erstmaligen Einfuhr von Pflanzenschutzgeräten außer Kleingeräten hat der Hersteller, der Vertriebsunternehmer, wenn er das Pflanzenschutzgerät erstmalig in den Verkehr bringen will, oder derjenige, der das Pflanzenschutzgerät erstmalig zu gewerblichen Zwecken einführt, dem Julius Kühn-Institut zu erklären, daß der Gerätetyp den Anforderungen nach § 24 entspricht.

(2) Die Erklärung muß enthalten:

1. den Namen und die Anschrift des Herstellers, Vertriebsunternehmers oder Einführers,
2. die Bezeichnung des Gerätetyps und den Verwendungsbereich.

(3) Der Erklärung müssen beigefügt sein:

1. die Gebrauchsanleitung,

2. die Beschreibung des Gerätetyps und
3. die sonstigen für die Beurteilung erforderlichen Unterlagen.

(4) Bei Änderungen des Gerätetyps, die das Ausbringen der Pflanzenschutzmittel beeinflussen, müssen die Unterlagen nach Absatz 3 neu eingereicht oder ergänzt werden.

(5) Das Julius Kühn-Institut kann auf die Erklärung verzichten, wenn die Pflanzenschutzgeräte für Forschungs-, Untersuchungs-, Versuchs- oder Ausstellungszwecke bestimmt sind.

§ 26 Pflanzenschutzgeräteliste

(1) Das Julius Kühn-Institut führt eine Liste der Gerätetypen, für die eine Erklärung nach § 25 abgegeben worden ist (Pflanzenschutzgeräteliste).

(2) Das Julius Kühn-Institut macht die Eintragung in die Pflanzenschutzgeräteliste und die Löschung der Eintragung im Bundesanzeiger bekannt.

§ 27 Prüfung

(1) Das Julius Kühn-Institut kann Pflanzenschutzgeräte daraufhin prüfen, ob sie den Anforderungen nach § 24 entsprechen. Es hat mit Vorrang die Pflanzenschutzgeräte zu prüfen, für die die Erklärung oder die ihr beigefügten Unterlagen zu Bedenken Anlaß geben, ob die Pflanzenschutzgeräte den Anforderungen nach § 24 entsprechen.

(2) Das Julius Kühn-Institut kann im Einzelfall anordnen, daß der Hersteller, Vertriebsunternehmer oder Einführer ihr ein Pflanzenschutzgerät zur Prüfung übersendet.

§ 28 Ergebnis der Prüfung

Ergibt die Prüfung, daß ein Pflanzenschutzgerät nicht den Anforderungen entspricht, so löscht das Julius Kühn-Institut die Eintragung in der Pflanzenschutzgeräteliste. Bei leichteren Mängeln kann das Julius Kühn-Institut zunächst von der Löschung absehen und dem Hersteller, Vertriebsunternehmer oder Einführer eine angemessene Frist zur Beseitigung der Mängel setzen. Bis zum Ablauf der Frist dürfen Pflanzenschutzgeräte dieses Gerätetyps abweichend von § 24 mit diesen Mängeln weiterhin in den Verkehr gebracht werden.

§ 29 Gebrauchsanleitung

Bei der Einfuhr und beim Inverkehrbringen eines Pflanzenschutzgerätes ist die Gebrauchsanleitung in deutscher Sprache mitzuliefern. Auf ihr sind zusätzlich anzugeben:

1. der Name und die Anschrift des Herstellers, Vertriebsunternehmers oder Einführers,
2. die Bezeichnung des Gerätetyps und der Verwendungsbereich.

§ 30 Ermächtigungen

(1) Das Bundesministerium für Ernährung, Landwirtschaft und Verbraucherschutz wird ermächtigt, durch Rechtsverordnung mit Zustimmung des Bundesrates,

1. soweit es zur Erfüllung des in § 1 Nr. 4 genannten Zwecks erforderlich ist,
   a) die Anforderungen an Pflanzenschutzgeräte nach § 24 näher festzusetzen,
   b) Verfügungsberechtigte und Besitzer zu verpflichten, im Gebrauch befindliche Pflanzenschutzgeräte prüfen zu lassen,
   c) die Verwendung von Pflanzenschutzgeräten zu verbieten, die den in einer Rechtsverordnung nach Buchstabe a festgesetzten Anforderungen nicht entsprechen oder nicht nach Buchstabe b geprüft sind,
2. den Begriff der Kleingeräte nach § 25 Abs. 1 abzugrenzen,
3. das Verfahren
   a) der Prüfung von Pflanzenschutzgeräten vor dem erstmaligen Inverkehrbringen, insbesondere Art und Umfang der nach § 25 Abs. 3 einzureichenden Unterlagen, und
   b) das Verfahren der Prüfung von im Gebrauch befindlichen Pflanzenschutzgeräten zu regeln.

In einer Rechtsverordnung nach Satz 1 Nr. 3 Buchstabe b kann auch bestimmt werden, dass Teile des zu prüfenden Pflanzenschutzgerätes, die dem Anwenderschutz oder der Verkehrssicherheit dienen, in die Prüfung einzubeziehen sind.

(2) Die Landesregierungen werden ermächtigt, durch Rechtsverordnung, soweit es zur Erfüllung des in § 1 Nr. 4 genannten Zwecks erforderlich ist, Verfügungsberechtigte und Besitzer zu verpflichten, im Gebrauch befindliche Pflanzenschutzgeräte prüfen zu lassen und das Verfahren hierfür zu regeln, soweit das Bundesministerium für Ernährung, Landwirtschaft und Verbraucherschutz von seiner Befugnis keinen Gebrauch macht. Dabei können sie auch bestimmen, daß die Prüfung durch amtlich anerkannte Kontrollwerkstätten vorgenommen wird, sowie die Anforderung an die Anerkennung, den Verlust der Anerkennung und das Verfahren zur Anerkennung regeln. Die Landesregierungen können durch Rechtsverordnung diese Befugnis auf oberste Landesbehörden übertragen und dabei bestimmen, daß diese ihre Befugnis durch Rechtsverordnung auf nachgeordnete oder ihrer Aufsicht unterstehende Behörden weiter übertragen können.

Sechster Abschnitt
Pflanzenstärkungsmittel, Zusatzstoffe, Wirkstoffe

§ 31 Inverkehrbringen von Pflanzenstärkungsmitteln

(1) Pflanzenstärkungsmittel dürfen nur in den Verkehr gebracht werden, wenn sie
1. bei bestimmungsgemäßer und sachgerechter Anwendung oder als Folge einer solchen Anwendung keine schädlichen Auswirkungen, insbesondere auf die Gesundheit von Mensch und Tier, das Grundwasser und den Naturhaushalt, haben,
2. in eine Liste des Bundesamtes für Verbraucherschutz und Lebensmittelsicherheit über Pflanzenstärkungsmittel aufgenommen worden sind und

3. auf den Behältnissen und äußeren Umhüllungen oder Packungsbeilagen mit den Angaben nach § 31a Abs. 1 Satz 2 Nr. 1 bis 5, der Angabe „Pflanzenstärkungsmittel" und der Listennummer versehen sind.

(2) *(weggefallen)*

§ 31a Aufnahme in die Liste

(1) Pflanzenstärkungsmittel werden in die Liste nach § 31 Abs. 1 Nr. 2 aufgenommen, wenn der Hersteller, Vertriebsunternehmer oder Einführer die Aufnahme beantragt. Der Antrag muß enthalten:

1. den Namen und die Anschrift des Antragstellers,
2. die Bezeichnung des Pflanzenstärkungsmittels,
3. Angaben über die Zusammensetzung nach Art und Menge mit den gebräuchlichen wissenschaftlichen Bezeichnungen,
4. Angaben über die Wirkungsweise,
5. die Gebrauchsanleitung und
6. die für die Behältnisse und äußeren Umhüllungen oder für die Packungsbeilagen vorgesehene Kennzeichnung.

Mit dem Antrag ist ferner zu erklären, daß das Pflanzenstärkungsmittel den Anforderungen nach § 31 Abs. 1 Nr. 1 entspricht. Das Bundesministerium für Ernährung, Landwirtschaft und Verbraucherschutz wird ermächtigt, im Einvernehmen mit den Bundesministerien für Wirtschaft und Technologie, für Arbeit und Soziales und für Umwelt, Naturschutz und Reaktorsicherheit durch Rechtsverordnung mit Zustimmung des Bundesrates das Verfahren der Aufnahme in die Liste über Pflanzenstärkungsmittel, insbesondere Inhalt und Form des Antrags, zu regeln.

(2) Das Bundesamt für Verbraucherschutz und Lebensmittelsicherheit kann, sofern die ihr vorgelegten Angaben und Unterlagen zu Bedenken Anlaß geben, ob das Pflanzenstärkungsmittel den Anforderungen nach § 31 Abs. 1 Nr. 1 entspricht, vom Antragsteller die Vorlage der für eine Prüfung des Pflanzenstärkungsmittels erforderlichen Unterlagen und Proben verlangen.

(3) Das Bundesamt für Verbraucherschutz und Lebensmittelsicherheit entscheidet innerhalb von vier Monaten nach Eingang des Antrags über die Aufnahme in die Liste über Pflanzenstärkungsmittel. Es trifft seine Entscheidung hinsichtlich

1. möglicher schädlicher Auswirkungen auf die Gesundheit von Mensch und Tier im Benehmen mit dem Bundesinstitut für Risikobewertung,
2. möglicher schädlicher Auswirkungen auf den Naturhaushalt im Benehmen mit dem Umweltbundesamt,
3. anderer schädlicher Auswirkungen im Sinne des § 31 Abs. 1 Nr. 1 im Benehmen mit dem Julius Kühn-Institut.

Die in Satz 1 Nr. 1 bis 3 genannten Behörden verbinden ihre Entscheidung mit einer schriftlichen Bewertung, die dem Bundesamt für Verbraucherschutz und Lebensmittelsicherheit vorzulegen ist. Verlangt das Bundesamt für Verbraucherschutz und Lebensmittelsicherheit Unterlagen oder Proben nach Absatz 2, bevor das Pflanzenstärkungsmittel in die Liste aufgenommen worden ist, entscheidet es innerhalb von vier Monaten nach Eingang der Unterlagen oder Proben.

(4) Ergibt sich aus den Unterlagen oder Proben, daß ein Pflanzenstärkungsmittel den Anforderungen nach § 31 Abs. 1 Nr. 1 nicht entspricht, so lehnt das Bundesamt für Verbraucherschutz und Lebensmittelsicherheit die Aufnahme des Pflanzenstärkungsmittels in die Liste ab.

(5) Der Antragsteller hat dem Bundesamt für Verbraucherschutz und Lebensmittelsicherheit Änderungen gegenüber den Angaben und Unterlagen nach Absatz 1 Satz 2 und Absatz 2 unverzüglich anzuzeigen.

§ 31b Prüfung

(1) Das Bundesamt für Verbraucherschutz und Lebensmittelsicherheit kann Pflanzenstärkungsmittel, auch nach Aufnahme in die Liste, daraufhin prüfen, ob sie den Anforderungen nach § 31 Abs. 1 Nr. 1 entsprechen. Es hat mit Vorrang die Pflanzenstärkungsmittel zu prüfen, für die der Antrag, die ihm beigefügten Angaben oder die Unterlagen und Proben nach § 31a Abs. 2 zu Bedenken Anlaß geben, ob das Pflanzenstärkungsmittel den Anforderungen nach § 31 Abs. 1 Nr. 1 entspricht.

(2) Ergibt eine nachträgliche Prüfung, daß ein in die Liste aufgenommenes Pflanzenstärkungsmittel den Anforderungen nach § 31 Abs. 1 Nr. 1 nicht entspricht, so streicht das Bundesamt für Verbraucherschutz und Lebensmittelsicherheit das Pflanzenstärkungsmittel aus der Liste. In diesem Fall ist die Rückgabe des Pflanzenstärkungsmittels an den Hersteller oder einen von ihm beauftragten Dritten zulässig.

(3) Das Bundesamt für Verbraucherschutz und Lebensmittelsicherheit macht die Aufnahme in die Liste über Pflanzenstärkungsmittel und das Streichen aus der Liste im Bundesanzeiger bekannt.

§ 31c Zusatzstoffe

(1) Stoffe, die dazu bestimmt sind, Pflanzenschutzmitteln zugesetzt zu werden, um ihre Eigenschaften oder Wirkungen zu verändern (Zusatzstoffe), ausgenommen Wasser und Düngemittel im Sinne des Düngemittelgesetzes, dürfen in der Formulierung, in der die Abgabe an den Anwender vorgesehen ist, nur in den Verkehr gebracht werden, wenn sie die Anforderungen nach § 31 Abs. 1 Nr. 1 erfüllen und in eine Liste des Bundesamtes für Verbraucherschutz und Lebensmittelsicherheit über Zusatzstoffe aufgenommen worden sind.

(2) Für Zusatzstoffe gelten die Vorschriften über Pflanzenstärkungsmittel entsprechend. Das Bundesministerium für Ernährung, Landwirtschaft und Verbraucherschutz wird ermächtigt, im Einvernehmen mit den Bundesministerien für Wirtschaft und Technologie, für Arbeit und Soziales und für Umwelt, Naturschutz und Reaktorsicherheit durch Rechtsverordnung mit Zustimmung des Bundesrates das Verfahren der Aufnahme in die Liste über Zusatzstoffe, insbesondere Inhalt und Form des Antrags, zu regeln.

§ 31d Verkehr mit Pflanzenschutzmittelwirkstoffen

(1) Wirkstoffe, die zur Herstellung von Pflanzenschutzmitteln oder zur Verwendung als Pflanzenschutzmittel bestimmt sind, dürfen nur in den Verkehr gebracht oder eingeführt werden, wenn

1. die Wirkstoffe nach den §§ 13 bis 15 des Chemikaliengesetzes eingestuft, verpackt und gekennzeichnet sind und
2. den Mitgliedstaaten und der Kommission der Europäischen Gemeinschaft die nach Anhang II der Richtlinie 91/414/EWG erforderlichen Angaben und Unterlagen unter Beifügung einer Erklärung vorgelegt worden sind, daß der Wirkstoff zur Verwendung in Pflanzenschutzmitteln oder zur Anwendung als Pflanzenschutzmittel bestimmt ist; dies gilt nicht für Wirkstoffe, die zu Versuchszwecken in den Verkehr gebracht oder eingeführt werden.

(2) Das Bundesministerium für Ernährung, Landwirtschaft und Verbraucherschutz wird ermächtigt, soweit es zur Erfüllung der in § 1 genannten Zwecke erforderlich ist, im Einvernehmen mit den Bundesministerien für Wirtschaft und Technologie, für Arbeit und Soziales und für Umwelt, Naturschutz und Reaktorsicherheit durch Rechtsverordnung mit Zustimmung des Bundesrates das Verfahren der Vorlage, insbesondere Art und Umfang der Unterlagen, zu regeln.

Siebter Abschnitt
Entschädigung, Forderungsübergang

§ 32 Entschädigung

(1) Soweit auf Grund dieses Gesetzes Pflanzen oder Pflanzenerzeugnisse, die weder befallen noch befallsverdächtig sind, oder sonstige Gegenstände, die weder Träger von Schadorganismen sind noch im Verdacht stehen, Träger von Schadorganismen zu sein, vernichtet werden, ist eine angemessene Entschädigung in Geld zu leisten. Die Entschädigung ist unter gerechter Abwägung der Interessen der Allgemeinheit und der Beteiligten festzusetzen.

(2) Wird durch eine Maßnahme auf Grund dieses Gesetzes dem Betroffenen ein Vermögensnachteil zugefügt, der nicht nach Absatz 1 abzugelten ist, so ist eine Entschädigung in Geld zu gewähren, soweit dies zur Abwendung oder zum Ausgleich unbilliger Härten geboten erscheint.

(3) Eine Entschädigung wird nicht gewährt, wenn der vom Eingriff Betroffene oder sein Rechtsvorgänger zu der Maßnahme durch eine Zuwiderhandlung gegen dieses Gesetz oder gegen eine nach diesem Gesetz erlassene Rechtsverordnung oder Anordnung Anlaß gegeben hat.

(4) Für Streitigkeiten über die Entschädigungsansprüche ist der ordentliche Rechtsweg gegeben.

§ 32a Forderungsübergang

Wird eine Entschädigung nach § 32 Abs. 1 oder 2 geleistet oder ein Ausgleich aus Anlaß behördlich angeordneter Maßnahmen zur Bekämpfung oder Verhinderung der Verschleppung von Schadorganismen gewährt und beteiligt sich die Europäische Gemeinschaft an der Entschädigung oder dem Ausgleich, kann das Bundesministerium für Ernährung, Landwirtschaft und Verbraucherschutz, soweit es zur Durchführung von Rechtsakten der Europäischen Gemeinschaft erforderlich ist, durch Rechtsverordnung mit Zustimmung des Bundesrates vorschreiben, daß Forderungen auf Entschädigung oder Schadensersatz eines Entschädigungs- oder Ausgleichsberechtigten, die ihm gegen Dritte zustehen, auf die Europäische Gemeinschaft in Höhe der anteiligen Finanzierung der Entschädigung oder des Ausgleichs an diese übergehen. Nähere Einzelheiten des Forderungsübergangs und ein Forderungsübergang im übrigen auf die Länder, insbesondere Umfang und Verfahren, können in der Rechtsverordnung nach Satz 1 geregelt werden.

Achter Abschnitt
Behörden, Überwachung

§ 33 Julius Kühn-Institut

(1) Das Julius Kühn-Institut ist eine selbständige Bundesoberbehörde im Geschäftsbereich des Bundesministeriums für Ernährung, Landwirtschaft und Verbraucherschutz.

(2) Das Julius Kühn-Institut hat zusätzlich zu den Aufgaben, die ihm durch dieses Gesetz, durch Rechtsverordnungen nach § 30 Abs. 1 und § 38b Satz 2 oder durch andere Rechtsvorschriften übertragen sind oder werden, folgende Aufgaben:

1. die Unterrichtung und Beratung der Bundesregierung auf dem Gebiet des Pflanzenschutzes,
2. Forschung im Rahmen des Zwecks dieses Gesetzes, einschließlich bibliothekarischer und dokumentarischer Erfassung, Auswertung und Bereitstellung von Informationen,
3. Forschung
   a) in den Bereichen Pflanzenbau, Grünlandwirtschaft und Pflanzenernährung und
   b) im Bereich der Pflanzengenetik sowie

   Unterrichtung und Beratung des Bundesministeriums für Ernährung, Landwirtschaft und Verbraucherschutz in allen Fragen, die zu den Aufgaben des Julius Kühn-Instituts nach Buchstaben a und b gehören,
4. Mitwirkung bei der Überwachung der Pflanzenschutzgeräte der in die Pflanzenschutzgeräteliste eingetragenen Gerätetypen,
5. die Prüfung von Pflanzenschutzgeräten,
6. die Prüfung und die Entwicklung von Verfahren des Pflanzenschutzes sowie die Mitwirkung beim Schließen von Bekämpfungslücken,
7. die Prüfung von Pflanzen auf ihre Widerstandsfähigkeit gegen Schadorganismen,
8. die Untersuchung von Bienen auf Schäden durch zugelassene Pflanzenschutzmittel,

9. Risikoanalyse und -bewertung im Bereich der Ein- und Verschleppung von Schadorganismen sowie Mitwirkung bei der Erarbeitung nationaler und internationaler Normen auf dem Gebiet der Pflanzengesundheit,
10. Mitwirkung an und Begleitung von Programmen und Maßnahmen, einschließlich der Überwachung, der Länder und der Europäischen Gemeinschaft zur Verhinderung der Ein- und Verschleppung von Schadorganismen,
11. Mitwirkung an der Prüfung von Pflanzenschutzmittelwirkstoffen nach den von der Europäischen Gemeinschaft erlassenen Bestimmungen.

(3) Das Julius Kühn-Institut kann Geräte und Einrichtungen prüfen, die im Pflanzenschutz benutzt werden, aber keine Pflanzenschutzgeräte sind.

(4) Das Julius Kühn-Institut veröffentlicht eine beschreibende Liste der in die Pflanzenschutzgeräteliste eingetragenen Pflanzenschutzgeräte mit Angaben über die für die Verwendung der Pflanzenschutzgeräte wichtigen Merkmale und Eigenschaften. Prüfergebnisse aus der Praxis des Pflanzenschutzes können verwendet werden. Es macht die nach Artikel X des Internationalen Pflanzenschutzübereinkommens verabschiedeten Standards bekannt.

(5) u. (6) *(weggefallen)*

§ 33a Bundesamt für Verbraucherschutz und Lebensmittelsicherheit

(1) Das Bundesamt für Verbraucherschutz und Lebensmittelsicherheit hat, zusätzlich zu den Aufgaben, die ihm durch dieses Gesetz, durch Rechtsverordnungen nach § 7, § 17 Abs. 1, § 18a Abs. 3, § 19 Abs. 2, § 31a Abs. 1 Satz 4, § 31c Abs. 2 Satz 2, § 31d Abs. 2 und § 38b Satz 2 oder durch andere Rechtsvorschriften übertragen sind oder werden, folgende Aufgaben:

1. Unterrichtung und Beratung der Bundesregierung auf dem Gebiet der Pflanzenschutzmittel, Pflanzenstärkungsmittel und Zusatzstoffe,
2. Mitwirkung bei der Überwachung zugelassener Pflanzenschutzmittel sowie der Pflanzenschutzmittel, deren Verkehrsfähigkeit nach § 16c festgestellt wurde, einschließlich der Untersuchung ihrer inhaltlichen Zusammensetzung zur Überprüfung der Zulassungsvoraussetzungen oder der Verkehrsfähigkeitsvoraussetzungen nach § 16c, und die Mitwirkung bei der Überwachung der in die jeweilige Liste aufgenommenen Pflanzenstärkungsmittel und Zusatzstoffe,
3. Mitwirkung bei der Bekanntmachung der Liste nach § 18 des Infektionsschutzgesetzes,
4. Mitwirkung am Rotterdamer Übereinkommen über das Verfahren der vorherigen Zustimmung nach Inkenntnissetzung für bestimmte gefährliche Chemikalien sowie Pflanzenschutzund Schädlingsbekämpfungsmittel im internationalen Handel für den Bereich Pflanzenschutz,
5. Beteiligung an der Prüfung von Pflanzenschutzmittelwirkstoffen nach den von der Europäischen Gemeinschaft erlassenen Bestimmungen.

(2) Das Bundesamt für Verbraucherschutz und Lebensmittelsicherheit kann prüfen:

1. Pflanzenschutzmittel, die nicht der Zulassung bedürfen,

2. Stoffe, die zur Anwendung im Pflanzenbau bestimmt, aber keine Pflanzenschutzmittel, Pflanzenstärkungsmittel oder Zusatzstoffe sind.

(3) Das Bundesamt für Verbraucherschutz und Lebensmittelsicherheit veröffentlicht eine beschreibende Liste

1. der zugelassenen Pflanzenschutzmittel mit Angaben über die für die Anwendung der Pflanzenschutzmittel wichtigen Merkmale und Eigenschaften, insbesondere die Eignung der Pflanzenschutzmittel für bestimmte Anwendungsgebiete, Boden- und Klimaverhältnisse und den Haus- und Kleingartenbereich, sowie den Zeitpunkt, an dem die Zulassung der Pflanzenschutzmittel endet,
2. der in die jeweilige Liste eingetragenen Pflanzenstärkungsmittel und Zusatzstoffe.

Prüfungsergebnisse aus der Praxis des Pflanzenschutzes können verwertet werden.

(4) Beim Bundesamt für Verbraucherschutz und Lebensmittelsicherheit wird ein Sachverständigenausschuss gebildet, dessen Mitglieder vom Bundesministerium für Ernährung, Landwirtschaft und Verbraucherschutz berufen werden. Der Sachverständigenausschuss ist zu hören

1. vor der Entscheidung über die Zulassung von Pflanzenschutzmitteln nach § 15, § 15b oder § 15c,
2. vor der Entscheidung über die Genehmigung nach § 18,
3. vor der Rücknahme oder dem Widerruf einer Zulassung oder Genehmigung außer bei Gefahr im Verzuge.

(5) Das Bundesministerium für Ernährung, Landwirtschaft und Verbraucherschutz wird ermächtigt, im Einvernehmen mit den Bundesministerien für Arbeit und Soziales und für Umwelt, Naturschutz und Reaktorsicherheit durch Rechtsverordnung mit Zustimmung des Bundesrates die näheren Voraussetzungen über den Sachverständigenausschuss zu erlassen.

§ 34 Durchführung in den Ländern

(1) In den Ländern obliegt die Durchführung dieses Gesetzes einschließlich der Überwachung der Einhaltung seiner Vorschriften sowie der nach diesem Gesetz erlassenen Rechtsverordnungen und erteilten Auflagen den nach Landesrecht zuständigen Behörden.

(2) Als Pflanzenschutzdienst haben die zuständigen Behörden insbesondere folgende Aufgaben:

1. die Überwachung der Pflanzenbestände sowie der Vorräte von Pflanzen und Pflanzenerzeugnissen auf das Auftreten von Schadorganismen,
2. die Überwachung des Beförderns, des Inverkehrbringens, des Lagerns, der Einfuhr und der Ausfuhr von Pflanzen, Pflanzenerzeugnissen und Kultursubstraten im Rahmen des Pflanzenschutzes sowie die Ausstellung der für diese Tätigkeiten erforderlichen Bescheinigungen,
3. die Beratung, Aufklärung und Schulung auf dem Gebiet des Pflanzenschutzes einschließlich der Durchführung des Warndienstes auch unter Verwendung eigener Untersuchungen und Versuche,

4. die Berichterstattung über das Auftreten und die Verbreitung von Schadorganismen,
5. die Prüfung von Pflanzenschutzmitteln, Pflanzenschutzgeräten, Verfahren des Pflanzenschutzes, der Resistenz von Pflanzenarten sowie die Mitwirkung beim Schließen von Bekämpfungslücken,
6. die Durchführung der für die Aufgaben nach den Nummern 1 bis 5 erforderlichen Untersuchungen und Versuche.

§ 34a Behördliche Anordnungen

Die zuständige Behörde kann im Einzelfall die Anordnungen treffen, die zur Beseitigung festgestellter oder zur Verhütung künftiger Verstöße gegen dieses Gesetz oder gegen die auf Grund dieses Gesetzes erlassenen Rechtsverordnungen notwendig sind. Sie kann insbesondere untersagen:

1. die Anwendung eines Pflanzenschutzmittels zur Verhütung von Verstößen gegen § 6 Abs. 2 oder § 6a oder
2. das Inverkehrbringen eines Pflanzenschutzmittels, Pflanzenstärkungsmittels oder eines Pflanzenschutzgerätes, wenn die erforderliche Zulassung oder Genehmigung nicht vorliegt oder die erforderliche Aufnahme in die Liste über Pflanzenstärkungsmittel und die Pflanzenschutzgeräteliste nicht erfolgt ist.

§ 35 Mitwirkung von Zollstellen

(1) Das Bundesministerium der Finanzen und die von ihm bestimmten Zollstellen wirken bei der Überwachung der Einfuhr, Durchfuhr und Ausfuhr von Schadorganismen und Befallsgegenständen sowie der Einfuhr und Ausfuhr von Pflanzenschutzmitteln und Pflanzenschutzgeräten mit. Die genannten Behörden können Sendungen von Pflanzenschutzmittel, Schadorganismen und Befallsgegenständen sowie mitgeführte Gegenstände dieser Art einschließlich deren Beförderungsmittel, Behälter, Lade- und Verpackungsmittel bei der Einfuhr, Durchfuhr und Ausfuhr zur Überwachung anhalten und im Falle von Auflagen zur Begasung von Befallsgegenständen diese unter zollamtlicher Überwachung an die nächste Begasungsstelle weiterleiten.

(2) Das Bundesministerium der Finanzen wird ermächtigt, im Einvernehmen mit dem Bundesministerium für Ernährung, Landwirtschaft und Verbraucherschutz durch Rechtsverordnung ohne Zustimmung des Bundesrates die Einzelheiten des Verfahrens der Überwachung zu regeln. Es kann dabei insbesondere Pflichten zu Anzeigen, Anmeldungen, Auskünften und zur Leistung von Hilfsdiensten sowie zur Duldung der Einsichtnahme in Geschäftspapiere und sonstige Unterlagen und zur Duldung von Besichtigungen und von Entnahmen unentgeltlicher Muster und Proben vorsehen.

§ 36 Einlaßstellen

Das Bundesministerium für Ernährung, Landwirtschaft und Verbraucherschutz gibt im Einvernehmen mit dem Bundesministerium der Finanzen im Bundesanzeiger die Zollstellen bekannt, bei denen

1. Sendungen von Schadorganismen sowie Befallsgegenstände zur Einfuhr oder Ausfuhr abgefertigt werden, wenn die Einfuhr oder Ausfuhr durch Rechtsverordnung nach § 4, oder
2. Pflanzenschutzmittel zur Einfuhr oder Ausfuhr abgefertigt werden, wenn die Einfuhr oder Ausfuhr durch Rechtsverordnung nach § 17 Abs. 2

geregelt ist.

§ 37 Kosten

(1) Das Bundesamt für Verbraucherschutz und Lebensmittelsicherheit erhebt Kosten (Gebühren und Auslagen) für

1. seine Amtshandlungen nach diesem Gesetz und
2. berichterstattende Tätigkeiten, die es im Rahmen des Arbeitsprogramms nach Artikel 8 Abs. 1 und 2 der Richtlinie 91/414/EWG in Verbindung mit den durch Verordnung der Europäischen Gemeinschaft festgesetzten Durchführungsbestimmungen ausführt.

Bei der Bemessung der Höhe der Gebühr nach Satz 1 ist auch der mit den Mitwirkungshandlungen des Bundesinstitutes für Risikobewertung, der Biologischen Bundesanstalt und des Umweltbundesamtes verbundene Verwaltungsaufwand zu berücksichtigen. Im Falle des Satzes Nr. 2 sind die Kosten von demjenigen zu erheben, der die Prüfung eines Wirkstoffs zur Aufnahme in Anhang I der Richtlinie 91/414/EWG veranlaßt hat; in diesem Falle gilt das Verwaltungskostengesetz entsprechend.

(1a) Die Biologische Bundesanstalt erhebt Kosten (Gebühren und Auslagen) für ihre Amtshandlungen nach diesem Gesetz und den aufgrund dieses Gesetzes erlassenen Verordnungen.

(2) Das Bundesministerium für Ernährung, Landwirtschaft und Verbraucherschutz wird ermächtigt, im Einvernehmen mit den Bundesministerien der Finanzen und für Wirtschaft und Technologie durch Rechtsverordnung, die nicht der Zustimmung des Bundesrates bedarf, die gebührenpflichtigen Tatbestände zu bestimmen und dabei feste Sätze oder Rahmensätze vorzusehen. Werden gebührenpflichtige Tatbestände geregelt, bei denen die Mitwirkung des Umweltbundesamtes gesetzlich vorgeschrieben ist, ist auch das Einvernehmen des Bundesministeriums für Umwelt, Naturschutz und Reaktorsicherheit erforderlich. Der Nutzen der Pflanzenschutzmittel, Pflanzenschutzgeräte, Verfahren des Pflanzenschutzes sowie der Geräte und Einrichtungen, die im Pflanzenschutz benutzt werden, für die Allgemeinheit ist angemessen zu berücksichtigen. Die zu erstattenden Auslagen können abweichend vom Verwaltungskostengesetz geregelt werden.

Neunter Abschnitt
Auskunftspflicht, Übermittlung von Daten, Straf- und Bußgeldvorschriften

§ 38 Auskunftspflicht

(1) Natürliche und juristische Personen und nichtrechtsfähige Personenvereinigungen haben der zuständigen Behörde auf Verlangen die Auskünfte zu erteilen, die zur Durchführung der der Behörde durch dieses Gesetz oder auf Grund dieses Gesetzes übertragenen Aufgaben erforderlich sind.

(2) Personen, die von der zuständigen Behörde beauftragt sind, dürfen im Rahmen des Absatzes 1 Grundstücke, Geschäftsräume, Betriebsräume und Transportmittel des Auskunftspflichtigen während der Geschäfts- und Betriebszeit betreten und dort

1. Besichtigungen sowie Untersuchungen auf Schadorganismen vornehmen und Pflanzenschutzgeräte prüfen,
2. Proben ohne Entgelt gegen Empfangsbescheinigung entnehmen und
3. geschäftliche Unterlagen einsehen;

sie können dabei von Sachverständigen der Kommission der Europäischen Gemeinschaft oder anderer Mitgliedstaaten begleitet werden. Zur Verhütung dringender Gefahren für die öffentliche Sicherheit und Ordnung dürfen die Grundstücke, Geschäftsräume, Betriebsräume und Transportmittel auch betreten werden, wenn sie zugleich Wohnzwecken des Auskunftspflichtigen dienen. Der Auskunftspflichtige hat die Maßnahmen zu dulden, die mit der Überwachung beauftragten Personen zu unterstützen und die geschäftlichen Unterlagen vorzulegen.

(3) Die von der zuständigen Behörde mit der Durchführung von Überwachungs- und Bekämpfungsmaßnahmen nach § 3 Abs. 1 Nr. 5 beauftragten Personen dürfen im Rahmen ihres Auftrages tagsüber an Werktagen Grundstücke betreten und dort Überwachungs- und Bekämpfungsmaßnahmen durchführen. Der Verfügungsberechtigte oder Besitzer hat diese Maßnahmen zu dulden.

(4) Das Grundrecht der Unverletzlichkeit der Wohnung (Artikel 13 des Grundgesetzes) wird im Rahmen der Absätze 2 und 3 eingeschränkt.

(5) Der Auskunftspflichtige kann die Auskunft auf solche Fragen verweigern, deren Beantwortung ihn selbst oder einen der in § 383 Abs. 1 Nr. 1 bis 3 der Zivilprozeßordnung bezeichneten Angehörigen der Gefahr strafgerichtlicher Verfolgung oder eines Verfahrens nach dem Gesetz über Ordnungswidrigkeiten aussetzen würde.

§ 38a Übermittlung von Daten

(1) Das Julius Kühn-Institut und das Bundesamt für Verbraucherschutz und Lebensmittelsicherheit können den zuständigen Behörden anderer Mitgliedstaaten und der Kommission der Europäischen Gemeinschaft Entscheidungen und Maßnahmen mitteilen, soweit dies durch Rechtsakte der Europäischen Gemeinschaft vorgeschrieben oder zur Durchführung des Abkommens über den Europäischen Wirtschaftsraum erforderlich ist. Das Bundesamt für Verbraucherschutz und

Lebensmittelsicherheit kann darüber hinaus Angaben und Unterlagen, die es bei der Wahrnehmung seiner Aufgaben nach den §§ 15 bis 16a und 18 erlangt hat, an die in Satz 1 genannten Stellen übermitteln, soweit dies durch Rechtsakte der Europäischen Gemeinschaft vorgeschrieben oder zur Durchführung des Abkommens über den Europäischen Wirtschaftsraum erforderlich ist.

(2) Die zuständigen Behörden können, soweit dies zur Einhaltung der pflanzenschutzrechtlichen Anforderungen erforderlich ist oder durch Rechtsakte der Organe der Europäischen Gemeinschaft vorgeschrieben ist, Daten, die sie im Rahmen der Durchführung dieses Gesetzes gewonnen haben, den zuständigen Behörden anderer Länder, des Bundes oder anderer Mitgliedstaaten sowie der Kommission der Europäischen Gemeinschaft mitteilen.

§ 38b Außenverkehr

Der Verkehr mit den zuständigen Behörden anderer Mitgliedstaaten und der Kommission der Europäischen Gemeinschaft obliegt dem Bundesministerium für Ernährung, Landwirtschaft und Verbraucherschutz. Es kann diese Befugnis durch Rechtsverordnung ohne Zustimmung des Bundesrates auf das Julius Kühn-Institut oder das Bundesamt für Verbraucherschutz und Lebensmittelsicherheit übertragen. Ferner kann es diese Befugnis durch Rechtsverordnung mit Zustimmung des Bundesrates auf die zuständigen obersten Landesbehörden übertragen. Die obersten Landesbehörden können diese Befugnis nach Satz 3 auf andere Behörden übertragen.

§ 39 Strafvorschriften

(1) Mit Freiheitsstrafe bis zu fünf Jahren oder mit Geldstrafe wird bestraft, wer Schadorganismen verbreitet und dadurch

1. Bestände von Pflanzen besonders geschützter Arten im Sinne des § 7 Abs. 2 Nr. 13 des Bundesnaturschutzgesetzes,
2. fremde Pflanzenbestände von bedeutendem Wert oder
3. Pflanzenbestände von bedeutendem Wert für Naturhaushalt oder Landschaftsbild

gefährdet.

(2) Der Versuch ist strafbar.

§ 40 Bußgeldvorschriften

(1) Ordnungswidrig handelt, wer vorsätzlich oder fahrlässig

1. einer Rechtsverordnung
   a) nach den §§ 3, 4, 5 Abs. 1, § 9 Satz 2, den §§ 17 Abs. 2, § 20 Abs. 1 in Verbindung mit § 14 des Chemikaliengesetzes, § 20 Abs. 5 Nr. 1 Buchstabe b bis e, § 23 Abs. 3 oder § 30 Abs. 1 Nr. 1 Buchstabe c oder nach § 3 des durch § 44 Abs. 1 Nr. 1 dieses Gesetzes aufgehobene Pflanzenschutzgesetzes oder
   b) nach § 7

   zuwiderhandelt, soweit sie für einen bestimmten Tatbestand auf diese Bußgeldvorschrift verweist,

2. einer vollziehbaren Anordnung
   a) nach § 5 Abs. 2, § 6 Abs. 1 Satz 3, § 10 Abs. 2, § 10a Abs. 2, § 16b Abs. 2 Satz 1, § 22 Abs. 3 oder § 34a Satz 1,
   b) nach § 15a Abs. 3, auch in Verbindung mit § 15b Abs. 8 oder § 15c Abs. 1 Satz 2, oder
   c) auf Grund einer Rechtsverordnung nach § 3 Abs. 1 oder 3, § 5 Abs. 1 in Verbindung mit § 3 Abs. 1, nach § 7 Abs. 1 oder 4 in Verbindung mit Abs. 1, nach § 10a Abs. 3, § 21a Satz 2 oder § 30 Abs. 1 Nr. 1 Buchstabe c, soweit die Rechtsverordnung für einen bestimmten Tatbestand auf diese Bußgeldvorschrift verweist,

   zuwiderhandelt,
3. *(weggefallen)*
4. entgegen § 6 Abs. 2, § 6a Abs. 1 Satz 1, auch in Verbindung mit Abs. 2, oder § 6a Abs. 1 Satz 2 oder § 10a Abs. 1 Satz 1 oder 2, jeweils in Verbindung mit einer Rechtsverordnung nach Abs. 3, ein Pflanzenschutzmittel anwendet,

4a. entgegen § 6 Abs. 4 Satz 1 eine Aufzeichnung nicht, nicht richtig oder nicht vollständig führt,

4b. entgegen § 6 Abs. 4 Satz 3 eine Aufzeichnung nicht aufbewahrt,

5. entgegen § 9 Satz 1 oder § 21a Abs. 1 Satz 1, auch in Verbindung mit einer Rechtsverordnung nach § 21a Abs. 1 Satz 2, oder § 21a Abs. 2 Satz 1, auch in Verbindung mit einer Rechtsverordnung nach § 21a Abs. 2 Satz 2, eine Anzeige nicht oder nicht rechtzeitig erstattet,
6. entgegen § 11 Abs. 1 Satz 1 ein nicht zugelassenes Pflanzenschutzmittel oder entgegen § 11 Abs. 3 Satz 1 Saatgut, Pflanzgut oder ein Kultursubstrat in den Verkehr bringt oder einführt,
7. einer vollziehbaren Auflage nach § 11 Abs. 2 Satz 2, § 15 Abs. 4 Satz 1, auch in Verbindung mit § 15c Abs. 1 Satz 2 oder § 18 Abs. 2, nach § 15 Abs. 7 Satz 1, auch in Verbindung mit § 15b Abs. 8, nach § 15b Abs. 5 Satz 1 oder § 18b Abs. 4 Satz 1 Nr. 1 oder einer mit einer Zulassung nach § 15b Abs. 7 verbundenen vollziehbaren Auflage zuwiderhandelt,
8. entgegen § 15a Abs. 2 Satz 1, auch in Verbindung mit § 15b Abs. 8, § 15c Abs. 1 Satz 2 oder § 18 Abs. 2, oder entgegen § 31a Abs. 5, auch in Verbindung mit § 31c Abs. 2 Satz 1, eine Anzeige oder entgegen § 19 Abs. 1 Satz 1 oder 2 eine Meldung nicht, nicht richtig, nicht vollständig, nicht in der vorgeschriebenen Weise oder nicht rechtzeitig erstattet,

8a. entgegen § 16b Abs. 2 Satz 2 oder Abs. 3 Satz 2 ein Pflanzenschutzmittel nicht, nicht vollständig oder nicht rechtzeitig annimmt,

8b. entgegen § 16c Abs. 1 Satz 1 ein Pflanzenschutzmittel einführt oder in Verkehr bringt,

9. entgegen § 15d Abs. 2, § 16d Abs. 1, § 20 Abs. 1 in Verbindung mit § 13 oder § 15 des Chemikaliengesetzes oder entgegen § 20 Abs. 2, auch in Verbindung mit einer Rechtsverordnung nach Abs. 5 Nr. 1 Buchstabe a, ein Pflanzenschutzmittel ohne die vorgeschriebene Kennzeichnung in den Verkehr bringt oder einführt,

10. der Vorschrift des § 21 Satz 1 über verbotene Angaben zuwiderhandelt,
11. entgegen § 22 Abs. 1 Satz 1, auch in Verbindung mit § 31 Abs. 2, dieser auch in Verbindung mit § 31c Abs. 2 Satz 1, ein Pflanzenschutzmittel, ein Pflanzenstärkungsmittel oder einen Zusatzstoff in den Verkehr bringt,
11a. entgegen § 22 Abs. 2 Satz 1 den Erwerber nicht, nicht richtig, nicht vollständig oder nicht rechtzeitig über Verbote oder Beschränkungen unterrichtet,
12. entgegen § 23 Abs. 1 Satz 1 ein Pflanzenschutzmittel ausführt oder entgegen § 23 Abs. 2 ein für die Ausfuhr bestimmtes Pflanzenschutzmittel oder Kultursubstrat nicht getrennt hält oder nicht entsprechend kenntlich macht,
13. entgegen § 24 ein Pflanzenschutzgerät in den Verkehr bringt oder einführt, das einer Rechtsverordnung nach § 30 Abs. 1 Nr. 1 Buchstabe a nicht entspricht,
14. entgegen § 25 Abs. 1 bis 3 in Verbindung mit einer Rechtsverordnung nach § 30 Abs. 1 Nr. 2 oder 3 eine Erklärung nicht, nicht richtig, nicht vollständig oder nicht rechtzeitig abgibt oder entgegen § 25 Abs. 4 Unterlagen nicht einreicht oder nicht ergänzt,
15. entgegen § 29 Satz 1 die Gebrauchsanleitung nicht mitliefert,
16. entgegen § 31 Abs. 1 Nr. 2 oder 3, auch in Verbindung mit § 31c Abs. 2 Satz 1, ein Pflanzenstärkungsmittel oder einen Zusatzstoff oder entgegen § 31c Abs. 1 einen in die dort genannte Liste nicht aufgenommenen Zusatzstoff in den Verkehr bringt,
16a. entgegen § 31d Abs. 1 Nr. 1 einen Wirkstoff in den Verkehr bringt oder einführt oder
17. entgegen § 38 Abs. 1 eine Auskunft nicht, nicht richtig oder nicht vollständig erteilt, entgegen § 38 Abs. 2 Satz 3 eine Maßnahme nicht duldet, eine mit der Überwachung beauftragte Person nicht unterstützt oder geschäftliche Unterlagen nicht vorlegt oder entgegen § 38 Abs. 3 Satz 2 eine Maßnahme nicht duldet.

(2) Die Ordnungswidrigkeit kann in den Fällen, des Absatzes 1 Nr. 1, 2 Buchstabe a und c, Nr. 4, 6, 7, 8b, 9, 10, 13 und 16a mit einer Geldbuße bis zu fünfzigtausend Euro, in den Fällen des Absatzes 1 Nr. 2 Buchstabe b, 4a, 4b, Nr. 5, 8, 8a, 11 bis 12, 14 bis 16 und 17 mit einer Geldbuße bis zu zehntausend Euro geahndet werden.

(3) Pflanzen, Pflanzenerzeugnisse, Kultursubstrate, Pflanzenschutzmittel, Pflanzenstärkungsmittel, Zusatzstoffe, Wirkstoffe und Pflanzenschutzgeräte, auf die sich eine Ordnungswidrigkeit nach Absatz 1 Nr. 1 bis 4, 6, 7, 8b, 9, 13, 16 oder 16a bezieht, können eingezogen werden.

(4) Verwaltungsbehörde im Sinne des § 36 Abs. 1 Nr. 1 des Gesetzes über Ordnungswidrigkeiten ist in den Fällen des Absatzes 1 Nr. 2 Buchstabe b und Nr. 8 das Bundesamt für Verbraucherschutz und Lebensmittelsicherheit, in den Fällen des Absatzes 1 Nr. 14 das Julius Kühn-Institut.

Zehnter Abschnitt
Schlußbestimmungen

§ 41 Unberührtheitsklausel

Unberührt bleiben

1. das Lebensmittel- und Futtermittelgesetzbuch,
2. das Bundes-Immissionsschutzgesetz,
3. das Chemikaliengesetz,
4. das Gerätesicherheitsgesetz und
5. das Gentechnikgesetz

sowie die auf diese Gesetze gestützten Rechtsverordnungen.

§ 42 Besondere Vorschriften zur Bekämpfung der Reblaus

Durch Rechtsverordnung des Bundesministeriums für Ernährung, Landwirtschaft und Verbraucherschutz mit Zustimmung des Bundesrates nach § 3 Abs. 1 wird die Bekämpfung der Reblaus (Daktulosphaira vitifoliae Fitch) geregelt. Darüber hinaus können die Länder

1. über Rechtsverordnungen nach § 3 Abs. 1 hinaus weitergehende Regelungen zur Bekämpfung der Reblaus treffen,
2. die Entschädigung für Maßnahmen zur Bekämpfung der Reblaus abweichend von § 32 Abs. 1 bis 3 regeln,
3. abweichend von § 34 Abs. 2 einen besonderen Rebschutzdienst einrichten und ihm Aufgaben übertragen, soweit sie den Schutz der Reben betreffen.

§ 43 *(weggefallen)*

§ 44 Aufhebung von Vorschriften

Soweit die Ermächtigungen des § 3 nicht ausreichen, werden die Landesregierungen ermächtigt, auf Grund des Gesetzes zum Schutze der Kulturpflanzen in der im Bundesgesetzblatt Teil III, Gliederungsnummer 7823-1 veröffentlichten bereinigten Fassung erlassene Rechtsverordnungen aufzuheben. Sie können ihre Befugnis durch Rechtsverordnung auf andere Behörden übertragen.

§ 45 Übergangsvorschriften

(1) § 6a Abs. 1 Satz 1 Nr. 1 ist auf Pflanzenschutzmittel, die

   1. bis zum 1. Juli 1998 zugelassen worden sind oder
   2. nach § 15 zugelassen werden,

   bis zum 1. Juli 2001 nicht anzuwenden.

(2) § 6a Abs. 1 Satz 2 ist erst ab dem 1. Juli 1999 anzuwenden.

(3) § 10a Abs. 1 und 2 sowie Rechtsverordnungen auf Grund des § 10a Abs. 3 sind erst ab dem 1. Juli 2000 anzuwenden; hinsichtlich der Anwendung von Pflan-

zenschutzmitteln zu Versuchszwecken bleiben die allgemeinen Anforderungen an die Anwendung nach § 6 Abs. 1 Satz 2 unberührt.

(4) Die §§ 13 bis 14b gelten nicht für die Verwertung von Unterlagen zugunsten eines Antragstellers, wenn die Biologische Bundesanstalt die Unterlagen bereits nach den §§ 13 und 14 in der bis zum 30. Juni 1998 geltenden Fassung zu seinen Gunsten verwertet hat. Auf die Verwertung von Unterlagen, die Versuche mit anderen Tieren als mit Wirbeltieren voraussetzen, finden die §§ 13 und 14 des Pflanzenschutzgesetzes in der bis zum 30. Juni 1998 geltenden Fassung Anwendung, soweit die Biologische Bundesanstalt die Mitteilungen nach § 13 Abs. 1 Satz 2 oder § 14 Abs. 2 Satz 1 oder 5 in Verbindung mit Satz 1 des Pflanzenschutzgesetzes in der bis zu diesem Zeitpunkt geltenden Fassung vorgenommen hat.

(5) Bis zu einer Entscheidung über die Aufnahme eines Wirkstoffs in Anhang I der Richtlinie 91/414/EWG findet § 15 Abs. 1 Nr. 2 keine Anwendung auf Pflanzenschutzmittel, die diesen Wirkstoff enthalten und die in einem Mitgliedstaat vor dem 27. Juli 1993 zu gewerblichen Zwecken oder im Rahmen sonstiger wirtschaftlicher Unternehmungen in den Verkehr gebracht worden sind. Auf Verlangen des Bundesamtes für Verbraucherschutz und Lebensmittelsicherheit hat der Antragsteller nachzuweisen, daß das Pflanzenschutzmittel in einem Mitgliedstaat vor dem 27. Juli 1993 nach Satz 1 in den Verkehr gebracht worden ist.

(6) § 15c findet keine Anwendung auf Pflanzenschutzmittel, die einen Wirkstoff enthalten, der in Pflanzenschutzmitteln enthalten war, die in einem Mitgliedstaat vor dem 27. Juli 1993 zu gewerblichen Zwecken oder im Rahmen sonstiger wirtschaftlicher Unternehmungen in den Verkehr gebracht worden sind.

(7) Zulassungen von Pflanzenschutzmitteln, die in einem Mitgliedstaat vor dem 27. Juli 1993 zu gewerblichen Zwecken oder im Rahmen sonstiger wirtschaftlicher Unternehmungen in den Verkehr gebracht worden sind, sind zu widerrufen, wenn die Europäische Gemeinschaft nach Artikel 8 Abs. 2 Satz 7 der Richtlinie 91/414/EWG entschieden hat, einen Wirkstoff nicht in Anhang I der Richtlinie 91/414/EWG aufzunehmen oder die Aufnahme des Wirkstoffs in Anhang I in der jeweils geltenden Fassung mit einer Beschränkung nach Artikel 5 Abs. 4 der Richtlinie 91/414/EWG versehen hat, die der Zulassung entgegensteht.

(8) § 31d Abs. 1 Nr. 2 findet keine Anwendung auf Wirkstoffe, die in einem Mitgliedstaat vor dem 27. Juli 1993 zu gewerblichen Zwecken oder im Rahmen sonstiger wirtschaftlicher Unternehmungen in den Verkehr gebracht worden sind.

(9) Pflanzenschutzmittel, die vor dem 1. Juli 1998 nach § 15 dieses Gesetzes in der zu diesem Zeitpunkt geltenden Fassung zugelassen worden sind, dürfen noch bis zum 30. Juni 2001 nach den Vorschriften dieses Gesetzes in der vor dem 1. Juli 1998 geltenden Fassung in den Verkehr gebracht, eingeführt und angewandt werden. Endet die Zulassung nach dem 30. Juni 2001, darf das Pflanzenschutzmittel bis zum Ende der Zulassung nur in den Verkehr gebracht, eingeführt und angewandt werden, wenn

1. die Biologische Bundesanstalt zuvor die Anwendungsgebiete und Anwendungsbestimmungen entsprechend § 15 Abs. 2 festgesetzt hat und

2. das Pflanzenschutzmittel nach § 20 Abs. 1 bis 3 oder auf Grund einer nach § 20 Abs. 5 erlassenen Rechtsverordnung gekennzeichnet ist.

Die Festsetzung der Anwendungsgebiete und Anwendungsbestimmungen ist vom Zulassungsinhaber bis zum 1. Februar 1999 bei der Biologischen Bundesanstalt zu beantragen.

(10) Pflanzenstärkungsmittel, die vor dem 1. Juli 1998 nach den bis zu diesem Zeitpunkt geltenden Vorschriften in den Verkehr gebracht worden sind, dürfen noch bis zum 30. Juni 2000 in den Verkehr gebracht werden. Pflanzenstärkungsmittel nach § 2 Nr. 10 Buchstabe b und Zusatzstoffe dürfen noch bis zum Ende der Zulassung in den Verkehr gebracht werden, soweit sie als Pflanzenschutzmittel zugelassen sind und die Zulassung nach dem in Satz 1 genannten Zeitraum endet.

(11) Pflanzenschutzmittel, die vor dem 1. November 2002 nach den bis dahin geltenden Vorschriften gekennzeichnet worden sind, dürfen bis zur Erschöpfung der Bestände, längstens jedoch bis zum 29. Juli 2004, in den Verkehr gebracht oder eingeführt werden. Behältnisse und abgabefertige Packungen, die vor dem 1. November 2002 nach den bis dahin geltenden Vorschriften hergestellt worden sind, dürfen bis zur Erschöpfung der Bestände, längstens jedoch bis zum 29. Juli 2004, verwendet werden.

(12) Die §§ 16c bis 16g sind erstmals ab dem 1. Januar 2007 anzuwenden.

(13) Pflanzenschutzmittel, deren Übereinstimmung mit einem zugelassenen Mittel vor dem 29. Juni 2006 nach dem Verfahren der Bekanntmachung vom 23. Dezember 1993 (BAnz. S. 11 154) festgestellt worden ist, dürfen noch bis zum 1. Juli 2007 in Verkehr gebracht werden. Wird für ein Pflanzenschutzmittel, dessen Übereinstimmung mit einem zugelassenen Mittel schon nach der in Satz 1 genannten Bekanntmachung festgestellt worden ist, ein Antrag nach § 16c gestellt, berücksichtigt das Bundesamt für Verbraucherschutz und Lebensmittelsicherheit bei der Entscheidung über den Antrag diese Feststellung. Das Bundesamt für Verbraucherschutz und Lebensmittelsicherheit kann den Antragsteller von der Vorlage bereits vorhandener Dokumente oder Angaben befreien.

(14) Wer am 12. März 2008 eine in § 21a Abs. 2 Satz 1 bezeichnete Tätigkeit ausübt, hat die Anzeige nach § 21a Abs. 2 Satz 1 bis zum 1. Juni 2008 abzugeben.

(15) § 20 Abs. 2 Nr. 8 ist erstmals für Pflanzenschutzmittel anzuwenden, die ab 13. März 2009 in den Verkehr gebracht oder eingeführt werden.

§ 46 *(weggefallen)*

Anhang EV
Auszug aus EinigVtr Anlage I Kapitel VI
Sachgebiet A Abschnitt III

BGBl. II 1990, 889, 1013

Bundesrecht tritt in dem in Artikel 3 des Vertrages genannten Gebiet mit folgenden Maßgaben in Kraft:

1.– 5. ...

6. Pflanzenschutzgesetz vom 15. September 1986 (BGBl. I S. 1505), zuletzt geändert durch Artikel 15 des Gesetzes vom 28. Juni 1990 (BGBl. I S. 1221), mit folgenden Maßgaben:

   a) Die Meldungen nach § 19 Abs. 1 sind erstmals zum 30. Juni 1992 zu erstatten.

   b) § 23 Abs. 1 und 2 tritt am ersten Tag des sechsten auf das Wirksamwerden des Beitritts folgenden Kalendermonats in Kraft.

   c) Pflanzenschutzmittel, die bis zum Tag des Wirksamwerdens des Beitritts nach Maßgabe des Gesetzes zum Schutze der Kultur- und Nutzpflanzen vom 25. November 1953 (GBl. Nr. 125 S. 1179) in der Fassung des Gesetzes vom 11. Juni 1968 (GBl. I Nr. 11 S. 242) zugelassen und nach den Vorschriften, die am Tag vor dem Wirksamwerden des Beitritts gegolten haben, verpackt und gekennzeichnet sind, dürfen noch bis zum 31. Dezember 1992 in dem in Artikel 3 des Vertrages genannten Gebiet in den Verkehr gebracht und, vorbehaltlich der Pflanzenschutz-Anwendungsverordnung vom 27. Juli 1988 (BGBl. I S. 1196) sowie des Satzes 5, angewandt werden. Die Biologische Bundesanstalt für Land- und Forstwirtschaft (Biologische Bundesanstalt) kann im Einzelfall das Inverkehrbringen eines Pflanzenschutzmittels nach Satz 1 über den 31. Dezember 1992 hinaus genehmigen, wenn

      aa) der Zulassungsinhaber bis zum 31. Dezember 1991 den Antrag auf Zulassung des Pflanzenschutzmittels nach § 12 des Pflanzenschutzgesetzes gestellt hat,

      bb) nach § 12 Abs. 3 Satz 2, auch in Verbindung mit § 13 Abs. 1, des Pflanzenschutzgesetzes vorzulegende Unterlagen diesem Antrag nicht beigefügt werden können, weil die hierfür erforderlichen Untersuchungen, obwohl mit ihnen vor der Antragstellung begonnen worden ist, nicht vor dem 31. Dezember 1991 abgeschlossen werden können, und

      cc) keine Anhaltspunkte vorliegen, aus denen sich ergibt, daß das Pflanzenschutzmittel bei bestimmungsgemäßer und sachgerechter Anwendung oder als Folge einer solchen Anwendung

         aaa) schädliche Auswirkungen auf die Gesundheit von Mensch oder Tier oder auf Grundwasser hat oder

         bbb) sonstige Auswirkungen, insbesondere auf den Naturhaushalt, hat, die nach dem Stande der wissenschaftlichen Erkenntnisse nicht vertretbar sind.

Die Biologische Bundesanstalt entscheidet über das Vorliegen der Voraussetzungen

aa) nach Satz 2 Doppelbuchstabe cc Dreifachbuchstabe aaa im Einvernehmen mit dem Bundesinstitut für gesundheitlichen Verbraucherschutz und Veterinärmedizin

bb) nach Satz 2 Doppelbuchstabe cc Dreifachbuchstabe bbb hinsichtlich der Vermeidung von Schäden durch Belastung des Wassers und der Luft sowie durch Abfälle des Pflanzenschutzmittels im Einvernehmen mit dem Umweltbundesamt.

Die Genehmigung ist bis zu dem Zeitpunkt zu befristen, an dem die Entscheidung über die Zulassung des Pflanzenschutzmittels nach § 15 des Pflanzenschutzgesetzes getroffen wird. Im Falle einer Genehmigung nach Satz 2 kann das Pflanzenschutzmittel für die Geltungsdauer der Genehmigung innerhalb des in Artikel 3 des Vertrages genannten Gebietes angewandt werden. Die Biologische Bundesanstalt macht die Genehmigungen unter Angabe des Beginns und des Endes der Geltungsdauer im Bundesanzeiger bekannt.

Verordnung über Kosten des Bundesamtes für Verbraucherschutz und Lebensmittelsicherheit und des Julius Kühn-Instituts, Bundesforschungsinstitut für Kulturpflanzen im Pflanzenschutzbereich (Pflanzenschutzmittel-Gebührenverordnung – PflSchMGebV)

in der Fassung der Bekanntmachung vom 9. März 2005, BGBl. I S. 744; zuletzt geändert durch Artikel 2 der Verordnung vom 19. März 2009, BGBl. I S. 648

§ 1 Erhebung von Gebühren und Auslagen

Das Bundesamt für Verbraucherschutz und Lebensmittelsicherheit und das Julius Kühn- Institut, Bundesforschungsinstitut für Kulturpflanzen (Julius Kühn-Institut), erheben für ihre jeweiligen Amtshandlungen nach dem Pflanzenschutzgesetz Gebühren und Auslagen nach dieser Verordnung. Das Bundesamt für Verbraucherschutz und Lebensmittelsicherheit erhebt darüber hinaus für berichterstattende Tätigkeiten im Sinne des § 37 Abs. 1 Satz 1 Nr. 2 des Pflanzenschutzgesetzes Gebühren und Auslagen nach dieser Verordnung.

§ 2 Berechnung der Gebühren

(1) Die gebührenpflichtigen Tatbestände und die Höhe der Gebühren ergeben sich aus dem anliegenden Gebührenverzeichnis.

(2) Sind Rahmensätze vorgesehen, so ist bei der Festsetzung der Gebühren im Einzelfall außer den in § 9 Abs. 1 des Verwaltungskostengesetzes bezeichneten Umständen der Nutzen

1. des Pflanzenschutzmittels,
2. des Pflanzenschutzgerätes sowie
3. des Gerätes oder der Einrichtung, das oder die im Pflanzenschutz benutzt wird,

für die Allgemeinheit zu berücksichtigen.

(3) Erfordert eine Amtshandlung oder eine berichterstattende Tätigkeit im Sinne des § 37 Abs. 1 Satz 1 Nr. 2 des Pflanzenschutzgesetzes im Einzelfall einen außergewöhnlichen Aufwand, so kann die nach Maßgabe der Absätze 1 und 2 berechnete Gebühr um bis zu 50 vom Hundert des im Gebührenverzeichnis bei dem jeweiligen Gebührentatbestand aufgeführten Höchstbetrages erhöht werden. Satz 1 gilt nicht für den Gebührentatbestand Nummer 2100. Der Gebührenschuldner ist zu hören, wenn mit einer solchen Erhöhung zu rechnen ist.

§ 3 Rücknahme, Widerruf, Widerspruch

(1) Wird ein Antrag auf Vornahme einer gebührenpflichtigen Amtshandlung nach Beginn der sachlichen Bearbeitung und vor deren Beendigung vom Antragsteller

zurückgenommen oder ein Antrag aus anderen Gründen als wegen Unzuständigkeit abgelehnt, oder wird eine Amtshandlung zurückgenommen oder widerrufen, so werden Gebühren nach Maßgabe des § 15 Abs. 2 des Verwaltungskostengesetzes erhoben. Satz 1 gilt im Falle einer gebührenpflichtigen berichterstattenden Tätigkeit im Sinne des § 37 Abs. 1 Satz 1 Nr. 2 des Pflanzenschutzgesetzes entsprechend.

(2) Für die vollständige oder teilweise Zurückweisung eines Widerspruchs wird eine Gebühr bis zur Höhe der für die angefochtene Amtshandlung festgesetzten Gebühr erhoben; dies gilt nicht, wenn der Widerspruch nur deshalb keinen Erfolg hat, weil die Verletzung einer Verfahrens- oder Formvorschrift nach § 45 des Verwaltungsverfahrensgesetzes unbeachtlich ist. Bei einem erfolglosen Widerspruch, der sich ausschließlich gegen eine Kostenentscheidung richtet, beträgt die Gebühr höchstens 10 vom Hundert des streitigen Betrages. Wird ein Widerspruch nach Beginn seiner sachlichen Bearbeitung, jedoch vor deren Beendigung zurückgenommen, beträgt die Gebühr höchstens 75 vom Hundert der Widerspruchsgebühr.

§ 4 Auslagen

Zu den Auslagen, die vom Gebühren- und Auslagenschuldner erhoben werden, gehören über die in § 10 Abs. 1 des Verwaltungskostengesetzes bezeichneten Auslagen hinaus Aufwendungen im Zusammenhang mit der

1. Zulassung von Pflanzenschutzmitteln, Prüfung von Pflanzenstärkungsmitteln oder Zusatzstoffen für
   a) die Pacht von Versuchsflächen und den Kauf von Pflanzen,
   b) die Entseuchung von Böden,
   c) den Einsatz von Pflanzenschutzgeräten,
   d) den Ausgleich von Mindererträgen oder von nicht oder nicht voll verwertbaren Erträgen auf den Versuchsflächen,
   e) die Beseitigung oder den Ausgleich von Pflanzen-, Boden- und sonstigen Sachschäden,
   f) Verbrauchsmaterial,
   g) die Beschaffung und Entsorgung von Proben,
2. Prüfung von Pflanzenschutzgeräten für
   a) Versuche, die nach Beginn der Prüfung notwendig werden,
   b) Betriebsstoffe,
   c) die Anwendung von Pflanzenschutzmitteln und Hilfsstoffen,
   d) den Einsatz von Luftfahrzeugen sowie besonderen Geräten und Maschinen,
   e) die Herstellung der Prüffähigkeit,
3. Prüfung und Bewertung von Pflanzenschutzmittelwirkstoffen für
   a) die Stellung von Dolmetschern bei außerordentlichen Expertensitzungen,
   b) die Beschaffung zusätzlicher Unterlagen oder Informationen bei dem Bericht erstattenden Mitgliedstaat,
   c) die Entsorgung überzähliger, nicht geforderter Exemplare von Unterlagen,
   d) Verbrauchsmaterial.

§ 5 Ermäßigung und Befreiung von Gebühren und Auslagen

(1) Die nach Maßgabe der §§ 1 und 2 berechneten Gebühren sind auf Antrag des Gebühren- und Auslagenschuldners bis auf ein Viertel der berechneten Gebühr zu ermäßigen, wenn an der Zulassung des Pflanzenschutzmittels, der Aufnahme eines Wirkstoffs in Anhang I der Richtlinie 91/414/EWG des Rates vom 15. Juli 1991 über das Inverkehrbringen von Pflanzenschutzmitteln (ABl. L 230 vom 19.8.1991, S. 1) oder der Eintragung des Pflanzenschutzgerätes ein öffentliches Interesse besteht und der Antragsteller einen diesen Gebühren oder dem Entwicklungsaufwand angemessenen wirtschaftlichen Nutzen nicht erwarten kann. Die Gebühren für die Prüfung eines Pflanzenschutzgerätes nach § 33 Abs. 2 Nr. 5 des Pflanzenschutzgesetzes können bis zu einem Viertel der nach dem Gebührenverzeichnis berechneten Gebühr ermäßigt werden, wenn das Julius Kühn-Institut durch die Prüfung des Gerätes Erkenntnisse gewinnt, für die ein öffentliches Interesse besteht.

(2) Von der Erhebung der Gebühren und Auslagen kann auf Antrag des Gebühren- und Auslagenschuldners ganz oder teilweise abgesehen werden, wenn an der Zulassung oder Anwendung des Pflanzenschutzmittels ein öffentliches Interesse besteht und hierbei der zu erwartende wirtschaftliche Nutzen im Verhältnis zu dem Entwicklungsaufwand besonders gering ist.

(3) Im Falle der Erteilung einer Genehmigung nach § 11 Abs. 2 Nr. 2 oder § 18 des Pflanzenschutzgesetzes kann auf Antrag von der Erhebung einer Gebühr und von Auslagen abgesehen werden, wenn ihre Erhebung unbillig wäre.

(4) Es wird keine Gebühr erhoben, wenn

1. die Prüfung eines Pflanzenschutzgerätes nach § 27 Abs. 1 des Pflanzenschutzgesetzes ergibt, dass es den Anforderungen nach § 24 des Pflanzenschutzgesetzes entspricht,
2. die Prüfung eines Pflanzenstärkungsmittels nach § 31b Abs. 1 des Pflanzenschutzgesetzes ergibt, dass es den Anforderungen nach § 31 Abs. 1 Nr. 1 des Pflanzenschutzgesetzes entspricht, oder
3. die Prüfung eines Zusatzstoffs nach § 31c Abs. 2 Satz 1 in Verbindung mit § 31b Abs. 1 des Pflanzenschutzgesetzes ergibt, dass er den Anforderungen nach § 31 Abs. 1 Nr. 1 des Pflanzenschutzgesetzes entspricht.

§ 6 *(weggefallen)*

§ 7 (Inkrafttreten, Außerkrafttreten)

Anlage (zu § 2 Abs. 1)
Gebührenverzeichnis

Gebühren-Nr.	Gebührentatbestand	Gebühr in Euro
1000	**Bearbeitung eines Antrags auf Zulassung eines Pflanzenschutzmittels**	
1100	sofern es nur Wirkstoffe enthält, die bereits in Anhang I der Richtlinie 91/414/EWG aufgenommen sind; § 15 Pflanzenschutzgesetz	10.150 bis 42.300
1101	im Falle von Wundverschlussmitteln, Repellents oder Mitteln zur Anwendung an Zierpflanzen in Innenräumen, die zum gewöhnlichen Aufenthalt von Menschen bestimmt sind, soweit sie nicht erwerbsgärtnerisch genutzt werden, sowie auf Balkonen und Terrassen	4.300 bis 17.200
1102	im Falle von Mitteln gegen Nagetiere	6.000 bis 25.500
1103	im Falle von Mitteln gegen Vorratsschädlinge	8.000 bis 33.600
1104	im Falle von Beizmitteln	10.000 bis 42.200
1105	im Falle von Keimhemmungsmitteln	7.900 bis 33.000
1106	Überprüfung der Einhaltung eines festgesetzten Rückstandshöchstgehaltes	2.000 bis 8.100
1200	sofern es zumindest einen Wirkstoff enthält, der noch nicht in Anhang I der Richtlinie 91/414/EWG aufgenommen ist; § 15c Pflanzenschutzgesetz	29.500 bis 120.000
1201	im Falle von Wundverschlussmitteln oder Repellents	11.500 bis 48.200
1202	im Falle von Mitteln zur Anwendung an Zierpflanzen in Innenräumen, die zum gewöhnlichen Aufenthalt von Menschen bestimmt sind, soweit sie nicht erwerbsgärtnerisch genutzt werden, sowie auf Balkonen und Terrassen	14.600 bis 60.800
1203	im Falle von Mitteln gegen Nagetiere	16.400 bis 68.800
1204	im Falle von Mitteln gegen Vorratsschädlinge	25.500 bis 106.400
1205	im Falle von Beizmitteln	30.400 bis 127.000
1206	im Falle von Keimhemmungsmitteln	25.100 bis 104.300
1207	Überprüfung der Einhaltung eines festgesetzten Rückstandshöchstgehaltes	2.000 bis 8.100
1300	sofern es einen Wirkstoff enthält, der noch nicht in Anhang I der Richtlinie 91/414/EWG aufgenommen ist und in einem Mitgliedstaat der Europäischen Union vor dem 27. Juli 1993 zu gewerblichen Zwecken oder im Rahmen sonstiger wirtschaftlicher Unternehmungen in den Verkehr gebracht worden ist; § 15 i.V.m. § 45 Abs. 5 Pflanzenschutzgesetz	20.650 bis 124.500
1301	im Falle von Wundverschlussmitteln oder Repellents	6.600 bis 42.400

Gebühren-Nr.	Gebührentatbestand	Gebühr in Euro
1302	im Falle von Mitteln zur Anwendung an Zierpflanzen in Innenräumen, die zum gewöhnlichen Aufenthalt von Menschen bestimmt sind, soweit sie nicht erwerbsgärtnerisch genutzt werden, sowie auf Balkonen und Terrassen	8.000 bis 48.800
1303	im Falle von Mitteln gegen Nagetiere	9.200 bis 63.100
1304	im Falle von Mitteln gegen Vorratsschädlinge	14.900 bis 90.600
1305	im Falle von Beizmitteln	17.500 bis 111.300
1306	im Falle von Keimhemmungsmitteln	14.800 bis 89.000
1307	Überprüfung der Einhaltung eines festgesetzten Rückstandshöchstgehaltes	2.000 bis 8.100
1400	sofern es einen Wirkstoff im Sinne der Geb.-Nr. 1300 enthält und eine Bezugnahme auf eine kürzlich erfolgte Prüfung des Wirkstoffs möglich ist	10.300 bis 61.000
1401	im Falle von Wundverschlussmitteln oder Repellents	3.300 bis 21.250
1402	im Falle von Mitteln zur Anwendung an Zierpflanzen in Innenräumen, die zum gewöhnlichen Aufenthalt von Menschen bestimmt sind, soweit sie nicht erwerbsgärtnerisch genutzt werden, sowie auf Balkonen und Terrassen	4.000 bis 24.400
1403	im Falle von Mitteln gegen Nagetiere	4.600 bis 31.550
1404	im Falle von Mitteln gegen Vorratsschädlinge	7.450 bis 45.300
1405	im Falle von Beizmitteln	8.750 bis 55.650
1406	im Falle von Keimhemmungsmitteln	7.400 bis 44.500
1407	Überprüfung der Einhaltung eines festgesetzten Rückstandshöchstgehaltes	1.000 bis 4.100
1500	sofern die Wirkstoffe in Anhang I der Richtlinie 91/414/EWG aufgenommen sind und es in einem anderen Mitgliedstaat der Europäischen Union entsprechend den Anforderungen des Artikels 4 der Richtlinie 91/414/EWG zugelassen ist (Gegenseitige Anerkennung); § 15b Pflanzenschutzgesetz	3.400 bis 24.100
1600	sofern das Pflanzenschutzmittel mit einem bereits für einen anderen Antragsteller zugelassenen Pflanzenschutzmittel stofflich übereinstimmt und dessen Einverständnis vorliegt	570
1700	Überprüfung der Zulassung auf Grund neuer Erkenntnisse; § 15a Pflanzenschutzgesetz	5.000 bis 20.400
1800	Verlängerung der Zulassung im Falle des § 15c Abs. 3 Pflanzenschutzgesetz oder des § 16 Abs. 2 Pflanzenschutzgesetz	1.700
1900	**Änderung der Zulassung**	
1910	im Falle der Änderung der Bezeichnung eines zugelassenen Pflanzenschutzmittels, der Änderung des Inhabers der Zulassung oder der Änderung des Vertriebsunternehmers bzw. der Vertriebserweiterung	50 bis 250

Gebühren-Nr.	Gebührentatbestand	Gebühr in Euro
1920	im Falle der Änderung der Formulierung	290 bis 1.150
1930	Aufnahme von zusätzlichen Anwendungsgebieten/ Anwendungen	4.100 bis 16.400
1931	Überprüfung der Einhaltung eines festgesetzten Rückstandshöchstgehaltes	900 bis 3.600
2000	**Pflanzenschutzmittelwirkstoffe**	
2100	Tätigkeiten für die Aufnahme von Wirkstoffen in Anhang I der Richtlinie 91/414/EWG; § 37 Absatz 1 Nummer 2 i.V. m. § 33a Absatz 1 Nummer 5 Pflanzenschutzgesetz	86.000 bis 150.000
2200	Prüfung von Pflanzenschutzmittelwirkstoffen als Mitberichterstatter (Co-Rapporteur) nach den von der EG erlassenen Bestimmungen; § 37 Abs. 1 Satz 1 Nr. 2 i.V.m. § 33a Abs. 1 Nr. 5 Pflanzenschutzgesetz	43.000 bis 70.000
3000	**Pflanzenstärkungsmittel und Zusatzstoffe; §§ 31 bis 31c Pflanzenschutzgesetz**	
3100	**Pflanzenstärkungsmittel; §§ 31 bis 31b Pflanzenschutzgesetz**	
3110	allgemeine Prüfung des Antrags und Entscheidung über die Aufnahme in die Liste über Pflanzenstärkungsmittel ohne weitergehende Prüfung; § 31a Abs. 3 Pflanzenschutzgesetz	290
3120	zusätzlich zur Gebühr nach Nr. 3110, wenn eine weitergehende Prüfung des Pflanzenstärkungsmittels nach Anforderung von Unterlagen und Proben erfolgt; § 31a Abs. 2 oder § 31b Abs. 1 Pflanzenschutzgesetz	800 bis 5.200
3200	**Zusatzstoffe, § 31c Pflanzenschutzgesetz**	
3210	allgemeine Prüfung des Antrags und Entscheidung über die Aufnahme in die Liste über Zusatzstoffe ohne weitergehende Prüfung; § 31c i.V.m. § 31a Abs. 3 Pflanzenschutzgesetz	570
3220	zusätzlich zur Gebühr nach Nr. 3210, wenn eine weitergehende Prüfung des Zusatzstoffs nach Anforderung von Unterlagen und Proben erfolgt; § 31c i.V.m. § 31a Abs. 2 oder § 31b Abs. 1 Pflanzenschutzgesetz	6.900 bis 28.700
4000	**Prüfung von Pflanzenschutzgeräten**	
4100	**Prüfung im Rahmen des Erklärungsverfahrens (Gerätetyp); §§ 25 ff. Pflanzenschutzgesetz**	
4110	allgemeine Prüfung der nach § 25 Abs. 2 Pflanzenschutzgesetz eingereichten Unterlagen	100 bis 2.900
4120	Prüfung von Pflanzenschutzgeräten auf Einhaltung der Anforderungen nach § 24 Pflanzenschutzgesetz; § 27 Pflanzenschutzgesetz	57 bis 14.300
4130	Entscheidung nach § 25 Abs. 5 Pflanzenschutzgesetz	57 bis 340
4140	allgemeine Prüfung der nach § 25 Abs. 4 Pflanzenschutzgesetz eingereichten Unterlagen (Änderungen und Ergänzungen des Gerätetyps)	100 bis 2.900

Gebühren-Nr.	Gebührentatbestand	Gebühr in Euro
4200	**Prüfung nach § 33 Abs. 2 Nr. 5 und § 33 Abs. 3 Nr. 3 Pflanzenschutzgesetz (freiwillige Geräteprüfung)**	
4210	allgemeine Bearbeitung eines Antrags auf Prüfung nach § 33 Abs. 2 Nr. 5 und § 33 Abs. 3 Nr. 3 Pflanzenschutzgesetz	57 bis 170
4220	**Prüfung von Geräten, die nicht der Nagetierbekämpfung, Begasung oder Bodenentseuchung dienen**	
4221	Anbaugeräte, Geräte für das Verteilen von Pellets sowie Granulaten und Stäuben, Selbstfahrgeräte für das Verteilen flüssiger Pflanzenschutzmittel (einschließlich 1 Satz Düsen beziehungsweise 1 Verteileinrichtung)	1.700 bis 11.500
4222	Anhänge- und Aufbaugeräte sowie Selbstfahrgeräte, die in ihren Abmessungen oder Flächenleistungen wesentlich über denjenigen der üblichen Geräte liegen (einschließlich 1 Satz Düsen)	2.300 bis 14.300
4223	rückentragbare Motorgeräte	800 bis 4.000
4224	tragbare Nebelgeräte	570 bis 2.900
4225	handbetätigte rücken- oder schultertragbare Geräte	460 bis 2.300
4226	tragbare Geräte für geschlossene Räume (z. B. Kleinnebler und -verdampfer)	460 bis 2.300
4227	handtragbare Geräte für das Ausbringen fester oder flüssiger Pflanzenschutz- oder Vorratsschutzmittel	230 bis 1.700
4230	Beizgeräte für Saatgetreide	1.600 bis 8.000
4240	sonstige Geräte (z. B. Fallen, Geräte für Bodenentseuchung, Frostschutz, Begasung, Nagetierbekämpfung)	230 bis 9.800
4250	**Geräteteile**	
4251	Spritzgestänge oder Gebläse (einschließlich 1 Düsensatz oder 1 Düsenbogen)	900 bis 4.000
4252	Düsenmundstück, Düsenplättchen- oder Düsenfiltersätze	570 bis 2.900
4253	Schläuche	290 bis 1.150
4254	Pumpen	400 bis 1.700
4255	andere Geräteteile	230 bis 3.400
4260	Mitprüfung einer Variante des Gerätetyps der in den Geb.-Nr. 4221 bis 4255 genannten Geräte oder Geräteteile ohne zusätzliche Messungen	115 bis 7.200
4270	Prüfung der Mängelbeseitigung der in den Geb.-Nr. 4221 bis 4255 genannten Geräte und Geräteteile	57 bis 7.200
4280	erneute Prüfung der in den Geb.-Nr. 4221 bis 4255 genannten Geräte oder Geräteteile ohne zusätzliche Messungen	23 bis 1.400
4290	für die Prüfung jedes weiteren Einsatzbereiches eines Gerätes oder Geräteteiles der Geb.-Nr. 4221 bis 4255	115 bis 7.200

Gebühren-Nr.	Gebührentatbestand	Gebühr in Euro
4300	Prüfung der Abtriftminderung im Rahmen der Prüfung nach § 33 Abs. 2 Nr. 5 Pflanzenschutzgesetz	125 bis 500
4400	Prüfung der Pflanzenschutzmitteleinsparung im Rahmen der Prüfung nach § 33 Absatz 2 Nummer 5 Pflanzenschutzgesetz	125 bis 500
5000	**Sonstige Amtshandlungen**	
5100	**Genehmigung des Inverkehrbringens oder der Einfuhr eines nicht zugelassenen Pflanzenschutzmittels; § 11 Abs. 2 Pflanzenschutzgesetz**	
5110	für Versuchszwecke; § 11 Abs. 2 Nr. 1 Pflanzenschutzgesetz	115 bis 400
5120	bei Gefahr im Verzuge für die Bekämpfung bestimmter Schadorganismen; § 11 Abs. 2 Nr. 2 Pflanzenschutzgesetz	290 bis 5.700
5130	zur Anwendung an Pflanzen oder Pflanzenerzeugnissen, die für die Ausfuhr bestimmt sind, sofern für diese im Bestimmungsland abweichende Anforderungen gelten; § 11 Abs. 2 Nr. 3 Pflanzenschutzgesetz	570 bis 8.600
5300	Genehmigung der Anwendung eines zugelassenen Pflanzenschutzmittels in einem anderen als den mit der Zulassung festgesetzten Anwendungs- gebieten nach § 18 Pflanzenschutzgesetz	2.900 bis 14.300
5310	Überprüfung der Einhaltung eines festgesetzten Rückstandshöchstgehaltes	900 bis 3.600
5400	Prüfung von Pflanzenschutzmitteln, die nicht der Zulassung bedürfen	Sätze entsprechend den Geb.-Nr. 1100 bis 1300
5500	Prüfung von Stoffen, die zur Anwendung im Pflanzenbau bestimmt, aber keine Pflanzenschutzmittel, Pflanzenstärkungsmittel oder Zusatzstoffe sind	290 bis 1.150
5600	Für das Erteilen jeder weiteren Ausfertigung, Abschrift usw., auch auszugsweise, auf besonderen Antrag sowie Bestätigungen von Sachverhalten im Zusammenhang mit der Zulassung	10 bis 57
5700	Prüfung der Verkehrsfähigkeit eines parallelimportierten Pflanzenschutzmittels	160 bis 1.840

Es erheben Gebühren und Auslagen

1. das Bundesamt für Verbraucherschutz und Lebensmittelsicherheit nach den Gebührennummern 1000 bis 3220 und 5000 bis 5700,
2. das Julius Kühn-Institut nach den Gebührennummern 4000 bis 4400 und 5600.

Verordnung über Pflanzenschutzmittel und Pflanzenschutzgeräte (Pflanzenschutzmittelverordnung – PflSchMGV)

in der Fassung der Bekanntmachung vom 9. März 2005, BGBl. I S. 734; zuletzt geändert durch Artikel 3 des Gesetzes vom 13. Dezember 2007, BGBl. I S. 2933

Erster Abschnitt
Pflanzenschutzmittel

§ 1 Zulassungsantrag

(1) Der Antrag auf Zulassung eines Pflanzenschutzmittels oder auf Änderung der Zulassung durch Festsetzung eines weiteren Anwendungsgebietes ist elektronisch oder in vierfacher Ausfertigung schriftlich nach einem von dem Bundesamt für Verbraucherschutz und Lebensmittelsicherheit (Bundesamt) im Bundesanzeiger bekannt gegebenen Muster zu stellen. Erfolgt die Antragstellung in elektronischer Form, kann das Bundesamt die Übermittlung der dem Antrag nach § 12 Abs. 3 Satz 1 des Pflanzenschutzgesetzes beizufügenden Unterlagen auch in schriftlicher Form verlangen.

(2) Die einem Antrag nach § 12 Abs. 3 Satz 1 des Pflanzenschutzgesetzes beizufügenden Unterlagen müssen hinsichtlich der erforderlichen Angaben und der durchzuführenden Untersuchungen die Anforderungen des Anhangs II (Wirkstoff) und des Anhangs III (Pflanzenschutzmittel) der Richtlinie 91/414/EWG des Rates vom 15. Juli 1991 über das Inverkehrbringen von Pflanzenschutzmitteln (ABl. EG Nr. L 230 S. 1), die jeweils zuletzt durch die Richtlinie 2001/36/EG der Kommission vom 16. Mai 2001 (ABl. EG Nr. L 164 S. 1) geändert worden sind, erfüllen. Für chemische Zubereitungen sind die Unterlagen nach Teil A und für Zubereitungen aus Mikroorganismen oder Viren nach Teil B der Anhänge II und III der Richtlinie 91/414/EWG vorzulegen. Abweichend von Satz 1 sind den Anträgen auf Änderung der Zulassung durch Festsetzung eines weiteren Anwendungsgebietes Unterlagen nur beizufügen, soweit sie für die Beurteilung der Anwendung in dem weiteren Anwendungsgebiet erforderlich sind.

(3) Soweit in Anhang II oder III der Richtlinie 91/414/EWG Untersuchungen zur Erstellung von Unterlagen vorgesehen sind, sind diese durchzuführen.

(4) Sofern der Antragsteller Unterlagen nach Absatz 2 nicht vorlegt, hat er hinreichend schriftlich zu begründen, weshalb die Unterlagen für die Prüfung der Zulassungsvoraussetzungen des Pflanzenschutzmittels nicht erforderlich sind. Das Bundesamt für Verbraucherschutz und Lebensmittelsicherheit kann in den Fällen, in denen der Antragsteller andere als die in Anhang II und III der Richtlinie 91/414/EWG genannten oder beschriebenen Prüfrichtlinien verwendet, verlangen, dass die verwendeten Prüfrichtlinien vorgelegt werden und etwaige

Abweichungen davon ausführlich beschrieben und hinreichend begründet werden.

(5) Unterlagen über einen in einem Pflanzenschutzmittel enthaltenen Wirkstoff müssen nicht vorgelegt werden, wenn

1. der Wirkstoff in Anhang I der Richtlinie 91/414/EWG in der jeweils geltenden Fassung aufgeführt ist und die für die Aufnahme in Anhang I für die Beurteilung des Anwendungsgebiets erforderlichen Unterlagen bei dem Bundesamt für Verbraucherschutz und Lebensmittelsicherheit eingereicht worden sind und
2. es gegenüber der für die Aufnahme in Anhang I angegebenen Zusammensetzung keine wesentlichen Unterschiede hinsichtlich des Reinheitsgrads oder der Art der Verunreinigungen gibt.

(6) Bei jeder dem Antrag beigefügten Probe muss auf der Packung die Bezeichnung des Pflanzenschutzmittels oder eine andere Bezeichnung, die die Zugehörigkeit zu dem Antrag eindeutig angibt, fest angebracht sowie der Entwurf der Gebrauchsanleitung beigefügt sein.

§ 1a Untersuchungen

(1) Sofern nach Anhang II oder III der Richtlinie 91/414/EWG und nach dem Stand der wissenschaftlichen Erkenntnisse und der Technik das Vorliegen der Zulassungsvoraussetzungen im Einzelfall nur durch Tierversuche nachgewiesen werden kann, müssen den vorgeschriebenen Untersuchungen Tierversuche zugrunde liegen.

(2) Die Untersuchungen, die zur Prüfung der Wirksamkeit eines Pflanzenschutzmittels durchzuführen sind, müssen die Anforderungen des Anhangs III der Richtlinie 91/414/EWG unter Einhaltung der Grundsätze der Guten Experimentellen Praxis (GEP) erfüllen. Der Antragsteller hat die Einhaltung dieser Grundsätze dadurch sicherzustellen, dass die Versuche von einer amtlichen oder einer nach § 1c amtlich anerkannten Versuchseinrichtung erstellt werden. Dies ist mit dem Stellen eines Antrags nach § 1 Abs. 1 nachzuweisen durch:

1. eine Erklärung der Einrichtung auf dem Versuchsbericht, dass der Versuch nach den Grundsätzen der Guten Experimentellen Praxis durchgeführt worden ist, und
2. im Falle einer amtlich anerkannten Versuchseinrichtung zusätzlich durch die Vorlage einer Ablichtung der Anerkennungsbescheinigung.

Der Antragsteller hat durch eine regionale Verteilung der Versuche zu gewährleisten, dass die Versuchsbedingungen und die Bedingungen, unter denen das Pflanzenschutzmittel nach der Zulassung angewendet werden soll, vergleichbar sind.

(3) Absatz 2 findet keine Anwendung auf Versuche, mit deren Durchführung vor dem 1. Juli 1999 begonnen worden ist, wenn das Bundesamt für Verbraucherschutz und Lebensmittelsicherheit deren Verwertbarkeit für die Prüfung der Wirksamkeit im Einzelfall festgestellt hat.

(4) Die Versuchsanstellung und ihre Durchführung müssen dem Stand der wissenschaftlichen Erkenntnisse und der Technik entsprechen. Die Analysemethoden,

die bei Kontrollen nach der Zulassung und zu Überwachungszwecken erforderlich sind, sollen mit allgemein gebräuchlichen Geräten und mit vertretbarem Aufwand durchführbar sein.

(5) Das Bundesamt für Verbraucherschutz und Lebensmittelsicherheit übermittelt den zuständigen Dienststellen der Wasserwirtschaftsverwaltungen, der Umweltverwaltung und der Gesundheitsverwaltung sowie den Betreibern öffentlicher Wasserversorgungsanlagen auf Anforderung die Angaben über Analysemethoden zur Bestimmung von Rückständen eines nach § 15 Abs. 1 des Pflanzenschutzgesetzes zugelassenen Pflanzenschutzmittels.

(6) Die Prüfung der Anträge und die Entscheidung über Zulassungen hat,

1. soweit chemische Zubereitungen betroffen sind, nach Maßgabe des Anhangs VI Teil I und,
2. soweit Pflanzenschutzmittel betroffen sind, die Mikroorganismen enthalten, nach Maßgabe des Anhangs VI Teil II

der Richtlinie 91/414/EWG, geändert durch die Richtlinie 2005/25/EG des Rates vom 14. März 2005 zur Änderung des Anhangs VI der Richtlinie 91/414/EWG, soweit davon Pflanzenschutzmittel betroffen sind, die als Wirkstoffe Mikroorganismen enthalten (ABl. EU Nr. L 99 S. 1), zu erfolgen.

§ 1b Antrag für eine Genehmigung nach § 18 des Pflanzenschutzgesetzes

(1) Der Antrag auf Genehmigung der Anwendung eines zugelassenen Pflanzenschutzmittels in einem anderen als mit der Zulassung festgesetzten Anwendungsgebiet ist in vierfacher Ausfertigung nach einem von dem Bundesamt für Verbraucherschutz und Lebensmittelsicherheit im Bundesanzeiger bekannt gegebenen Muster zu stellen.

(2) Dem Antrag sind, soweit das Bundesamt für Verbraucherschutz und Lebensmittelsicherheit über ausreichende Erkenntnisse nicht verfügt, die für die Prüfung der Anwendung des zugelassenen Pflanzenschutzmittels in einem anderen als den mit der Zulassung festgesetzten Anwendungsgebieten erforderlich Angaben beizufügen:

1. Name und Anschrift des Antragstellers,
2. Angaben über die Wirksamkeit des Pflanzenschutzmittels in dem beantragten Anwendungsgebiet,
3. soweit die Anwendung des zugelassenen Pflanzenschutzmittels in dem beantragten Anwendungsgebiet zu Rückständen auf oder in Pflanzen oder Pflanzenerzeugnissen führen kann, Angaben über die Rückstände auf oder in Pflanzen oder Pflanzenerzeugnissen und Analysemethoden zur Untersuchung von Rückständen auf oder in Pflanzen oder Pflanzenerzeugnissen,
4. Ergebnisse toxikologischer Untersuchungen zur Abschätzung der Exposition des Anwenders, soweit die vorgesehene Anwendung zu einer anderen Anwenderexposition führt, als sie bei der Zulassung des Pflanzenschutzmittels zugrunde gelegt worden ist.

Soweit es für die Prüfung des Antrags erforderlich ist, kann auf Angaben und Unterlagen zurückgegriffen werden, die im Rahmen der Zulassung des Pflanzenschutzmittels verwendet worden sind.

(3) § 1 Abs. 4 ist entsprechend anzuwenden.

§ 1c Antrag auf Feststellung nach § 16c des Pflanzenschutzgesetzes

(1) Der Antrag auf Feststellung der Verkehrsfähigkeit eines Pflanzenschutzmittels nach § 16c des Pflanzenschutzgesetzes ist elektronisch oder schriftlich mit folgenden Angaben zu stellen:

1. Name und Anschrift des Einführers,
2. Bezeichnung und Zulassungsnummer des parallel einzuführenden Pflanzenschutzmittels in dem Staat, in dem es zugelassen ist (Ursprungsmitgliedstaat),
3. Name und Anschrift des Zulassungsinhabers im Ursprungsmitgliedstaat,
4. Bezeichnung und Zulassungsnummer des Referenzmittels,
5. Bezeichnung, unter der das parallel einzuführende Pflanzenschutzmittel in Deutschland vertrieben werden soll.

Das Bundesamt kann für den Antrag ein Muster im Bundesanzeiger oder elektronischen Bundesanzeiger bekannt geben; soweit ein Muster bekannt gegeben ist, ist dieses zu verwenden.

(2) Dem Antrag sind beizufügen:

1. die Gebrauchsanleitung, mit der das parallel einzuführende Pflanzenschutzmittel im Ursprungsmitgliedstaat in Verkehr gebracht wird oder sonstige sachdienliche veröffentlichte Daten des Mittels, im Original oder als Ablichtung,
2. die vorgesehene Kennzeichnung und Gebrauchsanleitung, mit der das parallel einzuführende Pflanzenschutzmittel in Deutschland vertrieben werden soll,
3. auf Anforderung des Bundesamtes eine für Untersuchungen ausreichend große Probe oder ein Originalgebinde des einzuführenden Pflanzenschutzmittels.

Im Falle des Satzes 1 Nr. 1 kann das Bundesamt zusätzlich eine beglaubigte Übersetzung der im Ursprungsland festgesetzten Anwendungsgebiete und Anwendungsbestimmungen verlangen, soweit diese nicht in deutscher Sprache abgefasst sind und die Übersetzung zur Beurteilung der Übereinstimmung erforderlich ist. Der Antragsteller kann weitere Unterlagen, einschließlich Gutachten geeigneter Labore, über die er verfügt und die zur Feststellung der Übereinstimmung zwischen dem parallel einzuführenden Pflanzenschutzmittel und dem Referenzmittel beitragen können, vor Entscheidung über die Verkehrsfähigkeit dem Bundesamt übermitteln.

(3) Eine vergleichbare Menge des Wirkstoffs im Sinne des § 16c Abs. 2 Nr. 1 des Pflanzenschutzgesetzes liegt vor, soweit

1. sich der angegebene Wirkstoffgehalt des einzuführenden Mittels nicht von dem Wirkstoffgehalt des Referenzmittels unterscheidet oder

2. bei der analytischen Bestimmung des Wirkstoffgehaltes die in Anhang VI Teil C der Richtlinie 91/414/EWG unter Nummer 2.7.2 Buchstabe a in der jeweils geltenden Fassung genannten Kriterien eingehalten werden.

(4) Eine Übereinstimmung in Zusammensetzung und Beschaffenheit im Sinne des § 16c Abs. 2 Nr. 2 des Pflanzenschutzgesetzes liegt vor, soweit

1. beide Mittel in der Formulierungsart übereinstimmen,
2. qualitative oder quantitative Unterschiede in den Beistoffen nicht zu Unterschieden im Hinblick auf die biologische Wirksamkeit, die Auswirkungen auf die zu behandelnden Pflanzen oder die Auswirkungen auf Mensch, Tier oder Naturhaushalt führen.

(5) Eine Übereinstimmung liegt insbesondere dann nicht vor, soweit

1. ein nicht bewerteter Beistoff oder eine nicht bewertete Beistoffsubstanz vorliegt,
2. Beistoffsubstanzen mit wesentlicher Funktion fehlen,
3. unterschiedliche Nominalkonzentrationen von Beistoffen mit wesentlicher Funktion vorliegen,
4. Beistoffsubstanzen vorliegen, die toxischer oder ökotoxischer sind als die des Referenzmittels oder die für die Wirksamkeit oder die Stabilität ungünstiger sind als die des Referenzmittels,
5. Beistoffe fehlen, die dem Anwenderschutz dienen oder zum Schutz Dritter Anwendung finden.

§ 1d Amtliche Anerkennung einer Versuchseinrichtung

(1) Versuchseinrichtung im Sinne dieser Verordnung ist eine amtliche oder amtlich anerkannte Einrichtung mit organisatorisch selbständiger, eigener sachlicher und personeller Ausstattung zum Zweck der Durchführung von Versuchen zur Ermittlung der Wirksamkeit von Pflanzenschutzmitteln. Nicht amtliche Versuchseinrichtungen, die von einem privaten oder öffentlichen Träger betrieben oder eingerichtet werden, werden auf Antrag amtlich anerkannt.

(2) Der Antrag auf amtliche Anerkennung ist schriftlich bei der zuständigen Behörde des Landes zu stellen, in dem die Einrichtung ihren Hauptsitz hat. Die Anerkennung wird erteilt, wenn

1. ein ständiger Versuchsleiter beschäftigt ist, der über ein abgeschlossenes Hoch- oder Fachhochschulstudium im Bereich der Agrar-, Gartenbau-, Forst- oder vergleichbarer Wissenschaften verfügt und eine mindestens zweijährige Berufserfahrung in der Durchführung entsprechender Versuche hat,
2. ein geeigneter Stellvertreter für den Versuchsleiter benannt ist,
3. eine ausreichende Anzahl qualifizierter Mitarbeiter beschäftigt ist,
4. für eine ordnungsgemäße Versuchsdurchführung geeignete
   a) Räumlichkeiten in ausreichender Anzahl,
   b) Labor- und Freilandausrüstungen,
   c) Versuchsflächen in ausreichendem Umfang,

   d) soweit erforderlich, Gewächshäuser und Klimakammern,

   zur Verfügung stehen,

5. die zu verwendenden Prüfrichtlinien dem Personal bekannt sind und zur Verfügung stehen,
6. eine Liste der laufenden und abgeschlossenen Versuche für Zulassungszwecke geführt wird und
7. alle im Rahmen der Versuchsdurchführung erfolgten Aufzeichnungen aufbewahrt werden.

Der Antragsteller hat das Vorliegen der Voraussetzungen nach Satz 2 durch geeignete Nachweise bei der Antragstellung zu belegen. Die Aufzeichnungen nach Satz 2 Nr. 7 sind mindestens zwölf Jahre nach Abschluss der Wirksamkeitsuntersuchungen aufzubewahren.

(3) Sind die Unterlagen vollständig, führt die zuständige Behörde vor der amtlichen Anerkennung eine Prüfung der Versuchseinrichtung durch. Die Anerkennung wird für fünf Jahre erteilt.

(4) Die zuständige Behörde berücksichtigt bei der Prüfung des Vorliegens der Anerkennungsvoraussetzungen Nachweise über vorhandene Qualitätssicherungssysteme der Versuchseinrichtung, insbesondere GLP-Bescheinigungen und Akkreditierungen.

(5) Nach Erteilung der amtlichen Anerkennung wird der Versuchseinrichtung eine Anerkennungsbescheinigung nach dem Muster in Anlage 5 ausgestellt.

(6) Die zuständige Behörde kann von einer amtlich anerkannten Versuchseinrichtung verlangen, dass ihr Auskunft über laufende und geplante Versuche, insbesondere über das zu prüfende Pflanzenschutzmittel und den Versuchsstandort, erteilt wird.

§ 1e Kennzeichnung

(1) Ist es auf Grund der Größe der abgabefertigen Packung nicht möglich, alle gemäß § 20 Abs. 2 des Pflanzenschutzgesetzes vorgeschriebenen Angaben in deutlich sichtbarer, leicht lesbarer Schrift darauf anzubringen, kann das Bundesamt für Verbraucherschutz und Lebensmittelsicherheit auf Antrag den Abdruck der gemäß § 20 Abs. 2 Nr. 6 des Pflanzenschutzgesetzes vorgeschriebenen Angaben auf einer jede abgabefertige Packung begleitenden Gebrauchsanleitung genehmigen. Es hat die Genehmigung mit den Auflagen zu verbinden, die erforderlich sind, um die bestimmungsgemäße und sachgerechte Anwendung des Pflanzenschutzmittels sicherzustellen.

(2) Auf den Behältnissen und abgabefertigen Packungen von Pflanzenschutzmitteln sind zusätzlich zu den in § 20 Abs. 1 bis 3 des Pflanzenschutzgesetzes festgelegten Angaben diejenigen Standardsätze für besondere Gefahren und Sicherheitshinweise der Anhänge IV und V der Richtlinie 91/414/EWG des Rates vom 15. Juli 1991 über das Inverkehrbringen von Pflanzenschutzmitteln (ABl. EG Nr. L 230 S. 1), eingefügt durch die Richtlinie 2003/82/EG der Kommission vom 11. September 2003 (ABl. EU Nr. L 228 S. 11), in der jeweils geltenden Fassung anzugeben, für die das Bundesamt für Verbraucherschutz und Lebensmittelsicherheit das Vorliegen der Zuteilungskriterien der Anhänge IV und V

der Richtlinie 91/414/EWG für das jeweilige Pflanzenschutzmittel festgestellt hat.

§ 2 Sachverständigenausschuss

(1) Der Sachverständigenausschuss nach § 33a Abs. 4 des Pflanzenschutzgesetzes besteht aus 17 Mitgliedern aus den Fachbereichen Pflanzenschutz, Gesundheitsschutz, Verbraucherschutz, Umwelt- und Naturschutz. Vertreter des Bundesamtes für Verbraucherschutz und Lebensmittelsicherheit, des Julius Kühn-Instituts, Bundesforschungsinstitut für Kulturpflanzen, des Bundesinstitutes für Risikobewertung und des Umweltbundesamtes nehmen an den Beratungen teil. Andere Sachverständige können zu den Beratungen hinzugezogen werden.

(2) Die Mitglieder des Sachverständigenausschusses werden für längstens drei Jahre berufen; Wiederberufung ist zulässig. Der Vorsitzende und seine Stellvertreter werden auf Vorschlag des Sachverständigenausschusses vom Bundesministerium für Ernährung, Landwirtschaft und Verbraucherschutz bestellt.

(3) Die Mitglieder des Sachverständigenausschusses sind ehrenamtlich tätig.

(4) Die Bundesministerien für Ernährung, Landwirtschaft und Verbraucherschutz und für Umwelt, Naturschutz und Reaktorsicherheit können zu den Sitzungen des Ausschusses Vertreter entsenden; diesen ist auf Verlangen das Wort zu erteilen.

(5) Das Bundesamt für Verbraucherschutz und Lebensmittelsicherheit führt die Geschäfte des Sachverständigenausschusses und lädt zu den Sitzungen ein.

(6) Der Sachverständigenausschuss gibt sich eine Geschäftsordnung. Sie bedarf der Zustimmung des Bundesministeriums für Ernährung, Landwirtschaft und Verbraucherschutz, das seine Entscheidung im Einvernehmen mit dem Bundesministerium für Umwelt, Naturschutz und Reaktorsicherheit trifft.

§ 3 Meldung

(1) Die Meldung der Wirkstoffe nach § 19 Abs. 1 des Pflanzenschutzgesetzes muss außer den dort genannten Angaben den Namen und die Anschrift des Meldepflichtigen sowie die Zulassungsnummern der Pflanzenschutzmittel enthalten.

(2) Die Meldung ist in einfacher Ausfertigung nach einem von dem Bundesamt für Verbraucherschutz und Lebensmittelsicherheit im Bundesanzeiger bekannt gegebenen Muster zu machen.

§ 3a Verkehr mit Pflanzenschutzmittelwirkstoffen

Die nach § 31d Abs. 1 Nr. 2 des Pflanzenschutzgesetzes erforderlichen Angaben und Unterlagen sind dem Bundesamt für Verbraucherschutz und Lebensmittelsicherheit eine Woche vor dem Inverkehrbringen oder der Einfuhr von Pflanzenschutzmittelwirkstoffen vorzulegen.

§ 3b Aufnahme in die Liste über Pflanzenstärkungsmittel; Aufnahme in die Liste über Zusatzstoffe

(1) Der Antrag auf Aufnahme eines Pflanzenstärkungsmittels in die Liste nach § 31a des Pflanzenschutzgesetzes ist bei dem Bundesamt für Verbraucherschutz und

Lebensmittelsicherheit in dreifacher Ausfertigung nach einem von dem Bundesamt für Verbraucherschutz und Lebensmittelsicherheit im Bundesanzeiger bekannt gemachten Muster zu erstellen.

(2) Für den Antrag auf Aufnahme eines Zusatzstoffs in die Liste nach § 31c des Pflanzenschutzgesetzes gilt Absatz 1 entsprechend.

§ 3c Ein- und Ausfuhr von Pflanzenschutzmitteln

Pflanzenschutzmittel aus Staaten, die nicht Mitgliedstaaten sind, dürfen nur über die nach § 36 Nr. 1 des Pflanzenschutzgesetzes für pflanzenbeschaupflichtige Einfuhren im Bundesanzeiger bekannt gegebenen Zollstellen eingeführt werden. Für die Ausfuhr von Pflanzenschutzmitteln in Staaten, die nicht Mitgliedstaaten sind, gilt Satz 1 entsprechend.

Zweiter Abschnitt
Pflanzenschutzgeräte

§ 4 Anforderungen

(1) Die Anforderungen an Pflanzenschutzgeräte – außer Kleingeräte –, die in den Verkehr gebracht oder eingeführt werden sollen, ergeben sich aus Anlage 1.

(2) Das Julius Kühn-Institut, Bundesforschungsinstitut für Kulturpflanzen, kann Merkmale im Bundesanzeiger bekanntmachen, die sie als notwendig zur Beurteilung der Einhaltung der Anforderungen ansieht.

§ 5 Kleingeräte

Kleingeräte sind Pflanzenschutzgeräte,

1. die von Hand oder durch verdichtetes Gas betrieben werden und ein Füllvolumen von höchstens 5 Litern, bei abgabefertig mit Treibgas versehenen Behältern von höchstens 1 Liter, haben oder
2. mit denen Pflanzenschutzmittel ausschließlich unter Ausnutzung der Schwerkraft ausgebracht werden und deren Füllvolumen bei Gießgeräten höchstens 20 Liter, bei Granulatstreugeräten höchstens 3 Liter, sonst höchstens 1 Liter, beträgt

und die nach ihrer Konstruktion von einer Person getragen werden.

§ 6 Erklärung

(1) Die Erklärung nach § 25 des Pflanzenschutzgesetzes ist in einfacher Ausfertigung abzugeben.

(2) Die Gebrauchsanleitung muss die in Anlage 2 aufgeführten Angaben enthalten.

(3) Die Beschreibung des Gerätetyps muss enthalten:

1. eine Gesamtdarstellung einschließlich der Angaben zur Technik und Funktion sowie ausreichende bildliche Darstellungen des Pflanzenschutzgerätes,
2. Einzeldarstellungen aller für die Ausbringung von Pflanzenschutzmitteln wichtiger Teile, insbesondere der Dosier- und Verteileinrichtungen.

(4) Die Erklärung und die Beschreibung des Gerätetyps sind nach einem von dem Julius Kühn-Institut, Bundesforschungsinstitut für Kulturpflanzen, im Bundesanzeiger bekannt gegebenen Muster zu erstellen.

(5) Zu den sonstigen für die Beurteilung erforderlichen Unterlagen gehören Angaben

1. über Einstellung und Betrieb einschließlich der Fehlergrenzen und
2. zu möglichen Reaktionen der Pflanzenschutzmittel führenden und -enthaltenden Teile des Gerätetyps bei Verwendung zugelassener Pflanzenschutzmittel unter Beifügung entsprechender Unterlagen.

(6) Bei Pflanzenschutzgeräten, die für die Ausfuhr bestimmt und entsprechend kenntlich gemacht sind, sind Absatz 2 in Verbindung mit Anlage 2 Nr. 4, 8, 9, 11 und 12 sowie Absatz 5 Nr. 2 nicht anzuwenden.

§ 7 Prüfung

(1) Verfügungsberechtigte und Besitzer (Besitzer) haben ihre im Gebrauch befindlichen Pflanzenschutzgeräte für Flächen- oder Raumkulturen in Zeitabständen von vier Kalenderhalbjahren durch amtliche oder amtlich anerkannte Kontrollstellen prüfen zu lassen. Pflanzenschutzgeräte für Flächenkulturen im Sinne dieser Verordnung sind Pflanzenschutzgeräte, die mit einem horizontal ausgerichteten Spritz- oder Sprühgestänge ausgestattet sind, wie sie insbesondere im Ackerbau als Traktoranbau-, -aufbau- oder -anhängegeräte oder als selbstfahrende Geräte verwendet werden. Pflanzenschutzgeräte für Raumkulturen im Sinne dieser Verordnung sind Pflanzenschutzgeräte, die mit einem Spritz- oder Sprühgestänge mit oder ohne Gebläseunterstützung ausgestattet sind, wie sie insbesondere im Obst-, Wein- und Hopfenbau sowie in anderen vergleichbaren Kulturen als Traktoranbau-, -aufbau- oder -anhängegeräte oder als selbstfahrende Geräte verwendet werden. Ausgenommen von der Prüfpflicht sind alle Pflanzenschutzgeräte, die von einer Person getragen werden können.

(2) Die Prüfung hat sich auf die Anforderungen der Anlage 1 Abs. 1 Nr. 1 bis 3, 6, 7 und 10 bis 15 zu erstrecken. Die zu prüfenden Teile ergeben sich aus Anlage 3.

(3) Erstmals in Gebrauch genommene Pflanzenschutzgeräte für Flächenkulturen und nach dem 30. April 2002 erstmals in Gebrauch genommene Pflanzenschutzgeräte für Raumkulturen müssen spätestens bei Ablauf des sechsten Kalendermonats nach ihrer Ingebrauchnahme geprüft worden sein; der Zeitpunkt der Ingebrauchnahme ist durch geeignete Unterlagen glaubhaft zu machen. Diese Prüfung beschränkt sich darauf, ob die in Anlage 3 Nr. 2, 6 und 9 aufgeführten Teile des Pflanzenschutzgerätes den sie betreffenden Anforderungen der Anlage 1 entsprechen.

(4) Der Besitzer hat das Kalenderhalbjahr, in dem das Pflanzenschutzgerät nach Absatz 1 Satz 1 zu prüfen ist, durch eine Prüfplakette nach dem Muster der Anlage 4 nachzuweisen. Die Prüfplakette ist von der Kontrollstelle durch Angabe ihrer Anschrift sowie des betreffenden Kalenderjahres und Halbjahres auszufüllen und anzubringen, wenn die Prüfung die einwandfreie Arbeitsweise des Gerätes erwiesen hat. Die Kontrollstelle kann die Prüfplakette mit einer Kontrollnummer versehen. Die Prüfplakette kann von der Kontrollstelle ange-

bracht werden, wenn das Pflanzenschutzgerät lediglich geringe Mängel aufweist und der Besitzer sich zur unverzüglichen Beseitigung der Mängel verpflichtet.

(5) Die Prüfplakette ist an dem Pflanzenschutzgerät deutlich sichtbar und untrennbar anzubringen; sie muss so beschaffen sein, dass sie bei ihrer Entfernung zerstört wird.

(6) Die Prüfplakette wird mit dem Ablauf des auf ihr angegebenen Kalenderhalbjahres ungültig.

(7) Wird ein gebrauchtes Pflanzenschutzgerät, für das eine Prüfpflicht besteht, eingeführt, so hat es der Besitzer vor der ersten Ingebrauchnahme im Inland nach Absatz 2 prüfen zu lassen. Eine Prüfpflicht beseht nicht für Pflanzenschutzgeräte, die bereits in einem anderen Mitgliedstaat der Europäischen Gemeinschaft oder der Europäischen Freihandelszone nach der Europäischen Norm EN 13790 geprüft worden sind, wenn diese Prüfung nicht länger als zwei Jahre zurückliegt.

(8) Pflanzenschutzgeräte für Raumkulturen, die sich am 30. April 2002 im Gebrauch befinden, sind vom Besitzer erstmals,

1. soweit sie zwischen dem 1. Mai 2001 und dem 30. April 2002 im Rahmen einer freiwilligen Pflanzenschutzgeräteprüfung, geprüft worden sind und ein Nachweis vom Besitzer erbracht werden kann, bis zum Ablauf von drei Kalenderjahren nach dieser Prüfung,
2. soweit sie ausschließlich im Weinbau eingesetzt werden, bis zum 30. April 2004,
3. im Übrigen bis zum 30. April 2003

nach Absatz 1 prüfen zu lassen.

§ 7a Verwendungsverbot

Pflanzenschutzgeräte im Sinne des § 7 Abs. 1 Satz 2 und 3, die keiner vorgeschriebenen Prüfung unterzogen worden oder nicht mit einer gültigen Prüfplakette versehen sind, dürfen nicht verwendet werden.

§ 7b Ordnungswidrigkeiten

Ordnungswidrig im Sinne des § 40 Abs. 1 Nr. 1 Buchstabe a des Pflanzenschutzgesetzes handelt, wer vorsätzlich oder fahrlässig entgegen § 7a ein Pflanzenschutzgerät verwendet.

§ 7c Übergangsvorschrift

Die Amtszeit der am 4. Dezember 2003 berufenen Mitglieder des Sachverständigenausschusses nach § 33a Abs. 4 des Pflanzenschutzgesetzes endet am 31. Dezember 2003.

Dritter Abschnitt
Schlussvorschriften

§ 8 (Inkrafttreten)

Anlage 1 (zu § 4 Abs. 1 und § 7 Abs. 2 Satz 1)
Beschaffenheit der Pflanzenschutzgeräte

(1) Pflanzenschutzgeräte müssen so beschaffen sein, dass

1. sie zuverlässig funktionieren,
2. sie sich bestimmungsgemäß und sachgerecht verwenden lassen,
3. sie ausreichend genau dosieren und verteilen,
4. bei bestimmungsgemäßer und sachgerechter Verwendung das Pflanzenschutzmittel am Zielobjekt ausreichend abgelagert wird,
5. Teile, die sich bei Gebrauch des Pflanzenschutzgerätes erhitzen, beim Befüllen oder Entleeren des Gerätes von Pflanzenschutzmitteln nicht getroffen werden,
6. sie sich sicher befüllen lassen,
7. sie gegen Verschmutzung so gesichert sind, dass ihre Funktion nicht beeinträchtigt wird,
8. Überschreitungs- und Unterschreitungsgrenzen der zu befüllenden Behälter leicht erkennbar sind,
9. ein ausreichender Sicherheitsabstand zwischen Nennvolumen und Gesamtvolumen der zu befüllenden Behälter vorhanden ist,
10. Pflanzenschutzmittel nicht unbeabsichtigt austreten können,
11. der Vorrat an Pflanzenschutzmitteln leicht erkennbar ist,
12. sie sich leicht, genügend genau und reproduzierbar einstellen lassen,
13. sie ausreichend mit genügend genau anzeigenden Betriebsmesseinrichtungen ausgestattet sind,
14. sie sich vom Arbeitsplatz sicher bedienen, kontrollieren und sofort abstellen lassen,
15. sie sich sicher, leicht und völlig entleeren lassen,
16. sie sich leicht und gründlich reinigen lassen,
17. sich Verschleißteile austauschen lassen,
18. Messgeräte zu ihrer Prüfung angeschlossen werden können.

(2) An Pflanzenschutzgeräten sind ausreichende, leicht lesbare Dosierhinweise (Aufwandtabellen oder -diagramme) in dauerhafter Form anzubringen oder, sofern die Außenfläche eines Pflanzenschutzgerätes nicht ausreicht oder ungeeignet ist, in dauerhafter Form mitzuliefern. An Pflanzenschutzgeräten ist die jeweilige Typenbezeichnung oder Zugehörigkeit zum Gerätetyp anzugeben und das Baujahr zu kennzeichnen. Zerstäuber sind so zu kennzeichnen, dass Bauart, Größe und wichtige Betriebsdaten erkennbar sind.

Anlage 2 (zu § 6 Abs. 2)
Gebrauchsanleitung

Die Gebrauchsanleitung muss Angaben enthalten

1. über die bestimmungsgemäße Ausstattung des Pflanzenschutzgerätes,

1a. für die sachgerechte Einstellung des Pflanzenschutzgerätes,

2. für das Befüllen des Gerätes und über Vorsichtsmaßnahmen,
3. über Betriebs- und Einstellbereiche des Gerätes,
4. über die Restmenge, die das Gerät nicht mehr bestimmungsgemäß ausbringt,
5. für das Entleeren und Reinigen des Gerätes,
6. für die Überprüfung der Dosierung,
7. über die Maschenweite der Filter,
8. über Abstände, nach denen das Pflanzenschutzgerät auf Funktionstauglichkeit sowie Dosierungs- und Verteilgenauigkeit zu überprüfen ist,
9. über Einschränkungen der Verwendung bestimmter Pflanzenschutzmittel,
10. für das Umstellen auf andere Rüstzustände des Pflanzenschutzgerätes,
11. über Möglichkeiten der Verbindung mit anderen Maschinen und Geräten einschließlich Sicherheitsmaßnahmen,
12. für die Prüfung des Pflanzenschutzgerätes.

Anlage 3 (zu § 7 Abs. 2 Satz 2)
Zu prüfende Teile

1. Antrieb,
2. Pumpe,
3. Rührwerk,
4. Spritzflüssigkeitsbehälter,
5. Armaturen,
6. Leitungssystem,
7. Filterung,
8. Spritz- oder Sprühgestänge,
9. Düsen,
10. Gebläse (Pflanzenschutzgeräte für Raumkulturen).

Anlage 4 (zu § 7 Abs. 4 Satz 1)
Muster der Prüfplakette

Wird die Prüfung durch eine nach Landesrecht amtlich anerkannte Kontrollwerkstätte durchgeführt, so treten an die Stelle der Wörter „Amtliche Kontrollstelle" die Wörter „Amtlich anerkannte Kontrollwerkstätte".

Anlage 5 (zu § 1c Abs. 5)
Anerkennungsbescheinigung

Die Versuchseinrichtung ....
(Name)

mit Hauptsitz in ....
(Adresse)

und organisatorisch zugehörigen Arbeitseinheiten in ....
(Orte)

des Trägers der Versuchseinrichtung ....
(Name)

ist auf Antrag vom ....
(Datum)

und durchgeführter Besichtigung vom...
(Datum)

durch ....
(zuständige Behörde)

von der .... am..
(Anerkennungsbehörde) (Datum)

amtlich anerkannt worden im Sinne des § 1c Abs. 5 der Pflanzenschutzmittelverordnung.

Recognition Certificate

The testing facility ....
(name)

with headquarters in ....
(adress)

and subsidiary testing units in ....
(location)

supported by ....
(name)

has been officially recognized under paragraph (5) of Article 1c of the

Plant Protection Products Ordinance following its application

dated..
(date)

and pre-inspection of..
(date)

by...
(competent authority)

from the .... on...
(recognizing body) (date)

Verordnung über Anwendungsverbote für Pflanzenschutzmittel (Pflanzenschutz-Anwendungsverordnung – PflSchAnwV)

vom 10. November 1992,
BGBl. I S. 1887; zuletzt geändert durch Art. 20 Gesetz v. 29.7.2009 I 2542

§ 1 Vollständiges Anwendungsverbot

Pflanzenschutzmittel, die aus einem in Anlage 1 aufgeführten Stoff bestehen oder einen solchen Stoff enthalten, dürfen nicht angewandt werden.

§ 2 Eingeschränktes Anwendungsverbot

(1) Pflanzenschutzmittel, die aus einem in Anlage 2 aufgeführten Stoff bestehen oder einen solchen Stoff enthalten, dürfen nur angewandt werden, soweit dies nach Spalte 3 zulässig ist.

(2) Obst von Flächen, die mit Aldicarb (Anlage 2 Nr. 1) behandelt worden sind, darf im Behandlungsjahr nicht verwertet werden.

§ 3 Anwendungsbeschränkungen

(1) Pflanzenschutzmittel, die aus einem in Anlage 3 Abschnitt A aufgeführten Stoff bestehen oder einen solchen Stoff enthalten, dürfen nicht angewandt werden, soweit dies nach Spalte 3 verboten ist.

(2) Pflanzenschutzmittel, die aus einem in Anlage 3 Abschnitt B aufgeführten Stoff bestehen oder einen solchen Stoff enthalten, dürfen nicht in Wasserschutzgebieten und Heilquellenschutzgebieten angewandt werden, soweit nicht

1. sich aus Spalte 3 etwas anderes ergibt oder
2. das Pflanzenschutzmittel in Unkrautstäben, gebrauchsfertig in Sprühdosen, zur Anwendung nach Wasserzugabe in Handzerstäubern oder als Stäbchen oder Zäpfchen zur Anwendung an Topfpflanzen in den Verkehr gebracht wird oder
3. eine Anwendung in der Schutzregelung ausdrücklich gestattet ist.

(3) Die zuständige Behörde kann anordnen, daß Pflanzenschutzmittel, die aus einem in Anlage 2 Nr. 1, 4, 5 und 6 oder in Anlage 3 Abschnitt B aufgeführten Stoff bestehen oder einen solchen Stoff enthalten, auch außerhalb von Wasserschutzgebieten und Heilquellenschutzgebieten in bestimmt abgegrenzten

1. Einzugsgebieten von Trinkwassergewinnungsanlagen oder Heilquellen oder
2. sonstigen Gebieten zum Schutz des Grundwassers

nicht angewandt werden dürfen.

§ 3a Besondere Abgabebedingungen

Pflanzenschutzmittel, die aus einem in Anlage 4 aufgeführten Stoff bestehen oder einen solchen Stoff enthalten und deren Anwendung auf einer Freilandfläche vorgesehen ist, die nicht landwirtschaftlich, forstwirtschaftlich oder gärtnerisch genutzt wird, dürfen nur dann an einen anderen abgegeben werden, wenn dem Abgebenden zuvor eine dem anderen erteilte Genehmigung nach § 6 Abs. 3 des Pflanzenschutzgesetzes vorgelegt worden ist.

§ 4 Verbot der Anwendung in Naturschutzgebieten und Nationalparken

Pflanzenschutzmittel, die aus einem in Anlage 2 oder 3 aufgeführten Stoff bestehen oder einen solchen Stoff enthalten, dürfen in Naturschutzgebiete, Nationalparken, Nationalen Naturmonumenten, Naturdenkmälern und gesetzlich geschützten Biotopen im Sinne des § 30 des Bundesnaturschutzgesetzes, nicht angewandt werden, es sei denn, daß eine Anwendung in der Schutzregelung ausdrücklich gestattet ist oder die Naturschutzbehörde die Anwendung ausdrücklich gestattet.

§ 5 Einfuhrverbote

(1) Pflanzgut, in oder auf dem ein Pflanzenschutzmittel vorhanden ist, das aus einem in Anlage 1 aufgeführten Stoff besteht oder einen solchen Stoff enthält, darf nicht eingeführt werden.

(2) Saat- oder Pflanzgut oder Kultursubstrat, in oder auf dem ein Pflanzenschutzmittel vorhanden ist, das aus einem in Anlage 2 aufgeführten Stoff besteht oder einen solchen Stoff enthält, darf nicht eingeführt werden. Dies gilt nicht, soweit nach Anlage 2 Spalte 3 die Anwendung des Stoffes zur Behandlung des Saat- oder Pflanzgutes oder Kultursubstrats ausdrücklich zulässig ist und nicht der Zustimmung der zuständigen Behörde bedarf.

§ 6 Verunreinigungen

Im Rahmen der §§ 1 bis 4 bleiben produktionstechnisch bedingte, geringfügige Verunreinigen mit in den Anlagen aufgeführten Stoffen unberücksichtigt, soweit dadurch nicht der Schutz der menschlichen Gesundheit oder die Abwehr von Gefahren, insbesondere für die Gesundheit von Mensch und Tier und für den Naturhaushalt, beeinträchtigt wird.

§ 7 Ausnahmen

(1) Das Bundesamt für Verbraucherschutz und Lebensmittelsicherheit kann die Anwendung von Pflanzenschutzmitteln außerhalb von Wasserschutzgebieten und Heilquellenschutzgebieten sowie die Einfuhr von Saat- oder Pflanzgut oder Kultursubstrat in Einzelfällen abweichend von den §§ 1 bis 3 und 5 für Forschungs-, Untersuchungs- oder Versuchszwecke genehmigen.

(2) Die zuständige Behörde kann im Einzelfall genehmigen, daß

1. in Gewächshäusern oder ähnlich geschlossenen Systemen abweichend von
   a) § 1 Abs. 1 Pflanzenschutzmittel, die aus einem in Anlage 2 aufgeführten Stoff, der in Wasserschutzgebieten oder Heilquellenschutzgebieten nicht angewandt werden darf,
   b) § 3 Abs. 2 Pflanzenschutzmittel, die aus einem in Anlage 3 Abschnitt B aufgeführten Stoff

bestehen oder einen solchen Stoff enthalten, in einem Wasserschutzgebiet oder Heilquellenschutzgebiet angewandt werden, soweit durch Schutzvorkehrungen sichergestellt ist, daß die Pflanzenschutzmittel oder ihre Abbauprodukte nicht abgeschwemmt werden oder in das Erdreich versickern können;

2. im Einvernehmen mit der nach Wasserrecht zuständigen Behörde abweichend von
   a) § 1 Abs. 1 Pflanzenschutzmittel, die aus einem in Anlage 2 aufgeführten Stoff, der in Wasserschutzgebieten oder Heilquellenschutzgebieten nicht angewandt werden darf,
   b) § 3 Abs. 2 Pflanzenschutzmittel, die aus einem in Anlage 3 Abschnitt B aufgeführten Stoff

bestehen oder einen solchen Stoff enthalten, in einem Wasserschutzgebiet oder Heilquellenschutzgebiet angewandt werden, wenn sichergestellt ist, daß dadurch der Schutz der Gesundheit von Mensch und Tier und der Schutz des Grundwassers und des Naturhaushalts nicht beeinträchtigt wird.

§ 8 Ordnungswidrigkeiten

(1) Ordnungswidrig im Sinne des § 40 Abs. 1 Nr. 1 Buchstabe b des Pflanzenschutzgesetzes handelt, wer vorsätzlich oder fahrlässig

1. entgegen § 1, § 1 Abs. 1, § 3 Abs. 1 oder 2 oder § 4 ein Pflanzenschutzmittel anwendet,
2. entgegen § 1 Abs. 2 Obst verwertet,
3. entgegen § 3a ein Pflanzenschutzmittel abgibt oder
4. entgegen § 5 Abs. 1 oder 2 Satz 1 Pflanzgut, Saatgut oder Kultursubstrat einführt.

(2) Ordnungswidrig im Sinne des § 40 Abs. 1 Nr. 2 Buchstabe c des Pflanzenschutzgesetzes handelt, wer vorsätzlich oder fahrlässig einer vollziehbaren Anordnung nach § 3 Abs. 3 zuwiderhandelt.

Anlage 1 (zu den §§ 1 und 5 Abs. 1)
Vollständiges Anwendungsverbot

Nummer	Stoff
1	2
1	Acrylnitril
2	Aldrin
3	Aramit
4	Arsenverbindungen
5	Atrazin
6	Binapacryl
7	Bleiverbindungen
8	Bromacil
9	Cadmiumverbindungen
10	Captafol
11	Carbaryl
12	Chlordan
13	Chlordecone (Kepone)
14	Chlordimeform
15	Chloroform
16	Chlorpikrin
17	Crimidin
18	DDT (1,1,1-Trichlor-2,2-bis(4-chlorphenyl) -ethan und seine Isomeren)
19	1,2-Dibromethan
20	1,2-Dichlorethan
21	1,3-Dichlorpropen
22	Dicofol mit einem Gehalt von weniger als 780 g je kg p.p'-Dicofol oder mehr als 1 g je kg DDT oder DDT-Verbindungen
23	Dieldrin
24	Dinoseb, seine Acetate und Salze
25	Endrin
26	Ethylenoxid
27	Fluoressigsäure und ihre Derivate
28	HCH, technisch
29	Heptachlor
30	Hexachlorbenzol
31	Isobenzan
32	Isodrin

Nummer	Stoff
1	2
33	Kelevan
34	Lindan
35	Maleinsäurehydrazid und seine Salze, andere als Cholin-, Kalium- und Natriumsalz
36	Maleinsäurehydrazid-Cholin-, -Kalium- und Natriumsalz mit einem Gehalt von mehr als 1 mg je kg freies Hydrazin, ausgedrückt als Säureäquivalent
37	Morfamquat
38	Nitrofen
39	Pentachlorphenol
40	Polychlorterpene
41	Quecksilberverbindungen
42	Quintozen
43	Selenverbindungen
44	2,4,5-T
45	Tetrachlorkohlenstoff

Anlage 2 (zu den §§ 1, 4 und 5 Abs. 2) Eingeschränktes Anwendungsverbot

Nummer	Stoff	Anwendung nur zulässig
1	2	3
1	Blausäure und Blausäure entwickelnde Verbindungen	zur Begasung 1. in Mühlen und Lagerräumen, in Vorratsräumen und anderen Räumen in Lebensmittelbetrieben und in Transportmitteln und -behältern gegen Vorratsschädlinge; 2. von Pflanzen in Vegetationsruhe; 3. in Gewächshäusern.
2	Deiquat	1. zur Krautabtötung bei Kartoffeln; 2. zur Abreifebeschleunigung a) bei Raps, Ackerbohnen und Futtererbsen; b) bei Leguminosen, Ölrettich, Lein und Phacelia, deren Samen zur Saatguterzeugung bestimmt sind; 3. zum Hopfenputzen, auch mit gleichzeitiger Unkrautbekämpfung; in der Zeit vom 1. Juli bis 31. August
3	Methylbromid	1. zur Begasung in Mühlen, in (Monobrommethan) Lagerräumen, in Vorratsräumen und anderen Räumen in Lebensmittelbetrieben, in Vakuumkammern, in gasdichten Kleinsilos, in Transportmitteln und -behältern und unter gasdichten Planen gegen Vorratsschädlinge; 2. zur Bodenbehandlung außerhalb von Wasserschutzgebieten und Heilquellenschutzgebieten im Zierpflanzenbau, in Baumschulen, in Rebschulen und bei der Erzeugung von Pflanzkartoffeln in Zuchtgärten.
4	Paraquat	1. zur Behandlung a) gegen Unkräuter und Deckfrüchte im Mais- und Zuckerrübenbau vor der Saat oder vor dem Auflaufen; auf derselben Fläche jedes vierte Jahr; b) gegen Unkräuter in Baumschul-Saatbeeten; auf derselben Fläche jedes vierte Jahr; c) gegen Unkräuter im Weinbau im Pflanzjahr und bis zum dritten Standjahr der Reben; 2. zur Abreifebeschleunigung bei Kulturgräsern, deren Samen zur Saatguterzeugung bestimmt sind.
5	Phosphorwasserstoff entwickelnde Verbindungen, ausgenommen Zinkphosphid als rodentizides Ködermittel	zur Begasung 1. in Lagerräumen, Vorratsräumen, Silozellen, Transportmitteln und -behältern und unter gasdichten Planen gegen Vorratsschädlinge; 2. außerhalb von Wasserschutzgebieten und Heilquellenschutzgebieten a) gegen die Schermaus (Arvicola terrestris L.); b) gegen den Hamster (Cricetus cricetus L.) und den Maulwurf (Talpa europaea L.); nur mit Zustimmung der zuständigen Behörde.
6	Schwefelkohlenstoff	zur Bodenbehandlung im Weinbau gegen Befallsherde der Reblaus (Daktylosphaira vitifoliae Fitch), nur mit Zustimmung der zuständigen Behörde.

Nummer	Stoff	Anwendung nur zulässig
1	2	3
7	Thallium-I-sulfat	in geschlossenen Räumen.
8	Zinkphosphid	in Ködern; außerhalb von Forsten nur in verdeckt ausgebrachten Ködern.

Anlage 3 (zu den §§ 3 und 4)
Anwendungsbeschränkungen

Nummer	Stoff	Besondere Bestimmungen
1	2	3
	Abschnitt A	
1	Amitrol	Die Anwendung ist verboten 1. von Luftfahrzeugen aus, 2. in der Zeit vom 1. September bis 30. April, 3. mit einem Aufwand von mehr als 4 kg Wirkstoff je Hektar.
2	Daminozid	Die Anwendung an Pflanzen, die zur Erzeugung oder Herstellung von Lebensmitteln bestimmt sind, ist verboten.
3	Diuron	Die Anwendung ist verboten 1. auf Gleisanlagen, 2. auf nicht versiegelten Flächen, die mit Schlacke, Split, Kies und ähnlichen Materialien befestigt sind (Wege, Plätze und sonstiges Nichtkulturland), von denen die Gefahr einer unmittelbaren oder mittelbaren Abschwemmung in Gewässer oder Kanalisation, Drainagen, Straßenabläufe sowie Regen- und Schmutzwasserkanäle besteht, 3. auf oder unmittelbar an Flächen, die mit Beton, Bitumen, Pflaster, Platten und ähnlichen Materialen versiegelt sind (Wege, Plätze und sonstiges Nichtkulturland), von denen die Gefahr einer unmittelbaren oder mittelbaren Abschwemmung in Gewässer oder in Kanalisation, Drainagen, Straßenabläufe sowie Regen- und Schmutzwasserkanäle besteht, 4. im Haus- und Kleingarten.
4	Glyphosat	Die Anwendung ist verboten
5	Glyphosat-Trimesium	1. auf nicht versiegelten Flächen, die mit Schlacke, Split, Kies und ähnlichen Materialien befestigt sind (Wege, Plätze und sonstiges Nichtkulturland), von denen die Gefahr einer unmittelbaren oder mittelbaren Abschwemmung in Gewässer oder Kanalisation, Drainagen, Straßenabläufe sowie Regen- und Schmutzwasserkanäle besteht, es sei denn, die zuständige Behörde schreibt mit der Genehmigung ein Anwendungsverfahren vor, mit dem sichergestellt ist, dass die Gefahr der Abschwemmung nicht besteht, 2. auf oder unmittelbar an Flächen, die mit Beton, Bitumen, Pflaster, Platten und ähnlichen Materialien versiegelt sind (Wege, Plätze und sonstiges Nichtkulturland), von denen die Gefahr einer unmittelbaren oder mittelbaren Abschwemmung in Gewässer oder in Kanalisation, Drainagen, Straßenabläufe sowie Regen- und Schmutzwasserkanäle besteht, es sei denn, die zuständige Behörde schreibt mit der Genehmigung ein Anwendungsverfahren vor, mit dem sichergestellt ist, dass die Gefahr der Abschwemmung nicht besteht.

Nummer	Stoff	Besondere Bestimmungen
1	2	3
6	Quarzmehl	Die Anwendung in Vorräten von Getreide und Räumen, die der Lagerung von Getreide dienen, ist verboten.
	Abschnitt B	
1	Alloxydim	
2	Asulam	
3	Benalaxyl	
4	Benazolin	
5	Bendiocarb	
6	Calciumcarbid	
7	Chloramben	
8	Chlorthiamid	
9	Cyanazin	
10	Diazinon	
11	Dichlobenil	
12	Dikegulac	
13	Ethidimuron	
14	Ethiofencarb	
15	Ethoprofos	
16	Etrimfos	
17	Flamprop	
18	Hexazinon	
19	Isocarbamid	
20	Karbutilat	
21	Mefluidid	
22	Methamidophos	Die Beschränkung gilt nur für die Anwendung als Gießmittel.
23	Methomyl	
24	Monochlorbenzol	
25	Natriumchlorat	
26	Nitrothal-isop-ropyl	
27	Obstbaumkarbo-lineum (Anthra-cenöl)	
28	Oxadixyl	
29	Oxamyl	
30	Oxycarboxin	

Nummer	Stoff	Besondere Bestimmungen
1	2	3
31	Picloram	
32	Propachlor	
33	Propazin	
34	Prothoat	
35	S 421 (Synergist)	
36	Sethoxydim	
37	Simazin	
38	TCA	
39	Tebuthiuron	
40	Terbacil	
41	Terbumeton	
42	Thiazafluron	
43	Thiofanox	

Anlage 4 (zu § 3a)
Besondere Abgabebedingungen

Nummer	Stoff
1	2
1	Diuron
2	Glyphosat
3	Glyphosat-Trimesium

Verordnung über die Anwendung bienengefährlicher Pflanzenschutzmittel (Bienenschutzverordnung – BienSchV)

vom 22. Juli 1992,
BGBl. I S. 1410; zuletzt geändert durch Artikel 4 § 3 des Gesetzes vom 6. August 2002, BGBl. I S. 3082

§ 1 Begriffsbestimmungen

Im Sinne dieser Verordnung sind

1. bienengefährliche Pflanzenschutzmittel:
   a) Pflanzenschutzmittel, die das Bundesamt für Verbraucherschutz und Lebensmittelsicherheit mit der Auflage zugelassen hat, sie als „bienengefährlich" zu kennzeichnen,
   b) andere zugelassene Pflanzenschutzmittel in einer höheren als der höchsten in der Gebrauchsanleitung vorgesehenen
      aa) Aufwandmenge oder
      bb) Konzentration, falls eine Aufwandmenge nicht vorgesehen ist;
2. blühende Pflanzen:
   Pflanzen, an denen sich geöffnete Blüten befinden, außer Hopfen und Kartoffeln.

§ 2 Anwendung

(1) Bienengefährliche Pflanzenschutzmittel dürfen nicht an

1. blühenden Pflanzen,
2. anderen Pflanzen, wenn sie von Bienen beflogen werden,

angewandt werden.

(2) Bienengefährliche Pflanzenschutzmittel dürfen nicht so angewandt werden, daß Pflanzen nach Absatz 1 mitgetroffen werden.

(3) Innerhalb eines Umkreises von 60 Metern um einen Bienenstand dürfen bienengefährliche Pflanzenschutzmittel innerhalb der Zeit des täglichen Bienenflugs nur mit Zustimmung des Imkers angewandt werden.

(4) Bienengefährliche Pflanzenschutzmittel dürfen nicht so gehandhabt, aufbewahrt oder beseitigt werden, daß Bienen mit ihnen in Berührung kommen können.

(5) Die Absätze 1 bis 4 gelten nicht für die Anwendung, Handhabung und Aufbewahrung bienengefährlicher Pflanzenschutzmittel in bienensicher umschlossenen Räumen.

(6) Ist ein bienengefährliches Pflanzenschutzmittel entsprechend einer von dem Bundesamt für Verbraucherschutz und Lebensmittelsicherheit erteilten Auflage mit der Angabe „bienengefährlich, außer bei Anwendung nach dem Ende des täglichen

Bienenfluges bis 23.00 Uhr (auch unter Zusatz der Worte „mitteleuropäischer Zeit“ oder der Abkürzung „MEZ“) in dem zu behandelnden Bestand“ versehen, so gelten die Absätze 1 und 2 nicht für die Anwendung dieses Pflanzenschutzmittels während der angegebenen Tageszeit.

§ 3 Ausnahmen

Die zuständige Behörde kann Ausnahmen zulassen

1. von § 2 Abs. 1 für Forschungs-, Untersuchungs- und Versuchszwecke,
2. von § 2 Abs. 1 bis 3, soweit es zur Verhütung schwerer Schäden oder Verluste an Pflanzen durch Schadorganismen erforderlich ist.

Sie hat die Ausnahmegenehmigung mit den erforderlichen Auflagen zu verbinden, um sicherzustellen, daß die Imker, deren Bienenstände sich im Umkreis von 3 Kilometern befinden, spätestens 48 Stunden vor Beginn der Anwendung des Pflanzenschutzmittels unterrichtet werden. Sie kann die Ausnahmegenehmigung mit Auflagen zur Sicherstellung der Belange des Naturschutzes und der Landschaftspflege versehen.

§ 4 Ordnungswidrigkeiten

(1) Ordnungswidrig im Sinne des § 40 Abs. 1 Nr. 1 Buchstabe a des Pflanzenschutzgesetzes handelt, wer vorsätzlich oder fahrlässig

1. entgegen § 2 Abs. 1, 2 oder 3 ein bienengefährliches Pflanzenschutzmittel anwendet oder
2. entgegen § 2 Abs. 4 ein bienengefährliches Pflanzenschutzmittel handhabt, aufbewahrt oder beseitigt.

(2) Ordnungswidrig im Sinne des § 40 Abs. 1 Nr. 2 Buchstabe c des Pflanzenschutzgesetzes handelt, wer vorsätzlich oder fahrlässig einer vollziehbaren Auflage nach § 3 Satz 2 zuwiderhandelt.

§ 5 (Inkrafttreten, abgelöste Vorschrift)

Pflanzenschutz-Sachkundeverordnung (PflSchSachkV)

vom 28. Juli 1987,
BGBl. I S. 1752; zuletzt geändert durch Artikel 1
der Verordnung vom 7. Mai 2001, BGBl. I S. 885

§ 1 Sachkundenachweis für die Anwendung von Pflanzenschutzmitteln

(1) Der Nachweis der erforderlichen fachlichen Kenntnisse und Fertigkeiten

1. für die Anwendung von Pflanzenschutzmitteln
   a) in einem Betrieb
      aa) der Landwirtschaft einschließlich des Gartenbaus oder der Forstwirtschaft,
      bb) zum Zwecke des Vorratsschutzes oder
   b) zu Versuchszwecken oder
   c) für andere – außer gelegentlicher Nachbarschaftshilfe – oder
2. für die Anleitung oder Beaufsichtigung von Personen, die Pflanzenschutzmittel im Rahmen eines Ausbildungsverhältnisses anwenden, soweit dies zur Ausbildung gehört,

kann durch Vorlage eines Abschlußzeugnisses nach Absatz 2 oder einer Bescheinigung nach Absatz 5 oder durch eine Prüfung nach § 2 erbracht werden. Die zuständige Behörde kann auf Antrag auch den erfolgreichen Abschluß in einer anderen Aus-, Fort- oder Weiterbildung als Nachweis der erforderlichen fachlichen Kenntnisse und Fertigkeiten anerkennen, wenn die Vermittlung solcher Kenntnisse und Fertigkeiten Gegenstand der Aus-, Fort- oder Weiterbildung gewesen ist.

(2) Abschlusszeugnis im Sinne des Absatzes 1 Satz 1 ist ein Zeugnis über

1. eine bestandene Abschlussprüfung in den in Anlage 1 Abschnitt A aufgeführten Berufen,
2. eine bestandene Fortbildungs- oder Umschulungsprüfung in den in Anlage 1 Abschnitt B aufgeführten Berufen,
3. ein abgeschlossenes Hochschulstudium oder Fachhochschulstudium in den in Anlage 1 Abschnitt C aufgeführten Bereichen.

(3) Abschlusszeugnissen nach Absatz 2 gleichgestellt sind staatlich anerkannte Zeugnisse über eine bestandene Abschlussprüfung in den in Anlage 1 Abschnitt A oder B aufgeführten Berufen oder ein abgeschlossenes Hochschulstudium oder Fachhochschulstudium in den in Anlage 1 Abschnitt C aufgeführten Bereiche, die in einem anderen Mitgliedstaat oder einem Vertragsstaat des Abkommens über den Europäischen Wirtschaftsraum (Vertragsstaat) abgelegt worden sind, wenn Gegenstand der Ausbildung die Vermittlung der entsprechende Kenntnisse und Fertigkeiten war. Abschlusszeugnissen nach Absatz 2 Nr. 3 gleichgestellt sind ferner Zeugnisse über eine bestandene Abschlussprüfung in den in Anlage 1 Abschnitt C aufgeführten Bereiche, die in einem anderen Mitgliedstaat oder einem anderen Vertragsstaat abgelegt wurden und die nach der Richtlinie 89/48/EWG des Rates vom 21. Dezember 1988 über eine allgemeine Regelung zur Anerkennung der

Hochschuldiplome, die eine mindestens dreijährige Berufsausbildung abschließen (ABl. EG 1989 Nr. L 19 S. 16) in der jeweils geltenden Fassung anzuerkennen sind.

(4) Der Nachweis, dass die erforderlichen fachlichen Kenntnisse und Fertigkeiten Gegenstand der Ausbildung waren, ist für Ausbildungen, die in einem anderen Mitgliedstaat oder einem Vertragsstaat abgelegt worden sind, durch ein Bescheinigung der zuständigen Stelle des Herkunftslandes oder andere geeignete Nachweise zu erbringen.

(5) Die zuständige Behörde stellt demjenigen, der die erforderlichen fachlichen Kenntnisse und Fertigkeiten besitzt, auf Antrag hierüber eine Bescheinigung nach dem Muster der Anlage 2 aus.

§ 2 Prüfung

(1) Die Prüfung besteht aus einem fachtheoretischen und einem fachpraktischen Teil. Die Prüfung im fachtheoretischen Teil wird schriftlich und mündlich abgelegt.

(2) Durch die Prüfung wird festgestellt, ob der Prüfling die erforderlichen Kenntnisse und Fertigkeiten guter fachlicher Praxis im Pflanzenschutz hat; sie erstreckt sich auf folgende Prüfungsgebiete:

1. im Bereich der Kenntnisse:
   a) integrierter Pflanzenschutz,
   b) Schadursachen bei Pflanzen und Pflanzenerzeugnissen,
   c) indirekte und direkte Pflanzenschutzmaßnahmen,
   d) Eigenschaften von Pflanzenschutzmitteln,
   e) Verfahren der Ausbringung von Pflanzenschutzmitteln und Umgang mit Pflanzenschutzgeräten,
   f) Schutzmaßnahmen zur Vermeidung gesundheitlicher Gefahren (insbesondere Verwenden von Schutzkleidung oder Atemschutz), Sofortmaßnahmen bei Unfällen,
   g) Verhüten schädlicher Auswirkungen von Pflanzenschutzmaßnahmen auf Mensch, Tier und Naturhaushalt,
   h) Aufbewahren und Lagern von Pflanzenschutzmitteln,
   i) sachgerechte Entsorgung von Pflanzenschutzmittelresten und -behältnissen,
   j) Rechtsvorschriften (insbesondere aus dem Pflanzenschutz-, Arbeitsschutz-, Lebensmittel-, Wasser-, Umweltschutz- und Naturschutzrecht);
2. im Bereich der Fertigkeiten:
   a) sachgemäßer Umgang mit Pflanzenschutzmitteln,
   b) Verwenden und Warten von Pflanzenschutzgeräten.

(3) Die Prüfung ist bestanden, wenn jeweils im fachtheoretischen und fachpraktischen Teil mindestens ausreichende Leistungen erbracht worden sind.

(4) Die zuständige Behörde oder die nach Landesrecht beauftragten Stellen erteilen dem Prüfungsteilnehmer ein Zeugnis über die bestandene oder einen Bescheid über die nicht bestandene Prüfung.

(5) Eine nicht bestandene Prüfung kann wiederholt werden; die zuständige Behörde oder die nach Landesrecht beauftragten Stellen weisen in ihrem Bescheid darauf hin.

§ 3 Sachkundenachweis für die Abgabe von Pflanzenschutzmitteln und für die Beratung über deren Anwendung

(1) Für den Nachweis der erforderlichen fachlichen Kenntnisse für die Abgabe von Pflanzenschutzmitteln im Einzelhandel oder die Ausübung einer anzeigepflichtigen Tätigkeit nach § 9 des Pflanzenschutzgesetzes gelten die §§ 1 und 2 entsprechend mit folgender Maßgabe:

1. Abweichend von § 2 Abs. 2 wird durch die Prüfung festgestellt, ob der Prüfling die für eine sachgerechte Unterrichtung des Erwerbers über die Anwendung der Pflanzenschutzmittel und die damit verbundenen Gefahren erforderlichen fachlichen Kenntnisse hat.
2. Die zuständige Behörde kann auch eine bestandene Prüfung nach § 13 Abs. 2 der Gefahrstoffverordnung vom 26. August 1986 (BGBl. I S. 1470) in der bis zum 31. Oktober 1993 gültigen Fassung oder eine Prüfung nach § 5 Abs. 2 der Chemikalien-Verbotsverordnung als Nachweis der erforderlichen fachlichen Kenntnisse anerkennen, wenn die Kenntnisse nach Nummer 1 Gegenstand der Prüfung gewesen sind.

(2) Der Nachweis der erforderlichen fachlichen Kenntnisse wird ferner erbracht durch die Vorlage

1. eines Zeugnisses über ein abgeschlossenes Hochschulstudium der Pharmazie,
2. einer Erlaubnis zur Ausübung der Tätigkeit unter der Berufsbezeichnung pharmazeutisch-technischer Assistent oder pharmazeutisch-technische Assistentin,
3. eines Zeugnisses über eine bestandene Abschlussprüfung in den in Anlage 1 Abschnitt D aufgeführten Berufen.

(3) Einem Zeugnis nach Absatz 2 Nr. 1 gleichgestellt sind Zeugnisse über bestandene Abschlussprüfungen, die in einem anderen Mitgliedstaat abgelegt wurden und die nach der Richtlinie 85/433/EWG des Rates vom 16. September 1985 über die gegenseitige Anerkennung der Diplome, Prüfungszeugnisse und sonstigen Befähigungsnachweise des Apothekers und über Maßnahmen zur Erleichterung der tatsächlichen Ausübung des Niederlassungsrechts für bestimmte pharmazeutische Tätigkeiten (ABl. EG Nr. L 253 S. 37) in der jeweils geltenden Fassung anzuerkennen sind. Abschlussprüfungen nach Absatz 2 Nr. 3 gleichgestellt sind durch Zeugnisse nachgewiesene bestandene Abschlussprüfungen in den in Anlage 1 Abschnitt D aufgeführten Berufen, die in einem anderen Mitgliedstaat oder einem anderen Vertragsstaat abgelegt wurden.

§ 4 Nachprüfung

Untersagt die zuständige Behörde eine Tätigkeit nach § 10 Abs. 2, § 10a Abs. 2 oder § 22 Abs. 3 des Pflanzenschutzgesetzes, weil die erforderlichen fachlichen Kenntnisse oder Fertigkeiten fehlen, kann sie die Wiederaufnahme dieser Tätigkeit in den Fällen einer Untersagung nach § 10 Abs. 2 und § 10a Abs. 2 des Pflanzenschutzgesetzes von der erfolgreichen Teilnahme an einer Prüfung nach § 2, in den Fällen einer Untersagung nach § 22 Abs. 3 des Pflanzenschutzgesetzes von der erfolgreichen Teilnahme an einer Prüfung nach § 3 Abs. 1 abhängig machen.

§ 4a Unberührtheitsklausel

Die Vorschriften der Chemikalien-Verbotsverordnung bleiben unberührt.

§ 5 Länderbefugnis

Die Befugnis der Länder, nach § 10 Abs. 3 Satz 3, auch in Verbindung mit § 22 Abs. 4 Satz 2, des Pflanzenschutzgesetzes nähere Vorschriften über das Verfahren der Prüfung nach § 2 zu erlassen, bleibt unberührt.

§ 6 Inkrafttreten

Diese Verordnung tritt am 1. Juli 1988 in Kraft.

Anlage 1 (zu § 1 Abs. 2 und § 3 Abs. 1 und 2) Abschlusszeugnisse

Abschnitt A

Landwirt/Landwirtin,

Forstwirt/Forstwirtin,

Gärtner/Gärtnerin,

Winzer/Winzerin,

Pflanzenschutzlaborant/Pflanzenschutzlaborantin,

Landwirtschaftlicher Laborant/Landwirtschaftliche Laborantin,

Landwirtschaftlich-technischer Assistent/Landwirtschaftlich-technische Assistentin.

Abschnitt B

Fachagrarwirt/Fachagrarwirtin Landtechnik,

Geprüfter Schädlingsbekämpfer/Geprüfte Schädlingsbekämpferin nach der Verordnung über die berufliche Umschulung zum Geprüften Schädlingsbekämpfer/zur Geprüften Schädlingsbekämpferin vom 18. Februar 2997 (BGBl. I S. 275).

Abschnitt C

Agrar-, Gartenbau- und Forstwissenschaften sowie Weinbau.

Abschnitt D

Drogist/Drogistin nach der Verordnung über die Berufsausbildung zum Drogist/zur Drogistin vom 30. Juni 1992 (BGBl. I S. 1197),

Florist/Floristin nach der Verordnung über die Berufsausbildung zum Floristen/zur Floristin vom 28. Februar 1997 (BGBl. I S. 396),

Pharmazeutisch-kaufmännischer Angestellter/Pharmazeutisch-kaufmännische Angestellte nach der Verordnung über die Berufsausbildung zum pharmazeutisch-kaufmännischen Angestellten/zur pharmazeutisch-kaufmännischen Angestellten vom 3. März 1993 (BGBl. I S. 292).

Anlage 2 (zu § 1 Abs. 5 und § 3 Abs. 1)
Sachkundenachweis

Hiermit wird bestätigt, dass

Herr/Frau ....
(Name des Sachkundigen)

geb. am: ....
(Geburtstag)

den Nachweis der Sachkunde nach § 1 Abs. 1/§ 3 Abs. 1*) der Pflanzenschutz-Sachkundeverordnung erbracht hat.

....
(Ausstellungsort)

....
(Name der zuständigen Behörde)

....
(Datum)

....
(Stempel der zuständigen Behörde)

....
(Unterschrift)

*) Nichtzutreffendes streichen.

Verordnung über Höchstmengen an Rückständen von Pflanzenschutz- und Schädlingsbekämpfungsmitteln, Düngemitteln und sonstigen Mitteln in oder auf Lebensmitteln (Rückstands-Höchstmengenverordnung – RHmV)

in der Fassung der Bekanntmachung vom 21. Oktober 1999 (BGBl. I S. 2082; 2002 I S. 1004), zuletzt geändert durch Artikel 1 der Verordnung vom 2. Oktober 2009 (BGBl. I Nr. 66 S. 3230)

§ 1 Höchstmengen für Lebensmittel

(1) Als Höchstmengen, die in oder auf Lebensmitteln beim gewerbsmäßigen Inverkehrbringen nicht überschritten sein dürfen, werden festgesetzt:

1. für die in Anlage 1 aufgeführten Stoffe die dort für Lebensmittel tierischer Herkunft oder Gruppen derartiger Lebensmittel jeweils angegebenen Mengen,
2. für die in Anlage 2 aufgeführten Stoffe die dort für Lebensmittel pflanzlicher Herkunft oder Gruppen derartiger Lebensmittel jeweils angegebenen Mengen.

(2) Soweit in den Anlagen 1 und 2 Gruppenbezeichnungen für Lebensmittel angegeben werden, beziehen sich die festgesetzten Höchstmengen auf die in Anlage 4 Liste A oder B den Gruppenbezeichnungen jeweils in Anlage 4 Spalte 2 zugeordneten einzelnen Lebensmittel. Soweit in den Anlagen 1 und 2 nichts Abweichendes geregelt ist, beziehen sich die festgesetzten Höchstmengen jeweils auf die in Anlage 4 Spalte 3 angegebenen Bezugsgrößen der Lebensmittel.

(3) Zusätzlich zu Absatz 2 beziehen sich die Höchstmengen

1. auf solche Lebensmittel der Anlage 4 Liste A, die nicht mehr als 5 Gramm an Zutaten pflanzlicher Herkunft je 100 Gramm Lebensmittel enthalten,
2. bei Lebensmitteln, die in der Anlage 2 als Trockenerzeugnisse aufgeführt werden, wie Trockenkartoffeln, Trockengemüse, Trockenobst, auf das getrocknete Erzeugnis. Bei Trockenerzeugnissen, für die keine Höchstmengen festgesetzt wurden, gilt § 2 Abs. 2.

(4) Eine allgemeine Höchstmenge von jeweils 0,01 Milligramm je Kilogramm Lebensmittel der Anlage 4 wird festgesetzt für

1. jeden in Anlage 5 aufgeführten Stoff,
2. jeden in den Anlagen 1, 2 oder 5 nicht aufgeführten Stoff, der als Wirkstoff oder anderer gesundheitlich bedenklicher Stoff
   a) in Pflanzenschutzmitteln im Sinne des Pflanzenschutzgesetzes, die nicht zugelassen sind oder bei deren Zulassung die Anwendung bei Lebensmitteln oder deren Ausgangsstoffen nicht vorgesehen ist, oder
   b) in Schädlingsbekämpfungsmitteln, die keine Pflanzenschutzmittel im Sinne des Pflanzenschutzgesetzes sind, enthalten ist.

Satz 1 Nr. 2 ist nur anzuwenden, soweit andere Rechtsvorschriften für den betreffenden Stoff keine abweichende Regelung enthalten. Die Bezugsgrößen der Lebensmittel werden nach Maßgabe der Anlage 4 Liste A Spalte 3 und Liste B Spalte 3 bestimmt. Absatz 3 Satz 1 gilt entsprechend.

(5) Endet die Zulassung eines Pflanzenschutzmittels im Sinne des Pflanzenschutzgesetzes, bei dessen Zulassung die Anwendung bei Lebensmitteln oder deren Ausgangsstoffen vorgesehen war und für das in den Anlagen 1 und 2 keine Höchstmengen festgesetzt sind, so dürfen Lebensmittel, in oder auf denen es in einer Menge von mehr als 0,01 Milligramm je Kilogramm vorhanden ist, nur noch bis zum Ablauf des zweiten auf das Ende der Zulassung folgenden Kalenderjahres in den Verkehr gebracht werden.

(6) Lebensmittel, in oder auf denen Stoffe über die in Absatz 1 in Verbindung mit den Anlagen 1 und 2 oder Absatz 4 festgesetzten Höchstmengen hinaus oder höhere als nach Absatz 5 zulässige Mengen von Pflanzenschutzmitteln vorhanden sind, dürfen gewerbsmäßig unbeschadet der Regelung in § 9 Abs. 1 des Lebensmittel- und Futtermittelgesetzbuches auch dann nicht in den Verkehr gebracht werden, wenn ihr Gehalt an diesen Stoffen ganz oder teilweise auf Verunreinigungen der Luft, des Wassers oder des Bodens zurückzuführen ist. Satz 1 gilt nicht, soweit in der Schadstoff-Höchstmengenverordnung für diese Stoffe Höchstmengen festgesetzt sind, sowie für Rückstände von Arsen, Blei, Cadmium, Quecksilber und Selen sowie deren Verbindungen.

§ 2 Zusammengesetzte und weiterverarbeitete Lebensmittel

(1) Die Höchstmengenfestsetzungen nach § 1 Abs. 1, 4 und 5 und das Verkehrsverbot nach § 1 Abs. 6 gelten auch für Lebensmittel, die als Zutat eines zusammengesetzten Lebensmittels in den Verkehr gebracht werden, sofern für den betreffenden Stoff für das zusammengesetzte Lebensmittel als Ganzes keine Höchstmenge festgesetzt ist. Läßt sich die Herkunft der in oder auf dem zusammengesetzten Lebensmittel vorhandenen Menge des Stoffes nicht mehr auf einzelne Zutaten zurückführen, so gilt für das zusammengesetzte Lebensmittel insgesamt die Höchstmenge als festgesetzt, die sich aus der Summe der für den Stoff für die einzelnen Zutaten festgesetzten Höchstmengen entsprechend dem Anteil der Zutaten an dem zusammengesetzten Lebensmittel ergibt.

(2) Für weiterverarbeitete Lebensmittel gelten, sofern keine speziellen Höchstmengen für sie festgesetzt sind, die Höchstmengenregelungen derjenigen Lebensmittel, aus denen sie hergestellt werden. Wenn sich der Rückstandsgehalt durch die Weiterverarbeitung erhöht oder erniedrigt, gilt als Höchstmenge der für das zur Herstellung verwendete Lebensmittel festgesetzte Wert zuzüglich der durch die Weiterverarbeitung eingetretenen Erhöhung oder abzüglich der durch die Weiterverarbeitung eingetretenen Erniedrigung. Satz 2 gilt nicht in Fällen des § 1 Abs. 4.

§ 3 Lebensmittel mit überhöhten Rückständen

(1) Lebensmittel, in oder auf denen Stoffe über die durch diese Verordnung festgesetzten Höchstmengen hinaus vorhanden sind, dürfen vorbehaltlich der Absätze 2 und 3 an Betriebe abgegeben werden, die ihnen die Stoffe so weit

entziehen, dass bei der Abgabe an den Verbraucher, wobei dem Verbraucher Gaststätten, Einrichtungen zur Gemeinschaftsverpflegung sowie Gewerbetreibende, soweit sie Lebensmittel zum Verbrauch innerhalb ihrer Betriebsstätte beziehen, gleichstehen (Verbraucher), die Höchstmengen nicht überschritten werden.

(2) Absatz 1 gilt mit Ausnahme von Fischrohöl nicht für Lebensmittel tierischer Herkunft.

(3) Getreide, in oder auf dem Stoffe der Anlage 6 vorhanden sind, sowie Rohkaffee und Rohkakao dürfen an Betriebe abgegeben werden, die diese Lebensmittel so behandeln, be- oder verarbeiten, daß bei der Abgabe an den Verbraucher die Höchstmengen nicht überschritten werden.

(4) Lebensmittel nach Absatz 1 müssen unter Angabe der Bezeichnung der Stoffe durch folgende Angaben kenntlich gemacht werden: „Ware mit überhöhten Rückständen an .... Nicht an Verbraucher abgeben." Bei der Lagerung und Aufbewahrung sind diese Angaben auf einem Schild auf oder neben der Ware oder in sonstiger, eine Verwechslung mit anderen Lebensmitteln ausschließender Weise anzubringen. Bei der Abgabe müssen die Angaben deutlich sichtbar auf der Außenfläche der Behältnisse angebracht werden und zusätzlich in den Begleitpapieren vermerkt werden.

§ 3a Ausnahmen

(1) Abweichend von

1. Artikel 18 Absatz 1 der Verordnung (EG) Nr. 396/2005 des Europäischen Parlaments und des Rates vom 23. Februar 2005 über Höchstgehalte an Pestizidrückständen in oder auf Lebens- und Futtermitteln pflanzlichen und tierischen Ursprungs und zur Änderung der Richtlinie 91/414/EWG des Rates (ABl. L 70 vom 16.3.2005, S. 1), die zuletzt durch die Verordnung (EG) Nr. 822/2009 der Kommission vom 27. August 2009 (ABl. L 239 vom 10.9.2009, S. 5) geändert worden ist, und
2. dem Verbot des § 9 Absatz 1 Satz 1 Nummer 3 des Lebensmittel- und Futtermittelgesetzbuches

darf ein in Spalte 2 des Anhangs VII der Verordnung (EG) Nr. 396/2005 bezeichnetes Lebensmittel, das mit einem in Spalte 1 des Anhangs VII der Verordnung (EG) Nr. 396/2005 genannten Wirkstoff als Begasungsmittel nach der Ernte behandelt worden ist und dessen Gehalt an einem dieser Wirkstoffe deshalb den für den Wirkstoff jeweils nach der Verordnung (EG) Nr. 396/2005 festgelegten Rückstandshöchstgehalt überschreitet, an einen Betrieb nach Satz 2 abgegeben werden. Der Betrieb, an den ein Lebensmittel im Sinne des Satzes 1 abgegeben werden darf, muss das Lebensmittel so behandeln oder herstellen, dass bei der Abgabe des so behandelten oder hergestellten Lebensmittels an den Verbraucher der Gehalt an dem Wirkstoff den nach der Verordnung (EG) Nr. 396/2005 jeweils festgelegten Rückstandshöchstgehalt nicht überschreitet.

(2) Ein Lebensmittel im Sinne des Absatzes 1 Satz 1 darf nur abgegeben werden, wenn es unter der Angabe der Bezeichnung des Wirkstoffs oder der Wirkstoffe durch folgende Angaben gekennzeichnet ist: „Lebensmittel mit überhöhten

Rückständen an .... (Einsetzen: Bezeichnung des jeweiligen Wirkstoffs oder der jeweiligen Wirkstoffe). Nicht an Verbraucher abgeben."

§ 3b Kenntlichmachung

(1) Die Behandlung von Zitrusfrüchten mit Thiabendazol nach der Ernte zum Zwecke der Haltbarmachung muss bei der Abgabe an den Verbraucher durch die Angabe „konserviert mit Thiabendazol" nach Absatz 3 kenntlich gemacht werden.

(2) Die Behandlung von Kartoffeln mit Chlorpropham, Imazalil und Thiabendazol nach der Ernte zum Zwecke der Haltbarmachung muss bei der Abgabe an den Verbraucher durch die Angabe „nach der Ernte behandelt" nach Absatz 3 kenntlich gemacht werden.

(3) Die Angabe nach Absatz 1 oder 2 ist jeweils gut sichtbar, deutlich lesbar und unverwischbar auf der Packung, der Fertigpackung oder einem mit ihr verbundenen Etikett, auf der Umhüllung oder, sofern die Erzeugnisse lose abgegeben werden, auf einem Schild neben der Ware oder in einem Aushang oder einer schriftlichen Aufzeichnung oder auf vergleichbare Weise jeweils am Ort der Abgabe, sofern die Angabe dem jeweiligen Lebensmittel zuzuordnen ist, anzugeben. Bei der Abgabe von Erzeugnissen im Sinne des Absatzes 1 oder 2 an andere Personen als Verbraucher erfolgt Kenntlichmachung der Behandlung durch die vorgeschriebene Angabe auf einer Außenfläche der Packungen oder Behältnisse.

§ 4 Probenahme und Analysemethoden

(1) Bei der amtlichen Kontrolle der Rückstände von Pflanzenschutzmitteln in und auf Obst und Gemüse sind die Proben nach dem Verfahren zu nehmen, das in der Amtlichen Sammlung von Untersuchungsverfahren nach § 64 Abs. 1 des Lebensmittel- und Futtermittelgesetzbuches unter der Gliederungsnummer L 00.00-7 (EG), Stand Dezember 2002, beschrieben ist.

(2) *(weggefallen)*

(3) Bei der amtlichen Kontrolle der Rückstände von Pflanzenschutzmitteln sind Analysemethoden anzuwenden, die in der Amtlichen Sammlung von Untersuchungsverfahren nach § 64 Abs. 1 des Lebensmittel- und Futtermittelgesetzbuches aufgeführt sind. Es können auch andere in der Amtlichen Sammlung nicht aufgeführte Analysemethoden angewendet werden, wenn sie diesen Analysemethoden gleichwertig sind.

§ 5 Straftaten und Ordnungswidrigkeiten

(1) Nach § 58 Abs. 3 Nr. 1, Abs. 4 bis 6 des Lebensmittel- und Futtermittelgesetzbuches wird bestraft, wer gegen die Verordnung (EG) Nr. 1881/2006 der Kommission vom 19. Dezember 2006 zur Festsetzung der Höchstgehalte für bestimmte Kontaminanten in Lebensmitteln (ABl. EU Nr. L 364 S. 5) verstößt, indem er vorsätzlich oder fahrlässig entgegen Artikel 1 Abs. 1 in Verbindung mit Abschnitt 1 des Anhangs ein dort genanntes Lebensmittel, dessen Gehalt

an Nitrat einen dort aufgeführten Höchstgehalt überschreitet, in den Verkehr bringt.

(1a) Nach § 58 Abs. 3 Nr. 2, Abs. 4 bis 6 des Lebensmittel- und Futtermittelgesetzbuches wird bestraft, wer gegen die Verordnung (EG) Nr. 1881/2006 verstößt, indem er vorsätzlich oder fahrlässig

1. entgegen Artikel 3 Abs. 1 in Verbindung mit Abschnitt 1 des Anhangs ein dort genanntes Lebensmittel, dessen Gehalt an Nitrat einen dort aufgeführten Höchstgehalt überschreitet, als Lebensmittelzutat verwendet oder
2. entgegen Artikel 3 Abs. 2 in Verbindung mit Abschnitt 1 des Anhangs ein dort genanntes Lebensmittel, bei dem die Höchstgehalte an Nitrat eingehalten werden, mit einem Lebensmittel vermischt, bei dem die Höchstgehalte an Nitrat überschritten werden.

(2) Nach § 59 Abs. 1 Nr. 21 Buchstabe a des Lebensmittel- und Futtermittelgesetzbuches wird bestraft, wer entgegen § 3b Abs. 1 bei der gewerbsmäßigen Abgabe von Lebensmitteln an den Verbraucher den Gehalt des Stoffes nicht, nicht richtig, nicht vollständig oder nicht in der vorgeschriebenen Weise kenntlich macht.

(3) Nach § 59 Abs. 1 Nr. 21 Buchstabe b des Lebensmittel- und Futtermittelgesetzbuches wird bestraft, wer entgegen § 1 Abs. 6 Satz 1, auch in Verbindung mit § 2, Lebensmittel in den Verkehr bringt.

(4) Nach § 59 Abs. 3 Nr. 2 Buchstabe b des Lebensmittel- und Futtermittelgesetzbuches wird bestraft, wer eine in Absatz 1 bezeichnete Handlung begeht, sofern festgestellte Verunreinigungen auf Einwirkungen der Luft, des Wassers oder des Bodens beruhen.

(5) Wer eine in Absatz 2, 3 oder 4 bezeichnete Handlung fahrlässig begeht, handelt nach § 60 Abs. 1 des Lebensmittel- und Futtermittelgesetzbuches ordnungswidrig.

(6) Ordnungswidrig im Sinne des § 60 Abs. 2 Nr. 26 Buchstabe a des Lebensmittel- und Futtermittelgesetzbuches handelt, wer vorsätzlich oder fahrlässig entgegen § 3 Abs. 4 Lebensmittel nicht oder nicht in der vorgeschriebenen Weise kenntlich macht.

§ 6 Inkrafttreten, Übergangsvorschriften

(1) (Inkrafttreten)

(2) (Außerkrafttreten)

(3) Birnen mit einem Gehalt von bis zu 0,2 mg/kg an Chlormequat dürfen noch bis zum 31. Juli 2009 in den Verkehr gebracht werden.

(4) *(weggefallen)*

(5) Lebensmittel mit einem Gehalt an Carfentrazone-ethyl, Fenamidone, Isoxaflutole, Maleinsäure-hydrazid, Mecoprop, Propyzamide und Trifloxystrobin, die den bis zum 18. November 2005 geltenden Vorschriften entsprechen, dürfen noch bis zum 3. Dezember 2006 in den Verkehr gebracht werden.

(6) Lebensmittel mit einem Gehalt an Amitraz, die den bis zum 18. November 2005 geltenden Vorschriften entsprechen, dürfen noch bis zum 9. Januar 2007 in den Verkehr gebracht werden. Abweichend von Satz 1 dürfen Baum-

wollsamen mit einem Gehalt an Amitraz von bis zu 1 mg/kg noch bis zum 30. Juni 2007 in den Verkehr gebracht werden.

(7) Bananen, Chicoree, Kohlrabi, Knoblauch, Rote Rüben, Schalotten, Speisezwiebeln und Steinobst mit einem Gehalt an Iprodion, die den bis zum 13. April 2006 geltenden Vorschriften entsprechen, dürfen noch bis zum 23. Februar 2007 in den Verkehr gebracht werden.

(8) Reis mit einem Gehalt an Molinat, der den bis zum 13. April 2006 geltenden Vorschriften entspricht, darf noch bis zum 23. Februar 2007 in den Verkehr gebracht werden.

(9) Trauben mit einem Gehalt an Propiconazol, die den bis zum 13. April 2006 geltenden Vorschriften entsprechen, dürfen noch bis zum 23. Februar 2007 in den Verkehr gebracht werden.

(10) Lebensmittel mit einem Gehalt an Captan, Dichlorvos, Ethion, Folpet, die den bis zum 30. April 2007 geltenden Vorschriften entsprechen, dürfen noch bis zum 10. Mai 2007 in den Verkehr gebracht werden.

(11) Lebensmittel mit einem Gehalt an Oxamyl, die den bis zum 30. April 2007 geltenden Vorschriften entsprechen, dürfen noch bis zum 29. Dezember 2007 in den Verkehr gebracht werden.

(12) Schalenfrüchte mit einem Gehalt an Abamectin, die den bis zum 23. August 2007 geltenden Vorschriften entsprechen, dürfen noch bis zum 15. August 2007 in den Verkehr gebracht werden.

(13) Lebensmittel mit einem Gehalt an Aldicarb, Phosphamidon, Metolachlor, Mevinphos und Tribenuronmethyl, die den bis zum 23. August 2007 geltenden Vorschriften entsprechen, dürfen noch bis zum 1. September 2007 in den Verkehr gebracht werden.

(14) Pflanzliche Lebensmittel mit einem Gehalt an Chlorfenvinphos, die den bis zum 23. August 2007 geltenden Vorschriften entsprechen, dürfen noch bis zum 20. Januar 2008 in den Verkehr gebracht werden.

(15) Kartoffeln und Kernobst mit einem Gehalt an Imazalil, die den bis zum Ablauf des 17. April 2008 geltenden Vorschriften entsprechen, dürfen noch bis zum Ablauf des 13. September 2008 in den Verkehr gebracht werden.

(Redaktioneller Hinweis: Die Anlagen 1 bis 6 sind nicht abgedruckt.)